GRAMMATICA ITALIANA PER

Giovanni Battaglia

GRAMMATICA ITALIANA
PER STRANIERI

11ª Edizione

Bonacci editore

illustrazioni di Asun Balzola

Bonacci editore
Via Paolo Mercuri, 8 - 00193 Roma
(ITALIA)
Tel. 06/68300004 - Telefax 06/6540382

ISBN 88-7573-069-5

A Memi

AVVERTENZA

Questa « Nuova Grammatica Italiana per Stranieri » *si propone di venire incontro in modo semplice e pratico agli studenti stranieri di ogni Paese, i quali si accingono ad apprendere la nostra lingua.*

Si tratta di un testo che intende soddisfare le esigenze dei vari tipi di allievi, da quelli che frequentano i corsi soltanto per imparare a parlare in italiano *a quelli che desiderano approfondire la conoscenza della nostra lingua e vogliono rendersi conto anche dei suoi nessi logici e grammaticali.*

Il testo, esposto in lingua italiana, è corredato da molte illustrazioni che aiuteranno, specialmente in un primo momento, a fare intendere la nuova lingua senza eccessivi sforzi.

La disposizione della materia risponde ad un criterio pratico che mira a mettere l'allievo in condizione di potere formulare qualche frase dopo poche lezioni. A tale proposito vengono di volta in volta anticipati alcuni argomenti che troveranno in seguito una più completa trattazione.

Nella prima parte sono trattati gli argomenti relativi alla fonetica e alle parti variabili del discorso (articolo, sostantivo, aggettivo, pronome, verbo) fino alla coniugazione dei verbi regolari: nella seconda parte vengono ampiamente trattati i verbi irregolari, l'uso delle preposizioni, con particolare riguardo alla fraseologia italiana e alle locuzioni idiomatiche, l'uso dei modi del verbo.

Nulla è stato trascurato perché l'allievo abbia alla fine del corso completo una idea quanto mai chiara della lingua italiana.

Si raccomanda all'insegnante di insistere molto sul dettato, dedicando ad esso sempre una parte della lezione. Basterà ogni volta un breve dettato di poche righe, perché si arrivi con una certa facilità a scrivere correttamente.

La divisione in lezioni ha un carattere pratico, che naturalmente non implica la rapida trattazione degli argomenti in esse contenuti: l'insegnante tratterà la materia secondo le esigenze e il grado di preparazione degli allievi. Il testo è soltanto una guida e sarà l'insegnante che lo adatterà in modo razionale ai propri allievi. *Alcuni argomenti anzi potranno essere tralasciati, o soltanto accennati, in un primo momento e potranno essere ripresi quando sarà ritenuto opportuno.*

Poiché non si fa riferimento ad alcuna lingua straniera, spesso, accanto ai vari vocaboli italiani si lascia lo spazio con i puntini affinché l'allievo possa scrivere il vocabolo corrispondente della propria lingua. Ciò servirà all'inizio a creare un corredo di vocaboli che agevolerà la conoscenza della lingua.

Sono riportate varie nomenclature *con illustrazioni che renderanno più facile l'apprendimento dei vocaboli; le stesse illustrazioni, senza alcuna indicazione, sono riprese dopo qualche lezione in modo che si possano « rivedere » i vocaboli relativi ai vari oggetti e si possano ritenere senza sforzi mnemonici.*

Perché si abbia un'idea più precisa della lingua che comunemente si parla oggi in Italia, nella seconda parte sono riportate delle letture tratte dalla « cronaca » dei comuni giornali. Così ci si potrà rendere conto delle caratteristiche della lingua prive di preoccupazioni stilistiche.

Ci si è preoccupati molto di avviare *alla conversazione con le risposte alle varie domande che verranno poste dall'insegnante alla fine di ogni lezione. Sarà bene dedicare anche a questa parte qualche minuto della lezione affinché questa non si riduca ad uno sforzo inutile per apprendere delle norme grammaticali che poco servono per* imparare a parlare. *Le « brevi conversazioni » della prima parte anticipano, senza darne ancora spiegazione, alcuni argomenti grammaticali che verranno trattati in seguito. Serviranno a* fare l'orecchio a *qualche comune frase italiana. Nella seconda parte ogni lezione inizia con una conversazione e le illustrazioni potranno essere sfruttate dall'insegnante per spingere gli allievi a parlare sui più vari argomenti.*

Spero che il modesto lavoro che presento ai colleghi possa veramente rendere più facile il loro compito ed essere nello stesso tempo utile e piacevole agli allievi stranieri che con tanto amore si accostano alla nostra lingua.

G. B.

L'ALFABETO

Le lettere dell'alfabeto italiano sono ventuno:

	A	B	C	D	E	F	G
	a	b	c	d	e	f	g
pronuncia	*a*	*bi*	*ci*	*di*	*e*	*effe*	*gi*

	H	I	L	M	N	O	P
	h	i	l	m	n	o	p
pronuncia	*acca*	*i*	*elle*	*emme*	*enne*	*o*	*pi*

	Q	R	S	T	U	V	Z
	q	r	s	t	u	v	z
pronuncia	*cu*	*erre*	*esse*	*ti*	*u*	*vi*	*zeta*

La lettera *x* si trova soltanto in alcune espressioni come *ex ministro, ex direttore, extra*, ecc....

Tutte le consonanti dell'alfabeto italiano, ad eccezione della lettera **h,** possono essere raddoppiate. In questo caso tutte le consonanti vanno pronunciate con un suono rafforzato. La lettera **q** si rafforza premettendo la lettera **c** (in italiano esistono con la doppia **q** soltanto le parole *soqquadro* e *soqquadrare*).

Nota: L'accento tonico nelle parole italiane cade generalmente sulla penultima sillaba. Se l'accento cade sull'ultima sillaba, nelle parole di due o piú sillabe, viene segnato graficamente. Per avviare ad una corretta lettura si metterà un puntino sotto la vocale tonica delle parole in cui l'accento non cade sulla penultima sillaba. Il puntino sarà messo anche sotto la vocale tonica di alcune parole nelle quali il raggruppamento delle vocali può far nascere dei dubbi per una corretta pronuncia.

Le consonanti **b, d, f, l, m, n, p, r, t, v** hanno sempre lo stesso suono.

L'insegnante leggerà ad alta voce e gli allievi ripeteranno la lettura delle singole parole.

1. Balena – bandiera – banana – bottone – birra – burro – bello – abito – busta – denaro – dono – dito – fame – fedele – ferita – ferro – fiamma – fiammifero – fidanzato – fiore – fontana – formica – freddo.

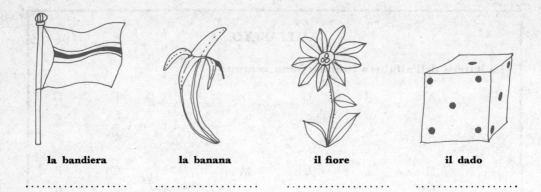

la bandiera	la banana	il fiore	il dado
....	....	....	....

2. Lạcrima – latte – letto – libro – lotta – madre – mela – medi-tare – mano – motore – muro – mụsica – nome – nano – nụmero – porta – pane – parola – petto – pozzo – penna – pietra – poco – pera.

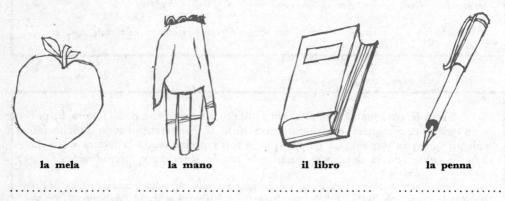

la mela	la mano	il libro	la penna
....	....	....	....

3. Rana – regalo – Roma – carro – barọmetro – tạvolo – tuono – telẹfono – teatro – tutto – vịso – vestito – vento – virtú.

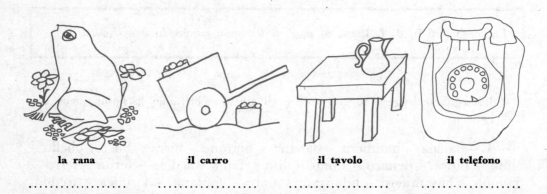

la rana	il carro	il tạvolo	il telẹfono
....	....	....	....

Le consonanti **c** e **g** hanno suono gutturale davanti alle vocali **a, o, u.**

1. Cadere – capo – cubo – cotone – coppa – banco – cura – canale – campana – cane – conto – coltello – cuore – carico.

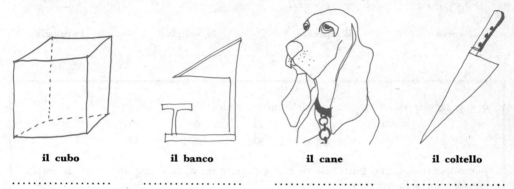

| il cubo | il banco | il cane | il coltello |

2. gatto – gamba – gusto – gola – agosto – gara – gufo – gobbo – gomma – gazzella – gas – toga – mago – gavetta – gonna.

| il gatto | il gufo | la gazzella | la gonna |

c e **g** hanno suono palatale davanti alle vocali **e, i.**

1. Cenere – cibo – cipresso – cera – cervo – cieco – cena – caccia – cella – celerità – cielo – bacio – cipolla – circolo.

2. Genio – giovane – valigia – girasole – gesto – gesso – geologia – giovedí – gioventú – giuoco – gente – giuramento – orologio – giorno.

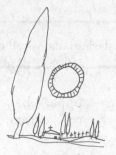

il cervo

il cipresso

la valigia

l'orologio

....

....

....

....

---

c e **g** seguite dalle cinque vocali hanno i suoni:

ca	**ce**	**ci**	co	cu
ga	**ge**	**gi**	go	gu

per ottenere il suono gutturale di **c** e **g** seguite da **e, i,** si aggiunge una **h** fra la consonante e la vocale:

ca	**che**	**chi**	co	cu
ga	**ghe**	**ghi**	go	gu

---

1. Perché – occhio – chiodo – chiesa – chiave – chimica – chiocciola – vecchio – chiuso.

2. Ghepardo – segheria – ghirlanda – ghiotto – ghianda.

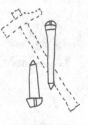

la chiave

il chiodo

la chiesa

la ghianda

....

....

....

....

Per ottenere il suono palatale di **c** e **g** seguite da **a, o, u,** si aggiunge una **i** fra la consonante e la vocale:

cia	ce	ci	**cio**	**ciu**
gia	ge	gi	**gio**	**giu**

12

1. Cioccolata – camicia – bacio – ciottolo – giacca – giocondo – giudizio – giorno – giovedí – Giovanni – giallo – chioccia – giustizia.

la chioccia e i pulcini
....

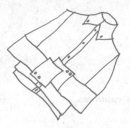
la camicia
....

la giacca
....

---

gu seguito da altra vocale prende il suono che si riscontra nelle parole: guida – guardia – guerra – inguine.

---

gl seguito da **i** ha suono *molle*:
gli – vaglia – famiglia – scoglio – battaglia – meglio – luglio – foglio – bottiglia – aglio.

ha suono *duro* quando è seguito da altra vocale:
globo – gloria – inglese – gladio – glaciale.

Conserva il suono duro, anche se è seguito da **i,** nelle seguenti parole:
glittico – anglicano – geroglifico – negligente – glicerina – ganglio – glicine.

la bottiglia
....

il globo
....

il gladio
....

il glicine
....

---

gn sogno – montagna – insegnante – ingegnere – ragno – giugno – signore – signorina – castagna.

 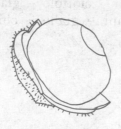  

il ragno	la castagna	la signorina	la montagna
....	....	....	....

---

h È l'unica lettera dell'alfabeto che non ha suono proprio.
È sempre muta. Serve per dare il suono gutturale alle lettere **c** e **g** seguite da **e, i,** per distinguere alcune forme del verbo **avere** (ho, hai, hanno) e per formare alcune esclamazioni: oh, ah, ahi, ecc. ...

---

qu quattro – quaranta – quadro – questo – quadrato – quotidiano – qui – quanto – reliquia – questione – quindici – quartetto – quinto.

Per raddoppiare il suono di **q** si ricorre alla **c:**

Acqua – acquedotto – acquerello – acquistare – acquirente (eccezione: soqquadro, soqquadrare).

  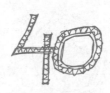 

il quadrato	il quadro	quaranta	il quartetto
....	....	....	....

La **s** si dice *pura* se è seguita da vocale, *impura* se è seguita da consonante.

Sole – suono – seta – asino – stella – scarpa – scopa – spada – spillo – studente – stufa – scuola – scopo – oscuro – passione – cesta.

14

| un asino | una stella | la scarpa | la scopa |

Un suono particolare prende la **s** se è seguita da **ce, ci:**

Scena – scintilla – pesce – scienza – scirocco – scialle – scimmia.

| il pesce | la scimmia | lo sciatore | lo sciacallo |

La **s** e la **z** possono avere suono *duro* e suono *molle*:

suono duro: casa – riso – essere – osso – zio – grazioso – calza – presso – pazzo –
pezzo – vizio.

suono molle: rosa – sposa – zero – zelo – rozzo – zucchero – zanzara – tesoro –
accusa – azzurro.

Segni di interpunzione e segni ortografici

, la virgola.....................
. il punto ....
: i due punti ....
; il punto e virgola ....
« » le virgolette ....
* l'asterisco ....
( ) le parentesi ....
- il trattino ....

? il punto interrogativo ....
! il punto esclamativo ....
... i puntini di sospensione ....
— la lineetta ....
´ l'accento acuto ....
` l'accento grave ....
' l'apostrofo.....................
·· la dieresi ....

Lettura e dettato

Nelle prime esercitazioni di dettato l'insegnante leggerà lentamente il brano e gli allievi seguiranno sul libro la lettura; successivamente sarà dettato il brano letto e gli allievi, a libro chiuso, scriveranno sotto dettato. Quando si sarà fatto l'orecchio al suono delle parole italiane, si potrà scrivere sotto dettato senza aver letto prima il brano.

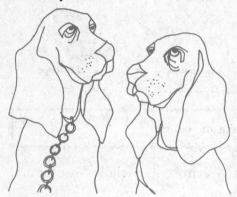

I CANI

I cani sono animali domestici; vivono spesso nelle nostre case e ci fanno molta compagnia. Non sono rari i casi di persone che si legano a questi animali come a persone care e li trattano come se fossero esseri umani.

I cani si possono considerare come i veri amici degli uomini. Sono di grande aiuto nella caccia e vegliano spesso nelle case per proteggere i loro padroni. Sono molto sensibili e nei momenti di pericolo sono sempre pronti a soccorrere tutti. Con tristezza si vedono certe volte cani abbandonati che si aggirano per le strade in cerca di un osso o di un pezzo di pane, ma i casi più frequenti sono quelli di cani ben tenuti che accompagnano il padrone nella passeggiata giornaliera e che vigili seguono quanto accade nella casa.

I FIORI

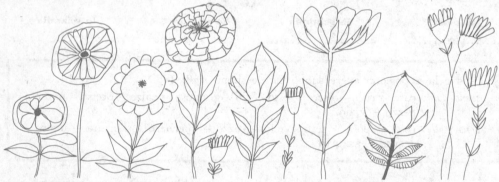

Nel nostro giardino ci sono molti fiori. Ce ne sono di tutti i colori nelle aiuole che il giardiniere tiene ben curate. Quasi ogni mattina la mamma ne raccoglie dei mazzi per riempire i vasi sparsi in ogni parte della nostra casa e ogni ambiente acquista una gioiosa atmosfera di festa mista ad un soave profumo che rende accogliente ogni angolo, ogni stanza.

Sono tutte belle le rose: ne abbiamo di vari tipi, dalle gialle alle rosse, dalle bianche alle rosa. E sono belli anche i garofani. Ce ne sono alcuni giganti che sono proprio una meraviglia. Nel muro di cinta del giardino una macchia verde nasconde le pietre; chi non conosce il gelsomino che, specialmente di sera, spande un intenso e piacevole profumo?

I BAMBINI

Nel nostro palazzo ci sono molti bambini. In ogni appartamento ce ne sono tre o quattro e si vedono spesso nel cortile, dove scendono per giocare. Sono tutti vivaci e rumorosi; qualche volta anche stancano, ma rendono gaia la vita di questa piccola comunità. Ognuno di essi giocando comincia a dimostrare quali sono le sue preferenze e si possono già notare le caratteristiche differenti di ciascuno in ogni semplice atteggiamento. Alcuni sono docili e buoni; altri invece già appaiono prepotenti e capita spesso di sentirli gridare e piangere perché si sono tirati i capelli! Si contentano di poco; passano interi pomeriggi costruendo castelli con la sabbia del cortile, o trastullandosi con qualche giocattolo o anche con qualche pezzo di legno.

MEZZI DI TRASPORTO

Oggi siamo stati poco fortunati: non abbiamo trovato posto negli autobus che passano da casa nostra ed abbiamo dovuto percorrere a piedi un lungo tratto di strada fino a quando abbiamo trovato un taxi, che proprio in quel momento si rendeva libero. Ciò avviene sempre nelle ore in cui tutti gli impiegati escono dagli uffici e si chiudono i negozi. Noi non possiamo andare avanti cosí, dobbiamo renderci autonomi ad ogni costo, dobbiamo avere una vettura per ciascuno, altrimenti rischiamo di non poterci piú muovere in città.

Per tutta la famiglia abbiamo una vettura, ma se ne serve mio padre per i suoi affari e soltanto nei giorni festivi la mette a disposizione di tutti.

LO STUDIO DELLA LINGUA ITALIANA

Una lingua si apprende bene seguendo con pazienza tutte le lezioni e non arrendendosi davanti alle prime difficoltà. Molto utile risulta la lettura sotto la guida dell'insegnante per impadronirsi della corretta pronuncia. I più diligenti potranno anche cominciare a tradurre qualche parola nella propria lingua e a tenere una rubrica in modo da crearsi un piccolo dizionario personale. Questo sistema aiuterà a costituire un primo nucleo di parole che serviranno in seguito per la formazione di qualche frase e per una elementare conversazione. Una buona conoscenza della lingua si avrà quando, insieme con le norme grammaticali, si saranno apprese le norme pratiche della conversazione, che permetteranno di esprimersi chiaramente nella nuova lingua.

LE ALPI E GLI APPENNINI

L'Italia è una terra prevalentemente montuosa. Il principale rilievo è formato dalle due catene delle Alpi e degli Appennini. Le Alpi si stendono ad arco da occidente ad oriente, dalla Liguria fino al golfo di Trieste;  gli Appennini, seguendo la direzione dei meridiani, si stendono attraverso tutta la penisola fino alla punta estrema della Calabria.

I paesaggi alpini sono di una incomparabile bellezza. Le rocce si ergono maestose sulle verdi vallate in una successione di visioni mirabili, piene di suggestione e di incanto. Alcune cime giganteggiano come enormi torri e danno all'uomo il senso della sua piccolezza davanti alla potenza della natura.

IL CLIMA ITALIANO

Tra i paesi dell'Europa Meridionale, favoriti dalla posizione geografica e dal Mar Mediterraneo, la penisola italiana gode di un clima temperato-marittimo da tutti molto apprezzato per la mitezza della temperatura e per la limpidezza e luminosità del cielo. I turisti, che ogni anno visitano in massa l'Italia, oltre che dalle incomparabili bellezze artistiche delle varie città, sono attratti da questo clima mite.

Le cause principali che determinano il buon clima italiano sono: la posizione della penisola, che si trova compresa nella fascia temperata; il Mediterraneo, uno dei mari più tiepidi del globo; la catena delle Alpi, che ferma i venti freddi del Nord e difende la penisola da eccessivi rigori invernali.

LE AUTOSTRADE

La prima autostrada del mondo è stata ideata e realizzata dall'ingegnere italiano Puricelli. L'autostrada, col notevole impulso che hanno avuto le comunicazioni e con l'incremento dei mezzi di locomozione negli ultimi tempi, è nata per risolvere il problema del traffico, divenuto oggi imponente. La rete stradale italiana si è così arricchita di strade per autoveicoli ampie, asfaltate e ben tenute, che risolvono il preoccupante problema del traffico automobilistico. L'autostrada evita l'attraversamento dei centri abitati e qualsiasi incrocio, è sempre a doppia ampia carreggiata, rettilinea il più possibile, con pendenze lievissime. La più nota è l'Autostrada del Sole, che da Milano, attraverso Firenze, Roma e Napoli, arriva fino alla punta estrema della penisola.

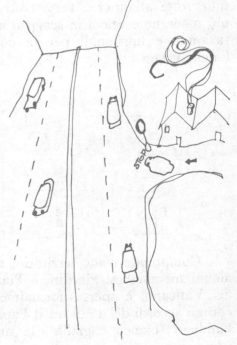

19

Il grande sviluppo costiero ed i numerosi porti bene attrezzati consentono all'Italia di collegarsi agevolmente per via marittima con quasi tutti i paesi della Terra. La penisola è lanciata come un molo nel Mediterraneo e notevole è il movimento di merci e di passeggeri che giornalmente rendono attivissimi i porti di Genova e di Napoli. Altri porti importanti sono quelli di Venezia, di Trieste, di Palermo, di Livorno, di Bari, di Savona, di Ancona. Linee marittime regolari collegano l'Italia con le Americhe, con l'Australia e con l'Estremo Oriente. Le navi impiegate sulle rotte atlantiche, tutte costruite nei cantieri nazionali, sono tra le più moderne e veloci in servizio nel mondo e sono dotate di attrezzature razionali e funzionali per la comodità dei passeggeri che affrontano lunghi viaggi.

LA CITTÀ DEL VATICANO

Uno dei più piccoli Stati del mondo è lo Stato della Città del Vaticano. Ha una superficie che non raggiunge il chilometro quadrato ed una popolazione di circa mille abitanti.

Comprende come territorio, nel cuore di Roma, i Palazzi Vaticani, alcuni meravigliosi giardini e Piazza San Pietro che, pur facendo parte del Vaticano, è aperta normalmente al pubblico. Questo Stato nacque con gli accordi del 1929 tra il Papa e il Governo italiano. Ha una propria bandiera (bianca e gialla), la sua moneta, la sua posta, una stazione radio ed una piccola stazione ferroviaria. Come tutti gli altri Stati, ha rapporti diplomatici con i vari Paesi del mondo. Il sovrano di questo Stato è il Papa, la cui autorità spirituale si estende sui milioni di Cattolici, che vivono sparsi in tutto il globo.

IL PALIO DI SIENA

Una delle più tradizionali e delle più tumultuose manifestazioni italiane è il « Palio delle Contrade » che si corre a Siena due volte l'anno, il 2 luglio e il 16 agosto. Si svolge nella bellissima Piazza del Campo e per l'occasione la città si riveste tutta di drappi, di bandiere, di tappeti in una fantasmagorica coreografia di colori. Le dieci contrade della città si contendono il « palio », cioè lo stendardo raffigurante la Beata Vergine, con dieci cavalli montati da fantini delle singole contrade, i quali, tra l'incitamento della folla, adoperano tutti i mezzi leciti ed illeciti per raggiungere la vittoria. Gli animi dei cittadini delle varie contrade si accendono in modo eccezionale e la vittoria viene festeggiata con un'allegra cena all'aperto, alla quale partecipa, a capo tavola, il cavallo vittorioso.

LA REGATA STORICA DI VENEZIA

Si svolge a Venezia, in settembre, sul Canal Grande, pavesato per l'occasione di damaschi, arazzi e velluti. Si tratta della più bella competizione remiera di tutti i tempi, che risale a sette secoli fa. È una gara per piccole gondole a due remi, ma più interessante della gara in se stessa è il « Corteo » di gondole patrizie e di antiche imbarcazioni decorate da emblemi di guerra e da fastose raffigurazioni mitologiche e allegoriche. Il corteo è aperto dal « Bucintoro », una grande gondola a 18 remi su cui prendono posto le autorità ed i rappresentanti delle quattro Repubbliche marinare italiane: Venezia, Genova, Pisa, Amalfi. La più suggestiva strada del mondo, il Canal Grande, con i suoi stupendi palazzi assume in quel giorno un aspetto che difficilmente sarà dimenticato da chi ha la fortuna di assistere alla regata.

ASSISI

La mistica cittadina di San Francesco sorge nel cuore dell'Umbria e mantiene ancora l'atmosfera dell'epoca del Santo. Tutto è intatto dopo sette secoli e sembra che da un momento all'altro debba apparire il Poverello, circondato dai suoi seguaci, per predicare l'umiltà e la povertà. Qui nacque anche Santa Chiara e le case, le strade, i romitaggi della zona ci parlano ancora di pietà e di amore. Gli uomini della nostra epoca, affaticati da tanti affanni e tormentati da tante ansie, possono ancora trovare qui un rifugio di pace: Assisi parla allo spirito, consola ed incanta.

FIRENZE

Vista in primavera, la città è circonfusa di una luce eterea, che la mostra come attraverso un globo di cristallo. La severità della pietra e del marmo degli edifici è come ammollita e trasfigurata. Le cime delle torri, delle cupole, dei campanili spiccano sul cielo diafano.

Poche città d'Italia presentano tanta varietà di fisionomia quanto Firenze nel suo interno. La Firenze di Dante, ristretta al centro con le sue torri mozzate, la Firenze Medicea, ricca e magnifica, sono racchiuse nella Firenze artistica, quieta e raccolta, dei chiostri, delle chiese tranquille, delle vie solitarie e silenziose, dove sono nati ed hanno lavorato tanti insigni pittori del Quattrocento e del Cinquecento.

L'INDUSTRIA AUTOMOBILISTICA

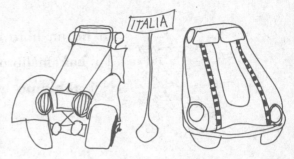

Lo sviluppo industriale italiano, rispetto a quello di altri paesi, è relativamente recente. La mancanza di materie prime e di fonti di energia ha ritardato questo sviluppo, ma oggi l'Italia gareggia in alcuni settori industriali con le piú progredite nazioni del mondo. L'esportazione di macchine in paesi come gli Stati Uniti, la Gran Bretagna, la Francia e la Germania, conferma che la produzione industriale italiana ha raggiunto in questo campo un livello altissimo.

Quella che piú si è imposta nei mercati mondiali è l'industria automobilistica e motociclistica. Torino è uno dei centri per la produzione automobilistica piú noti nel mondo (Fiat e Lancia). Altri centri sono Milano (Alfa Romeo e Bianchi), Brescia (O.M.), Modena (Ferrari e Maserati). La qualità dei motori e la elegante linea delle carrozzerie sono molto apprezzate in ogni parte del mondo.

1 - Lezione prima - A

Io **ho** un libro ....

Tu **hai** un libro ....

Noi **abbiamo** un libro ....

libro ....

Tu **hai** un quaderno ....

Egli **ha** un quaderno ....

Voi **avete** un quaderno ....

quaderno ....

Tu **hai** una penna ....

Io **ho** una penna..........................

Essi **hanno** una penna ....

penna ....

Egli **ha** una matita ....

Voi **avete** una matita ....

Esse **hanno** una matita ....

matita ....

Pronomi personali		Verbo avere	
Soggetto		*Presente indicativo*	
Io	Noi	Io ho	Noi abbiamo ....
Tu	Voi	Tu hai	Voi avete ....
Egli ⎰	Essi ⎰	Egli ⎰ ha	Essi ⎰ hanno ....
Essa ⎱	Esse ⎱	Essa ⎱	Esse ⎱

Tu hai un quaderno? No, io ho un libro.
Voi avete una matita? Sí, noi abbiamo una matita.
Ha un libro? Sí, ha un libro e un quaderno.
Essi hanno libri e quaderni? No, essi hanno soltanto un libro.
Hai una penna? Io non ho una penna.
Non hai una matita? Sí, ho una matita e una penna.

Esercizio 1 – *Coniugare al presente indicativo.*

Avere un libro – avere un cane – avere fame – avere un fiore – avere fortuna – avere una penna.

Lezione prima - B

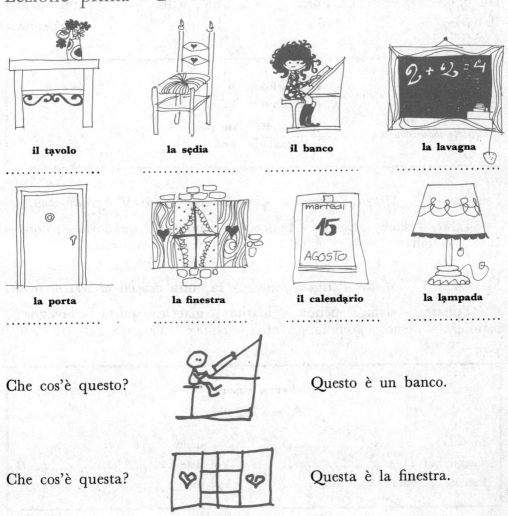

il tavolo   la sedia   il banco   la lavagna

la porta   la finestra   il calendario   la lampada

Che cos'è questo?   Questo è un banco.

Che cos'è questa?   Questa è la finestra.

 Quella
è la porta.

 Questa
è la sẹdia.

questo .... questa ....
quello .... quella ....
che cos'è questo? ....

Un banco   un libro   una sẹdia   una penna
Il banco   il libro   la sẹdia   la penna

artịcolo determinativo singolare	maschile	**il**
	femminile	**la**
artịcolo indeterminativo	maschile	**un**
	femminile	**una**

ESERCỊZIO 2 – *Mẹttere l'artịcolo maschile* **il, un** *davanti ai seguenti nomi.*

Libro – cane – tạvolo – banco – calendạrio – quaderno – fiore –
vaso – coltello – cervo – chiodo – carro – tetto – cappello.

ESERCỊZIO 3 – *Mẹttere l'artịcolo femminile* **la, una** *davanti ai seguenti nomi.*

Finestra – sẹdia – penna – matita – giacca – porta – lavagna –
bandiera – mano – gomma – gonna – chiave – camịcia.

Verbo ẹssere

Presente indicativo

Io sono ....   Noi siamo......................
Tu sei ....   Voi siete ....
Egli è ....   Essi sono ....

2 - Lezione seconda

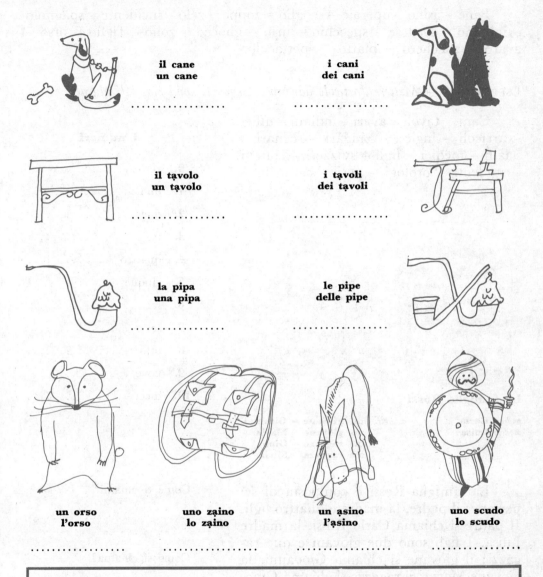

il cane
un cane

....

i cani
dei cani

....

il tavolo
un tavolo

....

i tavoli
dei tavoli

....

la pipa
una pipa

....

le pipe
delle pipe

....

un orso
l'orso

....

uno zaino
lo zaino

....

un asino
l'asino

....

uno scudo
lo scudo

....

L'articolo determinativo maschile è **il** (plurale **i**); davanti a parola che comincia per *vocale, s impura, z, gn, ps* si adopera **lo** (plurale **gli**).

Davanti a parola che comincia per *vocale* **lo** si apostrofa, mentre **gli** si apostrofa soltanto davanti a parola che comincia per **i**.

singolare:	l'orso	–	l'aviatore	–	l'italiano	–	l'asino
plurale:	gli orsi	–	gli aviatori	–	gl'italiani	–	gli asini
singolare:	lo spirito	–	lo scudo	–	lo zaino	–	lo psicologo
plurale:	gli spiriti	–	gli scudi	–	gli zaini	–	gli psicologi

ESERCIZIO 4 – *Mettere l'articolo davanti ai seguenti nomi maschili singolari.*

Pane – asino – operaio – scoglio – zoppo – zelo – incidente – spagnolo – indiano – svedese – specchio – urlo – gnocco – zolfo – figlio – orso – avaro – zucchero – piatto – spettacolo.

ESERCIZIO 5 – *Mettere l'articolo davanti ai seguenti nomi maschili plurali.*

Cani – tavoli – avari – indiani – uffici – articoli – inglesi – zingari – scenari – scialli – medici – figli – svizzeri – coltelli – studenti – orologi – zeri – cappelli.

I numeri

0.	zero	. . . .
1.	uno	. . . .
2.	due	. . . .
3.	tre	. . . .
4.	quattro	. . . .
5.	cinque	. . . .
6.	sei	. . . .
7.	sette	. . . .
8.	otto	. . . .
9.	nove	. . . .
10.	dieci	. . . .

La famiglia Rossi

padre: **Carlo**
madre: **Luisa**

figli: **un giovane – Giovanni**
una giovane – Maria
un ragazzo – Gino
una ragazza – Silvia

La famiglia Rossi è composta di sei persone: il padre, la madre e quattro figli. Il padre si chiama Carlo Rossi, la madre Luisa. I figli sono due giovani e due ragazzi: il giovane si chiama Giovanni, la giovane Maria; il ragazzo si chiama Gino, la ragazza Silvia.

Rispondere alle domande: Quante sono le persone che compongono la famiglia Rossi? Come si chiama il Signor Rossi? Come si chiama la Signora Rossi? Quanti sono i figli? Come si chiamano i due giovani? Come si chiamano i due ragazzi?

Come ti chiami?

. . . .

Come si chiama?

. . . .

Io mi chiamo

. . . .

Egli (essa) si chiama

. . . .

28

3 - Lezione terza

aquila   –   l'aquila   –   un'aquila

l'aquila è un uccello rapace

uccello   –   l'uccello   –   un uccello

L'articolo determinativo femminile **la** (plurale **le**) si apostrofa davanti ai nomi che cominciano per *vocale*:

     la aquila = l'aquila   la acqua = l'acqua

La forma plurale **le** si può apostrofare soltanto se la parola che segue comincia per **e**, ma è preferibile la forma intera:

le penne – le porte – le sedie – le lavagne – le anime – le aurore – le acque – le erbe (l'erbe).

ESERCIZIO 6 – *Mettere l'articolo davanti ai seguenti nomi femminili singolari.*

Stanza – palla – perla – aria – avarizia – eredità – aristocrazia – umiltà – ansia – sposa – anemia – ortografia – geografia – storia.

ESERCIZIO 7 – *Mettere l'articolo davanti ai seguenti nomi femminili plurali.*

Feste – spose – italiane – americane – palle – erbe – onde – albe – stoffe – anime – spille – acque – virtú – avare.

I giorni della settimana sono sette: *lunedí, martedí, mercoledí, giovedí, venerdí, sabato, domenica.*

I due ragazzi Rossi, Gino e Silvia, hanno un cane e un gatto; amano gli animali e li considerano i migliori amici. La domenica e tutti i giorni festivi, se non vanno in campagna o al mare, restano in casa e giocano con i due animali.

Rispondere alle domande: Quanti sono i giorni della settimana? Quali sono? Gino e Silvia hanno degli animali? Tu hai un cane? Hai un gatto?

Articolo indeterminativo:

maschile: **un – uno**   *femminile:* **una – un'**

uno   si adopera davanti a parola che comincia per *s impura, z, gn, ps*:

un cane – un uomo – uno spillo – uno specchio – uno zoppo;

una   si apostrofa davanti a parola che comincia per *vocale:*

una donna – una spada – un'aquila – un'anima.

L'articolo indeterminativo non ha la forma del plurale; si ricorre ad una forma di partitivo (**dei, degli, delle**) o all'aggettivo indefinito **alcuni, alcune**:

un cane   *plurale:*   dei cani, alcuni cani
un'aquila   »   delle aquile, alcune aquile

ESERCIZIO 8 – *Mettere l'articolo indeterminativo davanti ai seguenti nomi.*

Maschili: operaio – ospedale – miracolo – studente – articolo – orologio – spettacolo – zingaro – orlo – elemento – zero – stendardo – splendore – coltello.

Femminili: arte – stella – camicia – bandiera – acqua – aurora – opera – ala – lettera – armonia – stampa – elemosina – valigia – erba.

Plurali: cani – studenti – orologi – stelle – chiese – zeri – scudi – finestre – spilli – zaini – aviatori – case – donne – ordini.

I, II, III CONIUGAZIONE

Presente indicativo

	lodare	*temere*	*partire*
Io	lodo	temo	parto ....
Tu	lodi	temi	parti
Egli (essa)	loda	teme	parte
Noi	lodiamo	temiamo	partiamo
Voi	lodate	temete	partite
Essi (esse)	lodano	temono	partono

PROSPETTO RIASSUNTIVO DELL'ARTICOLO
Determinativo

maschile

singolare

il davanti a *consonante* (eccetto *s impura, z, gn, ps*):
il cane – il ragazzo

lo davanti a *s impura, z, gn, ps:*
lo specchio – lo zero
lo gnocco – lo psicologo

l' davanti a *vocale:*
l'ordine – l'amore

plurale

i davanti a *consonante* (eccetto *s impura, z, gn, ps*):
i cani – i ragazzi

gli davanti a *s impura, z, gn, ps, vocali* (eccetto *i*):
gli specchi – gli zeri
gli gnocchi – gli psicologi
gli ordini – gli amori

gl' davanti alla *vocale i:*
gl'italiani - gl'inganni

femminile

singolare

la davanti a *consonante:*
la penna – la stella
l' davanti a *vocale:*
l'ancora – l'aurora
l'erba – l'onda

plurale

le davanti a *consonante* e a *vocale:*
le ragazze – le ore
le aurore – le spose
le erbe (l'erbe)

Indeterminativo

maschile

un davanti a *vocale* e *consonante:*
un albero – un tavolo
uno davanti a *s impura, z, gn, ps:*
uno spirito – uno zero
uno gnomo – uno pseudonimo

femminile

una davanti a *consonante:*
una signora – una stoffa
un' davanti a *vocale:*
un'alba – un'ombra
un'amica – un'estate

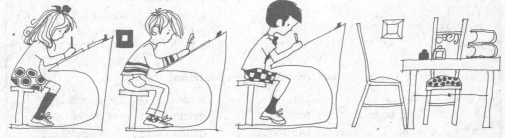

Quanti sono gli allievi di questa classe? Quante sono le allieve? Quanti sono i libri sui banchi? Quanti sono i quaderni? Quante sedie ci sono? Quante sono le pagine della grammatica già studiate?

c'è .... ci sono .... ci siamo .... ci siete ....

I mesi dell'anno sono dodici: *gennaio, febbraio, marzo, aprile, maggio, giugno, luglio, agosto, settembre, ottobre, novembre, dicembre.*

Trenta giorni ha novembre
con aprile, giugno e settembre
di ventotto ce n'è uno,
tutti gli altri ne hanno trentuno

11.	undici	. . . .
12.	dodici	. . . .
13.	tredici	. . . .
14.	quattordici	. . . .
15.	quindici	. . . .
16.	sedici	. . . .
17.	diciassette	. . . .
18.	diciotto	. . . .
19.	diciannove	. . . .
20.	venti	. . . .

È gennaio e in Italia, come in tutta l'Europa e l'America del Nord, fa freddo. La famiglia Rossi è riunita davanti al camino: il signor Rossi legge il giornale, la signora lavora a maglia, Carlo e Maria leggono delle riviste, i due ragazzi sono seduti per terra. Nelle sere d'inverno piace stare a casa davanti al fuoco in una serena pace familiare.

Rispondere alle domande: Quanti sono i mesi dell'anno? Quali sono i mesi freddi? Quali sono i mesi caldi? La famiglia Rossi dov'è? Che cosa fa il signor Rossi? Che cosa fanno Carlo e Maria? Che cosa fa la signora Rossi? Che cosa fanno i due ragazzi? Come si chiamano i due ragazzi?

Presente indicativo del verbo **fare**

Io faccio	Noi facciamo . . . .
Tu fai	Voi fate . . . .
Egli } Essa } fa	Essi } Esse } fanno . . . .

Le principali preposizioni

a	in	per	senza	prima . . . .
di	su, sopra	tra, fra	davanti	dopo . . . .
da	con	contro	dietro	verso . . . .

ESERCIZIO 9 – *Che cos'è questo?*

  (es.: questo è il fiore - questo è un fiore)

ESERCIZIO 10 – *Che cosa hai tu?*

  (es.: io ho il libro - io ho un libro)

I RIEPILOGO (fonetica e lezioni 1 – 4)

L'insegnante, riferendosi ai disegni riprodotti, indica il numero e pone le domande degli esercizi n. 9 e 10.

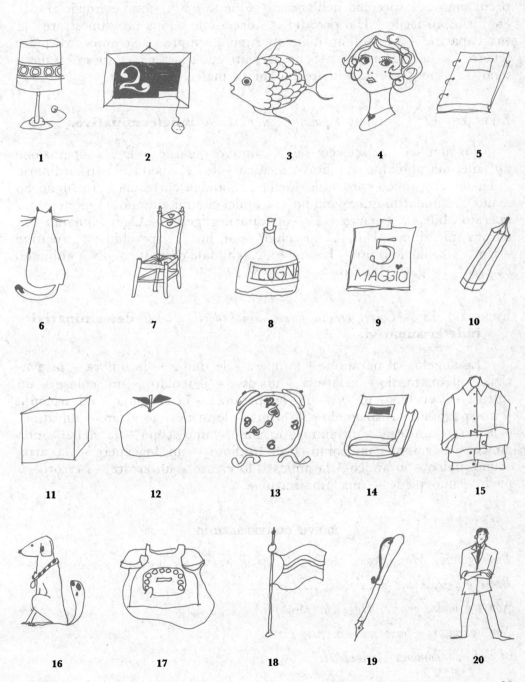

1   2   3   4   5

6   7   8   9   10

11   12   13   14   15

16   17   18   19   20

ESERCIZIO 11 – *Sostituire i puntini con l'articolo* **determinativo.**

Questi sono ... amici nostri – Sono questi ... vostri amici? – ... libri e ... quaderni sono sul tavolo. – Io sono ... zio di Carlo, tu sei ... zia di Anna; noi due siamo ... zii di questi ragazzi – ... occhi sono ... specchio dell'anima – Questo è ... stesso esercizio; è ... esercizio piú facile – Hai perduto ... occasione buona per dimostrare ... tua capacità – ... alunno diligente supera sempre ... esami – Mi piace tenere ... uccelli in casa – Sono arrivati ... sposa e ... sposo – Questi sono ... sposi – ... aria fredda mi fa male.

ESERCIZIO 12 – *Sostituire i puntini con l'articolo* **indeterminativo.**

Tu non sei ... sciocco, sei ... bravo ragazzo – È ... operazione difficile, ma abbiamo ... bravo medico – È ... spettacolo straordinario – Tu sei ... amico caro, tua sorella ... amica carissima – In luglio ho avuto ... malattia grave, ma ho ... amici che mi aiutano – Questo è ... operaio abile, la ragazza è ... operaia negligente – Oggi abbiamo ... aurora splendida – Hai ... specchio? – Sí, ho ... specchio e ... pettine – Ho ... orologio d'oro – Il cane è ... animale domestico – Noi abbiamo in casa ... gatto bianco.

ESERCIZIO 13 – *Correggere le forme errate degli articoli* **determinativi** *e* **indeterminativi.**

Lo angelo – il paralume – la opera – le ombre – la ombra – la avarizia – il spettacolo – la attesa – un osso – il scolaro – un scolaro – un spirito – il occhio – un occhio – la speranza – la armonia – un armonia – un spagnolo – il spagnolo – la orma – le orme – lo attore – un attore – la aria – un aria – un anno – lo anno – uno scopo – la stella – una amica – il zaino – un zaino – un studioso – un ingegnere – la arpa – uno amico – lo amico – la amica – lo errore – un errore – i errori – i piedi – uno piede – una ammirazione.

BREVE CONVERSAZIONE

Buon giorno, Mario, come stai? ....

Bene, grazie, e tu? ....

Non c'è male, grazie. Oggi che cosa fai? ....

Non so ancora; forse resto in casa ....

Ci vedremo domani. Arrivederci ....

Che cosa ha il ragazzo?

1

2

Che cosa ha la bambina?

1

2

5 - Lezione quinta

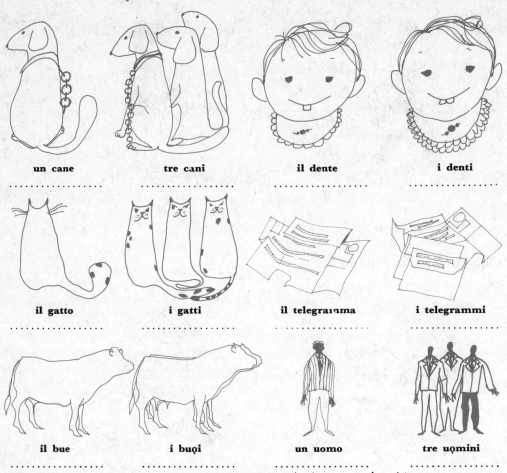

un cane | tre cani | il dente | i denti

il gatto | i gatti | il telegramma | i telegrammi

il bue | i buoi | un uomo | tre uomini

Plurale dei nomi maschili

A - I nomi maschili che terminano in **a, e, o,** cambiano al plurale la desinenza in **i:**

il poeta = i poeti; il cane = i cani; il gatto = i gatti.

Rimangono invariati i nomi: boia (.....), vaglia (.....), paria (.....), gorilla (.....).
pigiama ha due forme di plurale: *i pigiama, i pigiami.*
il boia = i boia; il vaglia = i vaglia; il gorilla = i gorilla.
Sono irregolari **bue** e **uomo** che fanno **buoi, uomini.**

ESERCIZIO 14 – *Volgere al plurale i seguenti nomi premettendo l'articolo.*

Padre – telegramma – portiere – studente – cane – carro – amore – spirito – nipote – uomo – colore – letto - libro – boia – vaglia – farmacista – dottore – francese – calore – quadro – mare – fiume – vestito – dramma – servo – scrittore – papà – lume – programma.

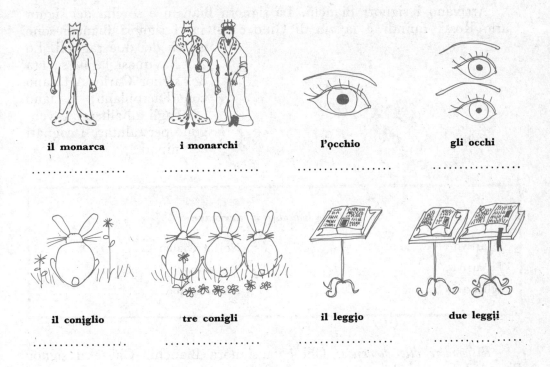

il monarca   i monarchi   l'occhio   gli occhi

....

il coniglio   tre conigli   il leggio   due leggii

....

Plurale dei nomi maschili

B - I nomi che terminano in **ca** e **ga** formano il plurale in **chi** e **ghi**:

il monarca = i monarchi; ·   il collega = i colleghi.
(ma **il Belga** ha il plurale **i Belgi**)

C - I nomi che terminano in **io** con la **i** non accentata formano il plurale in **i**:

l'armadio = gli armadi;   il vecchio = i vecchi.
(ma **il tempio** ha il plurale **i templi**)

Se la **i** della desinenza **io** è accentata, viene mantenuta anche al plurale:

lo zio = gli zii;   il leggio = i leggii.
(**Dio** e **semidio** hanno il plurale: **gli dei, i semidei**)

ESERCIZIO 15 – *Volgere al plurale i seguenti nomi premettendo l'articolo.*

Operaio – specchio – figlio – viaggio – esempio – occhio – pendio – serraglio – Dio – commercio – fornaio – zio – collega – stratega – coniglio – consiglio – addio – bacio – raggio – ghiaccio – giudizio – orecchio – malvagio – mormorio – straccio – libraio – principio – avversario.

Arrivano i signori Bianchi. La signora Bianchi è sorella del signor Carlo Rossi, quindi è la zia di Gino e Silvia. I signori Bianchi sono  gli zii dei due ragazzi. Lo zio ha quasi la stessa età del signor Carlo. Arrivano con l'aeroplano; lasciano i bagagli all'albergo e vengono per salutare i cognati e i nipoti.

Presente indicativo di **arrivare**

Io arrivo . . . .   Noi arriviamo . . . .

Tu arrivi . . . .   Voi arrivate . . . .

Egli arriva . . . .   Essi arrivano . . . .

Rispondere alle domande: Chi è la signora Bianchi? Chi è il signor Bianchi? Con quale mezzo arrivano? Dove lasciano i bagagli? Quante persone ci sono nelle due famiglie Rossi e Bianchi? Come si chiama il primo dei figli dei signori Rossi? E il secondo?

Il lunedí è il primo giorno della settimana, il martedí il secondo giorno, il mercoledí il terzo giorno, il giovedí il quarto giorno, il venerdí il quinto giorno, il sabato il sesto giorno, la domenica il settimo giorno. Il lunedí è il primo giorno della settimana, la domenica è l'ultimo giorno della settimana.

I numeri ordinali

Rispondere alle domande:

Tu sei il primo della classe?	1° primo . . . .
	2° secondo . . . .
Quante persone siete nella vostra famiglia?	3° terzo . . . .
Quanti figli?	4° quarto . . . .
	5° quinto . . . .
Quanti fratelli?	6° sesto . . . .
Quante sorelle?	7° settimo . . . .
	8° ottavo . . . .
Tu sei il primo in ordine di età?	9° nono . . . .
	10° decimo . . . .

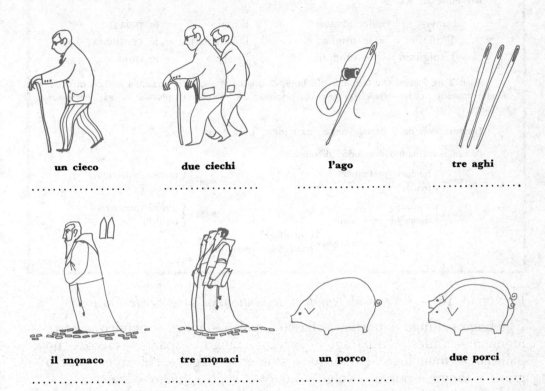

un cieco .... due ciechi .... l'ago .... tre aghi ....

il monaco .... tre monaci .... un porco .... due porci ....

Plurale dei nomi maschili

D - I nomi che terminano in **co** e **go** *generalmente* formano il plurale in **chi** e **ghi**:

il cieco   = i ciechi;   il fuoco = i fuochi;
il dialogo = i dialoghi;   il luogo = i luoghi.

Molti di questi nomi, però, hanno il plurale in **ci** e **gi**; da ricordare:

l'amico	= gli amici;	il panegirico	= i panegirici;
l'austriaco	= gli austriaci;	il parroco	= i parroci;
il canonico	= i canonici;	il porco	= i porci;
il cantico	= i cantici;	il portico	= i portici;
il chierico	= i chierici;	il sindaco	= i sindaci;
l'equivoco	= gli equivoci;	l'antropofago	= gli antropofagi;
il greco	= i greci;	l'asparago	= gli asparagi;
il laico	= i laici;	l'astrologo	= gli astrologi;
il medico	= i medici;	il filologo	= i filologi;
il monaco	= i monaci;	il musicologo	= i musicologi;
il nemico	= i nemici;	il teologo	= i teologi.

E - Alcuni nomi maschili al plurale diventano femminili ed hanno una desinenza *irregolare* in **a**:

l'uovo	= le uova;	il paio	= le paia;
il miglio	= le miglia;	il centinaio	= le centinaia;
il migliaio	= le migliaia.	lo staio	= le staia.

Nota: Tutti i nomi che terminano in **logo**, di origine greca, e che indicano studiosi di determinate materie, come *entomologo, egittologo, enologo*, ecc. hanno il plurale in **gi**: *entomologi, egittologi, enologi*, ecc.

Il nome *mago* ha il plurale *maghi*, ma si dice: I Re Magi.

Alcuni nomi hanno due forme di plurale:

fondaco { fondaci (preferibile) / fondachi

manico { manici (preferibile) / manichi

stomaco { stomaci / stomachi (preferibile)

traffico { traffici (preferibile) / traffichi

sarcofago { sarcofagi / sarcofaghi (preferibile)

ESERCIZIO 16 – *Volgere al plurale i seguenti nomi premettendo l'articolo.*

Lago – fungo – portico – fiasco – palco – mago – nemico – bosco – monaco – amico – asparago – sacco – fango – spago – tacco – uovo balocco – monologo – dialogo – stomaco – ago – chirurgo – turco – greco – tango – porco – volgo – cuoco – sugo – luogo – banco.

ESERCIZIO 17 – *Volgere al plurale le seguenti frasi.*

Io sono il sindaco – Tu hai un uovo – Io ho l'uovo – Il nostro amico ha il vaglia – Tu non sei artista – Questo giovane è operaio – L'impiegato ha l'obbligo dell'orario – Il parroco è sotto il portico – Il contadino ha un bue e un cane – Questo amico è austriaco, il cugino è turco – Egli è medico, tu sei avvocato, io sono cuoco – Io sono francese, tu sei inglese, egli è italiano.

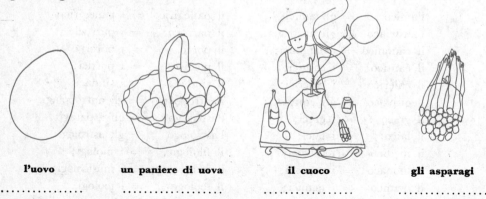

l'uovo   un paniere di uova   il cuoco   gli asparagi

....

Modo indicativo

Imperfetto

verbo **avere**	verbo **essere**
Io avevo	Io ero . . . .
Tu avevi	Tu eri
Egli aveva	Egli era
Noi avevamo	Noi eravamo
Voi avevate	Voi eravate
Essi avevano	Essi erano

ESERCIZIO 18 – *Coniugare all'imperfetto le seguenti frasi.*

Avere un amico – avere sonno – avere la fortuna – avere un dubbio – essere buono – essere ammalato – essere ricco – essere triste – essere felice – essere stanco – essere a Roma.

Per la formazione del plurale gli aggettivi seguono generalmente le stesse norme dei sostantivi: *triste = tristi; ricco = ricchi.*

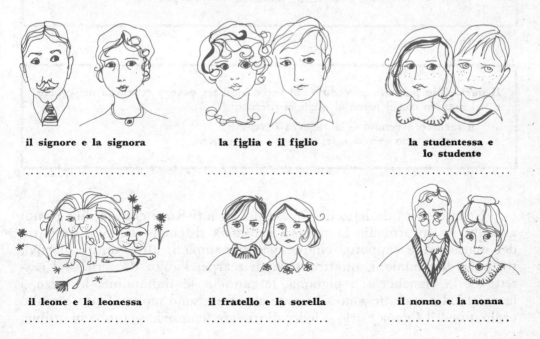

il signore e la signora

la figlia e il figlio

la studentessa e lo studente

il leone e la leonessa

il fratello e la sorella

il nonno e la nonna

Formazione del femminile

A - Il femminile dei nomi si forma generalmente mutando in **a** la desinenza del maschile:

il gatto = la gatta;   il figlio = la figlia;   il signore = la signora.

B - I nomi maschili che terminano in **tore** formano generalmente il femminile in **trice**:

l'autore = l'autrice; l'imperatore = l'imperatrice; l'attore = l'attrice.

Nota: I nomi: *impostore, tintore, pastore, avventore* hanno il femminile: *impostora, tintora, pastora, avventora*.

C - Un gruppo di nomi forma il femminile cambiando in **essa** la desinenza del maschile:

lo studente	= la studentessa;	il sacerdote	= la sacerdotessa;
il poeta	= la poetessa;	il leone	= la leonessa;
il mercante	= la mercantessa;	l'elefante	= l'elefantessa;
l'oste	= l'ostessa;	il profeta	= la profetessa.

Seguono questa formazione del femminile alcuni nomi che indicano titoli nobiliari: barone = baronessa; conte = contessa; duca = duchessa; principe = principessa (però marchese = marchesa).

Abate = badessa e abbadessa; professore = professoressa.

Il participio passato preceduto dal verbo ausiliare **essere** concorda nel genere e nel numero con il nome al quale si riferisce:

il ragazzo è venuto – la ragazza è venuta;
i ragazzi sono venuti – le ragazze sono venute.

Nella camera da letto della casa dei signori Rossi ci sono due grandi armadi; in un armadio la signora Luisa ha sistemato tutto il vestiario del marito: due cappotti, cinque vestiti completi, altri vestiti sportivi, tre paia di pantaloni, quattro paia di scarpe, l'abito da sera. Nei cassetti c'è la biancheria: i pigiama, le camicie, le mutandine, le calze, i fazzoletti. Le cravatte sono sistemate a parte e sono molte. Tutto è molto ordinato ed il signor Carlo è felice di trovare sempre la sua roba in ordine.

Vestiạrio maschile

il cappotto   l'impermeạbile   la giacca   i pantaloni

le scarpe   la camịcia   la cravatta   il pigiama

le calze   il fazzoletto   la cintura   il colletto

le mutandine   l'ạbito sportivo   l'ạbito da sera   i guanti   il cappello

Rispondere alle domande: Quanti vestiti ha il signor Rossi? Quante paia di scarpe? Dove è sistemata la biancheria? Dove sono sistemati i vestiti? È grande o è piccolo l'armadio per il vestiario del signor Rossi? Quanti sono gli armadi della camera da letto? Quante paia di pantaloni ha il signor Rossi? Quante cravatte? È felice il signor Carlo di trovare la sua roba in ordine?

7 - Lezione settima - B

Femminili irregolari

D - Alcuni nomi formano il femminile mantenendo del maschile soltanto la radice del nome:

il dio	= la dea;		il re	= la regina;
lo zar	= la zarina;		l'eroe	= l'eroina;
il gallo	= la gallina;		il cane	= la cagna.

Altri nomi formano il femminile con parole differenti da quelle che indicano il maschile:

l'uomo	= la donna;		il celibe	= la nubile;
il padre	= la madre;		il compare	= la comare;
il fratello	= la sorella;		il toro, il bue	= la vacca;
il marito	= la moglie;		il porco	= la scrofa;
il genero	= la nuora;		il becco	= la capra;
il maschio	= la femmina;		il montone	= la pecora.

Alcuni nomi, detti **promiscui,** hanno una sola forma per il maschile e per il femminile e il genere si distingue dall'articolo che li precede. Sono nomi che hanno la desinenza in **e** ed in **a:**

il nipote = la nipote; il consorte = la consorte; il parente = la parente; il giovane = la giovane; il mendicante = la mendicante; il milanese = la milanese (*e tutti i nomi che indicano cittadinanza che terminano in* **e:** torinese, bolognese, francese, cinese, inglese, svedese, scozzese, canadese, ecc.), il parricida = la parricida; il pianista = la pianista, *e così* artista, turista, socialista, ecc.

Il signor Rossi è un uomo, la signora Rossi è una donna; sono marito e moglie. La signora Rossi è la madre di Giovanni, Maria, Gino e Silvia; il signor Rossi è il padre. Padre, madre e figli formano una bella famiglia.

Giovanni e Maria non sono sposati, Giovanni è celibe, Maria è nubile. Giovanni è un giovane, Maria è una giovane. I due vecchi sono i nonni dei ragazzi; i ragazzi sono nipoti dei nonni. Giovanni è un bravo nipote, anche Maria è una brava nipote.

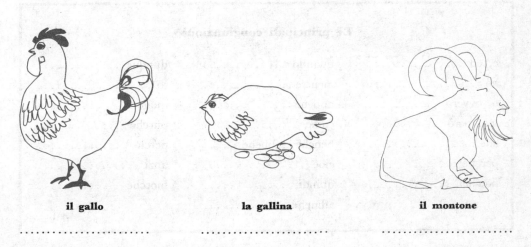

il gallo   la gallina   il montone

....

45

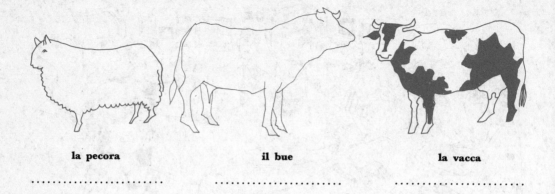

la pecora   il bue   la vacca

....

ESERCIZIO 19 – *Volgere al femminile i nomi e le frasi seguenti.*

a) Il marito – l'uomo – l'artista – il cuoco – il giornalista – il pittore – il maschio – il socialista – il romano – il giovane – il padre – il genero – il figlio – il segretario – il marchese – il porco – lo zio – il nonno – l'operaio – il re – il conte – il barone – lo studente – il cantante – il cognato – lo svedese – il veneziano – il milanese.

b) Il pianista è fratello del chitarrista – Il nipote del principe è avvocato – Il medico è figlio di un milanese – Il figlio del barone è celibe – Lo studente è figlio di un marchese – Il poeta è figlio di un attore, nipote di un mercante – Il fattore ha nella fattoria un gallo, un cane, un bue, un porco, un becco e un montone – Il compare del duca è conte ed è un eroe – Il nipote del marchese è abate ed è professore.

Le principali congiunzioni

e, ed	quando	dunque ....
né	mentre	se ....
o, ovvero	appena	qualora ....
ma, però	come	purché ....
che	benché, sebbene	perciò ....
perché	cioè	anzi ....
poiché	quindi	fuorché ....
	affinché	

Lettura

IL POVERO VECCHIO

Chi era quel vecchio che passava ogni settimana bussando a tutte le porte? Aveva una giacca a brandelli ed i pantaloni rotti; un paio di scarpe che avevano perduto anche la forma di scarpe ed un nodoso bastone al quale si appoggiava pesantemente. Era un povero vecchio senza famiglia e senza casa. Aveva un sacco in cui deponeva tutto ciò che gli regalavano; ad ogni porta ripeteva la stessa litania. Chi era quel vecchio? Era la prova settimanale che nella vita c'è sempre chi sta peggio di noi, era la voce della coscienza che ripete continuamente che non bisogna inorgoglirsi e che bisogna avere pietà del prossimo, che c'è tanta miseria e tanto bene da fare per ognuno di noi.

8 - Lezione ottava

Modo indicativo

Futuro semplice

verbo **avere**	verbo **essere**
Io avrò	Io sarò ....
Tu avrai	Tu sarai
Egli avrà	Egli sarà
Noi avremo	Noi saremo
Voi avrete	Voi sarete
Essi avranno	Essi saranno

ESERCIZIO 20 – *Coniugare al futuro le seguenti frasi.*

Avere paura – avere appetito – avere tempo – avere bisogno – essere a casa – essere in città – essere soddisfatto – essere artista – essere dottore – essere direttore.

Vestiario femminile

il cappotto   la gonna   il vestito   la sottoveste   la borsetta

il cappellino   la camicetta   le calze - le scarpe   la giacchetta

La signora Rossi nella sua camera ha anche un grande armadio dove tiene i suoi vestiti e la sua biancheria. La signora Luisa ha molti vestiti, e molte gonne; con le gonne indossa le varie camicette specialmente in estate. Ha molte paia di scarpe ed un paio è riservato per la pioggia. Quando piove indossa l'impermeabile e non dimentica l'ombrellino. In inverno indossa anche la pelliccia per non avere freddo quando deve uscire e porta sempre un cappellino di feltro. Ma ha altri cappellini eleganti per tutte le occasioni. La signora Luisa è sempre in ordine ed elegante.

la cintura   la sciarpa   i guanti   l'impermeabile   l'ombrellino   la pelliccia

Rispondere alle domande: Quando piove che cosa indossa la signora Luisa? La signora ha un solo cappellino? In inverno che cosa indossa? E in estate? Quante paia di scarpe ha la signora Luisa? Ha un armadio nella sua camera?

Presente indicativo di **tenere**

Io tengo	Noi teniamo ....
Tu tieni	Voi tenete ....
Egli tiene	Essi tengono ....

Le stagioni dell'anno sono quattro

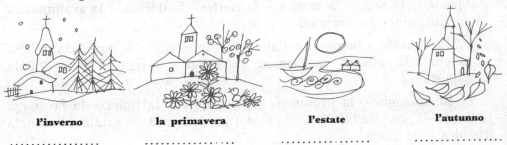

l'inverno   la primavera   l'estate   l'autunno

....

Plurale dei nomi femminili

A - I nomi femminili che terminano in **a** al plurale cambiano la desinenza in **e**:

la porta = le porte;   la carta = le carte;
l'anima = le anime;   la casa = le case.

(*eccezioni*: l'ala = le ali;   l'arma = le armi).

B - I nomi femminili che terminano in **ca** e **ga** formano il plurale in **che** e **ghe**:

la monaca = le monache; la banca = le banche; la toga = le toghe.

C - I nomi femminili che terminano in **cia** e **gia**, con la **i** accentata, formano il plurale in **cie** e **gie**:

la farmacia = le farmacie; la scia = le scie; la bugia = le bugie.

D - I nomi femminili che terminano in **cia** e **gia**, con la **i** non accentata, formano il plurale in **ce** e **ge**:

la ciliegia = le ciliege;   la valigia = le valige;
la caccia = le cacce;   la fascia = le fasce;
la pioggia = le piogge;   la coscia = le cosce.

Nota: mantengono al plurale la **i** alcuni nomi, come **socia-socie, acacia-acacie, camicia-camicie**, ed altri che, senza quella vocale, potrebbero confondersi con gli aggettivi corrispondenti: **audacia-audacie, ferocia-ferocie, fallacia-fallacie** aggettivi: **audace, feroce, fallace**. Il nome **provincia** ha le due forme **provincie** (preferibile) e **province**.

E - I nomi femminili che terminano in **e** al plurale cambiano la desinenza in **i**:

la neve = le nevi;   la madre = le madri;   la tigre = le tigri.

I nomi che terminano in **ie** restano invariati al plurale:

la barbarie = le barbarie; la specie = le specie; la serie = le serie.

(**superficie** può avere al plurale le forme **superficie** e **superfici**).

Il nome *moglie* ha il plurale *le mogli; la mano* = *le mani*.

ESERCIZIO 21 – *Volgere al plurale i seguenti nomi femminili.*

a) La cugina – la zia – la madre – la nipote – la barca – la quercia – l'abbazia – la rete – la matita – la notte – la doccia – la grammatica – la malinconia – la caviglia.

b) La rondine – la giacca – l'audacia – la treccia – la nave – la striscia – la moglie – la collega – la formica – la strega – la riga – l'arma – l'ala – la superficie.

c) La spiaggia – la pronuncia – la valigia – la figlia – la farmacia – la bocca – l'oca – la bistecca – la filosofia – la roccia – l'aquila – l'arancia – l'amica – la tasca.

ESERCIZIO 22 – *Volgere al plurale le seguenti frasi.*

Il pittore sarà a Roma domani – La nipote del medico è con la figlia dell'avvocato – La treccia della fanciulla – La barca del pescatore – La bocca del bambino – La moglie del sindaco è con la figlia del farmacista – La porta del negozio – La gabbia della tigre e del leone – La superficie della pianura – La serie di francobolli – L'avvocato aveva la toga – La zia è proprietaria di una farmacia.

Presente indicativo del verbo **stare**

Io sto ....   Noi stiamo ....

Tu stai ....   Voi state ....

Egli sta ....   Essi stanno ....

---

9 - Lezione nona

Modo indicativo	
Passato remoto	
verbo **avere**	verbo **essere**
Io ebbi	Io fui ....
Tu avesti	Tu fosti
Egli ebbe	Egli fu
Noi avemmo	Noi fummo
Voi aveste	Voi foste
Essi ebbero	Essi furono

ESERCIZIO 23 – *Coniugare al passato remoto le frasi dell'esercizio 18 e dell'esercizio 20.*

La casa

1) il muro
2) il tetto
3) la facciata
4) il cornicione
5) il portone
6) la scala
7) l'ascensore
8) la porta
9) il balcone
10) la persiana
11) la finestra
12) la cucina

13) la sala d'ingresso
14) il soggiorno
15) la camera da letto
16) la sala da pranzo
17) il bagno
18) la terrazza

Questa è la casa della famiglia Rossi. La casa ha un giardino attorno con alcuni alberi. Ha due piani. Il portone d'ingresso è di legno pesante. Al primo piano della facciata principale ci sono due balconi, al secondo piano le finestre. Le finestre hanno le persiane per proteggere dal sole e dalla pioggia. È proprio una bella casa circondata da fiori e da piante.

Rispondere alle domande: Quanti piani ha la casa della famiglia Rossi? Quanti balconi? Quante finestre? Le finestre hanno le persiane? Ci sono delle piante attorno alla casa? C'è anche una scala all'ingresso? È bella la casa dei Rossi? Complessivamente quanti sono gli ambienti dell'appartamento dove vivono i Rossi? C'è il riscaldamento centrale? Nel bagno c'è lo scaldabagno elettrico? La strada è rumorosa o tranquilla? C'è una stanza per gli ospiti? C'è l'ascensore?

Preferisci la casa di città o la casa di campagna?

Presente indicativo del verbo **preferire**

Io preferisco ....   Noi preferiamo ....

Tu preferisci ....   Voi preferite ....

Egli preferisce ....   Essi preferiscono ....

Nomi che non variano al plurale

Oltre i nomi boia, vaglia, radio, specie, ecc. restano invariati al plurale:

a) *i nomi tronchi, cioè quelli che hanno l'accento sull'ultima sillaba:*

     la bontà = le bontà;   il caffè = i caffè; la città = le città, ecc.

b) *i nomi monosillabi:*

     il re = i re;   il tè = i tè;   la gru = le gru, ecc.

c) *i nomi che al singolare terminano in* **i:**

     il brindisi = i brindisi; la tesi = le tesi; l'analisi = le analisi; la crisi = le crisi.

d) *i nomi che terminano in consonante:*

     il lapis = i lapis;   il tram = i tram;   il gas = i gas;
     lo sport = gli sport;   il film = i film, ecc.

e) *i cognomi:*

     i Doria,   i fratelli Russo,   le sorelle Russo,   i fratelli Bandiera, ecc.

ESERCIZIO 24 – *Volgere al plurale.*

Il primo venerdí – La virtú del presidente – La tisi della vecchia – La canizie del vecchio – La qualità del caffè – Il dovere del medico – La rotaia del tram – Il beneficio dello sport – La tesi di laurea – Il lapis del disegnatore – Il soggettista del film – Il pericolo del gas – Una tazza di tè ed una tazzina di caffè – La radio e la televisione – Il telegramma e il vaglia.

BREVE CONVERSAZIONE

Buona sera, signorina. ....

Buona sera, professore. ....

Lei, oltre l'italiano, studia altre lingue? ....

Sí, studio la lingua francese. ....

Buona sera, Carlo, come va? ....

Non c'è male, e tu come stai? ....

Bene, grazie. Arrivederci, torno presto. ....

Arrivederci. Ti aspetto qui. ....

54

10 - Lezione decima

Le preposizioni semplici **a, di, da, in, su, con, per,** seguite dagli articoli determinativi, singolari e plurali, si fondono con essi e formano le **preposizioni articolate:**

a +
- il = al : **al** ragazzo
- lo = allo : **allo** studente
- la = alla : **alla** figlia
- i = ai : **ai** ragazzi
- gli = agli : **agli** studenti
- le = alle : **alle** figlie

di +
- il = del : **del** padre
- lo = dello: **dell'**uomo
- la = della: **dell'**anima
- i = dei : **dei** padri
- gli = degli: **degli** uomini
- le = delle: **delle** anime

da +
- il = dal : **dal** vecchio
- lo = dallo: **dallo** zio
- la = dalla: **dalla** signora
- i = dai : **dai** vecchi
- gli = dagli: **dagli** zii
- le = dalle: **dalle** signore

in +
- il = nel : **nel** giardino
- lo = nello: **nello** studio
- la = nella: **nella** casa
- i = nei : **nei** giardini
- gli = negli: **negli** studi
- le = nelle: **nelle** case

su +
- il = sul : **sul** tavolo
- lo = sullo: **sullo** specchio
- la = sulla: **sulla** sedia
- i = sui : **sui** tavoli
- gli = sugli: **sugli** specchi
- le = sulle: **sulle** sedie

con +
- il = col : **col** figlio
- i = coi : **coi** figli

per +
- il = pel : **pel** padre
- i = pei : **pei** genitori

Con le preposizioni **con** e **per** generalmente *non si formano le preposizioni articolate.* Sono tollerate le forme **col, coi, pel, pei,** ma è meglio usare **con il, con i, per il, per i.**

Come si vede dagli esempi riportati, le preposizioni articolate, nell'incontro con le parole, seguono le stesse norme degli articoli determinativi corrispondenti:

l'amore: dell'amore, nell'amore, dagli amori, ecc.
lo scopo: nello scopo, sugli scopi, per gli scopi, ecc.
lo zero: dello zero, dallo zero, sullo zero, negli zeri, ecc.

L'ARRIVO DELLA NAVE

L'arrivo *della* nave era atteso *dai* cittadini con grande gioia, perché quella nave portava *dai* paesi piú lontani molta gente che viveva *all'*estero da tanti anni. *Nella* banchina c'era già folla prima *dell'*annuncio che la nave stava per entrare *nel* porto. Molta animazione c'era pure dentro la nave; i passeggeri *nei* corridoi andavano e venivano, salivano *sul* ponte per godersi la vista *della* città *dal* mare prima di accostarsi *al* molo. Il comandante dava *ai* marinai gli ultimi ordini e *dall'*alto controllava lo svolgimento *delle* operazioni per fare avvicinare la nave *al* molo. Tutti avevano *negli* occhi qualcosa di strano; non erano lacrime, soltanto un luccicore che rivelava l'intensità *dell'*emozione *nel* momento *dell'*incontro atteso da tempo. *Sulla* fiancata *della* nave era già pronta una scala e *dalla* prua cominciavano a muoversi le catene *delle* ancore. *Dal* ponte, *dalla* prua e *dalla* poppa sventolavano i fazzoletti; *dalla* banchina si levavano i primi richiami; *sulle* labbra di tutti c'era qualche nome.

56

ESERCIZIO 26 – *Sostituire le preposizioni articolate alle preposizioni e agli articoli segnati in corsivo.*

(*es.:* Il figlio del dottore)

Il figlio *di il* dottore – La voce *di l'*amico – Il libro *di il* professore è *su il* tavolo – *Da la* strada arriva il rumore *di le* macchine – *In la* nostra casa, vicino *a la* stazione, abitano i cugini *di l'*avvocato – *A le* pareti *di la* stanza ci sono molti quadri *di il* pittore, figlio *di gli* amici nostri – Non trovo il libro *di lo* studente *su il* tavolo *di lo* studio – *In l'*armadio grande la signora Luisa tiene i vestiti *di il* marito – *In gli* angoli *di la* stanza – *Da la* finestra *di la* mia camera vedo le cime *di i* monti lontani.

Rispondere alle domande: Qual è il colore del tuo vestito? Il colore della copertina del libro? Il colore dei capelli è chiaro o scuro? Il colore delle scarpe? Quali sono i colori della bandiera di questo Paese? Di che colore è la lavagna? E il gesso? Il colore delle pareti della stanza? Il colore dei vestiti dei compagni?

PROSPETTO RIASSUNTIVO DELLE PREPOSIZIONI ARTICOLATE						
prep.	il	lo	la	i	gli	le
a	al	allo	alla	ai	agli	alle
di	del	dello	della	dei	degli	delle
da	dal	dallo	dalla	dai	dagli	dalle
in	nel	nello	nella	nei	negli	nelle
su	sul	sullo	sulla	sui	sugli	sulle
con	col	—	—	coi	—	—
per	pel	—	—	pei	—	—

I colori

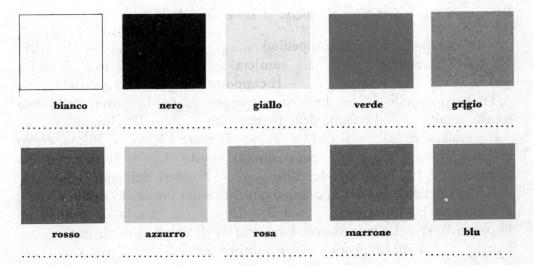

bianco   nero   giallo   verde   grigio

rosso   azzurro   rosa   marrone   blu

57

II RIEPILOGO (lezioni 5 – 10)

ESERCIZIO 27 – *Volgere al plurale le seguenti frasi.*

Quando ero giovane ero studente bravo e diligente, oggi sono attivo e laborioso, domani sarò un industriale ricco – La porta della stanza è chiusa, forse sarà aperta la finestra – Sul tavolo c'è la carta bianca; nel cestino c'è la carta straccia – Tu avevi una bella sciarpa, ora hai un paio di scarpe eleganti; sarai notata alla festa – Egli sarà felice nella nuova residenza – Il figlio è giovane, la figlia è bella; il nipote è studente, la nipote è ricca ed intelligente – Tu sei un avversario temibile; sei malvagio.

ESERCIZIO 28 – *Sostituire ai puntini le preposizioni articolate appropriate.*

La figlia ... professore è ... stanza accanto – Il colore ... occhi ... ragazza è meraviglioso – I libri sono ... tavolo, ... banco c'è soltanto un quaderno – Il profumo intenso ... fiori – Io scrivo ... amico – Tu scrivi ... signora – Il suono ... campane rende gioiosa la vita ... villaggio – Ho trovato un messaggio ... dottore ... lettera ... avvocato – Ho ... borsa la nota ... spese – Il libro ... signora è ... banco – Ho assistito ... spettacolo ... aperto – Non è facile tradurre ... italiano ... nostra lingua senza l'aiuto ... dizionario – La mamma mette le camicie ... cassetto ... armadio – Ho regalato una camicetta ... zia, un paio di scarpe ... zio, un paio di pantofole ... nonni e i dolci ... bambine ... padrone di casa.

ESERCIZIO 29 – *Sostituire ai puntini il nome del colore.*

Le scarpe .... – Il cappellino .... – I guanti .... – Il vestito .... – I fazzoletti .... – La camicia .... – Le camicie .... – La gonna .... – Le sciarpe .... – Il cappotto .... – Io ho gli occhi .... – Tu hai i capelli .... – Egli ha le scarpe .... – Le pareti della mia stanza sono .... – Le foglie delle piante sono .... – Il gelsomino è .... – Il garofano è .... – Il cielo è .... – Il mare è .... – Prima avevo un vestito .... ora porto spesso questo vestito .... – Il bambino ha le calze ....; la bambina le calze .... – I colori dell'iride sono .... – I colori delle pareti del mio appartamento sono vivaci: lo studio è ...., il soggiorno ha le pareti ... ed il soffitto ...., la sala da pranzo ha le pareti .... – La mia stanza ha le pareti di colori diversi, una è .... l'altra ...., l'altra ancora .... e l'ultima è ....

ESERCIZIO 30 – *Coniugare al presente, all'imperfetto, al futuro e al passato remoto dell'indicativo.*

Avere sete – avere pazienza – avere freddo – essere raffreddato – essere contento – essere stanco – essere povero – avere coraggio.

Elenco di aggettivi e relativi contrari:

Alto, basso – bianco, nero – grasso, magro – diligente, negligente – chiaro, scuro – sporco, pulito – triste, allegro – simpatico, antipatico – antico, moderno – ricco, povero – bello, brutto – lungo, corto.

ESERCIZIO 31 – *Sostituire ai puntini uno degli aggettivi riportati.*

Questo mobile è .... – Da un antiquario abbiamo comprato un divano .... – Questo ragazzo è .... – Lo studente .... è sempre lodato, lo studente .... invece è biasimato – Il bambino ha il viso .... – Quell'uomo .... pesa piú di cento chili – Il cieco non distingue il .... dal .... – Il giovane è ...., la ragazza invece è molto .... – A me piace l'uomo ...., non sopporto gli uomini .... – Mi piace il vestito di colore ....; il colore .... va bene soltanto per la sera – È giusto che l'uomo .... aiuti l'uomo .... – Questo giovane non è ...., ma è molto .... – La ragazza è ...., il ragazzo è .... – Hai sempre un viso ...., perché? – Questo castello è ...., il palazzo accanto invece è ....

Che cosa ha comprato il signor Rossi?

  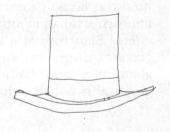

Che cosa ha comprato la signora Rossi?

Lettura

I «TRULLI» DI ALBEROBELLO

In provincia di Bari, in Puglia, c'è una cittadina dalle strane costruzioni, di cui non si trovano corrispondenti forme architettoniche in altre parti d'Italia. Si tratta di Alberobello, le cui case, di forma alquanto bizzarra, fanno pensare ad abitazioni di popolazioni della preistoria. Sono minuscole capanne tonde, casupole cilindriche ad un solo vano con i muri esterni bianchissimi e con i tetti a cono aguzzo di colore scuro. La forma bizzarra di questa originale architettura ed il colore bianchissimo abbagliante dei muri danno alla cittadina un aspetto caratteristico di paesaggio di altri popoli e di altri tempi.

11 - Lezione undicesima

Aggettivi qualificativi

1) Per la formazione del femminile e del plurale gli aggettivi seguono generalmente le stesse norme dei sostantivi:

singolare {
maschile : alto = educato
femminile: alta = educata
}

plurale {
maschile : alti = educati
femminile: alte = educate.
}

2) Gli aggettivi che al singolare hanno una sola uscita in **e** per il maschile e per il femminile formano il plurale con un'unica forma in **i**:

intelligente = intelligenti;   triste = tristi;   veloce = veloci

il signore nobile   il ragazzo veloce   l'uomo triste
i signori nobili   i ragazzi veloci   gli uomini tristi

la signora nobile   la ragazza veloce   la donna triste
le signore nobili   le ragazze veloci   le donne tristi

3) Gli aggettivi che terminano in **co**, se sono piani, se hanno cioè l'accento tonico sulla penultima sillaba, formano il plurale in **chi**:

stanco = stanchi;   antico = antichi;   bianco = bianchi
(eccezione: amico = amici;   nemico = nemici;   greco = greci)

Se sono sdruccioli, cioè hanno l'accento sulla terzultima sillaba, formano il plurale in **ci**:

unico = unici;   magnifico = magnifici;   classico = classici
(eccezione: carico = carichi;   dimentico = dimentichi)

4) Gli aggettivi in **go** formano il plurale sempre in **ghi**:

largo = larghi;   analogo = analoghi;   lungo = lunghi

5) Gli aggettivi femminili che terminano in **ca** e **ga** formano il plurale in **che** e **ghe**:

unica = uniche;   larga = larghe;   amica = amiche

6) Gli aggettivi che terminano in **gia** formano il plurale in **gie,** se la sillaba finale è preceduta da vocale:

grigia = grigie;   ligia = ligie

7) Gli aggettivi che terminano in **cia** formano il plurale in **ce,** se la sillaba finale è preceduta da consonante: = guerce.

ESERCIZIO 32 – *Volgere al plurale.*

a) Questo giovane è forte – Questa giovane è forte – L'uomo ricco e la donna povera – La donna ricca e l'uomo intelligente – La signora è francese, mentre il signore è americano – Il fiore bianco profumato – La giacca rossa con la riga verde.

b) Questo esercizio è utile – È magnifico questo albero fiorito – La moglie è giovane, il marito è anziano – La faccia stanca – Lo spettacolo sarà sorprendente e magnifico – Un asino carico – La barca carica – Il problema difficile e lungo.

c) L'uomo malvagio e la donna isterica – La pagina bianca e grande – La giacca sporca e stracciata è sulla sedia rotta – Lo studente buono e diligente è sempre ammirevole; la studentessa pigra e negligente invece non è ammirevole.

---

1) Gli aggettivi **bello** e **quello,** davanti ad altra parola, seguono le norme che regolano le variazioni dell'articolo determinativo:

il libro	= *bel libro*	– *bei libri*	ma *libri belli*
l'uomo	= *bell'uomo*	– *begli uomini*	ma *uomini belli*
lo scherzo	= *bello scherzo*	– *begli scherzi*	ma *scherzi belli*
lo zero	= *bello zero*	– *begli zeri*	ma *zeri belli*
il tavolo	= *quel tavolo*	– *quei tavoli*	
l'amico	= *quell'amico*	– *quegli amici*	
lo scopo	= *quello scopo*	– *quegli scopi*	
lo zaino	= *quello zaino*	– *quegli zaini*	

2) **Buono,** come **uno** (e i composti **alcuno, nessuno**), si tronca davanti a parole che cominciano per vocale o per consonante:

un uomo   un buon padre   buon amico
un cane   un albero   (però **uno scopo, uno zero**)

Santo e **grande** si troncano davanti a parole che cominciano per consonante:

San Giuseppe – San Pietro   – Sant'Ambrogio
gran peso   – gran pensiero – gran successo

3) Gli aggettivi composti formano il plurale modificando soltanto il secondo elemento: *grigioverde = grigioverdi, chiaroscuro = chiaroscuri.*

I **sostantivi** usati in funzione di aggettivi e indicanti colore restano invariati al plurale:

la gonna rosa = le gonne rosa   la sciarpa viola = le sciarpe viola

Notare la differenza:

Il vestito rosso = i vestiti rossi   Il vestito nocciola = i vestiti nocciola

Esercizio 33 – *Premettere l'aggettivo* **bello** *ai seguenti nomi e formare il plurale.*

Ragazzo – orologio – specchio – animale – esempio – sguardo – cane – quadro – occhio – amore – esercizio – sport – svago – giardino.

Esercizio 34 – *Volgere al plurale.*

Il bel vestito rosso – Il bel cappello rosa – La sciarpa nera e viola – L'uomo bello, elegante e nobile – Io sono felice con questo vestito blu – Tu hai lo sguardo bello – Questo quadro ha un bel colore chiaroscuro – Questo è un esercizio facile – Tu sei un bel tipo – Il bell'uomo galante – Io ho un bell'orto sempre verde – È bella la gonna rosa – È elegante il vestito nocciola – Questo è un bel tavolo grande.

BREVE CONVERSAZIONE

Ciao, Renato, dove vai tanto in fretta? ....

Mi aspetta Guido alle cinque in punto e sono in ritardo. ....

....

È tanto tempo che non vedo Guido; come sta? ....

....

Molto bene; andiamo insieme al cinema. ....

Posso venire anch'io? ....

Con molto piacere; c'è un bel film oggi al cinema Ideal. ....

....

12 - Lezione dodicẹsima - A

I fiori

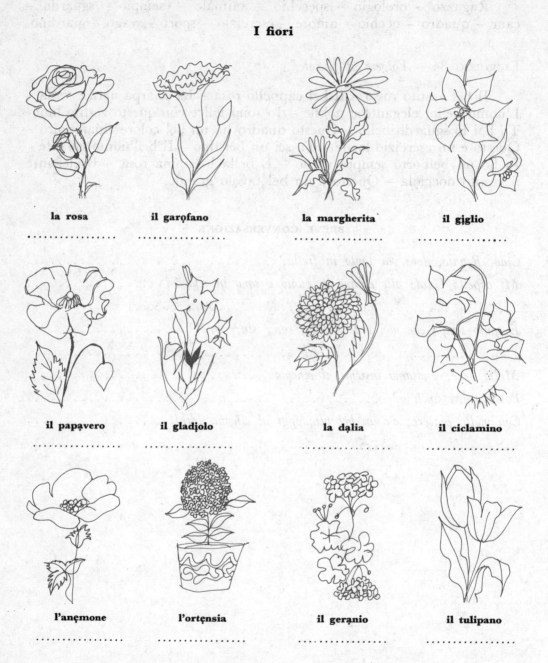

la rosa
. . . .

il garọfano
. . . .

la margherita
. . . .

il gịglio
. . . .

il papạvero
. . . .

il gladịolo
. . . .

la dạlia
. . . .

il ciclamino
. . . .

l'anẹmone
. . . .

l'ortẹnsia
. . . .

il gerạnio
. . . .

il tulipano
. . . .

ESERCỊZIO 35 – *Indicare il colore dei fiori al singolare e al plurale.*
(es.: il garọfano è rosso - i garọfani sono rossi, ecc.)

Oggi è festa in casa dei signori Rossi. È il compleanno della signora Luisa ed i figli le fanno gli auguri e le offrono dei mazzi di fiori. Maria porta un mazzo di rose, Silvia ha scelto garofani e margherite. Il signor Carlo ha fatto trovare sul tavolo un'orchidea per la moglie. La signora Luisa è felice di ricevere tanti fiori. Oggi compie quarantacinque anni.

Presente indicativo dei verbi **offrire** e **compiere**

Io offro ....   Noi offriamo ....

Tu offri ....   Voi offrite ....

Egli offre ....   Essi offrono ....

Io compio ....   Noi compiamo ....

Tu compi ....   Voi compite ....

Egli compie ....   Essi compiono ....

Rispondere alle domande: Perché c'è festa in casa dei signori Rossi? Quanti anni compie la signora Luisa? Che cosa offrono i figli? Che cosa offre il signor Rossi? La signora Luisa è felice di ricevere tanti fiori? Di che colore sono i fiori che offre Maria? E i fiori che offre Silvia?

I verbi regolari

I verbi italiani sono divisi in tre coniugazioni:

1ª coniugazione – terminano all'infinito in –*are:* **am-are**
2ª coniugazione – terminano all'infinito in –*ere:* **tem-ere**
3ª coniugazione – terminano all'infinito in –*ire:* **part-ire**

Indicativo presente

Le desinenze dell'indicativo presente delle tre coniugazioni sono:

		1ª coniugazione	*2ª coniugazione*	*3ª coniugazione*
singolare	1ª	– o	– o	– o
	2ª	– i	– i	– i
	3ª	– a	– e	– e
plurale	1ª	– iamo	– iamo	– iamo
	2ª	– ate	– ete	– ite
	3ª	– ano	– ono	– ono

am +
- o = Io amo
- i = Tu ami
- a = Egli ama
- iamo = Noi amiamo
- ate = Voi amate
- ano = Essi amano

tem +
- o = Io temo
- i = Tu temi
- e = Egli teme
- iamo = Noi temiamo
- ete = Voi temete
- ono = Essi temono

part +
- o = Io parto
- i = Tu parti
- e = Egli parte
- iamo = Noi partiamo
- ite = Voi partite
- ono = Essi partono

Esercizio 36 – *Coniugare il presente indicativo dei seguenti verbi e tradurre.*

Lodare (.....) – ascoltare (.....) – perdonare (.....) – ignorare (.....) – camminare (.....) – imparare (.....) – raccontare (.....) – cantare (.....) – insegnare (.....) – ragionare (.....) – comprare (.....) – lavare (.....) – domandare (.....) – lavorare (.....) – fumare (.....) – liberare (.....) – trascurare (.....) – guardare (.....) – parlare (.....) – trovare (.....) – tirare (......).

ESERCIZIO 37 – *Volgere al plurale.*

Il ragazzo impara la lezione – Tu canti una bella canzone – Il professore insegna, l'allievo impara – La mamma loda il figlio ubbidiente – Il padre compra un bel vestito per il figlio – La cameriera lava la camicia – Tu domandi ed io ignoro la tua domanda – Tu trascuri il lavoro – Il nonno fuma mentre il nipote lavora – Io non trovo la chiave nella tasca – Oggi compro il giornale e parlo con il giornalaio – Io lavoro e tu canti – Non ignoro la difficoltà – La madre perdona il figlio discolo – Io guardo la nave nel porto – Tu cammini svelto – Il giovane domanda il permesso, ma non trova il direttore – Guardo nella strada.

PROSPETTO DEGLI AVVERBI DI TEMPO PIÚ COMUNI

quando	mentre	presto ....
oggi	prima	tardi ....
ieri	dopo	subito ....
domani	spesso	già ....
ora	ancora	mai ....
ormai	tuttora	finora ....
allora	sempre	giammai ....

BREVE CONVERSAZIONE

Buona sera, signorina; come sta? ....
....

Bene, grazie. Mi dispiace di essere in ritardo. ....
....

Ma non si preoccupi. Si accomodi, prego. ....

....

Lei è sempre molto gentile. ....

Ha lavorato in questi giorni? ....

Veramente non troppo, ma spero di ricuperare il tempo perduto. ....
....

Lezione dodicesima - B

L'accento

Le parole italiane, riguardo all'accento tonico, si dividono in **tronche, piane, sdrucciole, bisdrucciole.** Le parole *tronche* hanno l'accento tonico sull'ultima sillaba, le *piane* sulla penultima, le *sdrucciole* sulla terzultima, le *bisdrucciole* sulla quartultima.

Soltanto le parole tronche che terminano in vocale hanno l'accento grafico:

Tronche   : bontà ...... virtú .... carità .... caffé ....

Piane   : amore ...... domani ..... amico .... palazzo .....

Sdrucciole   : tavolo ...... titolo .... lodevole ..... domenica ....

Bisdrucciole : evitano ...... caricano ..... predicano ... esercitano ...

I monosillabi, quando non c'è possibilità di confusione con altri monosillabi identici, che abbiano funzione e significato differente, si scrivono senza accento:

tre	me	re	so	sa	sto	sta	qui	qua	Po	fu
......	......	......	......	......	......	......	......	......	......	......

Alcuni monosillabi in dittongo si accentano:

ciò	può	già	giú	piú
....	....	....	....	....

Alcuni monosillabi hanno una forma con l'accento e una forma senza accento, però, secondo che portino o no l'accento, hanno significati differenti. I piú comuni sono:

è	(verbo)..................	e	(congiunzione) ....
là	(avverbio di luogo)	la	(articolo) ....
lí	(avverbio di luogo)	li	(pronome) ....
né	(congiunzione)	ne	(pronome) ....
dà	(verbo)	da	(preposizione) ....
sé	(pronome)	se	(congiunzione) ....
sí	(avverbio)	si	(pronome) ....
té	(bevanda)	te	(pronome) ....
ché	(perché)	che	(pronome e congiunzione) ....

Esempi:

Il giovane è buono e generoso, non pensa mai a sé.

Tu ed io siamo qui, egli e l'amico sono lí.

(La congiunzione **e** si trasforma in **ed** quando la parola che segue comincia per vocale: *il cane* **ed** *il gatto – amore* **ed** *estasi*).

Il pronome **sé** seguito da **stesso** (.....) si può scrivere senza accento: *non pensa mai a sé – non pensa mai a se stesso.*

68

Nota: Per una corretta grafia si adopera l'accento acuto (ʹ) per le vocali **i, u;** l'accento grave (ˋ) per la vocale **a;** l'accento acuto o grave per le vocali **e, o,** secondo che queste siano chiuse o aperte. I buoni dizionari italiani indicano con un accento le vocali aperte o chiuse.

Ci sono alcune parole che hanno significato differente, secondo che abbiano la **e** e la **o** tonica aperta o chiusa:

accétta – accètta	pésca – pèsca	vénti – vènti
...... (verbo)	..... (frutto)	(numero) .....
bòtte – bótte	còlto – cólto	ròsa – rósa
(batoste)	(verbo)	(fiore) .....

ecc. ecc.

Presente indicativo dei verbi **sapere** *e* **potere:**

sapere	*potere*
Io so	Io posso ....
Tu sai	Tu puoi
Egli sa	Egli può
Noi sappiamo	Noi possiamo
Voi sapete	Voi potete
Essi sanno	Essi possono

ESERCIZIO 38 – *Trascrivere le frasi mettendo l'accento dove è necessario.*

a) Non so se oggi ci sarà la festa – Tu resti qui, io sistemo le valigie lì e ritorno subito da te – Non canto né questa né quella canzone – Paolo è un egoista, pensa soltanto a sé – Il ragazzo non può stare più lì, ora viene giù – Questo è tutto ciò che so – Ritorno ora da lì, non ne posso più – Qui o lì, per noi è lo stesso – Oggi non prendo caffè, desidero una tazza di tè.

b) Tra me e te ormai non c'è più nulla, tutto è finito – Sta qui con voi il signor Giacomo? No, non sta più qui – Sono più di tre ore che aspetto te – Arriva oggi il signore? Sì, non può più tardare – Qui sto bene, lì sto sempre male – Ciò non può più durare – Io so tutto ciò che si può sapere – Egli non ricorda più nulla, non sa che la moglie aspetta lì da tre ore.

PROSPETTO DEGLI AVVERBI DI LUOGO PIÚ COMUNI

dove	sopra	dietro ....
qui	sotto	presso ....
qua	su	vicino ....
lí	giú	lontano ....
là	davanti	dentro ....
costí	dovunque	fuori ....
	intorno	

Lettura

ARRIVA UN AMICO (notare soprattutto i monosillabi accentati e quelli senza accento)

Il nostro amico è venuto da lontano fin qui ed ha portato con sé tutto l'occorrente per passare con noi alcuni giorni. Non lo vedevo da molto tempo, perché è difficile muoversi quando si deve lavorare. Forse sono passati tre mesi senza vederci e può sembrare strano, ma ciò non significa che non ci si voglia molto bene. Io so che sto intere settimane senza vedere nessuno, né mi meraviglio, perché anche gli altri sono occupati come me ed è difficile vedersi durante i giorni feriali. Ora avremo modo di parlare a lungo e, se non ci saranno novità, di rifarci di tutto il tempo perduto. Mi dà sempre un senso di distensione poter chiacchierare con gli amici cari; la vita mi pare piú bella e piú interessante.

BREVE CONVERSAZIONE

Ciao, Maria, cercavo proprio di incontrarti. ....
....
Ciao, Anna, come va, ci sono novità? ....
Sí, novità sensazionali: parto in questi giorni e lascio definitivamente questa città.
....
Quanto mi dispiace! Non puoi immaginare. ....
....
Dispiace anche a me, ma è necessario. ....
Spero che scriverai qualche volta. ....
Certamente. Addio, mia cara, addio. ....
Addio e buona fortuna. ....

I Coniugazione - Verbo lodare
MODO INDICATIVO

Imperfetto	*Futuro*	*Passato remoto*
. . . .	. . . .	. . . .
Io lod–*avo*	Io lod–*erò*	Io lod–*ąi* . . . .
Tu lod–*avi*	Tu lod–*erąi*	Tu lod–*asti*
Egli lod–*ava*	Egli lod–*erà*	Egli lod–*ò*
Noi lod–*avamo*	Noi lod–*eremo*	Noi lod–*ammo*
Voi lod–*avate*	Voi lod–*erete*	Voi lod–*aste*
Essi lod–*ąvano*	Essi lod–*eranno*	Essi lod–*ąrono*

ESERCĮZIO 39 – *Coniugare l'imperfetto, il futuro ed il passato remoto dei verbi riportati nell'esercįzio 36 di pągina 66.*

ESERCĮZIO 40 – *Vǫlgere al plurale o al singolare le seguenti frasi.*

a) Io perdonavo il ragazzo – L'insegnante lodava l'allievo – Noi ascoltavamo l'inno nazionale – Tu compravi un bel cappotto – Egli comprava un libro – Il nonno fumava la pipa, ora non fuma piú – Io trascuravo il lavoro e trovavo sempre una scusa – Essi parląvano con i vicini, ma quelli non ascoltąvano – La ragazza cantava mentre camminava – L'insegnante insegnava bene, ma l'alunno non imparava.

b) Io non fumerò piú – Voi imparerete se lavorerete bene – Tu troverąi il tempo e parlerąi con l'insegnante – Io ascolterò la ragazza che canterà la nuova canzone – Il nipote ascolterà incantato – La madre perdonerà il figlio – Tu ricorderąi la lezione – Noi compreremo un bel vestito – Essi lavoreranno domani – Canterò e reciterò – La lezione continuerà domani e tu imparerąi.

c) Noi guardammo e non trovammo nulla – Io domandąi e tu seguitasti a tacere – Comprąi questo vestito lo scorso anno e pagąi molto – Voi trascuraste il lavoro e guadagnaste poco – L'alunno imparò presto la lezione perché il professore insegnava bene – Perché non raccontasti come era la faccenda? – Ascoltò, ma non parlò – Ragionammo tutta la mattina e seguitammo a parlare nel pomerįggio.

Animali domęstici

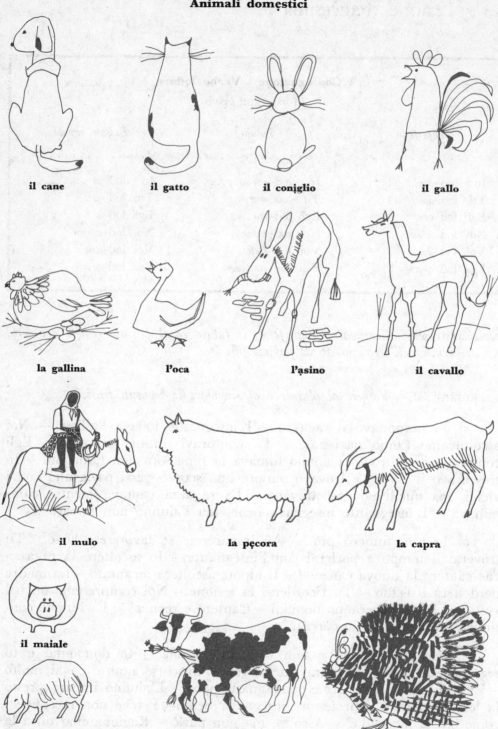

il cane   il gatto   il conįglio   il gallo

la gallina   l'oca   l'ąsino   il cavallo

il mulo   la pęcora   la capra

il maiale

l'agnello   la vacca e il vitello   il tacchino

La famiglia Rossi in estate passa da due a tre mesi in campagna. Il signor Carlo non può allontanarsi dalla città per molto tempo, perché ha l'ufficio ed ha soltanto un mese di vacanza, ma tutta la famiglia, appena comincia il caldo, si trasferisce nella grande casa di campagna, che è una specie di fattoria bene attrezzata. Il cortile è ampio e gli animali vivono tranquillamente in questo loro regno. Ci sono i conigli e le galline, le oche, i maiali, le vacche e le pecore con vitellini e agnellini; ci sono anche cani e gatti e non mancano i pavoni che spesso aprono la coda a ventaglio con colori meravigliosi. Questo è veramente un ambiente di pace e di tranquillità.

Rispondere alle domande: Dove passano i mesi estivi i signori Rossi? Il signor Carlo ha molto tempo libero d'estate? Quando si trasferisce la famiglia Rossi nella casa di campagna? È grande o è piccolo il cortile della casa di campagna? Quanti animali ci sono? Sono animali selvatici o animali domestici? Quanti animali domestici conoscete voi? Un asino è differente da un cavallo? La pecora è simile alla capra o alla vacca? Che cosa fa il gallo la mattina? E la gallina che cosa fa? quante uova può fare in una settimana una gallina?

PROSPETTO DI AVVERBI DI QUANTITÀ DI USO PIÚ COMUNE		
quanto	quasi	anche . . . .
poco		pure . . . .
	solo	
molto	solamente	neanche . . . .
assai	soltanto	neppure . . . .
tanto	meno	nulla . . . .
troppo	abbastanza	niente . . . .

Altri avverbi

come	meglio	certo ....
così	peggio	sicuro ....
bene	insieme	davvero ....
male	piuttosto	forse ....
adągio	sí	chissà ....
invano	no	caso mai ....

BREVE CONVERSAZIONE

Dove vai con quel fiore all'occhiello? ....

Oggi è festa, è l'onomąstico della mia fidanzata. ....

....

Bene, ti prego di porgerle tanti auguri a nome mio. ....

....

Grązie, sei molto gentile, ma perché non vieni con me a casa sua? ....

....

Con molto piacere ti accompagno. ....

Anche la mia fidanzata gradirà la sorpresa. ....

....

14 - Lezione quattordicẹsima

Plurale dei nomi composti

1) Generalmente i nomi composti fọrmano il plurale cambiando soltanto la desinenza finale:

il biancospino = i biancospini   il bassorilievo = i bassorilievi

....

l'arcobaleno = gli arcobaleni   il francobollo = i francobolli

....

2) I nomi composti da due sostantivi fọrmano il plurale come se fọssero nomi sẹmplici:

il capolavoro = i capolavori   il cavolfiore = i cavolfiori

....

il capoluogo = i capoluoghi   la banconota = le banconote

....

(il nome *pescespada* ha il plurale *i pescispada*).

Vi sono invece dei casi in cui la formazione del plurale presenta qualche irregolarità.

3) Fọrmano il plurale cambiando la desinenza deị due elementi che compọngono la parola i seguenti sostantivi:

la terracotta = le terrecotte   la cartastrạccia = le cartestracce

....

la mezzaluna = le mezzelune   la mezzanotte = le mezzenotti

....   \...........   ....

la mezzatinta = le mezzetinte   il mezzobusto = i mezzibusti

....

l'altoforno = gli altiforni   il bassofondo = i bassifondi

....

il pescecane = i pescicani

....

Sẹguono questa norma generalmente i nomi composti, in cui l'aggettivo segue il sostantivo:

la cassaforte = le casseforti   il caposaldo = i capisaldi

....

la piazzaforte = le piazzeforti   il capotẹcnico = i capitẹcnici

....

(*notare invece:* il mezzogiorno = i mezzogiorni

....

il camposanto = i camposanti   il palcoscẹnico = i palcoscẹnici)

....

4) I nomi composti con la parola *capo,* quando ịndicano la persona che sta a capo di un gruppo, di un'organizzazione o di un ufficio, fọrmano il plurale modificando la parola *capo:*

il capofạbbrica = i capifạbbrica   il capostazione = i capistazione

....

il caposquadra = i capisquadra   il capofila   = i capifila

....

5) I nomi composti da verbo e sostantivo, da due verbi, da verbo e avvẹrbio, rẹstano generalmente invariạti al plurale:

il portacẹnere = i portacẹnere   il saliscendi   = i saliscendi

....

il portalẹttere = i portalẹttere   il portabandiera = i portabandiera

....

il guastafeste = i guastafeste   il dormivẹglia = i dormivẹglia

....

e così:

affittacạmere (.........), tagliacarte (.........), posapiano (.........), battistrada (.........), guardafili (.........), cantastọrie (.........), cavatappi (.........), scansafatiche (.........), guardaboschi (.........), portavoce (.........), spaccalegna (.........), voltafạccia (.........), cavalcavịa (.........), ecc.

Fanno eccezione a questa regola i seguenti nomi composti:

il parafulmine	= i parafulmini	il lavamano	= i lavamani
....	....	....	....
il grattacapo	= i grattacapi	il parafango	= i parafanghi
....	....	....	....
l'asciugamano	= gli asciugamani	il battimano	= i battimani
....	....	....	....
il passaporto	= i passaporti	il grattacielo	= i grattacieli
....	....	....	....
lo spazzacamino	= gli spazzacamini	il passatempo	= i passatempi
....	....	....	....

il girasole = i girasoli
....

6) Alcuni nomi composti da avverbio e sostantivo rimangono invariati se il sostantivo è femminile:

il doposcuola	= i doposcuola	il retroterra	= i retroterra
....	....	....	....

Invece cambiano la desinenza, se il sostantivo è maschile:

il sottopassaggio	= i sottopassaggi	il sottaceto	= i sottaceti
....	....	....	....
il dopopranzo	= i dopopranzi	il contrattempo	= i contrattempi
....	....	....	....

ESERCIZIO 41 – *Volgere al plurale e premettere l'articolo determinativo.*

Manoscritto – pescecane – cassaforte – asciugamano – – girasole – guardasala – girarrosto – palcoscenico – pianoforte – terracotta – portabandiera – francobollo – passaporto – paralume – caporeparto – capostazione – stuzzicadenti – portalettere – grattacielo – parafulmine – arcobaleno – ferrovia – guardacoste – parasole – madreperla.

ESERCIZIO 42 – *Volgere al plurale.*

a) Io ho un asciugamano sporco – Il vaso con il girasole è nel giardino – Il parafango della macchina è rotto – Mostrerò il passaporto allo sportello – Nella veranda la signora ha il biancospino – Questo è un bel bassorilievo – Comprerò un bel quadro, è un capolavoro – Passato il temporale, nel cielo spunta l'arcobaleno – Nella lettera manca il francobollo.

b) Il pescecane è pericoloso – Questa è una bella terracotta – L'operaio lavora nell'altoforno – Il capostazione è giovane – L'albero del camposanto è il cipresso – Il capoluogo della provincia è una bella città – Oggi non lavora né il guardaboschi né lo spaccalegna – Tu sei posapiano e scansafatiche – Nel bagno nuovo è già rotto il lavamano.

Avverbi di modo

Rispondono alla domanda: **come?**

1) Sono formati generalmente da aggettivi qualificativi con il suffisso **-mente.** Il suffisso si aggiunge direttamente all'aggettivo femminile:

sicuro	femm. *sicura*	avverbio	*sicuramente*	
placido	» *placida*	»	*placidamente*	
forte	= *fortemente*		*dolce* = *dolcemente*	

(*fraudolento* e *violento* fanno *fraudolentemente* e *violentemente*)

2) Gli aggettivi che terminano con la sillaba **le** o **re,** *non preceduta da consonante,* perdono la **e** finale prima di aggiungere il suffisso **-mente:**

facile	= *facilmente*	*maggiore* = *maggiormente*	
incredibile	= *incredibilmente*	*militare* = *militarmente*	
Invece: *folle*	= *follemente*	*acre* = *acremente*	

(perché in questi aggettivi la sillaba finale **le** o **re** è preceduta da consonante).

(*benevolo* e *leggero* fanno *benevolmente* e *leggermente*).

Esercizio 43 – *Ricavare gli avverbi in* **-mente** *dai seguenti aggettivi.*

Cortese – debole – pigro – popolare – umile – lento – benevolo – comodo – nobile – difficile – militare – leggero – familiare – veloce – particolare – utile – affettuoso – sapiente – ostile – spontaneo – facile – semplice – avido – lodevole – allegro – abile.

BREVE CONVERSAZIONE

Posso offrire un caffè? ....

Grazie, accetto volentieri. ....

In questo bar fanno dell'ottimo caffé. ....

Lo conosco, passo di qui quasi ogni mattina. ....

....

Per piacere, cameriere, due caffé. ....

La servo subito, signore. ....

15 - Lezione quindicẹsima

Verbo avere

MODO INDICATIVO

I tempi composti
. . . .

Il particịpio passato di **avere** è **avuto**.

I tempi composti di **avere** si fọrmano con lo stesso verbo **avere**.

Il particịpio passato **avuto** resta sempre invariato.

Passato prọssimo	*Trapassato prọssimo*
Io ho avuto	Io avevo avuto . . . .
Tu hai avuto	Tu avevi avuto
Egli ha avuto	Egli aveva avuto
Noi abbiamo avuto	Noi avevamo avuto
Voi avete avuto	Voi avevate avuto
Essi hanno avuto	Essi avẹvano avuto

Futuro anteriore	*Trapassato remoto*
Io avrò avuto	Io ebbi avuto . . . .
Tu avrại avuto	Tu avesti avuto
Egli avrà avuto	Egli ebbe avuto
Noi avremo avuto	Noi avemmo avuto
Voi avrete avuto	Voi aveste avuto
Essi avranno avuto	Essi ẹbbero avuto

ESERCỊZIO 43 – *Coniugare nei tempi composti del modo indicativo le frasi del-l'esercịzio N. 1 di pag. 25 « avere un libro », ecc.*

ESERCỊZIO 44 – *Vọlgere al plurale o al singolare le seguenti frasi.*

Tu non hai avuto l'invito, noi abbiamo avuto soltanto la comunica-zione – Quando noi avemmo la lẹttera, essi avevano avuto già il tele-gramma – Io ho avuto una grande paura, mentre tu hai avuto il corạggio di ridere – Quando avrò avuto una risposta, parlerò – Noi avevamo avuto la sensazione che tu avevi avuto una brutta notizia – Essi avranno avuto ragione, ma io non ho avuto il coraggio di intervenire – Tu hai avuto sempre venerazione per lo zio, ma lo zio non ha mai avuto pazienza.

I dittonghi

Vocali forti: **a, e, o;** vocali deboli: **i, u.**

Una vocale forte con una vocale debole, se si pronunciano in un'unica emissione di voce, formano il **dittongo.**

Perché le due vocali formino il dittongo è necessario che le vocali **i, u,** non siano accentate. Formano anche dittongo le due vocali **i, u,** però in questo caso la **i** non dev'essere accentata:

ba**lia**	f**ia**ba	p**ia**nta	**uo**mo	p**ie**no	ital**ia**no
....	....	....	....	....	....
aurora	f**io**re	c**uo**co	s**uo**ra	b**io**ndo	f**ie**no
....	....	....	....	....	....
ieri	avo**rio**	v**izio**	f**iu**me	p**iu**ma	Ita**lia**
....	....	....	....	....	....
ora**rio**	pan**ie**re	du**bbio**	s**ui**cidio	vitto**ria**	p**ie**tà
....	....	....	....	....	....

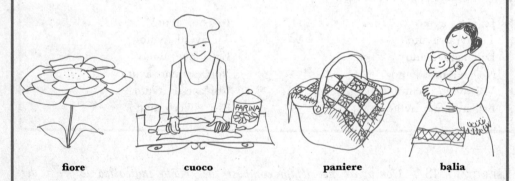

fiore   cuoco   paniere   balia

Quando si incontrano le vocali forti **a, e, o,** e quando la **i** o la **u** hanno l'accento tonico, non si ha il dittongo:

aereo (a-e-re-o)   eroe (e-ro-e)   Maria (Ma-ri-a)

....

malattia   follia   paura   bue   via   mio   tuo   suo
addio   bugia   libreria   brio   anemia

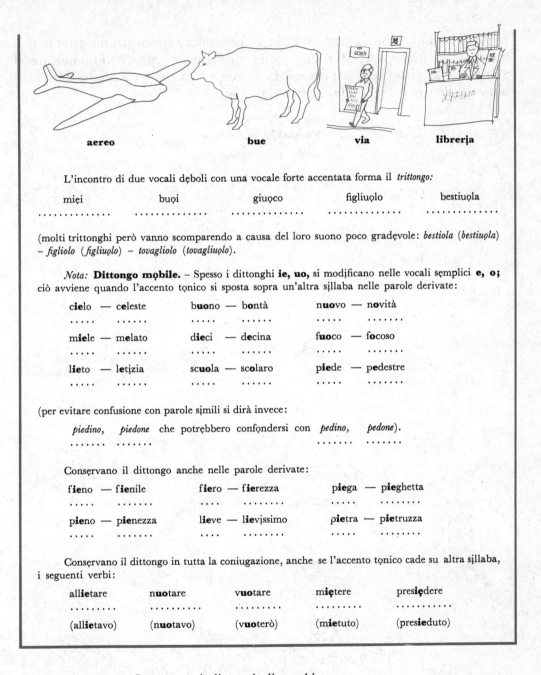

| aereo | bue | via | libreria |

L'incontro di due vocali deboli con una vocale forte accentata forma il *trittongo:*

| miei | buoi | giuoco | figliuolo | bestiuola |

(molti trittonghi però vanno scomparendo a causa del loro suono poco gradevole: *bestiola* (*bestiuola*) – *figliolo* (*figliuolo*) – *tovagliolo* (*tovagliuolo*).

Nota: **Dittongo mobile.** – Spesso i dittonghi **ie, uo,** si modificano nelle vocali semplici **e, o;** ciò avviene quando l'accento tonico si sposta sopra un'altra sillaba nelle parole derivate:

cielo — **celeste**	**buono** — **bontà**	**nuovo** — **novità**
miele — **melato**	**dieci** — **decina**	**fuoco** — **focoso**
lieto — **letizia**	**scuola** — **scolaro**	**piede** — **pedestre**

(per evitare confusione con parole simili si dirà invece:

| *piedino,* | *piedone* | che potrebbero confondersi con | *pedino,* | *pedone*). |

Conservano il dittongo anche nelle parole derivate:

| **fieno** — **fienile** | **fiero** — **fierezza** | **piega** — **pieghetta** |
| **pieno** — **pienezza** | **lieve** — **lievissimo** | **pietra** — **pietruzza** |

Conservano il dittongo in tutta la coniugazione, anche se l'accento tonico cade su altra sillaba, i seguenti verbi:

| **allietare** | **nuotare** | **vuotare** | **mietere** | **presiedere** |
| (**alliet**avo) | (**nuot**avo) | (**vuot**erò) | (**miet**uto) | (**presied**uto) |

Esercizio 45 – *Leggere e indicare i dittonghi.*

Abbiamo comprato in libreria alcuni libri nuovi – La lavandaia lava la biancheria nel fiume – La gallina fa le uova nel pollaio – Lungo i viali del giardino pubblico ci sono delle belle aiuole piene di fiori variopinti – Abbiamo attraversato la città in automobile seguendo un itinerario nuovo, percorrendo delle vie che non avevamo visto mai – Nel buio della notte il vento soffiava tra le case e produceva uno strano suono che metteva paura – La città era piena di bandiere per commemorare il giorno della vittoria – Maria e Mario sono figli del brigadiere dei carabinieri; Pietro è figlio del marinaio.

Vestiario maschile
Revisione della nomenclatura

Verbo ęssere

MODO INDICATIVO

I tempi composti

Il particįpio passato di **ęssere** è **stato.**

I tempi composti di **ęssere** si formano con lo stesso verbo **ęssere.**

Il particįpio passato **stato** concorda nel genere e nel nųmero con la persona alla quale si riferisce:

$$\left. singolare \begin{cases} \text{maschile : stato} \\ \text{femminile: stata} \end{cases} \right. \quad plurale \begin{cases} \text{maschile : stati} \\ \text{femminile: state} \end{cases}$$

Tu, Sįlvia, sei stata sempre buona, tuo fratello è stato pigro.

I nostri ragazzi sono stati ammalati, le ragazze sono state occupate.

Passato prǫssimo	*Trapassato prǫssimo*
Io sono stato-*a*	Io ero stato-*a* . . . .
Tu sei stato-*a*	Tu eri stato-*a*
Egli, essa è stato-*a*	Egli, essa era stato-*a*
Noi siamo stati-*e*	Noi eravamo stati-*e*
Voi siete stati-*e*	Voi eravate stati-*e*
Essi, esse sono stati-*e*	Essi, esse ęrano stati-*e*

Futuro anteriore	*Trapassato remoto*
Io sarò stato-*a*	Io fui stato-*a* . . . .
Tu sarąi stato-*a*	Tu fosti stato-*a*
Egli, essa sarà stato-*a*	Egli, essa fu stato-*a*
Noi saremo stati-*e*	Noi fummo stati-*e*
Voi sarete stati-*e*	Voi foste stati-*e*
Essi, esse saranno stati-*e*	Essi, esse fųrono stati-*e*

ESERCĮZIO 46 – *Coniugare nei tempi composti dell'indicativo.*

Essere buono – ęssere veloce – ęssere pronto – ęssere capace – ęssere stanco – ęssere allegro – ęssere triste – ęssere cortese – ęssere felice – ęssere ricco.

Gli animali selvatici

il lupo

il leone

il rinoceronte

la tigre

il leopardo

l'elefante

il bufalo

l'ippopotamo

la giraffa

la scimmia

la zebra

l'orso

lo sciacallo

il cinghiale

il cervo

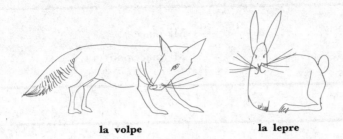

la volpe   **la lepre**

Presente indicativo del verbo **andare**

Io vado . . . .   Noi andiamo . . . .

Tu vai . . . .   Voi andate . . . .

Egli va . . . .   Essi vanno . . . .

Il signor Rossi è un cacciatore e spesso va a caccia con i suoi amici. Una volta è stato in Africa, nel Kenia, ed ha partecipato ad una partita di caccia interessantissima: ha ucciso due zebre, un bufalo, un leone e molte gazzelle. La signora Luisa non segue il signor Carlo quando si tratta di uccidere gli animali; la signora non è stata mai a caccia con suo marito. Una volta ha partecipato ad una partita di caccia anche Giovanni, il figlio maggiore, ma si è limitato a sparare a qualche uccello. Ha avuto poca fortuna quella volta, perché non hanno incontrato grossi animali feroci.

Rispondere alle domande: Hai visto mai un animale feroce? Sei stato qualche volta in un giardino zoologico? Preferisci gli animali domestici o gli animali selvatici? Qual è la differenza tra un leone e una leonessa? Com'è il collo della giraffa? Ti piace la pelliccia di leopardo? Descrivi una zebra.

Ti piace?	Mi piace ....
Ti piacciono?	Mi piacciono ....

Le sillabe

(È necessario conoscere bene la divisione in sillabe delle parole italiane per evitare errori soprattutto quando si deve dividere una parola in fin di riga).

Le parole italiane sono divise in sillabe secondo le seguenti norme:

a) le vocali, i dittonghi e i trittonghi formano sillaba con la consonante precedente. Le vocali ed i dittonghi iniziali di parola, seguiti da consonante semplice, formano sillaba da soli.

(le vocali che formano un dittongo o un trittongo non si possono separare mai):

lavorare (la-vo-ra-re)	rumore (ru-mo-re)	calore (ca-lo-re)
....	......	.....
letizia (le-ti-zia)	fiore (fio-re)	ruota (ruo-ta)
....	......	.....
amore (a-mo-re)	aurora (au-ro-ra)	aereo (a-e-re-o)
....	......	.....

b) Le consonanti doppie (*bb, cc, ll, tt*, ecc.; *cq* è considerata doppia *c*) si dividono: la prima forma sillaba con la vocale precedente, la seconda con la seguente:

cavallo (ca-val-lo)	cappello (cap-pel-lo)	carrozza (car-roz-za)
....	....	....
sabbia (sab-bia)	acquedotto (ac-que-dot-to)	tutto (tut-to)
....	....	....
ballo (bal-lo)	corretto (cor-ret-to)	otto (ot-to)
....	....	....

c) Quando in un gruppo di consonanti diverse la prima del gruppo è *l, m, n, r*, questa fa parte della sillaba precedente:

alzare (al-za-re)	intorno (in-tor-no)	colto (col-to)
....	......	......
conducente (con-du-cen-te)	dente (den-te)	gamba (gam-ba)
....	......	......

Se invece *l, m, n, r*, seguono altra consonante, formano sillaba con essa:

ebreo (e-bre-o)	atleta (a-tle-ta)	etnico (e-tni-co)
......	......	......

d) La *s* impura, cioè seguita da altra consonante, forma sempre sillaba con la consonante seguente:

estate (e-sta-te)   aspettare (a-spet-ta-re)   vista   (vi-sta)
....

astro   (a-stro)   rispondere (ri-spon-de-re)   distratto (di-strat-to)
....

e) Tutti gli altri gruppi di consonanti, con i quali può iniziare una parola italiana, formano sillaba con la vocale seguente:

rapsodia (ra-pso-di-a)   ipnosi (i-pno-si)   ritmo (ri-tmo)
....

magnifico (ma-gni-fi-co) magnolia (ma-gno-lia)
....

perché in italiano ci sono parole che iniziano con i gruppi *ps, pn, tm, gn*, come *psicologia* (..........), *pneumatico* (..........), *tmesi* (..........), *gnomo* (..........).

Si avrà invece: segmento (seg-men-to), abside (ab-si-de),
....

perché in italiano non ci sono parole che cominciano con il gruppo *gm, bs*.

Esercizio 47 – *Dividere in sillabe le parole seguenti.*

Lavoro – matita – carta – sigaretta – onorare – camminare – botte – azione – pigrizia – sollevare – ottocento – campione – carabiniere – fanciullino – acqua – vecchio – carrettiere – penna – libro – altare – magnificenza – tromba – trombettiere – antologia – cassetto – pittore – bastone – stringere – ringraziare – testa – sporco – disgrazia – sospettoso – triste – sottoscrizione – macchina – scrivania – difficilmente – soqquadro – acquistare – bestemmia – coltello – capello – cultura.

BREVE CONVERSAZIONE

Come sta la mamma, si è rimessa? ....
Un po' meglio, grazie, ma ancora non è completamente guarita. ....
....
Tanti buoni auguri, speriamo di rivederla presto. ....
....
Tutto lascia sperare che se la cavi in una settimana. ....
....
Speriamo bene. Tanti saluti per lei, arrivederla. ....
....
Riferirò. Grazie, arrivederla. ....

III RIEPILOGO (Lezioni 11–16)

ESERCIZIO 48 – *Indicare il contrario delle seguenti parole.*

Alto – simpatico – bianco – tranquillo – antico – triste – bello – povero – pulito – grasso – salire – andare – parlare – partire – alzare.

ESERCIZIO 49 – *Formare delle frasi con le parole riportate nell'esercizio 48.*
(es.: io sono alto, tu sei basso, ecc.)

ESERCIZIO 50 – *Volgere al plurale o al singolare le seguenti frasi.*

Tu porti un bel carico – Io lavoro con lo zio – Voi comprate dei bei vestiti – Noi siamo stati con gli amici inglesi – Il monaco del convento è stato sempre un buon amico – Tu hai avuto una buona idea – Questo è il luogo dove è avvenuto l'incidente – Il collega e la collega lavorano nell'ufficio privato del sindaco – Io ho avuto sempre un'idea vaga del tuo progetto, quindi non so esattamente se lavorerai con questo medico – Non possiamo sapere se gli amici saranno qui domani – Dove vai con l'amica? – La tasca della giacca è scucita – Questo vestito è vecchio, ma è sempre bello – Hai avuto il passaporto? – Nella parte più alta del grattacielo c'è il parafulmine – Il portalettere ha consegnato la lettera senza francobollo – Nel cortile c'è un'oca bianca.

ESERCIZIO 51 – *Sostituire ai puntini la forma richiesta del verbo andare.*

Oggi ..... al cinema con Maria – Tu dove .....? – Io non ..... al cinema, ... a passeggio con gli amici – Se ..... voi, ... pure noi – Essi ..... sempre insieme a scuola – Tu ..... con Paolo, io ..... con Gino – Chi ..... con lo zoppo, all'anno zoppica – Chi ..... piano, ... sano e ..... lontano – Dimmi con chi ..... e ti dirò chi sei – Noi ..... allo spettacolo diurno; voi a quale spettacolo .....?

Sostituire ai puntini la forma richiesta del verbo sapere.

Non ..... nulla io; tu che cosa .....? – Molto spesso noi non ..... che cosa fare – Ripeti quello che ....., il resto lo ..... io – Tu qualche cosa degli amici? No, non ..... niente – Voi ..... come stanno le cose e non parlate – Noi ..... che è meglio non parlare – Io ..... tutto, tu non ..... nulla – ..... se ci sarà oggi lo spettacolo? ..... soltanto che il teatro è aperto – Chi più ....., meno ..... di sapere.

Sostituire ai puntini la forma richiesta del verbo potere.

Non ..... più tacere – Tu ..... venire con noi? – Voi ..... aiutare questo ragazzo! – Mi dispiace, non ..... – Essi ..... sopportare tutto, ma non ..... tollerare le offese gravi – Non ..... fare quello che tu pretendi – Egli ..... tacere, ma ..... anche parlare – Io non ne ..... più – ..... farmi il piacere di venire a casa mia? – Certo che ..... – Se ....., venite pure voi – Se ....., veniamo certamente.

Descrivere le scene:

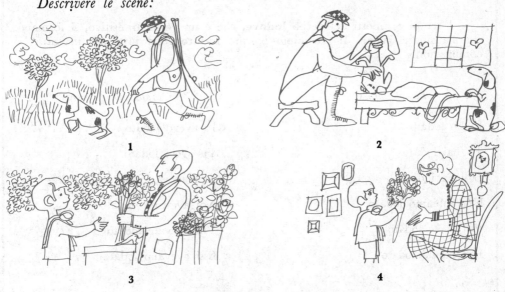

1

2

3

4

La piazza dei miracoli

Così è stata definita una delle più belle piazze d'Italia, quella di Pisa, in cui sono riunite quattro pregevoli opere d'arte in una mirabile armonia: la famosa Torre pendente, il Duomo, il Battistero e il Camposanto Vecchio. Questi monumenti spiccano, con i loro marmi bianchi, sul bel prato sempre verde, creando un magnifico contrasto.

La Torre pendente, iniziata nel 1173, per il cedimento del terreno fu terminata verso la metà del '300. A quel cedimento si deve l'attuale pendenza. Il Duomo a cinque navate a fasce bianche e nere, con un bellissimo soffitto a cassettoni, contiene la famosa lampada di Galileo. Nel battistero c'è il famoso pulpito di Nicola Pisano. Il Camposanto è circondato, nell'interno, da un meraviglioso loggiato e contiene sculture ed affreschi di artisti famosi.

I Coniugazione - Verbo lodare

MODO INDICATIVO

I tempi composti

I tempi composti del verbo **lodare,** che è un verbo transitivo, si fọrmano con l'ausiliare **avere.** Il particịpio passato **lodato** resta invariato in tutta la coniugazione.

Passato prọssimo	*Trapassato prọssimo*
Io ho lodato	Io avevo lodato ....
Tu hai lodato	Tu avevi lodato
Egli ha lodato	Egli aveva lodato
Noi abbiamo lodato	Noi avevamo lodato
Voi avete lodato	Voi avevate lodato
Essi hanno lodato	Essi avẹvano lodato

Futuro anteriore	*Trapassato remoto*
Io avrò lodato	Io ebbi lodato ....
Tu avrại lodato	Tu avesti lodato
Egli avrà lodato	Egli ebbe lodato
Noi avremo lodato	Noi avemmo lodato
Voi avrete lodato	Voi aveste lodato
Essi avranno lodato	Essi ẹbbero lodato

EsercỊzio 52 – *Coniugare i tempi composti del modo indicativo dei verbi.*

Amare – incontrare – conservare – cantare – dettare – recitare – ricordare – volare – partecipare – cucinare.

Piante e frutti

Nomenclatura

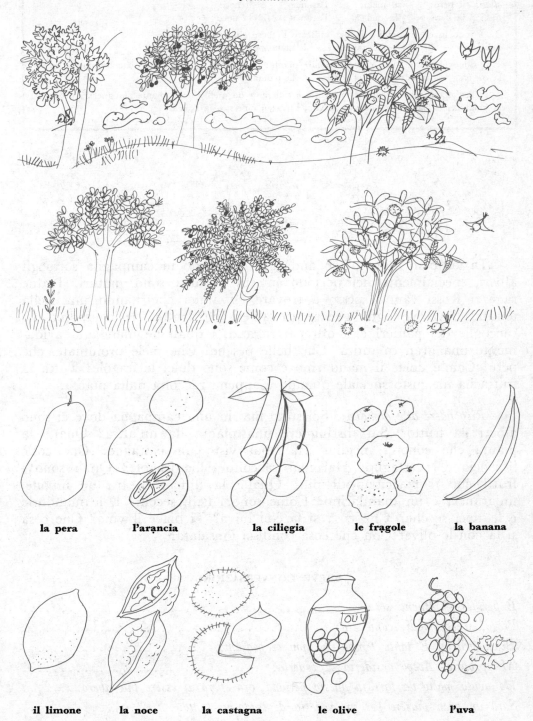

la pera   **l'arancia**   **la ciliegia**   **le fragole**   **la banana**

il limone   **la noce**   **la castagna**   **le olive**   **l'uva**

Di tanto in tanto piace andare a passeggio in campagna sotto gli alberi, specialmente nel periodo in cui i frutti sono maturi. I due ragazzi Rossi vanno spesso a trovare gli amici che hanno una bella tenuta, dove c'è ogni genere di alberi da frutta. Il contadino ne raccoglie dei panieri e li offre ai ragazzi, i quali ne mangiano avidamente una gran quantità. Che belle pesche! Che mele profumate, che pere! Com'è dolce il mandarino e come sono dolci le fragole! Tutta la frutta ha un gusto speciale quando è appena raccolta dalla pianta.

Rispondere alle domande: Sei stato mai in una campagna dove ci sono alberi da frutto? Sai distinguere una pianta da un'altra? Qual è la pianta che conosci meglio? Hai mai visto un castagno? Che cos'è il riccio del castagno? Hai mai raccolto delle fragole? Quali sono i frutti che ti piacciono di più? Qual è la differenza tra un limone, un'arancia e un mandarino? Come sono i fichi secchi? E le mandorle e le noci secche? Che cosa si fa con l'uva? Ti piace il vino? Che cosa si fa con le olive? Con che cosa condisci l'insalata?

BREVE CONVERSAZIONE

È permesso? Buona sera. . . . .

Prego, si accomodi; come sta? . . . .

Bene, grazie. È tanto tempo che non ci vediamo. . . . .

Ma proprio. Avevo desiderio di vederla. . . . .

Ho avuto molto da fare in questo periodo, ora spero di essere più libero. . . . .

Sarà un gran piacere per me vederla di tanto in tanto. . . . .

IL TRONCAMENTO E L'ELISIONE

Troncamento

Quando due parole vengono pronunciate strettamente congiunte, avviene che la vocale o la sillaba finale di una parola cade davanti all'altra che comincia per vocale o per consonante:

un amico;   un cane;   bel tipo;   dottor Rossi.

La caduta della vocale o della sillaba determina il *troncamento:* condizioni indispensabili per troncare una parola davanti ad un'altra, alla quale sia strettamente congiunta, sono le seguenti:

   a) che essa sia di piú sillabe e che l'ultima sillaba non sia accentata;

   b) che termini con una sillaba che contenga una delle lettere **l, m, n, r;**

   c) che la parola che segue non cominci per **gn, ps, s impura, z.**

Il Troncamento è obbligatorio in pochi casi:

   1) con **uno** [e i suoi composti: *alcuno* (.........), *nessuno* (.........];

   2) con **buono** davanti a parole che cominciano per vocale o consonante;

   3) con **quello** e **bello** davanti a consonante (**quello** e **bello** con il troncamento diventano **quel** e **bel**) (vedi pag. 62): *un uomo; un libro; nessun amico; nessun compagno; buon avvocato; buon dottore; quel cane; bel vestito.* Non sarebbe corretto dire: *uno uomo, quello cane, bello vestito,* ecc.;

   4) davanti a parole che cominciano per consonante si troncano anche **santo** e **grande** (vedi pag. 62): *San Paolo; San Giovanni; gran dolore; gran sollievo;*

   5) davanti a nome di persona si tronca **frate:** *fra Giuseppe;*

   6) **tale** e **quale** si possono troncare davanti a vocale e consonante: *qual amico; tal senso; qual buon vento; tal esempio;*

   7) se la parola che si deve troncare termina in **a,** il troncamento si farà soltanto in alcune locuzioni come **or ora, una sol volta;**

   8) **suora** (.........) si tronca quando precede un nome proprio: *Suor Agnese; Suor Maria; Suor Virginia.*

Quando c'è il troncamento non si adopera mai l'apostrofo.

Lettura

Si noti il troncamento nelle seguenti frasi:

Io ho un quadro con un bel paesaggio alpino – Un uomo con un cane passa nella strada e pare che abbia gran fretta – Il 19 marzo è San Giuseppe – Questo è un bel palazzo del dottor Bianchi, quel bravo medico che ha salvato tanta gente senza alcun compenso – Un buon amico si vede nelle avversità – In quel convento c'è un bel giardino, dove le suore passeggiano; suor Anna è addetta ai fiori, mentre suor Virginia cura la pulizia dei bei viali – Che bel bambino! Ha un visino tanto espressivo. – Quel cieco e quello zoppo nella piazza chiedono aiuto ai passanti.

Elisione

Anche l'*elisione* consiste nella caduta della vocale finale di una parola, però è assolutamente necessario che la parola che segue cominci per vocale.

L'elisione si produce quando una parola che termina in vocale non accentata (generalmente si tratta di monosillabi) si incontra con una parola che comincia per vocale. Per evitare il suono sgradevole prodotto dall'incontro di quelle vocali, si annulla la vocale finale della prima parola e *si mette l'apostrofo* (').

1) L'elisione è *obbligatoria* con gli articoli **lo, la, una:**

lo amico – l'amico   lo amore – l'amore   la aria   – l'aria

la anima – l'anima   una allieva – un'allieva   una aquila – un'aquila

2) L'elisione *può verificarsi* con la preposizione **di,** con le particelle pronominali **mi, ti, si, ci, vi** (con **gli** se la parola che segue comincia per **i**). **Ci** e **vi** si elidono soltanto davanti a parole che cominciano per **e, i:**

Ti amo – t'amo   ci era – c'era   si è visto – s'è visto   di aria – d'aria

3) **Bello, quello, grande, santo** e le corrispondenti forme femminili **bella, quella, grande, santa,** elidono la vocale finale quando la parola che segue comincia per vocale:

bell'uomo – quell'orso   – grand'amore   – Sant'Alberto

bell'anima – quell'aquila – grand'amicizia – Sant'Agnese

> Per ricordare praticamente la differenza fra *troncamento* ed *elisione* dell'articolo indeterminativo **uno, una** si deve tener conto che quando è maschile (**uno**) si ha il *troncamento* e **non si apostrofa mai;** quando è femminile (**una**) si ha l'*elisione* e **si apostrofa sempre:**
>
> un asino   un uomo   un occhio   un artista (uomo)
> un'asina   un'arancia   un'opera   un'artista (donna)

Lettura

Si noti l'elisione nelle seguenti frasi:

In questa strada c'era una volta un'antica fontana che dava un'acqua freschissima – Non ho mai visto un'aquila, l'uccello rapace che mi piacerebbe avere in un angolo dell'ampio giardino della nostra casa – Quell'uomo ha un bell'ingegno, ma soprattutto una bell'anima – Non mi inganno; quest'uomo ha l'estro dell'artista – Un ortolano e un'ortolana vendono la verdura fresca nell'angolo della strada – Un'altra volta ti dirò che cos'era ciò che mi interessava – Mi hanno regalato un orologio d'oro ed un bel vaso d'argento – Quest'anno spero di visitare l'Italia e di conoscere meglio gl'italiani.

Nomi difettivi

Alcuni nomi si usano soltanto al singolare, o soltanto al plurale, quindi mancano di un numero; perciò sono detti *difettivi*. Si usano soltanto al singolare:

la prole (...............)   la progenie (..............)   la plebe (...............)

la marmaglia (..........)   il pepe (.................)   il fiele (................)

la fame (...............)   la sete (.................)   il brio (................)

il miele (................)

Si usano soltanto al plurale:

i calzoni (...............)   le forbici (...............)   le redini (...............)

le tenaglie (..............)   gli occhiali (.............)   le nozze (...............)

le assise (...............)   le mutande (.............)   le stoviglie (.............)

le esequie (..............)   le spezie (...............)   i dintorni (..............)

le vettovaglie (..........)   gli annali (..............)   le calende (.............)

gli idi (..........)   i fasti (..........)   i Penati (..........)   i Mani (..........)

Esercizio 53 – *Volgere al singolare le seguenti frasi.*

I ragazzi hanno i calzoni nuovi – Le sarte adoperano le forbici – Essi hanno comprato alcune paia di mutande – Non abbiamo piú stoviglie – Noi abbiamo gli occhiali rotti – L'operaio lavora con due martelli e le tenaglie – Sono belli i dintorni di queste città italiane – I cavalli con le redini nuove sono nelle scuderie – Noi cuciniamo con molte spezie – Siamo invitati alle nozze degli amici.

BREVE CONVERSAZIONE

Scusi, signorina, quanto costa questo cappello? ....

....

Il prezzo è segnato. Vediamo. Ventimila lire. ....

....

Ventimila lire? Ma è un cappellino di paglia! ....

....

Sí, ma è un modello esclusivo. Lo vuole provare? ....

....

Proviamolo! Mi piace tanto il colore. ....

È proprio bello e le sta veramente bene. ....

19 - Lezione diciannovesima

Osservazioni sui verbi della I coniugazione

La prima coniugazione (desinenza all'infinito in **-are**) comprende il maggior numero dei verbi italiani ed è la coniugazione che ha il minor numero di verbi irregolari [(soltanto **andare** (.........), **dare** (.........), **stare** (.........)].

1. I verbi che terminano in **-care** e **-gare**, come **caricare** (..........), **pregare** (..........), **navigare** (..........), **pagare** (..........), **cavalcare** (..........), **prorogare** (..........), ecc. mantengono il suono gutturale in tutta la coniugazione, quindi prenderanno una **h** tra il tema e la desinenza tutte le volte che questa comincia per **e** o **i**.

Esempi:

Presente indicativo dei verbi caricare, pagare, navigare, sporcare:

Io carico	pago	navigo	sporco ....
....	....	....	....
Tu carichi	paghi	navighi	sporchi
Egli carica	paga	naviga	sporca
Noi carichiamo	paghiamo	navighiamo	sporchiamo
Voi caricate	pagate	navigate	sporcate
Essi caricano	pagano	navigano	sporcano

Futuro semplice indicativo di pagare, cavalcare, piegare, giocare:

Io pagherò	cavalcherò	piegherò	giocherò ....
....	....	....	....
Tu pagherai	cavalcherai	piegherai	giocherai
Egli pagherà	cavalcherà	piegherà	giocherà
Noi pagheremo	cavalcheremo	piegheremo	giocheremo
Voi pagherete	cavalcherete	piegherete	giocherete
Essi pagheranno	cavalcheranno	piegheranno	giocheranno

2. I verbi che terminano in **-ciare** e **-giare**, come **lasciare, mangiare, cominciare, danneggiare**, ecc., perdono la **i** finale del tema quando la desinenza comincia per **e** o **i**.

Esempi:

Indicativo presente di mangiare, cominciare, lasciare, baciare:

Io mangio	comincio	lascio	bacio ....
....	....	....	....
Tu mangi	cominci	lasci	baci
Egli mangia	comincia	lascia	bacia
Noi mangiamo	cominciamo	lasciamo	baciamo
Voi mangiate	cominciate	lasciate	baciate
Essi mangiano	cominciano	lasciano	baciano

Futuro semplice:

Io mang**erò**	cominc**erò**	lasc**erò**	bac**erò** ....
....	....	....	....
Tu mang**erai**	cominc**erai**	lasc**erai**	bac**erai**
Egli mang**erà**	cominc**erà**	lasc**erà**	bac**erà**
Noi mang**eremo**	cominc**eremo**	lasc**eremo**	bac**eremo**
Voi mang**erete**	cominc**erete**	lasc**erete**	bac**erete**
Essi mang**eranno**	cominc**eranno**	lasc**eranno**	bac**eranno**

3. *a*) I verbi che terminano in **-iare**, come **sciare, spiare, espiare, avviare, inviare, sviare, deviare, obliare**, ecc., che al presente indicativo hanno la **i** del tema accentata (*scio, espio, spio, avvio, oblio*), mantengono anche la **i** della desinenza, quando sulla **i** del tema cade l'accento tonico.

Esempi: *Indicativo presente di* sciare, espiare, rinviare, deviare:

Io sc**io**	esp**io**	rinv**io**	dev**io** ....
....	....	....	....
Tu sc**ii**	esp**ii**	rinv**ii**	dev**ii**
Egli sc**ia**	esp**ia**	rinv**ia**	dev**ia**
Noi sc**iamo**	esp**iamo**	rinv**iamo**	dev**iamo**
Voi sc**iate**	esp**iate**	rinv**iate**	dev**iate**
Essi sc**iano**	esp**iano**	rinv**iano**	dev**iano**

b) Quando invece i verbi che terminano in **-iare** non hanno al presente indicativo la **i** del tema accentata, come **rimediare, assediare, cambiare, studiare**, ecc. (*rimedio, assedio, cambio, studio*), perdono questa **i** del tema davanti ad altra **i** della desinenza.

Esempi: *Indicativo presente di* rimediare, assediare, cambiare, studiare:

Io rimed**io**	assed**io**	camb**io**	stud**io** ....
....	....	....	....
Tu rimed**i**	assed**i**	camb**i**	stud**i**
Egli rimed**ia**	assed**ia**	camb**ia**	stud**ia**
Noi rimed**iamo**	assed**iamo**	camb**iamo**	stud**iamo**
Voi rimed**iate**	assed**iate**	camb**iate**	stud**iate**
Essi rimed**iano**	assed**iano**	camb**iano**	stud**iano**

Nota: Alcuni verbi che, per la regola esposta, dovrebbero perdere la **i** del tema davanti alla **i** della desinenza, invece la mantengono per evitare confusione con altri verbi simili: *celiare* (..........) potrebbe confondersi in alcune forme con *celare* (..........), *ammaliare* (..........) con *ammalare* (..........), *odiare* (..........) con *udire* (..........), ecc.

Esempi: *Indicativo presente*

da *celiare*   – io celio, tu celii, egli celia,
                noi celiamo, voi celiate, essi celiano;
da *celare*   – io celo, tu celi, egli cela,
                noi celiamo, voi celate, essi celano;
da *ammaliare* – io ammalio, tu ammalii, egli ammalia,
                noi ammaliamo, voi ammaliate, essi ammaliano;
da *ammalare* – io ammalo, tu ammali, egli ammala,
                noi ammaliamo, voi ammalate, essi ammalano:
da *odiare*   – io odio, tu odii, egli odia,
                noi odiamo, voi odiate, essi odiano;
da *udire*   – io odo, tu odi, egli ode,
                noi udiamo, voi udite, essi odono.

4. I verbi che terminano in **-gnare,** come **sognare, bagnare, consegnare, degnare,** ecc., mantengono generalmente la **i** della desinenza:

Esempi:

Indicativo presente		Futuro semplice	
Io sogn**o**	bagn**o**	Io consegn**erò**	degn**erò** ....
....	....	....	....
Tu sogn**i**	bagn**i**	Tu consegn**erai**	degn**erai**
Egli sogn**a**	bagn**a**	Egli consegn**erà**	degn**erà**
Noi sogn**iamo**	bagn**iamo**	Noi consegn**eremo**	degn**eremo**
Voi sogn**ate**	bagn**ate**	Voi consegn**erete**	degn**erete**
Essi sogn**ano**	bagn**ano**	Essi consegn**eranno**	degn**eranno**

ESERCIZIO 54 – *Coniugare al presente indicativo i seguenti verbi.*

Interrogare – toccare – pregare – marciare – viaggiare – abbracciare – lanciare – sdegnare – espiare – lasciare – cambiare – pronunciare – dimenticare – negare – sciare – celare – odiare – mancare.

ESERCIZIO 55 – *Coniugare al futuro semplice i seguenti verbi.*

Cercare – passeggiare – caricare – sognare – dimenticare – giocare – toccare – verniciare – assaggiare – stracciare – sbagliare – cacciare.

Vestiario femminile
Revisione della nomenclatura

ESERCIZIO 56 – *Mettere al presente indicativo o al futuro semplice il verbo tra parentesi.*

Io (pagare) il mio conto, tu (pagare) il tuo – Noi (mangiare) poca frutta, mentre voi ne (mangiare) tanta – Io (bruciare) nel camino tutta la carta straccia, tu (lasciare) fare a me – Oggi noi (cominciare) un lavoro nuovo e (pagare) i nostri debiti presto – Voi (sporcare) il pavimento se (giocare) con la sabbia in casa – Ora noi (cambiare) argomento e tu (rinviare) la tua partenza – Tu (sognare) sempre la ricchezza e mi (odiare) quando ripeto che devi lavorare – I soldati (marciare) a file serrate; domani (cominciare) le esercitazioni – Tu (celare) qualche cosa ed io (celiare) sulle tue preoccupazioni – Tu (avviare) la discussione e (cambiare) spesso argomento – Io (inviare) un messaggio e cosí (rimediare) e non (lasciare) parlare male di me.

BREVE CONVERSAZIONE

Maria, siete già in vacanza tu e tuo fratello? ....

....

Sí, le scuole sono finite da due giorni. ....

Sapete già il risultato? ....

No, e siamo in grande ansia. Gli scrutini li faranno a fine settimana. ....

....

Speriamo che tutto vada bene; io ve lo auguro. ....

....

Speriamo, perché sarebbe un gran guaio non avere le vacanze completamente libere.

....

20 - Lezione ventesima

Gli ortaggi
Nomenclatura

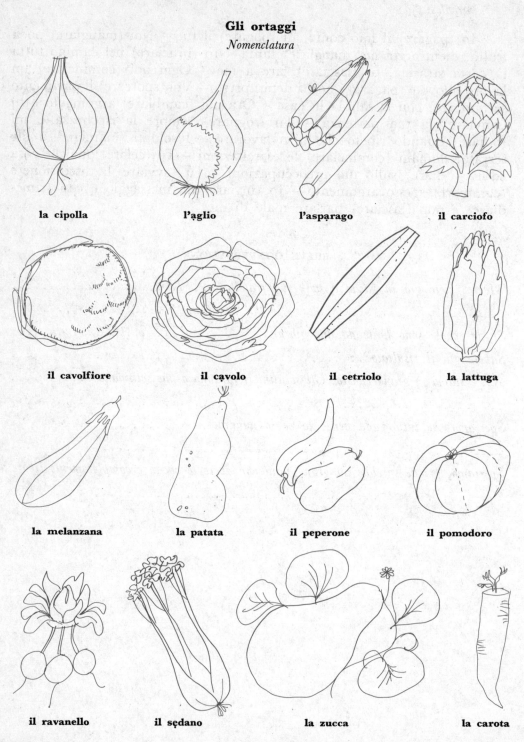

la cipolla　　l'aglio　　l'asparago　　il carciofo

il cavolfiore　　il cavolo　　il cetriolo　　la lattuga

la melanzana　　la patata　　il peperone　　il pomodoro

il ravanello　　il sedano　　la zucca　　la carota

Presente indicativo del verbo **volere**

Io voglio	Noi vogliamo . . . .
Tu vuoi	Voi volete . . . .
Egli vuole	Essi vogliono . . . .

Noi che abitiamo in una città difficilmente possiamo vedere un orto, ma se vogliamo mangiare qualche volta della verdura veramente fresca, dobbiamo andare alla periferia della città e cercare di rintracciare l'ortolano che vive in campagna e che produce gli ortaggi che giornalmente arrivano nei negozi dei fruttivendoli.

La lattuga, le melanzane, i finocchi, i carciofi e tutti gli altri ortaggi appena raccolti hanno un sapore diverso da quello degli stessi ortaggi che noi compriamo nei negozi cittadini. In casa Rossi si consumano molta verdura e molti legumi, perché il signor Carlo vuole a tavola ogni giorno una buona insalata e dei buoni contorni di piselli o di fagioli.

Rispondere alle domande: Tu mangi molta verdura? Quali sono gli ortaggi che preferisci? Ti piacciono le patate? Come le preferisci, bollite o fritte? Ti piace il sedano o il ravanello nell'insalata mista? Mangiate i cetrioli e i peperoni? Ti piace l'insalata di pomodori? Mangi i finocchi crudi o cotti? Ti piace l'aglio? E la cipolla? Fate consumo di legumi a casa vostra? Quali legumi preferisci?

II Coniugazione - Verbo temere

TEMPI SEMPLICI DEL MODO INDICATIVO

Presente	*Imperfetto*	*Futuro*	*Passato remoto*
Io tem-*o*	tem-*evo*	tem-*erò*	tem-*ei* (*etti*) . . . .
. . . .		. . . .	. . . .
Tu tem-*i*	tem-*evi*	tem-*erai*	tem-*esti*
Egli tem-*e*	tem-*eva*	tem-*erà*	tem-*é* (*ette*)
Noi tem-*iamo*	tem-*evamo*	tem-*eremo*	tem-*emmo*
Voi tem-*ete*	tem-*evate*	tem-*erete*	tem-*este*
Essi tem-*ono*	tem-*evano*	tem-*eranno*	tem-*erono* (*ettero*)

Osservazioni: **I verbi regolari** della seconda coniugazione, accanto alla forma regolare del **passato remoto,** hanno una seconda forma con la desinenza della 1ª persona singolare e della 3ª persona singolare e plurale **-etti, -ette, -ettero:**

Crędere	Vęndere	Cędere
....	....	....
Io credęi (credetti)	vendęi (vendetti)	cedęi (cedetti)
Tu credesti	vendesti	cedesti
Egli credé (credette)	vendé (vendette)	cedé (cedette)
Noi credemmo	vendemmo	cedemmo
Voi credereste	vendeste	cedeste
Essi credęrono (credęttero)	vendęrono (vendęttero)	cedęrono (cedęttero)

Sono pochi i verbi regolari che hanno le due forme di passato remoto, anche perché la maggior parte dei verbi della seconda coniugazione sono irregolari.

Oltre **temere,** i più comuni sono:

cędere (.................)	gemere (.................)	resistere (.................)
crędere (.................)	godere (.................)	ricęvere (.................)
esistere (.................)	miętere (.................)	ripętere (.................)
fręmere (.................)	pręmere (.................)	vęndere (.................)

ESERCIZIO 57 – *Coniugare i tempi sęmplici dell'indicativo dei verbi della seconda coniugazione citati.*

ESERCIZIO 58 – *Vǫlgere al plurale le frasi seguenti.*

Egli vendette tutta la proprietà e ricevette poco denaro – Io temevo un altro perịcolo – Il contadino mieterà domani, dopo venderà il raccolto – Tu ripeterại la lezione, io ascolterò – Egli cedette troppo presto – Tu fremesti, ma resistesti – L'orẹfice vendeva a prezzo ridotto – Io ricevetti l'invito, tu non ricevesti nulla – Io vendetti l'anello e comprại il bracciale – Tu gemesti, allora io credetti alla narrazione del fatto – Il ragazzo lavorò molto e alla fine ricevette il premio meritato.

BREVE CONVERSAZIONE

Per favore, mi dia due etti di caffè. ....

Lo desịdera a chicchi o macinato? ....

Macinato, grạzie. Avete della buona cioccolata? ....

....

Questa è ọttima e costa anche poco. ....

Va bene, ne prendo tre tavolette, ho dei bambini golosịssimi. ....

....

Vuole provare anche queste caramelle? ....

No, grạzie, basta la cioccolata. ....

102

III Coniugazione - Verbo servire

TEMPI SĘMPLICI DEL MODO INDICATIVO

Presente	Imperfetto	Futuro	Passato remoto
Io serv-*o*	serv-*ivo*	serv-*irò*	serv-*ii* ....
....	....	....	....
Tu serv-*i*	serv-*ivi*	serv-*irai*	serv-*isti*
Egli serv-*e*	serv-*iva*	serv-*irà*	serv-*í*
Noi serv-*iamo*	serv-*ivamo*	serv-*iremo*	serv-*immo*
Voi serv-*ite*	serv-*ivate*	serv-*irete*	serv-*iste*
Essi sęrv-*ono*	serv-*ivano*	serv-*iranno*	serv-*irono*

ESERCĮZIO 59 – *Coniugare i tempi sęmplici dell'indicativo dei seguenti verbi.*

Aprire – avvertire – coprire – dormire – fuggire – parţire – seguire – sentire – vestire.

I nųmeri cardinali

1 uno	15 quįndici	29 ventinove ....
2 due	16 sędici	30 trenta ....
3 tre	17 diciassette	31 trentuno ....
4 quattro	18 diciotto	40 quaranta ....
5 cinque	19 diciannove	50 cinquanta ....
6 sei	20 venti	60 sessanta ....
7 sette	21 ventuno	70 settanta ....
8 otto	22 ventidue	80 ottanta ....
9 nove	23 ventitré	90 novanta ....
10 dieci	24 ventiquattro	100 cento ....
11 ųndici	25 venticinque	101 centouno (centuno)
12 dǫdici	26 ventisęi	102 centodue ....
13 trędici	27 ventisette	103 centotré ....
14 quattǫrdici	28 ventotto	110 centodieci ....

111 centoundici .	**600** seicento	**1.150** millecentocinquanta
120 centoventi . .	**700** settecento	**2.000** duemila . . . .
130 centotrenta .	**800** ottocento	**3.000** tremila . . . .
140 centoquaranta	**900** novecento	**10.000** diecimila . . . .
180 centottanta .	**1.000** mille	**50.000** cinquantamila . . . .
200 duecento . . .	**1.001** milleuno (mille e uno)	**100.000** centomila . . . .
300 trecento	**1.002** milledue	**200.000** duecentomila . . . . .
400 quattrocento .	**1.050** millecinquanta	**1.000.000** un milione . . . .
500 cinquecento .	**1.100** millecento	**2.000.000** due milioni . . . .

1.000.000.000 un miliardo . . . . . .   **2.000.000.000** due miliardi ecc. . .

I **numeri cardinali sono invariạbili,** ad eccezione di **uno** (femminile **una**) e **mille** (plurale **mila**).

(**mila** va sempre unito al numero: tre**mila,** venti**mila,** cento**mila,** ecc.)

un libro – una sẹdia – mille uọmini – mille donne – mille lire – mille dọllari – duemila donne – cinquemila uọmini – ottantamila lire – diecimila dọllari

Cento è indeclinạbile: *cento lire – cinquecento lire – duecento bambini – ottocento pẹcore – novecento soldati.*

Milione e **miliardo,** che sono sostantivi, fọrmano regolarmente il plurale: *tre milioni, cento milioni, sette miliardi, dieci miliardi, ecc.*

Al singolare sono preceduti dall'artịcolo: **un milione, il milione, un miliardo, il miliardo.**

Nota: I numerali composti con **uno** e **una** sono *generalmente* seguiti dal nome al plurale e si trọncano: *trentun tạvoli, quaratun sẹdie, settantun libri, ecc.*

Esercịzio 60 – *Scrịvere in lẹttere i seguenti numeri.*

15 – 19 – 48 – 57 – 92 – 123 – 147 – 375 – 528 – 682 – 777 – 829 – 1.281 – 1.463 – 1.968 – 2.000 – 4.376 – 7.300 – 9.999 – 10.850 – 11.728 – 18.525 – 35.000 – 83.691 – 95.000.

I numeri cardinali si usano per indicare le ore del giorno, i giorni dell'anno, gli anni, e generalmente si sottintende il sostantivo **ora, giorno, anno:**

Sono le sette – è l'una – sono le quattro del pomeriggio – il treno arriva alle otto – il 19 marzo è San Giuseppe – il 5 settembre è il mio onomastico – io partirò il trenta maggio – l'anno 1968 (millenovecentosessantotto).

Fa eccezione il primo del mese: *il primo febbraio, il primo giugno,* . . . . .

a) *Da notare che si dice:*

le tre e un quarto   il 15 settembre

le quattro meno un quarto   nel 1925

sono le cinque e mezzo (¹)   verso il 1940

b) Quando si rivolge il saluto a qualcuno, si dice *buongiorno* dalla mattina al tardo pomeriggio; *buona sera* dall'imbrunire sino a notte inoltrata; *buona notte* generalmente prima di andare a letto.

(¹) in questo caso *mezzo* è considerato sostantivo, sinonimo di *metà*.

L'orologio

Nomenclatura

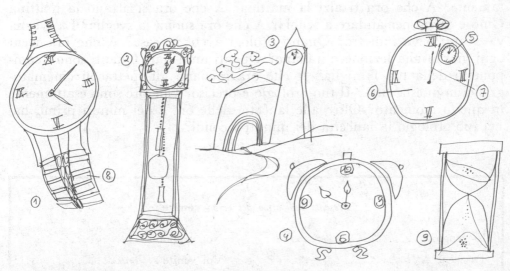

1) **l'orologio da polso**
2) **l'orologio a pendolo**
3) **l'orologio da torre**

4) **la sveglia**
5) **il cronometro**
6) **il quadrante**

7) **le lancette**
8) **la cinghietta**
9) **la clessidra**

Che ore sono? (che ora è?)

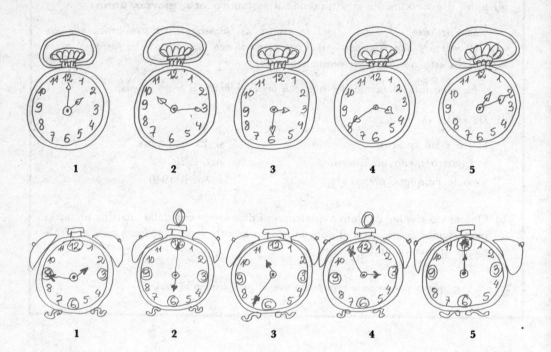

1   2   3   4   5

1   2   3   4   5

Rispondere alle domande: Va bene il tuo orologio? Che ore sono esattamente? A che ora ti alzi la mattina? A che ora si alzano la mattina Gino e Silvia per andare a scuola? A che ora suona la sveglia? La sveglia va avanti o va indietro? Quanti orologi avete in casa? A che ora vieni ogni giorno alla lezione d'italiano? Quanti anni hai? Quanti sono i componenti della tua famiglia? A che ora iniziano gli spettacoli cinematografici in questa città? Il tuo orologio è preciso? Che ore sono esattamente in questo momento? Oltre alle lancette delle ore e dei minuti primi, hai nel tuo orologio la lancetta dei minuti secondi?

Presente indicativo del verbo **venire**

Io vengo ....   Noi veniamo ....

Tu vieni ....   Voi venite ....

Egli viene ....   Essi vengono ....

La casa: l'edifịcio

Revisione della nomenclatura

BREVE CONVERSAZIONE

Questo ạutobus va in Piazza Garibaldi? ....
....

*No, signora, questo è il nụmero cinque, lei deve prẹndere il nụmero sette. Sta per
arrivare.* ....

Scusi, bigliettạio, è questo l'ạutobus per Piazza Garibaldi? ....
....

Sí, mạncano quattro fermate, si accọmodi. ....

Mi fa il piacere di avvisarmi quando devo scẹndere? ....
....

Certo, signora, non si preọccupi, l'avviserò io. ....
....

II Coniugazione - Verbo temere

TEMPI COMPOSTI DELL'INDICATIVO

I tempi composti del verbo transitivo **temere** si coniugano con l'ausiliare **avere**. Il participio passato **temuto** resta invariato in tutta la coniugazione.

Passato prossimo	*Trapassato prossimo*
Io ho temuto	Io avevo temuto . . . .
Tu hai temuto	Tu avevi temuto
Egli ha temuto	Egli aveva temuto
Noi abbiamo temuto	Noi avevamo temuto
Voi avete temuto	Voi avevate temuto
Essi hanno temuto	Essi avevano temuto

Futuro anteriore	*Trapassato remoto*
Io avrò temuto	Io ebbi temuto . . . .
Tu avrai temuto	Tu avesti temuto
Egli avrà temuto	Egli ebbe temuto
Noi avremo temuto	Noi avemmo temuto
Voi avrete temuto	Voi aveste temuto
Essi avranno temuto	Essi ebbero temuto

ESERCIZIO 61 – *Coniugare i tempi composti dell'indicativo dei verbi.*

Vendere – credere – ricevere – cedere – godere – perdere.

La testa

Nomenclatura

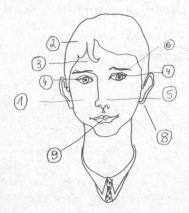

1) il viso
2) i capelli
3) la fronte
4) gli occhi
5) il naso
6) le sopracciglia
7) le ciglia
8) l'orecchio
9) la bocca
10) le labbra
11) i denti
12) la lingua
13) il mento
14) la guancia

Il corpo umano

Nomenclatura

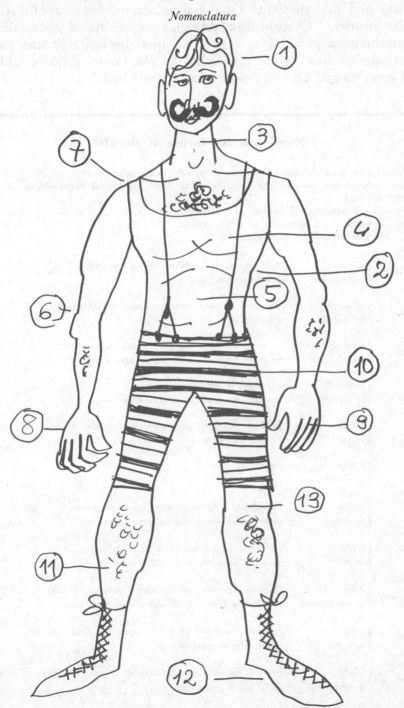

1) la testa - 2) il tronco - 3) il collo - 4) il petto - 5) lo stomaco - 6) il braccio - 7) la spalla - 8) la mano - 9) le dita - 10) la coscia - 11) la gamba - 12) il piede - 13) il ginocchio.

Rispondere alle domande: Ti piace la ginnastica? Pratichi qualche sport? Hai avuto mai mal di testa? Qual è il colore dei tuoi capelli? Com'è il corpo di un atleta? Quante dita abbiamo noi? Come si chiamano quelli che camminano a piedi? Hai avuto mai qualche ferita in una parte del corpo? Come possono essere gli occhi? Di che colore sono le labbra? Ti piace il naso lungo? Di che colore sono i denti belli?

Nomi con due forme di plurale

Alcuni nomi maschili hanno due forme di plurale, una regolare in **-i** (maschile), l'altra in **-a** (femminile). Al plurale, secondo che siano adoperati al maschile o al femminile, assumono un significato diverso.

Esempio: **il braccio = i bracci,** se ci riferiamo ad una croce, ad un fiume, ad un candelabro; **le braccia,** se ci riferiamo al corpo umano.

I nomi più comuni con due plurali sono:

il braccio	i bracci	— della croce, di un fiume, di un candelabro
	le braccia	— del corpo umano
il budello	i budelli	— nel senso di cose lunghe e strette, vicoli, ecc.
	le budella	— gli intestini
il calcagno	i calcagni	— in senso concreto, dei piedi, delle calze
	le calcagna	— in senso figurato: *stare alle calcagna di uno*
il cervello	i cervelli	— nel senso di intelligenze
	le cervella	— materia cerebrale di uomini e animali
il ciglio	i cigli	— in senso figurato: orli, margini di strada, di fossi
	le ciglia	— riferito agli occhi
il corno	i corni	— strumenti musicali
	le corna	— degli animali
il dito	i diti	— considerati con valore specifico: *i diti pollici*
	le dita	— della mano, dei piedi, in senso collettivo
il filo	i fili	— con significato concreto: *i fili del telegrafo*
	le fila	— in senso figurato: *le fila del discorso, di una congiura*
il fondamento	i fondamenti	— in senso figurato, per indicare i princìpi, le basi
	le fondamenta	— con valore concreto, di una costruzione, ecc.
il frutto	i frutti	— in senso generico, anche nel senso di effetti, risultati
	le frutta	— quelle che si mangiano
il labbro	i labbri	— in senso figurato: di una ferita, di un vaso, e riferendosi ad animali
	le labbra	— della bocca degli uomini
il lenzuolo	i lenzuoli	— per indicare il plurale considerandone parecchi ad uno ad uno
	le lenzuola	— per indicare il paio che si usa nel letto

il membro	i membri	– i componenti di una commissione e in tutti i casi in cui non ci si riferisce al corpo umano
	le membra	– le parti del corpo umano

il muro	i muri	– di una casa
	le mura	– di cinta di una città

l'osso	gli ossi	– generico e riferito ad animale spolpato
	le ossa	– del corpo umano in senso collettivo

il riso	i risi	– la varietà dell'alimento
	le risa	– l'atto del ridere

Il nome **ginocchio** ha due plurali **ginocchi** e **ginocchia** senza notevole differenza, anche se **ginocchi** si adopera nel senso figurato.

Fuso, oltre al plurale maschile **i fusi**, ha un plurale femminile **le fusa** soltanto nella frase: **il gatto fa le fusa.** (......................)

ESERCIZIO 62 – *Volgere al plurale le seguenti frasi.*

a) Ho il braccio fasciato – Questa croce ha il braccio rotto – La cameriera ha pulito il braccio sporco del candelabro – Il figlio del farmacista suona il corno – Nel giardino della nostra casa abbiamo un bue con il corno rotto – Questa via è molto stretta, è proprio un budello – Quello è un gran cervello, ha scoperto tante cose – Sul ciglio della strada c'era una ragazza con il labbro spaccato – Il muro di questa casa non è molto solido, mentre il muro della città è antico e solido – Questo è il frutto del tuo lavoro – Tu hai il sopracciglio ferito.

b) È arrivato il membro della commissione – In un incidente ha perduto un dito della mano – Questo è il filo del telegrafo – Questo bambino ha il labbro rosso – Il labbro di questa ferita è infiammato – Quella donna ha suscitato il riso generale – Questo riso è coltivato in Italia – L'osso rotto del braccio – Ho sul ginocchio una piaga – La donna ha cambiato il lenzuolo del letto – Questa ragazza ha un bel ciglio lungo.

ESERCIZIO 63 – *Sostituire ai nomi tra parentesi la forma plurale corretta accompagnata dall'articolo determinativo.*

Attorno a questa città ci sono (muro) – Ho su (labbro) la parola giusta, ma non voglio farti perdere (filo) del discorso – Quell'uomo ha colpito il ragazzo a (braccio) e a (ginocchio) – I tori hanno (corno) – La guardia correva, era a (calcagno) del ladro, ma non lo prendeva –

Puliremo bene (braccio) del candelabro – L'animale ferito aveva (budello) di fuori – Non bisogna mettere (dito) nel naso – Ecco (frutto) del nostro lavoro – Questi sono (membro) della commissione di esami – È pericoloso camminare su (ciglio) della strada – Ho dato (osso) del pollo al cane – Bisogna rifare (muro) della casa fin da (fondamento).

BREVE CONVERSAZIONE

Scusi, signor vigile, dov'è via Roma? ....

Via Roma è molto lontana da qui. ....

Posso raggiungerla a piedi, o devo prendere un taxi? ....

....

È meglio prendere un taxi. All'angolo c'è il posteggio. ....

....

L'autista conoscerà questa via? ....

Certamente, è una delle vie più importanti della città. ....

....

III Coniugazione - Verbo sentire

TEMPI COMPOSTI DELL'INDICATIVO

I tempi composti del verbo transitivo **sentire** si formano con l'ausiliare **avere**: il participio passato **sentito** resta invariato in tutta la coniugazione.

Passato prossimo	*Trapassato prossimo*
Io ho sentito	Io avevo sentito ....
Tu hai sentito	Tu avevi sentito
Egli ha sentito	Egli aveva sentito
Noi abbiamo sentito	Noi avevamo sentito
Voi avete sentito	Voi avevate sentito
Essi hanno sentito	Essi avevano sentito

Futuro anteriore	*Trapassato remoto*
Io avrò sentito	Io ebbi sentito ....
Tu avrai sentito	Tu avesti sentito
Egli avrà sentito	Egli ebbe sentito
Noi avremo sentito	Noi avemmo sentito
Voi avrete sentito	Voi aveste sentito
Essi avranno sentito	Essi ebbero sentito

ESERCIZIO 64 – *Coniugare i tempi composti dell'indicativo dei verbi.*

Ferire – colpire – dormire – digerire – agire – mentire – partire.

I colori

Revisione della nomenclatura

Rispondere alle domande: Hai visto nel giardino pubblico il venditore di palloncini? Di che colore sono i palloncini della illustrazione? Hai visto mai un arcobaleno? Che cos'è un arcobaleno? Sai dipingere? Ti piace di piú la pittura ad olio o la pittura ad acquerello? Descrivi un quadro che hai a casa parlando dei colori – Parla dei vestiti delle tue compagne – Di che colore sono gli occhi dei componenti della tua famiglia? Parla di tutti i colori che si possono notare nella stanza.

Nomi ed aggettivi alterati

È difficile dare delle norme precise sulle trasformazioni che possono subire le parole italiane per mezzo di suffissi, che danno il senso del **diminutivo** (.........), del **vezzeggiativo** (.........), dell'**accrescitivo** (.........), del **peggiorativo** (.........). Grande è la varietà di queste trasformazioni.

Qualche indicazione sarà utile in tale vario e complesso argomento, che acquisterà maggior chiarezza dopo un lungo e continuo contatto con la lingua italiana.

1) *a)* I **diminutivi** e i **vezzeggiativi** si formano con i suffissi **-ino, -etto, -ello, -uccio** (anche con **-uzzo, -occio**):

ragazzo = ragazzino; bimbo = bimbetto; nonno = nonnino; pastore = pastorello; coltello = coltellino; gallo = galletto; vizio = vizietto; sventato = sventatello; re = reuccio; labbro = labbruzzo; vestito = vestitino; punto = puntino; bello = bellino (belloccio); monello = monellino, monelluccio; piccolo = piccolino, piccoletto; stupido = stupidino, stupidello; naso = nasino, nasetto; paese = paesino, paesetto.

b) A volte possono formarsi con i suffissi **-icino, -icello, -ellino, -erello, -olino**:

cuore = cuoricino; fiore = fiorellino; prato = praticello; pazzo = pazzerello; sciocco = scioccherello; vacca = vaccherella; fiume = fiumicello; porta = porticina; pesce = pesciolino; cane = cagnolino (cagna = cagnetta); bestia = bestiolina.

I nomi che terminano in **-one** prendono una **c** prima di aggiungere il suffisso:

garzone = garzoncello; padrone = padroncino; piccione = piccioncino; salone = saloncino; birbone = birboncello, ecc.

2) Gli **accrescitivi** si formano con il suffisso **-one**. I nomi femminili, alterati con il suffisso **-one**, generalmente diventano maschili:

ragazzo = ragazzone; libro = librone; naso = nasone; una donna = un donnone; una porta = un portone; una sala = un salone; una febbre = un febbrone; una spinta = uno spintone.

3) I **peggiorativi** si formano con i suffissi **-accio, -astro, -ucolo, -onzolo, -iciattolo**:

naso = nasaccio; libro = libraccio; gatto = gattaccio; somaro = somaraccio; tempo = tempaccio; donna = donnaccia; medico = mediconzolo; prete = pretonzolo; uomo = omiciattolo; mostro = mostriciattolo; maestro = maestrucolo; lettera = letteraccia; poeta = poetastro, poetucolo; giornale = giornalaccio, giornalucolo.

4) I suffissi **-iccio, -ognolo** e **-astro** sono usati generalmente per modificare gli aggettivi che indicano colore:

bianco = bianchiccio, biancastro; giallo = gialliccio, giallognolo, giallastro; azzurro = azzurrognolo; rosso = rossiccio, rossastro; verde = verdognolo, verdastro
però si ha anche: amaro = amarognolo.

ESERCIZIO 65 – *Formare i diminutivi e i vezzeggiativi delle seguenti parole.*

Bandiera – mano – giacca` – vestito – cappello – libro – quaderno – stanza – casa – lettera – pagina – lampada – barca – strada – scarpa – borsa – bracciale – anello – collana – orologio – camicia – gallo – cane – coltello – bestia – donna – quadro – bottiglia – regalo – fiore – pantaloni – poltrona – fiume – punto – occhio – cassa – naso – paese – bello – nonno – dito – dente – pesce – cane – padrone – salone – prato – vacca – pastore – carro.

ESERCIZIO 66 – *Formare gli accrescitivi e i peggiorativi delle seguenti parole.*

Mano – penna – libro – scatola – professore – uomo – donna – ragazzo – testa – palla – scarpa – parola – volume – stanza – finestra – asino – medico – poeta – avvocato – scrittore – scala – via – macchina – maestro – faccia – piede – volgare – dolce – giallo – verde – nero – bianco – grigio – azzurro – palazzo – casa – ombrello – nebbia – lettera – coltello – cucchiaio – forchetta – tavolo – sedia – bicchiere – tempo – rosso – giornale – prete.

BREVE CONVERSAZIONE

Andate quest'anno al mare in agosto? ....
....

No, quest'anno andiamo in montagna. ....
....

È la prima volta che andate in montagna? ....
....

Praticamente è la prima volta, perché andiamo sempre al mare. ......
....

Noi preferiamo passare le ferie facendo i bagni di mare. ....
....

Anche noi lo preferiamo, ma la mamma non sta troppo bene ed il medico consiglia

l'aria di montagna. ....
....

IV RIEPILOGO (Lezioni 17–23)

ESERCIZIO 67 – *Volgere al plurale le seguenti frasi.*

Quell'uomo è stato ferito all'occhio – È caduto il muro della casa – Questo è il filo di lana bianca – Io perdo sempre il filo del discorso – La gallina ha fatto l'uovo – Tu hai un labbro sottile meraviglioso – Il cane guarda attento, ha sentito il corno della caccia – Quell'uomo spinge il bue nella strada di campagna – L'oratore ha suscitato il riso dell'uditorio – La ragazza ha comprato un bel paio di guanti – Si è rotto il braccio della croce greca – Il bambino ha il dito sporco, mangia con la mano – Il corno di questo animale è adoperato come oggetto decorativo – Il ragazzo non ha fame – C'è una macchia di sangue nella camicia del professore – Questo è il re e questa è la regina – Tu hai fatto una buona analisi del problema; puoi ora sostenere quella tesi interessante.

ESERCIZIO 68 – *Trascrivere in cifra i seguenti numeri.*

Diciotto – ventinove – ottantacinque – settantasette – centosessantadue – trecentoventicinque – cinquecentocinquantasei – seicentotrenta – ottocentodue – milleseicentoventi – millenovecentosessantatrè.

ESERCIZIO 69 – *Sostituire ai puntini la forma richiesta del verbo « volere ».*

Io vado a passeggio, tu ..... venire con me? – Tu che cosa .....? Io non ..... nulla – Egli ..... ciò che ..... tu – Voi non ..... ciò che ..... noi – Chi ..... troppo, ottiene poco – Se tu ..... io posso telefonare a Carlo – Io ti ..... molto bene, non so se tu mi ..... bene – Chi ..... questo libro? – Noi ..... le riviste e i giornali – I due giovani si ..... veramente bene – Essi ..... partire oggi, noi ..... partire domani – ..... ancora del caffè? Sí, ne ..... un poco.

Sostituire ai puntini la forma richiesta del verbo « venire ».

Io ..... ora dalla stazione – Se tu ..... con noi, ti aspettiamo – Voi ..... spesso senza avvisare – Essi ..... da lontano e ..... sempre a piedi – Chi ..... con me? Io ..... con te, perché desidero camminare un poco – Se ..... Carlo, saremo in quattro; se ..... i due fratelli Rossi, la compagnia sarà completa – Vuoi ..... piú tardi? No, ... subito – A che ora ..... il dottore? ..... subito – ..... sempre il momento della resa dei conti – Chi ..... prima di voi?

ESERCIZIO 70 – *Cercare nel dizionario il significato esatto delle seguenti parole e notare come non si tratti di nomi alterati.*

Botte, bottino, bottone – matto, mattino, mattone – posto, postino – burro, burrone – tacco, tacchino – merlo, merletto, merluzzo – torre, torrone – mulo, mulino – aquila, aquilone – monte, montone – filo, filetto.

Descrivere le scene:

Lettura

La « bora » di Trieste

Trieste, la bella città circondata dai monti, è spesso investita nella stagione invernale da un vento freddo e violento di Nord-Est che si chiama « bora ». Quando soffia la bora, che raggiunge anche la velocità di 150 chilometri orari, non si salva nulla. Sbattono le porte, si infrangono i vetri, sono spazzate via le insegne dei negozi ed è impossibile passeggiare per le strade. In molte strade ci sono corde d'acciaio per aggrapparvisi quando il vento comincia a soffiare e sarebbe imprudente camminare quando il vento è violento, perché si correrebbe il rischio di essere portati via come fragili fuscelli.

Modo congiuntivo del verbo **avere**

Presente

Che io ạbbia ....
Che tu ạbbia
Che egli ạbbia
Che noi abbiamo
Che voi abbiate
Che essi ạbbiano

Imperfetto

Che io avessi ....
Che tu avessi
Che egli avesse
Che noi avẹssimo
Che voi aveste
Che essi avẹssero

Passato

Che io ạbbia avuto ....
Che tu ạbbia avuto
Che egli ạbbia avuto
Che noi abbiamo avuto
Che voi abbiate avuto
Che essi ạbbiano avuto

Trapassato

Che io avessi avuto ....
Che tu avessi avuto
Che egli avesse avuto
Che noi avẹssimo avuto
Che voi aveste avuto
Che essi avẹssero avuto

La casa: cạmera da letto

Nomenclatura

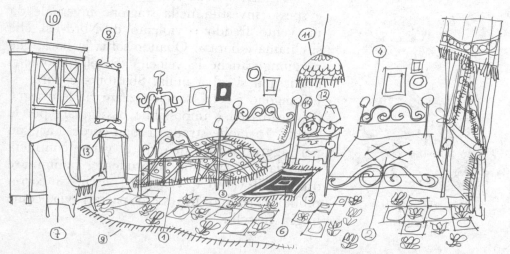

1) **il letto** - 2) **il materasso** - 3) **il comodino** - 4) **la testata del letto** - 5) **la coperta** - 6) **lo scendiletto** - 7) **la poltrona** - 8) **la specchiera** - 9) **il tappeto** - 10) **l'armạdio** - 11) **il lampadạrio** - 12) **la lạmpada da notte** - 13) **la grụccia** - 14) **la svẹglia.**

Rispondere alle domande: Quanto è grande la tua camera da letto? Di che colore sono le pareti? Il letto è grande o è piccolo? È comodo il tuo letto? Quanti materassi ci sono? C'è anche il copripiedi? Quanti mobili ci sono nella tua camera? C'è anche un quadro sulla testata del letto? Che cosa raffigura questo quadro? Quante grucce avete dentro l'armadio? I materassi sono morbidi e soffici o sono duri? Suona sempre la sveglia in casa vostra? Tenete sul comodino anche una bottiglia da notte? Avete dei lettini per bambini in casa?

Esercizio 71 – *Volgere al plurale o al singolare le seguenti frasi.*

Se tu avessi tempo – Se voi aveste bisogno – Se egli avesse avuto denaro – Se voi aveste – Se noi avessimo un dubbio – Se tu avessi il libro – Se tu avessi avuto pazienza – Se noi avessimo la certezza – Se io avessi fortuna – Se tu avessi avuto fortuna – Io penso che tu abbia ragione – Egli credeva che tu avessi torto – Credevo che voi aveste l'invito – Non sapevo che egli avesse un aeroplano – Io penso che egli abbia il tempo necessario – Voi pensate che noi abbiamo freddo – Non penso che voi abbiate appetito – Non crediamo che egli abbia avuto paura.

I numeri ordinali

1° primo	17° diciassettesimo o decimosettimo	80° ottantesimo
2° secondo		90° novantesimo
3° terzo	18° diciottesimo o decimottavo	100° centesimo
4° quarto		101° centesimoprimo
5° quinto	19° diciannovesimo o decimonono	102° centesimosecondo ecc.
6° sesto		
7° settimo	20° ventesimo	200° duecentesimo
8° ottavo	21° ventunesimo o ventesimoprimo	300° trecentesimo
9° nono		400° quattrocentesimo
10° decimo	22° ventiduesimo o ventesimosecondo	500° cinquecentesimo
11° undicesimo o undecimo		600° seicentesimo
	23° ventitreesimo o ventesimoterzo ecc.	700° settecentesimo
12° dodicesimo o duodecimo		800° ottocentesimo
13° tredicesimo o decimoterzo	30° trentesimo	900° novecentesimo
	31° trentunesimo o trentesimoprimo	1.000° millesimo
14° quattordicesimo o decimoquarto		1.001° millesimoprimo
	40° quarantesimo ecc.	1.002° millesimosecondo
15° quindicesimo o decimoquinto		2.000° duemillesimo ecc.
	50° cinquantesimo	3.000° tremillesimo
16° sedicesimo o decimosesto	60° sessantesimo	10.000° diecimillesimo
	70° settantesimo	1.000.000° un milionesimo

Nota: Per i numeri ordinali 20°, 30°, 40°, 50°, 60° si ha anche la forma *vigesimo, trigesimo, quadragesimo, quinquagesimo, sessagesimo.*

a) I numeri ordinali, come gli aggettivi qualificativi, concordano nel genere e nel numero con il nome al quale si riferiscono:

il primo giorno;   la prima sera;   la seconda volta;
le prime rose;   i primi passi;   i terzi gruppi

b) Per indicare i secoli si adoperano i numeri ordinali, quando c'è la parola **secolo**; in questo caso possono essere sostituiti dai numeri romani:

il secolo ventesimo; il secolo XX (il ventesimo secolo);
il secolo sedicesimo (decimosesto); il secolo XVI (il sedicesimo secolo);
il terzo secolo avanti Cristo (a.C.) – il sesto secolo dopo Cristo (d.C.).
Si dice invece: il 1800 (il milleottocento), il quattrocento, il duecento, ecc.

c) I numeri ordinali si adoperano per indicare l'ordine di successione dei re, dei papi, degli imperatori:

Carlo Quinto (Carlo V) – Federico Secondo (Federico II) – Carlo Primo (Carlo I) – Pio Dodicesimo (o Duodecimo) – Giovanni Ventitreesimo (o Ventesimoterzo) – Paolo Sesto – (Pio XII – Giovanni XXIII – Paolo VI).

ESERCIZIO 72 – *Sostituire il numero cardinale in corsivo con l'ordinale corrispondente.*

Il giorno è la *sette* parte della settimana, la settimana è la *quattro* parte del mese, il mese la *dodici* parte dell'anno, l'anno è la *cinque* parte del lustro e la *cento* parte del secolo – Nel secolo *quindici* e nel secolo *sedici* ci furono le grandi scoperte geografiche, nel secolo *venti* ci saranno i viaggi interplanetari – Noi siamo quattro figli, io sono il *tre*, ma dei maschi sono il *due* – Luigi *tredici*, Luigi *quattordici* e Luigi *quindici* furono re di Francia – Le invasioni barbariche dei secoli *cinque* e *sei* d.C. furono violente – Il centimetro è la *cento* parte del metro, il metro è la *mille* parte del chilometro – Questo ragazzo frequenta la classe *cinque* elementare, la sorella la *tre* – Prima di Paolo *sei* gli ultimi Papi sono stati Giovanni *ventitré* e Pio *dodici*.

BREVE CONVERSAZIONE

Scusi, portiere, abita qui il signor Rossi? ....

No, signora, forse abita nel palazzo accanto ....
....

Mi avevano indicato questo portone ....

Provi a chiedere all'altro portiere ....

Già, mi accorgo che questo è il numero 16 ....
....

Sí, questo è il numero 16 e non c'è stato mai un signor Rossi in questo palazzo.
....

Modo congiuntivo del verbo **ẹssere**

Presente	*Imperfetto*
Che io sia	Che io fossi . . . .
Che tu sia	Che tu fossi
Che egli sia	Che egli fosse
Che noi siamo	Che noi fọssimo
Che voi siate	Che voi foste
Che essi sịano	Che essi fọssero

Passato	*Trapassato*
Che io sia stato-a	Che io fossi stato-a . . . .
Che tu sia stato-a	Che tu fossi stato-a
Che egli sia stato-a	Che egli fosse stato-a
Che noi siamo stati-e	Che noi fọssimo stati-e
Che voi siate stati-e	Che voi foste stati-e
Che essi sịano stati-e	Che essi fọssero stati-e

Il participio passato dei tempi composti formati con l'ausiliare **ẹssere** concorda nel gẹnere e nel nụmero con la persona alla quale si riferisce (vedi pag. 42)

ESERCỊZIO 73 – *Vọlgere al plurale o al singolare le seguenti frasi.*

Se tu fossi buono – Penso che tu sia onesto – Se egli fosse ricco – Se essi fọssero stati presenti – Se tu fossi piú veloce – Se tu fossi stato cortese – Se io fossi felice – Penso che tu sia felice – Mi pare che quest'uomo sia straniero – Io credo che sia francese – Penso che tu sia stato impulsivo – Io credevo che voi foste stati a Roma – Essi pẹnsano che tu sia stanco – Pensavo che tu fossi qui – Credo che il nostro amico sia stato con te lo scorso anno – Se tu fossi un vero amico – Speriamo che tu sia qui a mezzogiorno.

I fiori

Revisione della nomenclatura

ESERCIZIO 74 – *Ricordare i nomi di dieci fiori e cercare di indicarne le caratteristiche* (forma, colore, ecc.).

I numeri frazionari

1/2	un mezzo	1/10	un decimo
1/3	un terzo	5/8	cinque ottavi
1/4	un quarto	3/10	tre decimi
1/5	un quinto	10/100	dieci centesimi, ecc.

I numeri moltiplicativi

Indicano quante volte una cosa è maggiore di un'altra:

doppio   **triplo**   **quadruplo**   **sestuplo**   **decuplo**   **centuplo**

Se invece si vuole indicare il numero delle parti, anche disuguali, che compongono una cosa, si dice:

duplice   **triplice**   **quadruplice**   **quintuplice**   **sestuplice**

Esempi: *una doppia razione di pane; una domanda in duplice copia; quadagna un triplo stipendio; la triplice alleanza; la quadrupla misura di grano; una quadruplice fila di alberi.*

I numeri collettivi

Derivano dai numerali, ma sono dei veri e propri sostantivi collettivi; i principali sono:

paio	coppia	terno	quaterna	cinquina	decina
dozzina	quindicina	ventina	trentina	centinaio	migliaio
triduo	ottava	novena	trigesimo	quarantena	bimestre
trimestre	quadrimestre	semestre	biennio	triennio	quinquennio
decennio	cinquantennio	ottuagenario	centenario	millenario	bimillenario

Per indicare l'età si può usare anche un aggettivo: *duenne, treenne, quattrenne..... decenne, ventenne, cinquantenne, novantenne.....*

   un uomo trentenne (di trent'anni);
   una vecchia ottantenne (di ottant'anni).

Nota: Per indicare i componimenti musicali a due, a tre, a quattro, a cinque, a sei voci o strumenti, si dice: **duetto - trio - quartetto - quintetto - sestetto.**
Per indicare complessi di artisti di due, tre o piú persone, si dice: **duo - trio - quartetto,** ecc.

ESERCIZIO 75 – *Completare le frasi con i numerali appropriati.*

La differenza di tempo tra i due concorrenti è stata di ..... (2/10) – Il francobollo per l'interno è di ..... (40/100), per l'estero ...... (90/100) – Tu guadagni ..... (2 volte) di quello che guadagno io – Questa stoffa costa ..... (4 volte) di quello che ho pagato io – L'anno scolastico è diviso in tre ..... (3 mesi) – L'abbonamento a questa rivista si può fare ogni ..... (2 mesi), ogni ..... (3 mesi), ogni ..... (6 mesi) – Per ottenere il sussidio bisogna fare una domanda in ..... (2 copie) – Compreremo una ..... (12) di uova – In questa classe siamo una ..... (30 circa) – Le scarpe si vendono a ..... – Tira l'aratro una ..... (2) di buoi – Ha superato il ..... (2 anni) della facoltà di ingegneria, per completare il corso ha ancora un ..... (3 anni) di studi universitari – Il vecchio ha compiuto cento anni, è ..... – Alla musica dei solisti preferisco quella del ..... (2 artisti), del ..... (3 artisti) e del ..... (4 artisti).

Le quattro operazioni

Addizione	Sottrazione	Moltiplicazione	Divisione
....	....	....	....
354 +	867 —	428 ×	585 : 4
85	185	25	
			18 146
439	682	2140	25
		856	1
		10700	

L'Addizione (verbo **sommare**..................)

354 e 85 = addendi (..................) 439 = somma o totale (..................)

quattro più *cinque* uguale *nove;*

cinque più *otto*   uguale *tredici*, scrivo *tre* e riporto *uno;*

uno   più *tre*   uguale *quattro* – totale *quattrocentotrentanove.*

Trecentocinquantaquattro più **ottantacinque** uguale **quattrocentotrentanove.**

La **sottrazione** (verbo **sottrarre**..................)

867 = minuendo (.......................); 185 = sottraendo (.......................); 682 = resto o differenza (.......................)

sette meno *cinque* uguale *due;*

sei meno *otto* non si può sottrarre, perché otto è maggiore di sei; si prende *una unità* da *otto,* così *sei* diventa *sedici; sedici* meno *otto* uguale *otto;*

otto ha prestato *una unità* a *sei* ed è diventato *sette; sette* meno *uno* uguale *sei.*

Ottocentosessantasette meno **centottantacinque** uguale **seicentottantadue.**

La **Moltiplicazione** (verbo **moltiplicare**....................)

428 = moltiplicando (........ ....); 25 = moltiplicatore (....................);
10700 = prodotto (....................)

cinque per *otto* uguale *quaranta*, scrivo *zero* e riporto *quattro;*

cinque per *due* uguale *dieci*, piú *quattro* che riportavo uguale *quattordici*, scrivo *quattro* e riporto *uno;*

cinque per *quattro* uguale *venti*, piú *uno* che riportavo uguale *ventuno;*

due per *otto* uguale *sedici*, scrivo *sei* e riporto *uno;*

due per *due* uguale *quattro*, piú *uno* che riportavo uguale *cinque;*

due per *quattro* uguale *otto;*

zero; *quattro* piú *sei* uguale *dieci;* scrivo *zero* e riporto *uno; uno* piú *uno* uguale *due*, piú *cinque* uguale *sette; due* piú *otto* uguale *dieci.*

Quattrocentoventotto moltiplicato per **venticinque** uguale **diecimilasettecento.**

La **Divisione** (verbo **dividere**.........................)

585 = dividendo (.........................); 4 = divisore (.........................);
146 = quoto o quoziente (.........................); 1 = resto (.........................)

il *quattro* è contenuto nel *cinque* una *volta* con il resto di *uno;* abbasso l'*otto*: il *quattro* è contenuto nel *diciotto quattro volte* con il resto di *due;* abbasso il *cinque*: il *quattro* è contenuto nel *venticinque sei volte* con il resto di *uno.*

Cinquecentottantacinque diviso **quattro** uguale **centoquarantasei** con il resto di **uno.**

Rispondere alle domande: Come si chiama il risultato della moltiplicazione? E quello della divisione, della sottrazione e dell'addizione? Quanto fa dieci per dieci? Quaranta piú sette? Cinquantacinque meno nove? Moltiplica i primi dieci numeri per due.

BREVE CONVERSAZIONE

Buon giorno, dottore, io ritorno da lei ....

Buon giorno, prego, si accomodi; come sta? ....

....

Non troppo bene, ho sempre dei dolori alla spalla ....

....

Vediamo un poco, sieda qui. Muova il braccio ....

....

Che dolore! Non posso muoverlo bene ....

....

Pazienza! I soliti dolori reumatici ....

....

125

Modo condizionale di **avere** e di **ęssere**

Verbo **avere**

Presente	*Passato*
Io avręi	Io avręi avuto ....
Tu avresti	Tu avresti avuto
Egli avrebbe	Egli avrebbe avuto
Noi avremmo	Noi avremmo avuto
Voi avreste	Voi avreste avuto
Essi avrębbero	Essi avrębbero avuto

Verbo **ęssere**

Presente	*Passato*
Io saręi	Io saręi stato-a ....
Tu saresti	Tu saresti stato-a
Egli sarebbe	Egli sarebbe stato-a
Noi saremmo	Noi saremmo stati-e
Voi sareste	Voi sareste stati-e
Essi sarębbero	Essi sarębbero stati-e

Esercįzio 76 – *Vǫlgere al plurale o al singolare le seguenti frasi.*

Tu saresti un buon allievo – Essi avrębbero pazienza – Tu avresti fame – Noi avremmo tempo – Voi sareste d'accordo – Io saręi il responsąbile – Noi saremmo stati ricchi – Io avręi avuto ragione – Essi avrębbero avuto un gran successo – Se tu avessi avuto pazienza, noi saremmo stati presenti alla cerimǫnia – Se io fossi ricco, saręi caritatęvole – Se noi fǫssimo giǫvani, saremmo piú intraprendenti – Se tu fossi qui, io saręi piú esplįcito – Essi sarębbero stati felįci, se fǫssero stati con i genitori – Se egli fosse stato cortese, io saręi stato gentile – La madre sarebbe stata soddisfatta, se il fįglio fosse stato il primo a scuola – Se io avessi un amico fedele, saręi un uomo felice.

La casa: la sala da pranzo

Nomenclatura

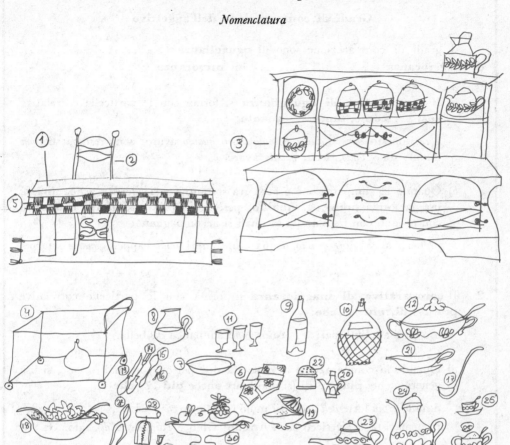

1) la tạvola - 2) la sẹdia - 3) la credenza - 4) il carrello - 5) la tovạglia - 6) i tovaglioli - 7) il piatto - 8) la brocca - 9) la bottịglia - 10) il fiasco - 11) i bicchieri - 12) la zuppiera - 13) il coltello - 14) la forchetta - 15) il cucchiạio - 16) il cucchiaino - 17) il mẹstolo - 18) l'insalatiera - 19) la formaggiera - 20) l'oliera - 21) la salsiera - 22) la saliera - 23) la teiera - 24) la caffettiera - 25) la zuccheriera - 26) la tazzina - 27) lo schiaccianoci - 28) il cavatappi - 29) l'apribottịglia - 30) la fruttiera.

Rispọndere alle domande: Quali sono i mọbili della vostra sala da pranzo? A che ora fate la prima colazione? E la colazione e la cena? Invitate spesso delle persone a pranzo? Chi serve a tạvola? Avete le posate d'argento? Che cosa tenete dentro la credenza? Quanti servizi di piatti avete? Per sei persone o per dọdici? Avete un servịzio di bicchieri speciale per le grandi occasioni? Vi piace la frutta fresca o la frutta secca? Mangiate spesso insalate di verdura cruda? Quante persone siete ogni giorno a tạvola?

127

Gradi di comparazione dell'aggettivo

I gradi di comparazione sono di **uguaglianza** (.....................), di **maggioranza** (.................), di **minoranza** (..................).

1 – a) Il **comparativo di uguaglianza** si forma con le particelle correlative **cosí ... come, tanto ... quanto**:

è *cosí* onesto *come* buono; è *tanto* ricco *quanto* avaro; sono *cosí* onesti *come* buoni; sono *tanto* ricchi *quanto* avari.

b) Quando la comparazione è fatta tra sostantivi e si riferisce a quantità, si usa la forma **tanto ... quanto,** però in questo caso **tanto** e **quanto** concordano con i sostantivi ai quali si accompagnano:

io bevo *tanto* vino *quanta* acqua; tu compri *tanti* cappelli *quante* sciarpe.

2 – Il **comparativo di maggioranza** si forma con le particelle correlative **piú ... di, piú ... che**;

Mario è *piú* alto *di* Luigi;   Anna è *piú* simpatica *che* bella.

a) Quando la comparazione avviene tra due persone, animali o cose, si usa generalmente **piú ... di** (si può usare anche **piú ... che**):

il mulo è *piú* forte *dell'*asino (il mulo è *piú* forte *che* l'asino); il farmacista è *piú* ricco *dell'*avvocato; Gino è *piú* veloce *di* Aldo.

b) Si deve usare invece la forma **piú ... che** quando la comparazione si riferisce alla stessa persona ed avviene tra due aggettivi, due sostantivi, due verbi, due avverbi:

Questo allievo è *piú* astuto *che* intelligente; ho avuto *piú* gioie *che* dispiaceri; mi piace *piú* ascoltare *che* parlare; vedo meglio *piú* da lontano *che* da vicino.

3 – Il **comparativo di minoranza** si forma con le particelle correlative **meno ... di, meno ... che**:

La rosa è *meno* profumata *del* gelsomino; è *meno* facile salire *che* scendere.

Per l'uso di **meno ... di** e di **meno ..... che** vale quanto si è detto del comparativo di maggioranza:

Il ragazzo è *meno* forte *che* abile; mangio *meno* carne *che* pesce; mi piace *meno* parlare *che* ascoltare; cerco *meno* qui *che* altrove.

ESERCIZIO 77 – a) *Completare le seguenti frasi, sostituendo ai puntini le parti-celle comparative piú adatte.*

La mosca è ..... noiosa ..... farfalla – La motocicletta è ..... veloce ..... bicicletta – Maria è ..... pigra ..... stupida – La tuberosa è ..... profumata ..... rosa – I cani sono ..... fedeli ..... cavalli – I vecchi sono ..... golosi ..... bambini – Andrea è ..... intelligente ..... diligente – L'acqua è ..... utile ..... vino – Il pasto fu ..... abbondante ..... squisito – L'elefante è ..... forte ..... asino – La tigre è ..... feroce ..... giraffa – Quest'uomo è ..... furbo ..... buono – La passeggiata è stata ..... piacevole ..... utile – La zebra è ..... veloce ..... cavallo – L'uomo è fisicamente ..... forte ..... donna – L'oro è ..... prezioso ..... argento – La ricchezza è ..... preziosa ..... salute – Parlare è ..... facile ..... agire – L'acqua è ..... necessaria ..... pane.

b) *Con le parole tra parentesi formare i comparativi possibili:*

(es.: l'acqua è piú necessaria del vino – Il lavoro è piú utile che piacevole).

Necessaria (acqua, vino) – lavoro (utile, piacevole) – utile (pane, dolci) – Maria (bella, simpatica) – insegnante (preparato, capace) – dolce (mandarino, arancia) – bibita (rinfrescante, dissetante) – riposo (utile, necessario) – gita (faticosa, divertente) – nutriente (carne, verdura) – forte (mulo, asino) – Paolo (studioso, intelligente) – timido (Gino, Mario) – fiori (belli, profumati) – feroce (tigre, elefante) – utile (cane, gatto) – coraggioso (marinaio, aviatore) – giudice (giusto, severo) – un uomo (astuto, buono) – affettuosa (mamma, zia) – poeta (sensibile, espressivo).

BREVE CONVERSAZIONE

Desidererei vedere anche della seta ....
....

Subito, signora, che colore? ....
Piuttosto chiaro, preferibilmente una fantasia vivace ....
....

Ecco, questo è un colore di gran moda ....
È bello e certamente mi starà bene. Un taglio per un vestito ....
....

Bene. Tre metri e venti centimetri vanno bene per lei ....
....

Modo imperativo di **avere** *e di* **ęssere**

Presente

Avere	**Essere**
Abbi tu	Sii tu ....
Ạbbia egli	Sia egli
Abbiamo noi	Siamo noi
Abbiate voi	Siate voi
Ạbbiano essi	Sịano essi

La seconda persona singolare dell'imperativo negativo è: *non avere, non ęssere.*

ESERCỊZIO 78 – *Coniugare l'imperativo delle seguenti frasi.*

Avere pazienza – ęssere fedele – avere fede – ęssere ragionevole – ęssere cortese – avere il senso del dovere – ęssere buono.

I modi indefiniti di **avere** *e di* **ęssere**

Avere

Infinito	*presente:*	avere (.........................)
....	*passato:*	avere avuto (.................)
Gerụndio	*sęmplice:*	avendo (.......................)
....	*composto:*	avendo avuto (..............)
Particịpio	*presente:*	avente (.......................)
....	*passato:*	avuto (.......................)

Ęssere

Infinito	*presente:*	ęssere (.........................)
	passato:	ęssere stato (.................)
Gerụndio	*sęmplice:*	essendo (.......................)
	composto:	essendo stato (.................)
Particịpio	*presente:*	———————
	passato:	stato (.......................)

Nota: Il particịpio presente del verbo **ęssere**, che dovrebbe ęssere *essente*, non è usato; esiste soltanto la forma **ente**, che si adọpera soprattutto per indicare l'*Ente Supremo* (Dio) e l'*Ente* (= istituzione, associazione).

Animali domęstici

Revisione della nomenclatura

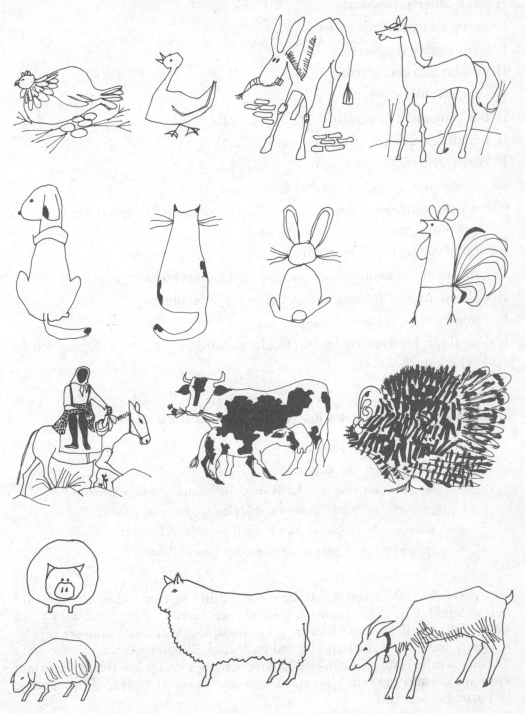

Le voci degli animali domestici

Il cane abbaia (abbaiare ....)

Il gatto miagola (miagolare ....)

L'asino raglia (ragliare ....)

Il cavallo nitrisce (nitrire ....)

La pecora bela (belare ....)

Il bue muggisce (muggire ....)

Il maiale grugnisce (grugnire ....)

Il corvo gracchia (gracchiare ....)

La cornacchia gracchia (gracchiare ....)

Gli uccelli cantano (cantare ......), cinguettano (cinguettare ......),
    pigolano (pigolare ....)

La gallina crocchia (crocchiare ....), fa coccodé

Il gallo canta (cantare ....), fa chicchirichí

Il pulcino pigola (pigolare ....), fa pio pio

Il coniglio ziga (zigare ....)

L'oca e il tacchino schiamazzano (schiamazzare ....), gloglottano
    (gloglottare ....).

Varietà del mantello del cavallo secondo il colore del pelame

Cavallo *baio:*	color castano;
» *morello:*	che ha il pelo bruno;
» *pezzato:*	col pelo che ha le macchie bianche, nere o rossastre;
» *pomellato:*	sul fondo uniforme del pelo ha macchie chiare;
» *sauro:*	di un colore che è tra il giallo e il lionato;
» *storno:*	con il pelame nero picchiettato di bianco.

Rispondere alle domande: Avete delle galline in casa? Hai mai allevato dei pulcini? Che cosa fanno i pulcini nel cortile? Che cosa fa l'asino nella stalla? E il cavallo? Elenca gli animali domestici che conosci meglio – Quali sono le voci di questi animali? Sai distinguere un cavallo baio da un cavallo sauro? Com'è il colore di un cavallo morello? Hai mai visto un cavallo pezzato? Sei stato mai alle corse al trotto? Ti piacciono le corse dei cavalli?

Il superlativo

Il superlativo può essere **relativo** e **assoluto**:

1. – Il **superlativo relativo,** che indica una qualità in **relazione** ad altre persone o cose, si forma premettendo l'articolo determinativo al comparativo di maggioranza o di minoranza:

   aggettivo: **alto**   comparativo: **piú alto - meno alto**
   superlativo relativo: **il piú alto - il meno alto.**

2. – *a)* Il **superlativo assoluto,** che indica una qualità presa in senso assoluto, cioè senza termini di paragone, si forma sostituendo alla desinenza **i** del plurale dell'aggettivo maschile il suffisso **-issimo:**

Aggettivo singolare	Plurale	Superlativo assoluto
alto	alti	alt-issimo
forte	forti	fort-issimo
stanco	stanchi	stanch-issimo
antico	antichi	antich-issimo
largo	larghi	largh-issimo
simpatico	simpatici	simpatic-issimo
pratico	pratici	pratic-issimo

   b) Il superlativo assoluto si può formare anche premettendo all'aggettivo un avverbio che dia l'idea di superlativo: **molto, assai, oltremodo, sommamente,** ecc. *forte: fortissimo, molto forte, oltremodo forte;*

   c) In qualche caso l'aggettivo si può rafforzare con un altro aggettivo:

   stanco morto (stanchissimo)   **innamorato cotto** (innamoratissimo)
   . . . .
   buio pesto (. . . . .)   **ricco sfondato** (. . . . .)
   ubriaco fradicio (. . . . .)   **pieno zeppo** (. . . . .)

   d) Alcuni superlativi assoluti si possono formare anche con i prefissi **arci-** e **stra-:**

   arcicontento – arcipotente – stracarico – straricco

   (*arcimilionario* e *multimilionario* sono le uniche forme di superlativo di *milionario*).

   Nota: Forme di superlativo sono considerate le espressioni: **pazzo da legare** (. . . . .) **povero in canna** (. . . . .) **sano e salvo** (. . . . .) **chiaro e tondo** (. . . . .) **un febbrone da cavallo** (. . . . .)·

Forme irregolari di comparativo e superlativo

a) Alcuni aggettivi, accanto alle forme regolari, hanno altre forme di comparativo e di superlativo, nelle quali si sente l'influsso del latino ([1]):

forme regolari: buono, piú buono, buonissimo;

alto, piú alto, altissimo, ecc.

Positivo	Comparativo	Superlativo
buono	migliore	ottimo
cattivo	peggiore	pessimo
grande	maggiore	massimo
piccolo	minore	minimo
alto	superiore	supremo, sommo
basso	inferiore	infimo

b) Alcuni aggettivi formano il superlativo modellandosi sulla forma latina:

acre	– acerrimo	maledico	– maledicentissimo
benefico	– beneficentissimo	misero	– miserrimo, *piú usato* miserissimo
benevolo	– benevolentissimo		
celebre	– celeberrimo	munifico	– munificentissimo
integro	– integerrimo	salubre	– saluberrimo

Accanto a queste forme sono molto usati gli aggettivi rafforzati da un avverbio: *molto* celebre, *oltremodo* munifico, *sommamente* benefico, ecc.

([1]) Alcuni comparativi e superlativi mancano delle forme del grado positivo. In queste forme difettive si vede chiaramente la derivazione da preposizioni latine: *comparativo:* **anteriore, esteriore, interiore, posteriore, ulteriore;** *superlativo:* **primo, estremo, intimo, postremo, ultimo.**

ESERCIZIO 79 – *Formare il superlativo relativo e assoluto degli aggettivi.*

Simpatico – antipatico – celebre – antico – vecchio – stanco – misero – benevolo – bianco – fresco – grande – piccolo – classico – angelico – ricco – secco – diabolico – caro – difficile – salubre – ubriaco – pazzo – acre – cattivo – robusto – semplice – sporco.

Il verbo Ęsserci

Il verbo **ęssere** con la particella avverbiale **ci** (o **vi**) è comunemente usato nel senso di **esįstere** (..........), **trovarsi** (..........), **stare** (..........).

La particella **ci** viene premessa al verbo, ad eccezione dell'infinito e del gerųndio, che si fondono con essa:

c'è, c'era, ci sono, ci siamo, ci fųrono, ci saranno, ci sono stati, ci sarebbe, ecc., ęsserci, essęndoci.

Nota: Non c'è alcuna differenza tra **ęsserci** ed **ęsservi;** piú usata è la forma **ęsserci.** L'ausi-liare di **ęsserci** è **ęssere:** *c'è stata la festa, ci sono stati i ragazzi, ci sono state le zie.*

Il verbo **ęsserci,** non essendo impersonale, ha tutte le forme:

Modo indicativo

Presente			*Passato prossimo*		
Io	ci	(vi) sono	Io	ci	(vi) sono stato-a ....
Tu	ci	(vi) sei	Tu	ci	(vi) sei stato-a
Egli	c'è	(vi è, v'è)	Egli	c'è	(vi è, v'è) stato-a
Noi	ci	(vi) siamo	Noi	ci	(vi) siamo stati-e
Voi	ci	(vi) siete	Voi	ci	(vi) siete stati-e
Essi	ci	(vi) sono	Essi	ci	(vi) sono stati-e

ESERCĮZIO 80 – *Volgere al plurale o al singolare le seguenti frasi.*

C'è un uomo – C'è stata una donna – Se ci fossero gli amici, noi saremmo piú contenti – Ci sarà stata una bella festa – Se ci fossi tu, ci saręi anch'io – Ci sono dei ragazzi nella piazza – C'era anche lo zio – Ci sono stati i fratelli – C'era l'avviso sul giornale – Ci siete stati voi, non ci siamo stati noi – Nella portinerįa c'è sempre il portiere – C'era il posto prenotato.

ESERCĮZIO 81 – *Notare le frasi seguenti ed avviare con esse una facile conversazione.*

C'è freddo – C'è caldo – Non c'è tempo da pęrdere – C'è la signora in casa? – C'è il dottore? – C'è bisogno del dottore? – Che cosa c'è? – Non c'è nulla di straordinạrio – C'è molta confusione – C'è stato lo zio con noi – Ci sono le prove – C'è bisogno di denaro – Oggi c'è posta per la signora, non c'è posta per il marito – C'è posto per tutti – C'è questo libro in biblioteca? – Quanta strada c'è da qui alla stazione? – Ci sono tutti i ragazzi in casa? No, c'è Pietro solo.

BREVE CONVERSAZIONE

Scusi, è questo lo sportello per cambiare gli assegni? ....
....

No, signora, per gli assegni c'è più avanti lo sportello numero 12 ....
....

Per favore, mi può cambiare questo assegno? ....
....

Subito signora. È intestato a lei? ....
....

Sí, è un assegno non sbarrato e l'importo è modesto ....
....

Prego, firmi qui. Ecco quindicimila lire ....
....

I Coniugazione - Verbo lodare

MODO CONGIUNTIVO

Presente

Che io lod-i ....

Che tu lod-i

Che egli lod-i

Che noi lod-iamo

Che voi lod-iate

Che essi lod-ino

Imperfetto

Che io lod-assi ....

Che tu lod-assi

Che egli lod-asse

Che noi lod-assimo

Che voi lod-aste

Che essi lod-assero

Passato

Che io abbia lodato ....

Che tu abbia lodato

Che egli abbia lodato

Che noi abbiamo lodato

Che voi abbiate lodato

Che essi abbiano lodato

Trapassato

Che io avessi lodato ....

Che tu avessi lodato

Che egli avesse lodato

Che noi avessimo lodato

Che voi aveste lodato

Che essi avessero lodato

MODO CONDIZIONALE

Presente

Io lod-erei ....

Tu lod-eresti

Egli lod-erebbe

Noi lod-eremmo

Voi lod-ereste

Essi lod-erebbero

Passato

Io avrei lodato ....

Tu avresti lodato

Egli avrebbe lodato

Noi avremmo lodato

Voi avreste lodato

Essi avrebbero lodato

IMPERATIVO

lod-a tu ....

lod-i egli

lod-iamo noi

lod-ate voi

lod-ino essi

(La seconda persona singolare dell'**imperativo negativo** di **lodare** è: **non lodare**).

MODI INDEFINITI

INFINITO
 { *presente:* lod-are (................................)
 { *passato:* avere lodato (..........................)

GERUNDIO
 { *semplice:* lod-ando (............................)
 { *composto:* avendo lodato (.......................)

PARTICIPIO
 { *presente:* lod-ante (............................)
 { *passato:* lodato-a (.............................)
 {   (lodati-e) (...........................)

ESERCIZIO 82 – *Coniugare tutti i tempi dei modi congiuntivo, condizionale, imperativo e i modi indefiniti dei verbi.*

Amare – cantare – incontrare – conservare – dettare – volare – destare – recitare – ricordare – ascoltare – parlare – pensare.

ESERCIZIO 83 – *Volgere al plurale o al singolare le seguenti frasi.*

Io canterei una bella canzone – Noi avremmo camminato tutto il giorno – Se tu parlassi, io ascolterei con piacere – Se egli lavorasse di piú, guadagnerebbe molto – Tu pensavi che io acquistassi il vestito – Se voi lavoraste con impegno, imparereste presto la lezione – Credo che tu abbia parlato con Mario – Ricorda che sei un uomo – Non dettare velocemente – Io desidererei che tu amassi gli zii – Non destare il nonno – Se voi raccontaste un bel racconto, noi ascolteremmo volentieri – Se tu parlassi meno, guadagneresti di piú.

La casa: la cucina

Nomenclatura

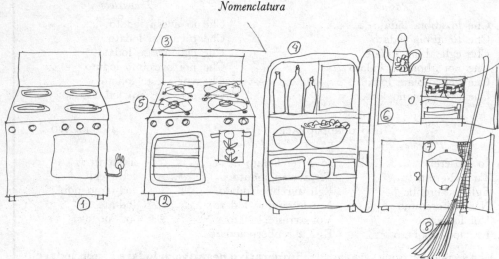

1) la cucina elettrica - 2) la cucina a gas - 3) la cappa - 4) il frigorifero - 5) i fornelli - 6) la dispensa - 7) la pattumiera - 8) la scopa.

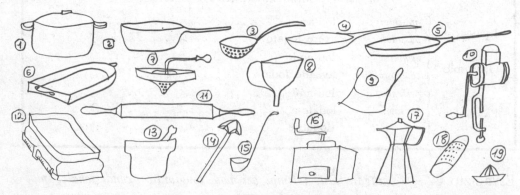

1) la pentola - 2) la casseruola - 3) il colabrodo - 4) il tegame - 5) la padella - 6) la teglia - 7) il passatoio - 8) l'imbuto - 9) la mezzaluna - 10) il tritatutto - 11) il mattarello - 12) la bilancia - 13) il mortaio e il pestello - 14) il frullino - 15) il mestolo - 16) il macinino - 17) la caffettiera - 18) la grattugia - 19) lo spremilimone.

Rispondere alle domande: Sei una brava cuoca? Chi cucina in casa tua? Mangi gli spaghetti al sugo? A che cosa serve il tegame? E la mezzaluna? Quale tipo di cucina avete in casa? C'è la cappa nella vostra cucina? Ti piace scopare e raccogliere la spazzatura? Hai mai pestato nel mortaio qualcosa con il pestello? Quante pentole avete in cucina? Quanti tegami e quante casseruole? La carne ti piace cucinata in casseruola, in padella o in graticola?

Aggettivi e pronomi possessivi

Molte forme di aggettivi sono simili alle forme dei pronomi corrispondenti (**possessivi, dimostrativi, indefiniti**) e la differenza consiste nel fatto che gli aggettivi accompagnano sempre un nome, mentre i pronomi sono usati da soli, in sostituzione del nome.

Gli aggettivi possessivi indicano proprietà, possesso; per la concordanza di questi aggettivi con i nomi ai quali si riferiscono, bisogna fare bene attenzione al **numero** *della persona che possiede,* (cioè se è singolare o plurale) ed al **genere e numero** *di ciò che si possiede* (cioè se è maschile o femminile, se è singolare o plurale).

Riferendoci ad una sola persona che possiede, avremo:

possesso singolare
- masch.: **mio, tuo, suo**: il mio libro, il tuo quaderno, il suo cappello.
- femm.: **mia, tua, sua**: la mia penna, la tua matita, la sua sciarpa.

(plurale di **mio, tuo, suo** è **miei, tuoi, suoi**)

possesso plurale
- masch.: **miei, tuoi, suoi**: i miei libri, i tuoi quaderni, i suoi cappelli.
- femm.: **mie, tue, sue**: le mie penne, le tue matite, le sue sciarpe.

Riferendoci a più persone che possiedono, avremo:

possesso singolare
- masch.: **nostro, vostro, loro**: il nostro libro, il vostro quaderno, il loro cappello.
- femm.: **nostra, vostra, loro**: la nostra penna, la vostra matita, la loro sciarpa.

possesso plurale
- masch.: **nostri, vostri, loro**: i nostri libri, i vostri quaderni, i loro cappelli.
- femm.: **nostre, vostre, loro**: le nostre penne; le vostre matite, le loro sciarpe.

Come si vede dal precedente prospetto, l'*aggettivo possessivo che si riferisce ad un soggetto singolare di terza persona* è **suo, sua, suoi, sue,** mentre, *se si riferisce ad un soggetto plurale di terza persona,* è *sempre* **loro.**

Esempi soggetto singolare: Il ragazzo ha **il suo** libro; Il ragazzo ha **i suoi** libri; Il ragazzo ha **la sua** penna; Il ragazzo ha **le sue** matite.

Esempi soggetto plurale: I ragazzi hanno *il loro* libro; I ragazzi hanno *i loro* libri; I ragazzi hanno *la loro* penna; I ragazzi hanno *le loro* penne.

Esercizio 84 – *Volgere al plurale o al singolare le seguenti frasi.*

Io canto la mia canzone, tu canti la tua – Io guardo la mia mano – Noi impariamo la nostra lezione – Tu leggi nel tuo libro, io leggo nel suo quaderno – Tu non hai ricevuto la mia lettera, noi abbiamo ricevuto le tue – Il viaggiatore arriva con il suo bagaglio – La signorina ha i suoi difetti – Questo è il suo cappello – Questo è il mio benefattore – Essi hanno il loro avvocato molto bravo – I miei vicini sono buoni, i tuoi sono antipatici – Lo studente ha il suo problema difficile – I loro sogni sono irrealizzabili – La signorina arriva con il suo cagnolino – Questo medico ha i suoi clienti fissi.

BREVE CONVERSAZIONE

Oggi vado con mio fratello al campo sportivo ....
....

C'è un incontro di calcio oggi? ....
Sì, un incontro molto importante e decisivo per il campionato. ....
....

Io preferisco vedere le partite di calcio alla televisione ....
....

Ma che gusto c'è alla televisione? ....
Per me c'è lo stesso gusto che provi tu al campo sportivo; è tanto comodo stare seduti in una poltrona! ....
....

II Coniugazione - Verbo temere

MODO CONGIUNTIVO

Presente

Che io tem-a ....
Che tu tem-a
Che egli tem-a
Che noi tem-iamo
Che voi tem-iate
Che essi tęm-ano

Imperfetto

Che io tem-essi ....
Che tu tem-essi
Che egli tem-esse
Che noi tem-ęssimo
Che voi tem-este
Che essi tem-ęssero

Passato

Che io ąbbia temuto ....
Che tu ąbbia temuto
Che egli ąbbia temuto
Che noi abbiamo temuto
Che voi abbiate temuto
Che essi ąbbiano temuto

Trapassato

Che io avessi temuto ....
Che tu avessi temuto
Che egli avesse temuto
Che noi avęssimo temuto
Che voi aveste temuto
Che essi avęssero temuto

MODO CONDIZIONALE

Presente

Io tem-ęrei ....
Tu tem-eresti
Egli tem-erebbe
Noi tem-eremmo
Voi tem-ereste
Essi tem-ęrebbero

Passato

Io avręi tenuto ....
Tu avresti temuto
Egli avrebbe temuto
Noi avremmo temuto
Voi avreste temuto
Essi avrębbero temuto

IMPERATIVO

Tem-i tu ....
Tem-a egli
Tem-iamo noi
Tem-ete voi
Tęm-ano essi

(*La seconda persona singolare dell'**imperativo negativo** di **temere** è: **non temere***).

MODI INDEFINITI

INFINITO	*presente :*	tem-ere (...........................)
	passato :	avere temuto (.......................)
GERUNDIO	*semplice :*	tem-endo (...........................)
	composto :	avendo temuto (......................)
PARTICIPIO	*presente :*	tem-ente (...........................)
	passato :	tem-uto (............................)

ESERCIZIO 85 – *Coniugare tutti i tempi dei modi congiuntivo e condizionale, l'imperativo e i modi indefiniti dei verbi.*

Credere – ripetere – vendere – cedere – mietere – ricevere – perdere – premere.

ESERCIZIO 86 – *Volgere al plurale o al singolare le seguenti frasi.*

Egli temeva che tu vendessi la tua bella casa – Se tu volessi, io ripeterei la lezione – Il contadino avrebbe già mietuto il grano, se il padrone fosse arrivato – Io temo che essi non abbiano creduto alla mia parola – Non temere, riceverai il dono promesso – Se avessimo tempo, venderemmo tutto – Se avessi ricevuto il telegramma, sarei arrivato il giorno stabilito – Se tu perdessi meno il tuo tempo – Io credevo che avesse ceduto la sua parte – Egli temeva che il ladro rubasse il suo portafogli – Questo ragazzo non ha perduto il suo tempo; ha copiato un quaderno intero di esercizi per il suo insegnante.

Animali selvatici

Revisione della nomenclatura

Le voci degli animali selvatici

Il lupo ulula, urla (ululare .... urlare ....)

Il leone ruggisce (ruggire ....)

L'elefante barrisce (barrire ....)

Il cervo bramisce (bramire ....)

L'ippopotamo grufola (grufolare ....)

L'orso ringhia, ruglia, urla (ringhiare .... rugliare ....)

La tigre mugola (mugolare ....)

La volpe squittisce (squittire ....)

Il leopardo e la pantera mugolano (mugolare ....)

Rispondere alle domande: Riconosci tutti gli animali selvatici riprodotti nelle figure? Sai descrivere un giardino zoologico? Ti piacerebbe
tenere in casa un animale feroce? Hai mai sentito il ruggito del leone?
Hai mai assistito ad uno spettacolo di circo equestre? Sai descrivere
un circo?

Aggettivi e pronomi possessivi *(continuazione)*

Gli aggettivi possessivi sono sempre preceduti dall'articolo. Quando però l'aggettivo possessivo precede un nome che indica parentela, **al singolare,** generalmente perde l'articolo: *il mio libro – la mia opinione – la nostra casa – il tuo pensiero – la sua abilità – mio figlio – mio nipote – mia sorella – mia zia – mio fratello – mio nonno – tuo padre – tua madre – vostra nonna – suo cugino – vostro zio.*

(invece al plurale si dirà: *i miei figli – le mie sorelle – i tuoi genitori – i vostri nonni – le vostre zie – le sue cognate, ecc.*).

Conservano l'articolo anche al singolare, i nomi di parentela accompagnati dal possessivo:

a) quando sono preceduti da un aggettivo qualificativo: *la mia cara nonna – il nostro povero zio – il tuo giovane fratello;*

b) quando si tratta di vezzeggiativi o, comunque, di nomi che indicano parentela alterati (sono considerati tali **babbo** e **mamma**):

   la mia sorellina – il vostro nipotino – il suo fratellino – la nostra mamma – il nostro nonnino – il tuo babbo;

c) quando i nomi di parentela sono preceduti da **loro**:

   il loro nonno – la loro madre – la loro zia – il loro fratello.

Così si avrà: *mio fratello – il mio caro fratello – il mio fratellino – il loro fratello – i miei fratelli;*

mia sorella – la mia buona sorella – la mia sorellina – la loro sorella – le mie sorelle.

Nel vocativo l'aggettivo possessivo perde l'articolo e generalmente si pospone al nome: *Dio mio! Mamma mia! Figlio mio!*

Aggettivi possessivi sono anche **proprio** e **altrui.**

Proprio è declinabile, quindi si avrà: *Ripetere il proprio nome – I ragazzi hanno i propri (loro) problemi – Il giovane cura molto la propria (sua) persona – Tutti prendono le proprie (loro) carte.*

Altrui (significa *di un altro, di altri*) è invariabile, quindi si dirà: *Considerare i bisogni altrui (degli altri) – Il bene altrui (degli altri).*

Pronomi possessivi — I pronomi possessivi sono simili agli aggettivi esaminati; si distinguono da essi, perché non accompagnano un sostantivo: *Io ho il mio (aggettivo) problema, tu hai il tuo (pronome).*

Qualche volta alcuni di questi pronomi, referendosi a cose e a persone note, sono usati come sostantivi:

*Io vivo con i **miei** (si intende **genitori** o **familiari**) – I **miei** non sono molto ricchi – Egli non ha avuto il permesso dei **suoi** (genitori) – Egli vive del **suo** (patrimonio) – Mario certamente quest'anno sarà dei **nostri** (del nostro gruppo).*

Esercizio 87 – *Volgere al plurale o al singolare le seguenti frasi.*

I miei zii sono arrivati adesso – Ho conosciuto ieri tuo nonno – Vostra sorella è andata con mio fratello – I miei fratellini e le mie sorelle arriveranno domani – Le mie buone zie partiranno giovedí per Milano; ritorneranno con mio zio il mese prossimo – Figlio mio, cerca di arrivare in tempo a scuola – Tu cerchi il tuo cappello, egli cerca il suo cappotto; quando mia figlia mette in ordine, non si trovano piú le cose – Egli aspetta sua zia per discutere del suo problema – Non desiderare la ricchezza altrui – Il professore spesso, per animare la sua lezione, parla delle sue esperienze personali.

BREVE CONVERSAZIONE

Chi è questa bella vecchina? . . . .

Questa è la mia cara nonnetta; è tanto buona . . . .

. . . .

Io non esco mai con mia nonna, perché non sta bene di salute e sta quasi sempre

a letto . . . .

A me piace molto accompagnare i nonni a passeggio . . . .

. . . .

Piacerebbe anche a me, ma ho molto da fare . . . .

. . . .

Bisogna trovare il tempo per fare compagnia ai poveri vecchi . . . .

. . . .

III CONIUGAZIONE
Verbo servire

MODO CONGIUNTIVO

Presente

Che io serv-a . . . .

Che tu serv-a

Che egli serv-a

Che noi serv-iamo

Che voi serv-iate

Che essi sẹrv-ano

Imperfetto

Che io serv-issi . . . .

Che tu serv-issi

Che egli serv-isse

Che noi serv-ịssimo

Che voi serv-iste

Che essi serv-ịssero

Passato

Che io ạbbia servito . . . .

Che tu ạbbia servito

Che egli ạbbia servito

Che noi abbiamo servito

Che voi abbiate servito

Che essi ạbbiano servito

Trapassato

Che io avessi servito . . . .

Che tu avessi servito

Che egli avesse servito

Che noi avẹssimo servito

Che voi aveste servito

Che essi avẹssero servito

MODO CONDIZIONALE

Presente

Io   serv-irẹi . . . .

Tu   serv-iresti

Egli serv-irebbe

Noi serv-iremmo

Voi serv-ireste

Essi serv-irẹbbero

Passato

Io avrẹi servito . . . .

Tu avresti servito

Egli avrebbe servito

Noi avremmo servito

Voi avreste servito

Essi avrẹbbero servito

IMPERATIVO

Serv-i tu . . . .

serv-a egli

serv-iamo noi

serv-ite voi

sẹrv-ano essi

MODI INDEFINITI

INFINITO	*presente :*	serv-ire (. . . . .)
	passato :	avere servito (. . . . .)
GERỤNDIO	*sẹmplice :*	serv-endo (. . . . .)
	composto:	avendo servito (. . . . .)
PARTỊCIPIO	*presente :*	serv-ente (. . . . .)
	passato :	serv-ito (. . . . .)

ESERCIZIO 88 – *Coniugare tutti i tempi dei modi congiuntivo e condizionale, l'imperativo e i modi indefiniti dei verbi.*

Dormire – sentire – vestire – avvertire – seguire.

ESERCIZIO 89 – *Volgere al plurale o al singolare le seguenti frasi.*

Se tu finissi subito il tuo lavoro, io partirei immediatamente – Credo che mia zia sia partita giovedí – Se tu aprissi la finestra, l'uccellino fuggirebbe – Se venisse mio fratello, partiremmo – Desidero che tu avverta tuo cognato – Tu digeriresti bene, se mangiassi meno – Avrei già finito se non fossero venuti i tuoi genitori – Se tu capissi il mio pensiero, acconsentiresti certamente – Se egli ubbidisse al suo superiore, sarebbe piú ordinato nel lavoro e arricchirebbe subito – Se io seguissi il tuo consiglio e costituissi una buona società, finirei bene.

Osservazioni sulla III Coniugazione

Seguono la coniugazione regolare di **servire** soltanto alcuni verbi, come **aprire, avvertire, coprire, dormire, fuggire, partire, seguire, sentire, vestire** e tutti i loro composti, mentre *la maggior parte dei verbi della III coniugazione inseriscono il suffisso* -**isc**- *fra il tema e la desinenza non accentata del presente indicativo, del presente congiuntivo e dell'imperativo.*

Esempio: **finire** – io finisco, tu finisci, ecc. . . .
Che io finisca, ecc.

Verbo **capire**

Indicativo presente	*Congiuntivo presente*	*Imperativo*
Io cap-isc-o	Che io cap-isc-a	. . . .
Tu cap-isc-i	Che tu cap-isc-a	cap-isc-i tu
Egli cap-isc-e	Che egli cap-isc-a	cap-isc-a egli
Noi cap-iamo	Che noi cap-iamo	cap-iamo noi
Voi cap-ite	Che voi cap-iate	cap-ite voi
Essi cap-isc-ono	Che essi cap-isc-ano	cap-isc-ano essi

Come si vede, il suffisso -**isc**- non si inserisce nella 1ª e 2ª persona plurale, perché le desinenze -**iamo, -ite, -iate** sono accentate.

Alcuni verbi hanno la forma con il suffisso -**isc**- e la forma semplice:

aborrire (. . . . .):	aborro, aborrisco
apparire (. . . . .):	appaio, apparisco
applaudire (. . . . .):	applaudo, applaudisco
inghiottire (. . . . .):	inghiotto, inghiottisco
languire (. . . . .):	languo, languisco

e così	bollire,	mentire,	muggire,	ruggire,	sorbire,	tossire
	(. . . . .)	(. . . . . .)	(. . . . . .)	(. . . . .)	(. . . . .)	(. . . . .)

ESERCIZIO 90 – *Coniugare il presente dell'indicativo e del congiuntivo e l'imperativo dei verbi.*

Arricchire – costituire – agire – definire – ferire – digerire – istituire – ardire.

ESERCIZIO 91 – *Volgere al plurale o al singolare le seguenti frasi.*

Apri la porta e chiudi la finestra – Desidero che tu capisca il mio pensiero – Penso che voi agiate senza riflettere – Penso che quei giovani istituiscano subito un comitato – Egli non capisce nulla – Se finisci subito il lavoro, parti con tuo zio – Non mentite, ricordate che siete uomini – Non penso che egli colpisca il bersaglio – Il soldato è stato ferito nel combattimento, penso che guarisca subito – Se tu venissi ora, noi agiremmo tranquillamente – Il pubblico applaudirebbe se gli attori fossero più bravi; penso che non applaudiscano perché non gradiscono questo spettacolo.

La scuola

Nomenclatura

1) l'edificio scolastico - 2) l'aula - 3) la cattedra - 4) il banco - 5) la lavagna - 6) il gesso - 7) la carta geografica - 8) il mappamondo - 9) il calamaio - 10) l'inchiostro - 11) la penna - 12) la penna stilografica - 13) la penna a sfera - 14) la matita - 15) la carta - 16) il quaderno - 17) il quaderno di appunti - 18) l'alunno - 19) il professore - 20) l'assistente.

Rispondere alle domande: Perché frequenti la lezione di lingua italiana? È la prima volta che studi una lingua straniera? È difficile o è facile la grammatica italiana? Chi sono i tuoi compagni di classe? Quanti banchi ci sono nella tua aula? Sai leggere in una carta geografica? Hai la borsa per i libri e i quaderni? Scrivi con una matita o con una penna? Frequenti l'università? Quale facoltà? Ti piace studiare? E perché?

BREVE CONVERSAZIONE

Dove sono i tuoi fratelli, non riesco a trovarli ....
....

Carlo è in casa, Gino e Lina sono all'università ....
....

Ho bisogno urgente di parlare con loro per la gita di domenica ....
....

Ma domenica noi siamo impegnati, è l'onomastico di mia madre ....
....

Allora dobbiamo rimandare tutto! ....
....

Certamente; noi non ci muoveremo da casa per tutta la domenica ....
....

V RIEPILOGO – (Lezioni 24–30)

ESERCIZIO 92 – *Volgere al plurale o al singolare le seguenti frasi.*

Io voglio che tu abbia il libro per studiare – Penso che mio figlio sia un buon ragazzo – Questo è il piú bel dono che io abbia avuto – Noi credevamo che voi arrivaste con i vostri zii – I miei nipoti sono i bambini piú belli del mondo – Se voi foste meritevoli, noi saremmo piú generosi – Se avessi denaro, comprerei subito un paio di scarpe – Ci sono state delle persone caritatevoli che hanno aiutato questi poveri – L'allievo ha il suo libro, non ha il quaderno – Le mie sorelle sono andate al cinema con i loro fidanzati – Tu capisci il mio punto di vista? Io non capisco il tuo – Nella mia villa c'è una grande piscina e un giardino bellissimo.

ESERCIZIO 93 – *Trascrivere in lettere i seguenti numeri ordinali.*

3º – 9º – 11º – 20º – 38º – 45º – 71º – 80º – 93º – 99º – 100º – 107º – 300º – 821º – 960º – 1000º – 1003º

ESERCIZIO 94 – *Formare i verbi corrispondenti ai seguenti nomi.*

a) *aggiungendo la desinenza* **-are**

Fumo – viaggio – canto – danza – passo – grido – carezza – suono – scherzo – respiro – salto – gioco.

b) *aggiungendo la desinenza* **-ire**

Veste – fiore – tosse – uscio – fine – colpo – servo.

ESERCIZIO 95 – *Sostituire ai puntini i possessivi.*

Questo ragazzo è ..... cugino – Questi sono ..... libri, questa invece è la biblioteca di ..... padre – Io amo ..... patria, tu ami ....., essi amano ..... – Non ho avuto ancora ..... caffè, mentre tu hai già bevuto ..... – La settimana ventura partirò con ..... padre e ..... madre; visiterò a Torino ..... nonni e poi passerò l'estate con ..... amici in montagna – Questo non è ..... cappello; è chiaro che non tutti hanno preso ..... cappelli; io voglio ..... – Io ammiro tutti quelli che compiono ..... dovere; hanno ..... approvazione – L'architetto presentò ..... disegni e spiegò le caratteristiche di ..... progetto – Io aspetto ..... fratelli per andare insieme da ..... amici – Signorina, mi mostri ..... lavoro; credo che avrà fiducia in ..... competenza – Arrivano oggi ..... zii con il fratello di ..... cognato – Questa è ..... idea; ora voi potete esporre ....

ESERCIZIO 96 – *Coniugare in tutte le persone del presente congiuntivo i verbi in corsivo delle seguenti frasi.*

È necessario che io *leggere* e *riassumere* questo racconto – È bene che io *scrivere* e *correggere* la lettera – Occorre che io *parlare* chiaro e *spiegare* le ragioni della mia opposizione – È bene che io *finire* subito questo lavoro e che *cominciare* l'altro – È giusto che io *accompagnare* gli amici – Pensate che io *dormire* tutta la notte e *partire* presto domani? – Bisogna che io *arrivare* presto e che *vedere* se tutto è in ordine – È necessario che io *obbedire* alle leggi e *dimostrare* la mia personalità – È bene che io *aprire* subito la porta e che *aspettare* sulla strada l'arrivo dei nonni – Non è certo che io *scrivere* la lettera e *imbucare* prima di mezzogiorno.

Descrivere le scene:

Lettura

L'Orecchio di Dionisio

A Siracusa, una città siciliana che conserva numerosi e splendidi monumenti dell'età classica, c'è una roccia con un profondo spacco, noto con il nome di « Orecchio di Dionisio ». Vi si produce una caratteristica eco che moltiplica di moltissime volte ogni minimo rumore. Basta stracciare un pezzo di carta perché quel rumore rimbombi nella cavità come se si trattasse di un forte colpo. Tale caratteristica ha fatto nascere la leggenda che Dionisio, tiranno di Siracusa, si servisse di quell'« orecchio » per ascoltare, non visto, i colloqui dei prigionieri che venivano rinchiusi dentro la grotta.

Pronomi personali

I pronomi personali che hanno la funzione di soggetto sono:

Singolare
- 1ª **Io** ....
- 2ª **Tu** ....
- 3ª
  - masch. **Egli** .... (persona) **Esso** .... (ịndica animale o cosa)
  - femm. **Ella**.... (persona) **Essa**.... (ịndica persona, animale, cosa)

(Per il femminile di terza persona **essa** è usato comunemente, **ella** è più ricercato)

Plurale
- 1ª **Noi** ....
- 2ª **Voi** ....
- 3ª
  - masch. **Essi** .... (persone, animali, cose)
  - femm. **Esse** .... (persone, animali, cose)

I pronomi di 1ª e 2ª persona, sia singolare che plurale, hanno una sola forma che si riferisce tanto al maschile quanto al femminile:

Io (uomo) parlo – Io (donna) scrivo – Voi (uọmini) lavorate – Voi (donne) cammi-nate – Tu sei buono – Tu sei buona – Voi siete stanchi – Voi siete alte – Tu sei veloce – Voi siete veloci – Noi siamo amici.

Il pronome di 3ª persona, invece, ha forme diverse per indicare il maschile e il femminile:

Egli canta – Ella (essa) ride – Essi parlano – Esse lavọrano – Egli è buono – Essa è ricca – Essi sono alti – Esse sono belle.

Nota: I pronomi singolari **io, tu, egli, ella (esso, essa)** sono usati sempre e soltanto come soggetto, *quindi non si dirà mai: Io sorrido a egli – Tu parli con io – Egli passẹggia con tu,* ecc.... In questi casi si ụsano i pronomi personali di complemento (vedi rẹgola seguente).
I pronomi plurali **noi, voi** sono usati come soggetto e come complemento: *Io parlo a voi – Tu sei con noi – Voi viaggerete con noi.*

Pronomi personali con funzioni di complemento

Accanto alle forme che fanno da soggetto abbiamo altre due forme di pronomi personali, che si ụsano quando hanno la funzione di **complemento**:

a) **Una forma forte (me – te – lui – lei – sé – loro)**, che serve per il complemento diretto (oggetto) e per i complementi indiretti preceduti da preposizioni:

a me – con te – per lui – se lei – con sé – a loro – con loro – ecc.

b) **Una forma dẹbole,** che generalmente precede il verbo e serve per il complemento diretto e per il complemento di tẹrmine (indiretto) senza preposizione:

singolare: **mi – ti – si – lo – la – gli – le**;
plurale : **ci – vi – si – li – le – loro.**

Forma forte

soggetto	*complemento diretto*	*altri complementi*
1ª **Io**	me	con me, per me, a me, di me, ecc.
2ª **Tu**	te	di te, per te, con te, a te, ecc.
3ª ⎰ **Egli**	lui (sé)	a lui, per lui, di lui, con sé, ecc.
⎱ **Essa**	lei (sé)	di lei, con lei, con sé, ecc.
1ª **Noi**	noi	con noi, a noi, di noi, ecc.
2ª **Voi**	voi	per voi, con voi, da voi, ecc.
3ª ⎰ **Essi**	loro (sé)	con loro, per loro, ecc.
⎱ **Esse**	loro (sé)	da loro, a loro, ecc.

Nota: Il pronome riflessivo **sé** si adopera, al singolare e al plurale, quando ci si riferisce allo stesso soggetto della proposizione, di terza persona, e si usa come complemento diretto e indiretto: *Egli pensa sempre a sé – Essa ha il bambino con sé – Essi pensano a sé.*

Le forme **me, te, sé** si possono fondere con la preposizione **con** e danno **meco** (*con me*), **teco** (*con te*), **seco** (*con sé*), ma sono poco usate: *Parto con te = parto teco – Porta tutto con sé = porta tutto seco – Resta con me = resta meco.*

Complemento diretto (*oggetto*) – *domanda:* **Chi?**

L'insegnante loda **me**

La mamma chiama **te**

Maria ama **lui**

Enrico non ama **lei**

Il baritono loda **sé**

Il dottore cura **noi**

La zia vede **voi**

La nonna bacia **loro** (i nipoti)

Il nonno loda **loro** (le nipoti)

I vanitosi lodano **sé**

Complemento indiretto (*di termine*) – *domanda:* **A chi?**

Il ragazzo consegna la lettera **a me**

Il ragazzo consegna la lettera **a noi**

La mamma dà un bacio **a te**

La nonna dà un bacio **a voi**

Mario dà un libro **a lui** (al cugino)

Mario dà un libro **a loro** (ai cugini)

Paolo dà una penna **a lei** (alla cugina)

Paolo dà una penna **a loro** (alle cugine)

L'egoista pensa sempre **a sé**

Gli egoisti pensano sempre **a sé**

ESERCIZIO 97 – *Notare l'uso dei pronomi nelle seguenti frasi e volgere al singolare o al plurale.*

Io lodo te – Tu lodi me – Egli loda noi – Noi lodiamo voi – Tu non vedi me, mentre io vedo te – Noi giudichiamo lui, voi giudicate lei – Voi parlate con me, non con lui – Essi ridono di me – Io passeggio con te – Tu resti con noi, essa parte con loro – Tu guardi me, io non guardo te – Essa racconta la favola a lui, egli non ascolta lei – Noi pensiamo sempre a te, tu non pensi mai a noi – Io aspetto da te la notizia avuta da lui – Oggi resto con voi, domani voi sarete con me – Quando essi inviteranno voi, noi inviteremo loro – Non parlo di te con lui, parlerò direttamente con te – Egli ama molto te, ma ella non parla mai di lui – Lo zio aspetta te; con lui parlerai di noi – Io passeggio sempre con lui e con lei – Cenerò con lui.

ESERCIZIO 98 – *Sostituire ai puntini i pronomi personali appropriati.*

Io parlo con Giovanni non con ..... – Carlo e Luisa passeggiano con ..... – Io resto con ...... – Tu parti con ..... – Egli pensa a ....; Maria non pensa a ..... – Spero di incontrare Luigi, se non è possibile incontrare ..... resterò solo – Ama molto i figli, sta sempre vicina a ..... – Da un'ora aspetto .....; siete veramente pigri – Lo farai per ....., anche se a ..... interessa poco – Venite con .....; passeremo una bella serata; io sto sempre bene con ..... – Io sono invitato da ....., non da ..... – Ho parlato con il ragazzo, ho dato a... ..... il libro – Lo zio è tanto buono, tu scrivi a ..... – Consegna a ..... il pacco, io parlerò direttamente con ..... – Io regalo a ..... un libro, tu regali a ..... una penna.

Frutti e piante

Revisione della nomenclatura

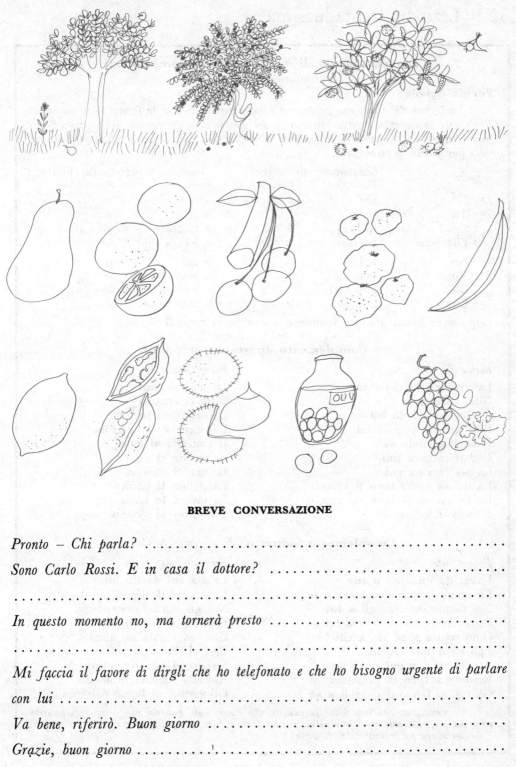

BREVE CONVERSAZIONE

Pronto – Chi parla? . . . .

Sono Carlo Rossi. E in casa il dottore? . . . .

. . . .

In questo momento no, ma tornerà presto . . . .

. . . .

Mi faccia il favore di dirgli che ho telefonato e che ho bisogno urgente di parlare

con lui . . . .

Va bene, riferirò. Buon giorno . . . .

Grazie, buon giorno . . . . .¹. . . . .

Pronomi personali con funzione di complementi

(continuazione da pag. 153)

Forma dębole:

La forma del pronome personale dębole può sostituire la forma forte *quando si tratta del complemento oggetto* (diretto) *e del complemento di tęrmine* (indiretto). Sono forme, dette anche *particelle pronominali*, che precędono il verbo e si appǫggiano ad esso per ęssere pronunciate:

Soggetto	Complemento diretto (chi?)		Complemento indiretto (a chi?)	
	Forma forte	Forma dębole	Forma forte	Forma dębole
1ª Io	me	*mi*	a me	*mi*
2ª Tu	te	*ti*	a te	*ti*
3ª { Egli	lui (sé)	*lo (si)*	a lui (a sé)	*gli (si)*
{ Ella (essa)	lei (sé)	*la (si)*	a lei (a sé)	*le (si)*
1ª Noi	noi	*ci*	a noi	*ci*
2ª Voi	voi	*vi*	a voi	*vi*
3ª { Essi	loro (sé)	*li (si)*	a loro (a sé)	*loro (si)*
{ Esse	loro (sé)	*le (si)*	a loro (a sé)	*loro (si)*

Loro non è forma ątona e mantiene il suo posto dopo il verbo.

Complemento diretto (*oggetto*): **Chi?**

Forma forte	*Forma dębole*
La mamma perdona **me**	La mamma **mi** perdona
Gino chiama **te**	Gino **ti** chiama
L'insegnante loda **lui**	L'insegnante **lo** loda
L'insegnante pręmia **lei**	L'insegnante **la** pręmia
Il vanitoso loda **sé**	Il vanitoso **si** loda
Il dottore cura **noi**	Il dottore **ci** cura
La zia chiama **voi**	La zia **vi** chiama
La nonna bącia **loro** (i nipoti)	La nonna **li** bącia
La nonna bącia **loro** (le nipoti)	La nonna **le** bacia
I vanitosi lǫdano **sé**	I vanitosi **si** lǫdano

Complemento indiretto (*di tęrmine*): **A chi?**

Forma forte	*Forma dębole*
La zia dà un libro **a me**	La zia **mi** dà un libro
La nonna regala l'orolǫgio **a te**	La nonna **ti** regala l'orolǫgio
Noi diamo dei consigli **a lui**	Noi **gli** diamo dei consigli
Pąolo rivela un segreto **a lei**	Pąolo **le** rivela un segreto
Gino regala **a sé** un anello	Gino **si** regala un anello
Egli dà **a noi** ragione	Egli **ci** dà ragione
Lo zio offre **a voi** un gelato	Lo zio **vi** offre un gelato
Ricordo **a loro** la promessa	Ricordo **loro** la promessa
Gli egoisti fanno dei regali **a sé**	Gli egoisti **si** fanno dei regali.

La forma forte dà una forza particolare alla frase: **Egli guarda me** – significa **guarda prǫprio me, soltanto me e non altri.** Se non si vuole dare un accento forte e solenne alla frase, è męglio adoperare le forme dęboli ątone.

Esercizio 99 – *Sostituire alle forme forti dei pronomi personali le forme deboli.*

Noi vediamo *lui* ogni mattina – Se vedo *lui*, do *a lui* il libro – Se mandi *a me* la nota, scriverò *a te* subito la lettera – Domanda *a lui* notizie della madre; io non vedo *lei* da molto tempo – Per trovare *lui* in casa è necessario che telefoni *a lui* prima – Mandarono *a noi* un bel regalo – Noi ricambieremo *a voi* la visita – Consegnerai *a lei* questo biglietto e dirai *a lei* che aspettiamo *lei* oggi – Raccomando *a voi* di leggere questo brano; dopo riassumerete *a me* il contenuto – È troppo vanitoso; ricordate *a lui* il proverbio: chi loda *sé*, imbroda *sé* – Se raccontate tutto *a me*, io dico *a voi* la verità – Il nonno ha invitato *noi* a Roma per questa estate; farà divertire *noi* molto e darà *a noi* la possibilità di vedere molti monumenti – Egli ama *me*, ma io non amo *lui*.

Le **particelle pronominali** generalmente precedono il verbo, ma in alcuni casi lo seguono e formano con esso un'unica parola:

a) *con l'infinito:*

amar**lo** – veder**la** – parlar**gli** – ricordar**gli** – pregar**li** – ecc.

desidero ricordarvi che non possiamo incontrarci domani.

b) *con il gerundio:*

lodando**lo** – vedendo**li** – stimando**la** – pregando**vi** – ecc.

vedendola da vicino la ricordo meglio.

c) *con la seconda persona singolare e plurale e con la 1ª persona plurale dell'imperativo* ([1]):

ama**lo** (ama lui) – ascolta**li** (ascolta loro) – bacia**mi** (bacia me) – parla**gli** (parla a lui) – esortiamo**li** (esortiamo loro) – ecc.

d) *con i participi passati:*

lodato**lo** – seduto**si** – visto**lo** – fatto**lo** – ecc.

(con l'esclamazione **ecco** ..... si hanno le forme: eccomi, eccoci, eccolo, eccoli, eccoti, eccola, eccovi, eccole).

([1]) Quando l'imperativo è rappresentato da una forma tronca monosillaba, le **particelle pronominali** raddoppiano la consonante iniziale semplice (quindi il pronome **gli** resta immutato):

di'	(dal verbo **dire**	per **dici**):	dimmi, dille, dicci, digli
da'	(dal verbo **dare**	per **dai**):	dammi, dacci, dalle, dagli
fa'	(dal verbo **fare**	per **fai**):	fammi, falle, facci, fagli
sta'	(dal verbo **stare**	per **stai**):	stammi, stalle, stacci, stagli
va'	(dal verbo **andare**	per **vai**):	vatti, valle, vagli

dimmi la verità – dicci tutto quello che sai – digli che arriverò presto – dammi aiuto – dacci oggi il nostro pane quotidiano – dalle ragione – fammi questo piacere – facci questo favore – falle la carità – stammi a sentire – stacci vicino in questo momento – stalle accanto.

ESERCIZIO 100 – *Sostituire alle forme forti dei pronomi personali le forme deboli più corrette.*

(es. da' a me il tuo libro - dammi il tuo libro)

Da' *a me* mille lire – Ascolta *me*, non parlare *a me* di lui – Di' *a lui* che ritorni presto – Non posso amare *lui* piú – Incontrando *lui* darò *a lui* tutte le notizie – Io incontrerò *lui* questa sera e, pur stimando *lui* molto, racconterò *a lui* tutto – Date *a lui* il tempo per risolvere la questione e date *a noi* la possibilità di salvare *lei* – Chiama *lui* e di' *a lui* che io voglio parlare *a lui* – Se desideri vedere *me*, vieni a trovare *me* domani a casa – Di' *a lei* che io voglio bene *a lei* – Date *a me* tutto l'occorrente per scrivere *a lui* una lettera – Egli ama *me*, però non lascia *me* in pace – Domani incontreremo *lui* e daremo *a lui* il denaro – Non desidero parlare *a te*, fa' *a me* il piacere di non disturbare *me*.

PROSPETTO RIASSUNTIVO DEL PRONOME DI 3ª PERSONA

	Singolare		*Plurale*	
	soggetto	complemento	soggetto	complemento
masch.	**egli, esso**	**lui, lo** **gli, sé, si**	**essi**	**loro, li** **sé, si**
femm.	**ella, essa**	**lei, la** **le, sé, si**	**esse**	**loro, le** **sé, si**

I pronomi **lo, gli, – la, le**

I pronomi **lo** (maschile) e **la** (femminile) hanno la funzione di complemento diretto e sostituiscono le forme forti **lui, lei:**

Il maestro loda **lui**	il maestro **lo** loda
la mamma chiama **lei**	la mamma **la** chiama
io cerco **lui**	io **lo** cerco
io vedo **lei**	io **la** vedo

I pronomi **gli** (maschile) e **le** (femminile) hanno la funzione di complemento indiretto e sostituiscono le forme **a lui, a lei** ([1]):

la zia chiama la nipote e **le** dà una collana
Maria cerca Gino per dir**gli** che **gli** presterà il libro
gli ricordo di non dimenticare ciò che deve dir**le**.

Quando **lo** incontrerò, **gli** racconterò tutto.
(Quando incontrerò Gino .....).
Quando **la** incontrerò, **le** racconterò tutto.
(Quando incontrerò Maria .....)

([1]) Nella parlata familiare, ed oggi anche da parte di alcuni scrittori, si tende ad adoperare il pronome **gli** riferito a femminile o a plurale: *Quando incontrerò Maria, gli parlerò di te. Quando incontrerò Maria e Carlo, gli parlerò di te.*

Mezzi di trasporto e viaggi

Nomenclatura

 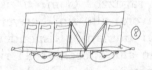

1) la locomotiva
2) il binạrio
3) la stazione
4) il vagone
5) il capostazione
6) l'orạrio ferroviạrio
7) l'elettrotreno
8) il vagone merci

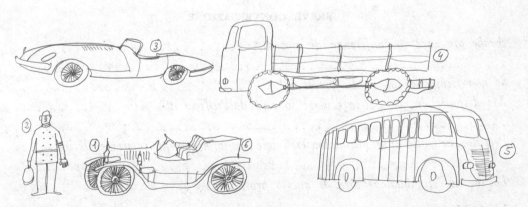

1) la vettura - 2) l'autista - 3) la mạcchina da corsa - 4) l'autocarro (camion) - 5) l'autobus - 6) il portabagagli.

Rispondere alle seguenti domande: Ti piace viaggiare? Quale mezzo preferisci per i tuoi viaggi? Hai mai viaggiato? Soffri quando viaggi? Hai fatto viaggi lunghi in treno? Sai guidare l'automobile? Hai la patente?

Esercizio 101 – *Sostituire ai nomi e ai pronomi tra parentesi le corrispondenti forme deboli dei pronomi.*

Io vedo (te) sempre occupato – Tu non dedichi (a me) mai un po' di tempo – Noi incontreremo (gli amici) domani e faremo (ad essi) gli auguri – Non giudicare (tua sorella) con severità, essa vuole tanto bene (a te) – Egli chiama (lei), ma essa non risponde (a lui) – Io parlo (a lei) in forma amichevole, dò (a lei) buoni consigli, aiuto (lei) a superare la crisi, dimostro (a lei) di essere un vero amico, ma essa non sente (sé) compresa – Io vedrò domani (tuo fratello) e parlerò (a lui) del nostro caso – Essi guardavano (sé) allo specchio e guardando (sé) facevano delle smorfie – Ho incontrato (i tuoi genitori) ed ho raccontato (ad essi) tutta la storia – Ricorda (a lui) che farà molto piacere (a noi) se verrà con (sua sorella) a trovare (noi) – Da' (a noi) il tempo necessario.

Esercizio 102 – *Rispondere alle seguenti domande usando i pronomi personali.*
(es. Parlerai a Gino? Sì, **gli** parlerò)

Parlerai a Gino? Mi racconterai la favola? Perdonerai il bambino? Rimproveri spesso il ragazzo? Come ti risponde il ragazzo? Scriverai la lettera ai nonni? Scriverai allo zio? Scriverai alla cugina? Ci inviterete al ballo? Mi telefonerai domani? Risponderete a Mario? Obbedirete ai genitori? Vi guardate allo specchio? Ti ricordi di Maria? Suggerirai al tuo compagno la risposta giusta? Cercherai gli amici in mezzo alla folla? Vedrai tua sorella oggi? Esaminerai il problema? Manderete i bambini ai giardini pubblici?

BREVE CONVERSAZIONE

A che ora sarà la conferenza di giovedì? ....
....
Se non ricordo male, è alle ore diciotto ....
Mi dispiace di non potere venire; io esco dall'ufficio alle sette ....
....
Peccato! Si tratta di un ottimo conferenziere e di un argomento interessantissimo ....
....
Lo so, ho letto qualche cosa di questo professore ....
....
Tutti i suoi libri sono veramente straordinari ....

Pronomi personali (*continuazione*)

Le particelle pronominali **mi, ti, si, ci, vi,** quando precędono immediatamente i pronomi **lo, la, li, le, ne** (per il pronome **ne** vedi pag. 190), si modįficano in **me, te, se, ce, ve.**

Quindi si dice: *Egli* **mi** *dà un libro,* ma è errato dire: *Egli* **mi** *lo dà,* perché, verificąndosi l'incontro di **mi** con **lo,** si dovrà dire: *Egli* **me** *lo dà.*

Lo zio dà **a me** il libro
Lo zio **mi** dà il libro
Lo zio **me lo** dà

La zia regala **a me** i libri
La zia **mi** regala i libri
La zia **me li** regala

Gino presenta **a me** la sorella
Gino **mi** presenta la sorella
Gino **me la** presenta

Mąrio offre **a me** le rose
Mąrio **mi** offre le rose
Mąrio **me le** offre

Io darò **a te** il quaderno
Io **ti** darò il quaderno
Io **te lo** darò

Io darò **a te** i quaderni
Io **ti** darò i quaderni
Io **te li** darò

Io mostro **a te** la fotografįa
Io **ti** mostro la fotografįa
Io **te la** mostro

Io mostro **a te** le fotografįe
Io **ti** mostro le fotografįe
Io **te le** mostro

La sarta cuce **a sé** il vestito
La sarta **si** cuce il vestito
La sarta **se lo** cuce

La sarta cuce **a sé** i vestiti
La sarta **si** cuce i vestiti
La sarta **se li** cuce

Il ragazzo inventa **a sé** la fąvola
Il ragazzo **si** inventa la fąvola
Il ragazzo **se la** inventa

Il ragazzo inventa **a sé** le fąvole
Il ragazzo **si** inventa le fąvole
Il ragazzo **se le** inventa

L'amico confessa **a noi** il segreto
L'amico **ci** confessa il segreto
L'amico **ce lo** confessa

Mąrio dice **a noi** i particolari
Mąrio **ci** dice i particolari
Mąrio **ce li** dice

Marįa chiede **a noi** la penna
Marįa **ci** chiede la penna
Marįa **ce la** chiede

La donna chiede **a voi** le scarpe
La donna **ci** chiede le scarpe
La donna **ce le** chiede

Io racconterò **a voi** il fatto
Io **vi** racconterò il fatto
Io **ve lo** racconterò

Io dirò **a voi** i motivi
Io **vi** dirò i motivi
Io **ve li** dirò

Egli dirà **a voi** la verità
Egli **vi** dirà la verità
Egli **ve la** dirà

Io scriverò **a voi** le lęttere
Io **vi** scriverò le lęttere
Io **ve le** scriverò

ESERCIZIO 103 – *Sostituire ai pronomi e ai nomi tra parentesi le particelle pronominali « mi, ti, si, ci, vi » seguite dai pronomi « lo, la, li, le ».*

(es.: La mamma dà (**a noi** il pane) - la mamma **ce lo dà**)

I nonni danno (a me i consigli) – La mamma prepara (a noi la valigia) – La cameriera porta (a me il caffè) in camera – Maria confida (a me il segreto) all'orecchio – Gino presenta (a noi la fidanzata) – Il babbo domani comprerà (a noi l'anello) – Io dico (a voi la verità) – I ragazzi danno (a sé le botte) – Io farò sapere (a te l'indirizzo) – Lo zio consegna (a noi) il denaro e raccomanda (a noi il denaro) – La signora regala (a te i fiori) – Presento (a te mia sorella) – Manderò (a voi i bambini) piú tardi; raccomando molto (a voi i bambini) – Mando (a te la donna) subito – Porterò io (a te il libro) – Ti piace questo anello? Regalo (a te l'anello) – Vuoi la penna? Io dò (a te la penna) subito.

Il pronome **gli** (*a lui*), quando precede immediatamente i pronomi **lo, la, li, le, ne** (per **ne** vedi pag. 190) non si modifica, ma si unisce con essi mediante la congiunzione **e,** dando luogo alle forme:

glielo – **gliela** – **glieli** – **gliele** – **gliene**

(da notare che in questo caso il pronome **gli** si riferisce tanto al maschile quanto al femminile: **a lui, a lei**).

Esempi: Hai dato il libro a Gino? – No, **glielo** darò domani. (lo darò a lui ...) – Hai restituito la penna a Maria? **Gliela** restituisco subito (la restituisco a lei...) – **Glielo** dico (lo dico a lui – lo dico a lei) – Mi chiami la signorina? **Gliela** chiamo subito – Mi presti questi libri? **Glieli** presto volentieri.

È da tenere presente che, quando si incontrano due particelle pronominali, il complemento indiretto precede il complemento diretto:

Date a me il libro = datemi il libro = datemelo;

Racconta a noi l'accaduto = raccontaci l'accaduto = raccontacelo;

Dite a me la verità = ditemi la verità = ditemela;

Diamo a lui l'anello = diamogli l'anello = diamoglielo;

Ragaliamo a lei un fiore = regaliamole un fiore = regaliamoglielo;

Chiedete a lui il parere = chiedetegli il parere = chiedeteglielo;

Presenta a noi la fidanzata = presentaci la fidanzata = presentacela;

Presenta a noi i genitori = presentaci i genitori = presentaceli

Leggi a me l'esercizio = leggimi l'esercizio = leggimelo;

Ricordiamo a lui la promessa = ricordiamogli la promessa = ricordia-mogliela.

ESERCIZIO 104 – *Sostituire ai puntini i pronomi richiesti.*

Mario vuole vedere i monumenti della città;..... farò vedere domani – Lo dirai anche a Paolo? Certo ..... dirò – Hai telefonato la notizia a Maria? No, ... telefonerò subito – La nonna desidera vedere la nipotina; ..... mandiamo subito – Lo dirai tu il motivo al professore? Sí, ... dirò io – Tuo fratello mi ha chiesto dei libri; ..... regalo tutti – La ragazza desidera i fiori; ..... mando subito a casa – Volete il mio cuoco? ..... manderò domani – Ti chiedo un piacere, se puoi, fa' ..... – Gino in questo caso sbaglia, ... diremo – Manderai le rose alla zia? Certo, ... manderemo – Com'è andata la gita? Desidererei conoscere i particolari, raccontate ..... – Voglio quella matita, date ..... – Voglio quei libri, date ..... – C'è anche Piero; ..... diciamo di venire a casa nostra? Certamente, diciamo ..... – Ecco la lettera, leggi..... tu – Mi hai portato la frutta? No, ... porterò piú tardi – Ti prego, porta ..... subito, perché ..... serve a mezzogiorno – Hai mandato i dischi a tuo cugino? ..... manderò quando ..... chiederà.

Dopo **come, quanto, fuorché, tranne, eccetto che, fra** *(tra)*, **ecco** e *nelle esclamazioni* si adoperano le forme forti del pronome complemento:

Io sono *come te*
....

Tu sei alto *quanto me*
....

Tutti parlano *fuorché lui*
....

Fra me e te c'è molta differenza
....

Ecco lui! Ecco lei!
....

Beato te! Beati loro!
....

Notare nelle seguenti frasi la posizione del pronome quando si incontra con il **si** passivante:

mi si: *mi si* parla di te
....

gli si: *gli si* dice la verità
....

lo si: *lo si* cerca
....

ci si: *ci si* lava
....

ti si: *ti si* crede sempre
....

le si: *le si* regala un cavallo
....

la si: *la si* vede oggi
....

vi si: *vi si* prega
....

si..... **loro:** *si* dà *loro* un libro.

ESERCIZIO 105 – *Rispondere alle seguenti domande adoperando le forme pronominali.*
(es.: Hai dato i libri a Gino? Sí, glieli ho dati)

Hai mandato i francobolli allo zio? Hai corretto l'esercizio al ragazzo? Hai comunicato il tuo indirizzo a Mario? Hai comunicato la notizia alle zie? Hai restituito le riviste all'avvocato? – Leggerai qualche pagina del libro alla nonna? Hai fatto pulíre le stanze dalla cameriera? Lo dirại al mẹdico? Lo dirại alla zia? Lo dirại agli amici? Lo dirại alle amiche? Mi darại presto i braccialetti? Presenterại tua sorella ai vicini di casa? Presenterại il tuo fidanzato all'amica? Presenterại i tuoi amici ai genitori? Mi dirại che cosa pensi di lui? Hai raccomandato il giọvane al direttore? Hai dato le informazioni alle cugine? Hai regalato i giocạttoli ai bambini? Hai descritto l'avvenimento a Marịa? Per quanto hai venduto l'appartamento al dottore?

Gli ortaggi

Revisione della nomenclatura

BREVE CONVERSAZIONE

Mi presti, per favore, diecimila lire? ....

....

Mi dispiace molto, ma in questo momento non posso ....

....

Grazie lo stesso, chiederò ad un altro amico. ....

....

Sono veramente dolente di non poterti favorire ....

....

Ma per carità, lo so che tu sei sempre stato generoso con me ......

....

Spero di poterti aiutare in un'altra occasione. ....

....

Forme di cortesia

(. . . . .)

Uso del **tu,** *del* **lei,** *del* **voi**

Quando ci si rivolge ad una persona, secondo i rapporti che passano con essa, ci si regola in modo differente: si può **dare del tu, dare del lei, dare del voi.**

Tra familiari, compagni ed amici, cioé nei casi di confidenza, si usa nel discorso diretto il pronome **tu.** I sostantivi, gli aggettivi e i participi si accordano con la persona alla quale ci si rivolge:

Tu sei un bravo ragazzo – Tu sei stata sempre buona – Tu sei una preziosa compagna – Tu sei un caro amico.

Si può usare il pronome **voi,** con il verbo alla seconda persona plurale, anche se si parla con una sola persona. La concordanza del sostantivo, dell'aggettivo e del participio avviene, però, con la persona reale; cioè al singolare maschile, se si parla con un uomo, al singolare femminile, se si parla con una donna:

Voi, Mario, siete un giovane serio – Voi, Luisa, siete simpatica – Voi siete una donna strana – Voi siete un uomo fortunato – Siete stata sempre buona con me – Siete stato sempre generoso.

Non essendo in confidenza con la persona alla quale ci si rivolge, si usa il pronome **lei.** Si adopera con persona estranea, di riguardo o con la quale, comunque, si voglia usare una forma di cortesia e di rispetto. Quest'uso non sempre riesce facile, specialmente quando si tratta di concordare i pronomi e gli aggettivi.

Si usa indifferentemente rivolgendosi a uomo o donna e si adopera il verbo alla terza persona singolare. Quando ci si rivolge a più persone si adopera il pronome **loro** ed il verbo alla terza persona plurale:

Lei come sta? – Come sta lei? – Lei quando parte? – Lei come si chiama? – Che cosa desidera lei, signor direttore? – Dove abita lei, signorina? – Dove abita lei, signor dottore? – Loro come stanno? – Quando partono loro? – Loro come si chiamano? – Dove abitano, signorine? – Dove abitano, signori?

La concordanza dei participi e degli aggettivi che si riferiscono al pronome **lei,** avviene con la persona reale alla quale ci rivolgiamo; si userà il maschile se si parla con un uomo, il femminile se si parla ad una donna:

Lei, professore, è stato sempre buono con me – Loro, professori, sono stati sempre buoni – Lei, signora, è molto allegra – Loro, signore, sono molto allegre – È arrivato ora, signor Paolo? – È stata lei, signorina?

La forma **lei,** pronome personale di cortesia, corrisponde al pronome personale femminile di terza persona ed ha, come quel pronome, le particelle pronominali atone:

la (per il complemento diretto)
le (per il complemento indiretto).

*Io, professore, **la** vedo sempre con piacere (vedo con piacere **lei**) – Noi **la** ammiriamo per il suo coraggio e **le** siamo grati per l'aiuto che ci dà (noi ammiriamo **lei**..... e siamo grati **a lei**) – Signor direttore, **le** sarò sempre riconoscente (sarò riconoscente **a lei**) – Io, signore, **le** dico la verità – Io, signora, **le** dico una bugia – Signorina, **le** voglio molto bene – Signora, non **la** vedo e non **le** parlo da molto tempo – Il professore **le** darà un libro in premio – Signor Rossi, **le** invio i documenti richiesti – Signora Rosa, **le** porgo i più distinti saluti.*

Bisogna quindi tener presente che **lei** è una terza persona femminile, ma si dà ad una persona, uomo o donna, per rispetto. Viene cosí a determinarsi una specie di discorso indiretto adattato al discorso diretto, perché si parla ad una seconda persona usando le forme verbali come se si parlasse ad una terza persona. Con persona estranea si usa anche il pronome **voi**.

Esempi:

dando il
- *tu:* Ti saluto, Gino – Ti dico che sono stanco di te.
- *voi:* Vi saluto, Gino – Vi dico che sono stanco di voi.
- *lei:* La saluto, Gino – Le dico che sono stanco di lei.

Ti assicuro, mio caro amico, che verrò presto – Vi assicuro, gentile amico, che ci vedremo domani – Le assicuro, signor direttore, che tutto procede bene.

Tu sei un amico – Io **ti** ammiro – **Ti** scriverò domani.
Voi siete un signore – **Vi** aspetto questa sera – **Vi** rispondo subito.
Lei è un amico – Quando **la** vedo, **le** parlo con piacere.

Quando **lei** partí, era troppo tardi per richiamar**la**

(non si dirà *per richiamarlo*, perché si intenderebbe *per chiamare lui, un altro*, mentre io parlo direttamente con una persona, ma non di una terza persona reale).

Nota: Quando si tratta di **ossequio** e non di semplice cortesia, quando cioè ci si rivolge ad un'alta autorità, come **Santità, Maestà, Eccellenza,** si osserva la concordanza grammaticale; quindi i participi e gli aggettivi saranno femminili, pur riferendosi a persone reali maschili. Ciò avviene per attrazione dei nomi *Santità, Maestà, Eccellenza.* In questi casi il pronome **lei** si scrive sempre con l'iniziale maiuscola e può essere sostituito dal pronome **Ella:**

Eccellenza, Lei è stata veramente generosa nei miei riguardi.
Ella, Maestà, si è degnata di accogliere benevolmente la mia richiesta.

Si può dire, quindi, che generalmente **nelle formule di cortesia** l'aggettivo o il participio **concordano con la persona reale,** alla quale ci si rivolge, e che soltanto **nelle formule di ossequio e di grande riguardo** l'aggettivo o il participio **seguono la concordanza grammaticale:**

Lei è tanto caro – Lei, signora, è buona – Lei, caro signore, è noioso – Lei, eccellenza, è stata sempre benevola con me.

ESERCIZIO 106 – a) *Cambiare il pronome e il verbo, dando prima il* **lei,** *poi il* **voi.**

Tu parli – Tu leggi – Tu passeggi – Quando parti? – Che cosa pensi? – Dove mangi? – Io ti vedo – Io ti racconto una favola – Come stai? – Ti ricordo che sei un uomo – Ti ripeto che non posso vederti oggi – Desidero che tu mi scriva spesso – Non ti parlerò piú di lui – Non penso che partirai presto – Ti chiamerò domani per dirti quello che devi fare – Tu sei troppo timido – Inviterai la signora? – Leggerai questo libro? – Dove passerai queste vacanze? – Mi prometti che diventerai piú cauto? – Ti ricordi di me? – Perché non mi canti una bella canzone? – Perché sei cosí pigro? – Quando sarai libero, telefona a tua zia.

b) *Trascrivere il brano cambiando il pronome* **tu** *in* **voi,** *sempre rivolgendosi ad una persona sola.*

Ti ripeto, caro Mario, quanto ti dissi l'altra volta: tu sei sempre bene accolto in casa mia. Spero che tu torni presto, perché ho desiderio di vederti e di parlare con te. Non devi offenderti se ti dico ciò che penso, i nostri rapporti ci possono permettere la piú grande sincerità. Tu sei per me come un fratello, quindi mi concederai la massima franchezza. Questo è il migliore segno che ti voglio bene e che ti apprezzo molto.

c) *Trascrivere il brano, mutando il pronome* **voi** *in* **lei**.

Mi sembra di avervi visto ieri, Andrea, e invece sono passati tanti anni. Non voglio rimproverarvi per il fatto che non mi avete dato notizie, perché ormai mancano pochi giorni e mi racconterete tutto, ma certamente avete fatto male a non comunicarci quanto vi è accaduto.

Penso che voi arriverete con l'ultimo treno. Vi consiglio di recarvi prima all'albergo e di telefonarci subito. Tutti i miei vi aspettano con una certa ansia, perché da voi ascolteranno le notizie dettagliate sull'avvenimento che ha sconvolto la vostra famiglia. Vi saluto cordialmente e vi ripeto che siamo tutti a vostra completa disposizione.

Mezzi di trasporto e viaggi: la nave
Nomenclatura

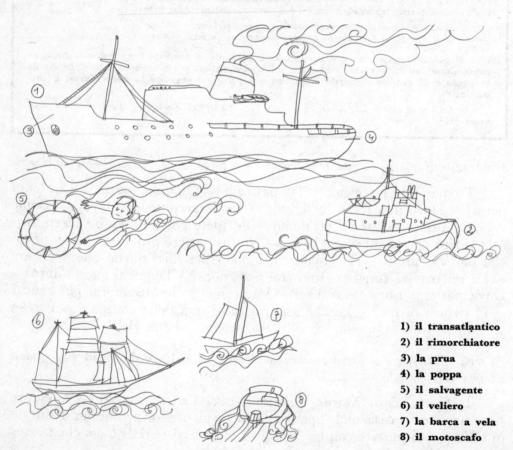

1) il transatlantico
2) il rimorchiatore
3) la prua
4) la poppa
5) il salvagente
6) il veliero
7) la barca a vela
8) il motoscafo

Rispondere alle seguenti domande: Sei mai stato su un transatlantico? Desidereresti fare un lungo viaggio per mare? Sai descrivere un porto? Hai parenti che risiedono in una città sul mare? Conosci qualche spiaggia famosa? Sai remare? Sai guidare una barca a vela? Sei stato mai su un motoscafo? Hai visto mai un aliscafo? Sei stato mai a Venezia? Come si chiamano le barche che circolano a Venezia? Soffri il mal di mare? Ti piace la spiaggia o la montagna per passare le vacanze? Sai nuotare?

Lettura (*notare l'uso dei pronomi*)

Lettera al figlio

Prima cosa, o mio Raffaele, prima cosa è l'amore, il rispetto, l'ubbidienza cieca che tu devi al tuo maestro. Il maestro è una persona sacra, il quale ci dà la sapienza che è piú preziosa di ogni ricchezza; il padre ci dà la vita del corpo, il maestro ci dà la vita dell'anima. Vedi dunque quanto amore e gratitudine gli dobbiamo. Cerca di ubbidirlo, di rispettarlo; tanto piú che è un egregio uomo, e ti ama assai. Con i compagni sii buono ed amoroso: cerca di superarli nello studio e nella diligenza, non di soverchiarli con l'arroganza e la superbia. Ricordati che per cotesta tua indole intollerante hai avuto molti dispiaceri; ricordati che, se ora non te li farai amici, essi, quando tu sarai giovane, si ricorderanno di te, ti mostreranno agli altri e diranno: ecco il superbo, il cattivo! e tu acquisterai mala fama. Guardati, o figlio mio, dai compagni cattivi: quando sei con essi non dire né fare alcuna cosa che ti farebbe arrossire se fossi scoperto dal maestro ....

.....Innanzi ogni cosa cerca di essere buono, poi cerca di essere istruito.

LUIGI SETTEMBRINI
(1813-1876)

BREVE CONVERSAZIONE

È questo il giornale di oggi? Per favore me ne dia una copia. ....
....

Ecco, questo è il giornale e questa è la rivista ....
....

Grazie, dimenticavo proprio la rivista. Quanto pago? ....
....

Duecento lire in tutto. Desidera altro? ....
No, grazie, per oggi avrò tanto da leggere ....
....

Sí, oggi ci sono tante notizie interessanti nel giornale ....
....

Verbi transitivi e intransitivi

I verbi sono detti **transitivi** quando esprimono un'azione che, compiuta dal soggetto, **passa direttamente** su un complemento oggetto (diretto):

Noi guardiamo il mare

Noi (soggetto), *guardiamo* (verbo transitivo), *il mare* (complemento oggetto). L'insegnante *loda* l'allievo – La bambina *impara* la poesia.

I **verbi transitivi** hanno la **forma attiva**:

La donna lava il bambino
(il soggetto, *la donna*, compie l'azione)

la **forma passiva**:

La biancheria è lavata dalla donna
(il soggetto, *la biancheria*, subisce l'azione).

la **forma riflessiva**:

Il ragazzo si lava
(l'azione del lavare compiuta dal soggetto,
il ragazzo, si « riflette » sul soggetto stesso).

L'ausiliare del verbo transitivo attivo è il verbo AVERE:

Noi *abbiamo guardato* il mare;
L'insegnante *ha lodato* l'allievo;
La bambina *aveva imparato* la poesia;
La donna *avrà lavato* il bambino.

I **verbi intransitivi,** invece, esprimono un'azione che, compiuta dal soggetto, **non passa** su un complemento oggetto (diretto); quindi non possono avere un complemento diretto:

i giovani *passeggiano* – la luna *brilla* nel cielo – Mario *viene* con noi.

I verbi intransitivi hanno soltanto la forma attiva. Non potendo avere un complemento oggetto, non avranno la forma passiva e la forma riflessiva.

ESERCIZIO 107 – *Coniugare al passato prossimo attivo dell'indicativo le frasi.*

Mangiare la mela – Accarezzare il bambino – Cancellare la macchia – Suonare il violino – Imparare la lezione – Trovare l'anello – Perdere il tempo – Raccontare una favola.

Coniugazione passiva dei verbi transitivi

I verbi transitivi, cioè quelli che possono reggere un complemento diretto, hanno la forma passiva. La coniugazione passiva si ottiene unendo il **participio passato** del verbo da coniugare con le varie forme del verbo **essere**.

Il participio passato, **come avviene tutte le volte che l'ausiliare è il verbo « essere »,** si declina; cioè concorda in genere e numero con il soggetto al quale si riferisce:

io sono lodato – io sono lodata – voi ragazzi siete ammirati – voi ragazze siete amate – gli animali selvatici sono temuti.

Per formare, dunque, i diversi tempi dei vari modi basterà ricordare il tempo e il modo del verbo **essere** e unire ad esso il participio passato del verbo che si vuole coniugare. Si dovrà tenere presente che nei tempi composti si declina anche il participio passato del verbo **essere, « stato »**. Si ricorderà che in italiano i tempi composti di **essere** si formano con lo stesso ausiliare « **essere** »; quindi si dirà:

Io *sono stato lodato* dal professore (.....................................)
Noi *siamo stati visti* da lui (..)
Le ragazze *erano state chiamate* dal direttore (.........................)

Il complemento di agente (domanda: **da chi?**) è introdotto dalla preposizione **da**:

Sono stato chiamato **da** *Gino – Fummo lodati* **dalla** *direttrice – Il lavoro fu eseguito* **dagli** *uomini,* **dalle** *donne,* **dai** *ragazzi.*

Passato Prossimo Passivo delle tre coniugazioni

I

Io sono stato-a lodato-a ....
....

Tu sei stato-a lodato-a
Egli, ella è stato-a lodato-a
Noi siamo stati-e lodati-e
Voi siete stati-e lodati-e
Essi, esse sono stati-e lodati-e

II

Io sono stato-a temuto-a ....
....

Tu sei stato-a temuto-a
Egli, ella è stato-a temuto-a
Noi siamo stati-e temuti-e
Voi siete stati-e temuti-e
Essi, esse sono stati-e temuti-e

III

Io sono stato-a servito-a ....
....

Tu sei stato-a servito-a
Egli, ella è stato-a servito-a
Noi siamo stati-e serviti-e
Voi siete stati-e serviti-e
Essi, esse sono stati-e serviti-e

Il verbo « **essere** », *nei tempi semplici,* può essere sostituito dal verbo « **venire** »:

Io sono (vengo) lodato – Tu sei (vieni) lodato – Egli era (veniva) chiamato
Noi fummo (venimmo) serviti – Voi eravate (venivate) assaliti.

Invece si dirà soltanto: *io sono stato chiamato; noi eravamo stati serviti.*

Esercizio 108 – *Volgere al plurale o al singolare le frasi seguenti.*

Io sono stato chiamato – Voi siete stati visti – Egli è stato legato – La bambina è stata picchiata – Noi siamo invidiati – Voi siete apprezzate – Essi sono stati premiati – Le donne sono state accompagnate – Tu sei stato chiamato – La sorella è stata premiata, il fratello è stato punito – Il cane è stato abbandonato, la cagna è stata allevata – Il ciclo delle lezioni è stato completato – L'agnello è stato sbranato dal lupo – Noi fummo puniti, voi foste elogiati – Il medico è stato chiamato – La sorella è stata avvertita – Gli operai non sono stati pagati; le operaie sono state licenziate.

Coniugazione Passiva del verbo lodare

MODO INDICATIVO

Presente	*Passato prossimo*
Io sono lodato-a	Io sono stato-a lodato-a ....
....	....
Tu sei lodato-a	Tu sei stato-a lodato-a
Egli, ella è lodato-a	Egli, ella è stato-a lodato-a
Noi siamo lodati-e	Noi siamo stati-e lodati-e
Voi siete lodati-e	Voi siete stati-e lodati-e
Essi, esse sono lodati-e	Essi, esse sono stati-e lodati-e

Imperfetto	*Trapassato prossimo*
Io ero lodato-a	Io ero stato-a lodato-a ....
....	....
Tu eri lodato-a	Tu eri stato-a lodato-a
ecc. ecc.	*ecc. ecc.*

Passato remoto	*Trapassato remoto*
Io fui lodato-a	Io fui stato-a lodato-a ....
....	....
Tu fosti lodato-a	Tu fosti stato-a lodato-a
ecc. ecc.	*ecc. ecc.*

Futuro semplice	*Futuro anteriore*
Io sarò lodato-a	Io sarò stato-a lodato-a ....
....	....
Tu sarai lodato-a	Tu sarai stato lodato-a
ecc. ecc.	*ecc. ecc.*

Modo congiuntivo

Presente	Passato
Che io sia lodato-a	Che io sia stato-a lodato-a . . . . . .
. . . .	. . . .
Che tu sia lodato-a	Che tu sia stato-a lodato-a
ecc. ecc.	*ecc. ecc.*

Imperfetto	Trapassato
Che io fossi lodato-a	Che io fossi stato-a lodato-a . . . . .
. . . .	. . . .
Che tu fossi lodato-a	Che tu fossi stato-a lodato-a
ecc. ecc.	*ecc. ecc.*

Modo condizionale   Imperativo

Presente	Passato	
Io sarei lodato-a	Io sarei stato-a lodato-a	Sii lodato-a . . . . .
. . . .	. . . .	. . . .
Tu saresti lodato-a	Tu saresti stato-a lodato-a	Sia lodato-a
ecc. ecc.	*ecc. ecc.*	*ecc. ecc.*

Modi indefiniti

Infinito

Presente	Passato
Essere lodato-a	Essere stato-a lodato-a . . . .
. . . .	. . . .
Essere lodati-e	Essere stati-e lodati-e

Gerundio

Semplice	Composto
Essendo lodato-a	Essendo stato-a lodato-a . . . .
. . . .	. . . .
Essendo lodati-e	Essendo stati-e lodati-e

Participio passato: lodato-a, lodati-e.

ESERCIZIO 109 – *Volgere al passivo le seguenti frasi.*

(es.: Io lodo te = Tu sei lodato da me).

Io lodo te – Egli ama la mamma – Noi chiamiamo tuo fratello – La cameriera lava i piatti – La donna ha lavato la biancheria – La signora ha chiamato il bambino – Il medico visitò l'ammalato la settimana scorsa e lo visiterà di nuovo la settimana prossima – Il ragazzo impara la lezione – La bambina ha imparato a memoria la poesia – Tu cerchi il cane – Noi trascuriamo gli amici – Noi comprammo i viveri per una settimana – Noi lasceremo questo appartamento – Gli alunni della scuola elementare cantarono un inno patriottico – Noi lodammo le ragazze, ma biasimammo i ragazzi negligenti – Inviteremo i nostri amici per il ballo – Il vecchio aveva chiamato i vicini di casa.

Il corpo umano

Revisione della nomenclatura

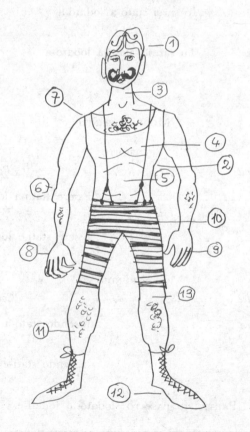

Rispondere alle seguenti domande: Sei stato mai ammalato? Sai quali sono le malattie dei bambini? Hai avuto tutte le malattie dei bambini? Sai che cos'è l'anemia? C'è qualcuno nella tua famiglia che è stato operato di appendicite? Sai che cos'è l'artrite? Hai sofferto mai di dolori reumatici? Hai avuto qualche volta il raffreddore e l'influenza? Quando hai la febbre ti metti a letto? Sai che cos'è la polmonite? Hai mai visitato un ospedale? Sai che cos'è la pazzia? Hai qualche amico medico? Conosci qualche farmacista? Generalmente compri molte medicine?

BREVE CONVERSAZIONE

Scusi, ingegnere, ci può dare qualche idea per l'arredamento di questa stanza?

. . . .

Questo veramente sarebbe compito dell'architetto. . . . .

. . . .

Ma noi sappiamo che lei ha tanto buon gusto. . . . .

. . . .

Posso suggerirvi qualche idea, poi sistemerete tutto voi. . . . .

. . . .

Certo, ma abbiamo bisogno di qualcuno che ci illumini. . . . .

. . . .

Sì, ma è meglio che ci pensi un poco anch'io. . . . .

. . . .

I tempi composti dei verbi intransitivi

Molti verbi intransitivi italiani richiedono, per la formazione dei tempi composti, l'ausiliare « essere ». In italiano si dice: *io* **sono arrivato** *oggi* (.... ....) – *Mario* **è partito** *ieri* (..............) – *I nemici* **sono fuggiti** (..............) perché **arrivare, partire, fuggire,** sono verbi intransitivi che richiedono l'ausiliare **essere.**

Il participio passato, nella coniugazione dei tempi composti di questi verbi, è declinabile; come avviene per tutte le forme che si coniugano con il verbo **essere:**
Io (donna) sono arrivata – Maria è partita – Le ragazze sono fuggite.

Non tutti i verbi intransitivi, nei tempi composti, si coniugano con l'ausiliare **essere;** alcuni richiedono l'ausiliare **avere** ed altri ora **essere,** ora **avere.**

È veramente difficile poter dare delle norme precise per l'uso dell'ausiliare con i verbi intransitivi; soltanto le lunghe letture possono abituare l'orecchio a quest'uso corretto. Si può dire, in generale, che richiedono l'ausiliare **essere** molti verbi intransitivi che indicano **movimento, un modo di essere o un fatto** (vedi elenco seguente); richiedono l'ausiliare **avere** i verbi che indicano un'**azione** (abbaiare, bisticciare, bollire, camminare, cenare, crepitare, dimorare, nitrire, passeggiare, piangere, scricchiolare, viaggiare, zoppicare, ecc.:

   ho camminato, ho cenato, ho viaggiato, ho pianto, ho passeggiato, ecc.

Si riportano alcuni verbi intransitivi che richiedono l'ausiliare **essere,** mentre si rimanda a **pag. 385** per un elenco piú completo dei verbi che richiedono l'ausiliare **essere,** oppure **essere e avere.**

accadere	fiorire	rimanere ....
andare	fuggire	riuscire ....
arrivare	giungere	salire ....
apparire	insorgere	sdrucciolare ....
bastare	intervenire	sembrare ....
cadere	morire	sfiorire ....
comparire	nascere	sorgere ....
crescere	parere	sparire ....
dimagrire	partire	svenire ....
discendere	perire	tornare ....
diventare	piacere	uscire ....
emergere	restare	venire ....

N. B. – Alcuni di questi verbi, che sono irregolari, saranno esaminati in seguito.

Alcuni tempi composti di verbi che richiedono l'ausiliare essere

PASSATO PROSSIMO INDICATIVO *di:*

andare (andato)

Io sono andato-a	
Tu sei andato-a	
Egli, ella è andato-a	
Noi siamo andati-e	
Voi siete andati-e	
Essi, esse sono andati-e	

arrivare (arrivato)

sono arrivato-a . . . . .
sei arrivato-a
è arrivato-a
siamo arrivati-e
siete arrivati-e
sono arrivati-e

tornare (tornato)

sono tornato-a . . . . .
sei tornato-a
è tornato-a
siamo tornati-e
siete tornati-e
sono tornati-e

venire (venuto)

Io sono venuto-a . . . .
Tu sei venuto-a
Egli, ella è venuto-a
Noi siamo venuti-e
Voi siete venuti-e
Essi, esse sono venuti-e

restare (restato)

sono restato-a . . . . . .
sei restato-a
è restato-a
siamo restati-e
siete restati-e
sono restati-e

salire (salito)

sono salito-a . . . . . .
sei salito-a
è salito-a
siamo saliti-e
siete saliti-e
sono saliti-e

TRAPASSATO PROSSIMO *di:*

uscire (uscito)

Io ero uscito-a . . . .
Tu eri uscito-a
Egli, ella era uscito-a
Noi eravamo usciti-e
Voi eravate usciti-e
Essi, esse erano usciti-e

giungere (giunto)

ero giunto-a . . . .
eri giunto-a
era giunto-a
eravamo giunti-e
eravate giunti-e
erano giunti-e

cadere (caduto)

ero caduto-a . . . . . .
eri caduto-a
era caduto-a
eravamo caduti-e
eravate caduti-e
erano caduti-e

CONGIUNTIVO PASSATO *di:*

fuggire (fuggito)

Che io sia fuggito-a . . . .
Che tu sia fuggito-a
Che egli, ella sia fuggito-a
Che noi siamo fuggiti-e
Che voi siate fuggiti-e
Che essi, esse siano fuggiti-e

partire (partito)

sia partito-a . . . .
sia partito-a
sia partito-a
siamo partiti-e
siate partiti-e
siano partiti-e

ferire (ferito)

sia ferito-a . . . .
sia ferito-a
sia ferito-a
siamo feriti-e
siate feriti-e
siano feriti-e

CONDIZIONALE PASSATO *di:*

riuscire (riuscito)

Io sarei riuscito-a . . . .
Tu saresti riuscito-a
Egli, ella sarebbe riuscito-a
Noi saremmo riusciti-e
Voi sareste riusciti-e
Essi, esse sarebbero riusciti-e

sparire (sparito)

sarei sparito-a . . . . .
saresti sparito-a
sarebbe sparito-a
saremmo spariti-e
sareste spariti-e
sarebbero spariti-e

diventare (diventato)

sarei diventato-a . . .
saresti diventato-a
sarebbe diventato-a
saremmo diventati-e
sareste diventati-e
sarebbero diventati-e

ESERCIZIO 110 – *Volgere al plurale o al singolare le seguenti frasi.*

Noi siamo fuggiti – Il ragazzo è venuto, ma è andato via subito, è sparito – Le zie sono partite questa mattina – Un uomo è perito nell'incidente della strada – Non sono riuscito a convincerlo – Voi siete andati a scuola presto e non siete entrati – Noi siamo arrivati quando voi siete partiti – La ragazza è svenuta, non è morta – Sono cadute le speranze, non sono riusciti – Il fratello è uscito con lo zio, la sorella è restata a casa – Noi eravamo venuti per parlarvi – Io sarei venuto, ma non sono riuscito – Voi siete venuti con noi – Penso che egli sia partito e sia già arrivato a Roma.

ESERCIZIO 111 – *Sostituire il verbo intransitivo tra parentesi con il passato prossimo.*
(es.: Noi *siamo usciti* presto questa mattina, ecc.)

Noi (uscire: part. pass. uscito) presto questa mattina – Il fatto piú strano del mondo (accadere: part. pass. accaduto) oggi – La mamma (andare: part. pass. andato) a messa per conto suo; noi (andare) con i nostri amici – Il bambino (annegare: part. pass. annegato) nel fiume; tutti gli aiuti (arrivare: part. pass. arrivato) in ritardo – Dopo la pioggia (apparire: part. pass. apparso) l'arcobaleno, cosí (andare) alla cerimonia – Il ragazzo (arrossire: part. pass. arrossito) dopo il rimprovero del padre – Non (bastare: part. pass. bastato) la mia buona volontà per salvare la situazione e (cadere: part. pass. caduto) nel tranello – All'improvviso (capitare: part. pass. capitato) uno sconosciuto in casa nostra.

ESERCIZIO 112 – *Sostituire il verbo intransitivo tra parentesi con il passato prossimo.*

Il caldo (diventare: diventato) insopportabile – Dalle acque (emergere: emerso) i resti del naufragio – Già (fiorire: fiorito) i peschi del nostro giardino – (Fuggire: fuggito) l'uomo, (fuggire) la donna, (fuggire) tutti – Oggi finalmente (giungere: giunto) i nostri parenti americani – Per il dolore la donna (impazzire: impazzito) – Senza volere (incappare: incappato) in un gruppo di facinorosi – La strada era in disordine e (inciampare: inciampato) in una grossa pietra – Per le molte preoccupazioni mia madre (invecchiare: invecchiato) di dieci anni in pochi mesi.

ESERCIZIO 113 – *Sostituire il verbo intransitivo tra parentesi con il passato prossimo.*

Gli zii (partire: partito) ieri per l'America – L'ammalato in pochi giorni (peggiorare: peggiorato) e (morire: morto) – Nel disastro (perire: perito) piú di venti persone – Ci (pervenire: pervenuto) un telegramma prima della partenza e ci (piacere: piaciuto) molto che si siano ricordati di tutti noi – (Piovere: piovuto) tutto il giorno e non (andare: andato) a passeggio – Quando abbiamo sentito la descrizione della tragedia, (rimanere: rimasto) senza fiato – Dopo l'operazione la ragazza (rinascere: rinato) – Noi (rientrare: rientrato) in tempo, il babbo invece (ritornare: ritornato) tardi dall'ufficio; per questo non (andare: andato) a teatro.

ESERCIZIO 114 – *Sostituire il verbo intransitivo tra parentesi con il passato prossimo.*

In quel paese (scoppiare: scoppiato) la rivoluzione e la polizia (intervenire: intervenuto) per arrestare i caporioni – Dalla cassa della banca (scomparire: scomparso) molti milioni – Il ragazzo (scivolare: scivolato) su una buccia di banana e (andare) a battere il ginocchio sullo spigolo del gradino – (Sembrare: sembrato) uno scherzo; avevamo aspettato tanto ed ora tutto (sfumare: sfumato) – Siamo stati bene tutto il giorno in montagna, ma poi (sopraggiungere: sopraggiunto) la nebbia e (ritornare: ritornato) a precipizio – (Sorgere: sorto) delle difficoltà e (mancare: mancato) i soldi per portare a termine la costruzione.

L'aeroplano

Nomenclatura

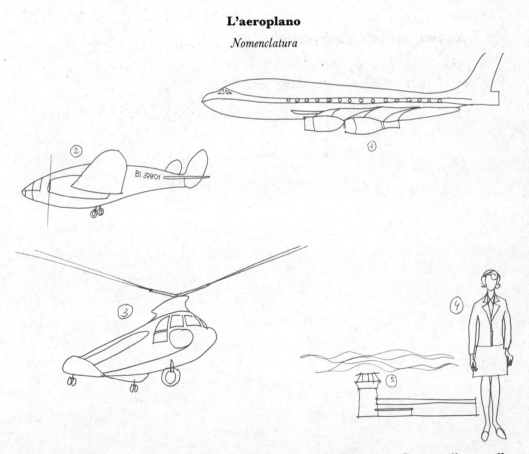

1) aereo a reazione - 2) aereo a elica - 3) elicottero - 4) l'hostess - 5) torre di controllo.

Rispondere alle domande: Hai mai viaggiato in aereo? Sai distinguere un quadrimotore da un bimotore? A che altezza viaggiano oggi gli aerei? A che velocità? Hai mai viso un elicottero da vicino? Sai che cosa è il cherosene? Ti piace viaggiare in aereo? Puoi descrivere l'interno di un aeroplano?

BREVE CONVERSAZIONE

Dammi una mano, non vedi che ho troppe valige? ....

....

Ti aiuto con piacere; ma perché viaggi con tanta roba? ....

....

Starò fuori piú di tre mesi; in montagna c'è freddo! ....

....

La verità è che voi donne portate sempre dietro un intero guardaroba. ....

....

Non è poi vero; soltanto l'indispensabile ....

....

E se non ci fossi io ad aiutarti, come faresti? ....

....

I verbi riflessivi

I verbi **riflessivi** sono *verbi transitivi* che esprimono un'azione compiuta dal soggetto e che « si riflette » sullo stesso soggetto che la cǫmpie.

Sono sempre preceduti dalle particelle pronominali *mi, ti, si, ci, vi,* che hanno funzione di complemento diretto:

Io *mi* lavo (lavarsi)	Noi *ci* alziamo (alzarsi)
Tu *ti* pęttini (pettinarsi)	Voi *vi* spogliate (spogliarsi)
Egli *si* veste (vestirsi)	Essi *si* cǫricano (coricarsi)

La particella pronominale nei verbi riflessivi corrisponde ad un complemento oggetto:

Io *mi* lavo	=	io lavo me stesso
Tu *ti* pęttini	=	tu pęttini te stesso
Egli *si* veste	=	egli veste se stesso
Noi *ci* alziamo	=	noi alziamo noi stessi
Voi *vi* spogliate	=	voi spogliate voi stessi
Essi *si* cǫricano	=	essi cǫricano se stessi

Nota: A) Quando la particella pronominale non si può risǫlvere in un complemento oggetto, ma ha la funzione di complemento indiretto, si tratta di **verbi riflessivi apparenti**:

Io **mi** lavo la faccia = io lavo **a me** la faccia

Generalmente i *verbi « riflessivi apparenti » sono verbi intransitivi,* i quali esprimono un'azione che si completa nel soggetto, ma non « si riflette » in esso. Sono verbi riflessivi nella forma, ma non nel significato: *adirarsi, pentirsi, rassegnarsi, meravigliarsi, ammalarsi, accǫrgersi, ecc.:*

Io **mi** adiro	Noi **ci** meravigliamo
Tu **ti** penti	Voi **vi** ammalate
Egli **si** rassegna	Essi **si** accǫrgono

B) Ci sono dei verbi che, nel plurale, esprimono per mezzo delle particelle pronominali **ci, vi, si,** un'azione recįproca tra due o più soggetti. Questi verbi sono detti **riflessivi recįproci**:

Noi **ci** amiamo (amarsi)
Voi **vi** guardate (guardarsi)
Essi **si** aiųtano (aiutarsi).

L'ausiliare dei verbi riflessivi è sempre il verbo **essere**. È da tenere presente che si tratta di verbi transitivi che, *se non sono usati nella forma riflessiva,* hanno come ausiliare il verbo **avere**:

Io **lavo** la biancheria　　　　　Io **ho lavato** la biancheria
La madre **veste** il bambino　　　La madre **ha vestito** il bambino

Io **mi lavo** con cura　　　　　　Io **mi sono lavato** con cura
Il bambino **si veste** da solo　　Il bambino **si è vestito** da solo.

Anche per i verbi *riflessivi apparenti* e per i *riflessivi reciproci l'ausiliare dei tempi composti è sempre il verbo* « essere ».

Il participio passato dei tempi composti, *come avviene sempre quando c'è l'ausiliare* « essere », si declina; cioè concorda nel genere e nel numero con il soggetto al quale si riferisce:

Noi *ci siamo adirati*　　　　　　Anna e Maria *si sono adirate*
Mario *si è pentito*　　　　　　　La bambina *si è pentita*
Il nonno *si è meravigliato*　　　La nonna *si è ammalata*
Questi ragazzi *si sono* sempre *aiutati*　　Le zie *si sono salutate*.

ESERCIZIO 115 – *Coniugare al presente indicativo i seguenti verbi.*

Lavarsi – pettinarsi – bagnarsi – vestirsi – alzarsi – coricarsi – bruciarsi – nascondersi – rallegrarsi – abbracciarsi.

ESERCIZIO 116 – *Coniugare al presente indicativo le seguenti frasi.*

Io *alzarsi* e *guardarsi* allo specchio – Io *lavarsi, pettinarsi* e *recarsi* a scuola – Quando io *adirarsi* la sera, *spogliarsi* e *coricarsi* presto – Quando io *coricarsi* tardi la sera non *alzarsi* presto la mattina.

N. B. – Si considerano anche **riflessivi apparenti** alcuni verbi transitivi, accompagnati dalle particelle pronominali **mi, ti, si, ci, vi, si,** le quali servono a dare maggior risalto alla frase e mettono in evidenza la parte presa dal soggetto nell'azione espressa dal verbo:

bersi (.................)　　comprarsi (..............)　　mangiarsi (..............)
giocarsi (..............)　　leggersi (...............)　　fumarsi (...............)

Con questi verbi il participio passato generalmente concorda con il complemento diretto che reggono:

Egli *si è bevuta* una bottiglia di birra – Io oggi *mi sono comprati* tanti bei libri – Il bambino *si è mangiate* tutte le mele – *Ci siamo giocate* tutte le nostre ricchezze – *Mi son letto* un libro in un giorno – *Mi sono fumate* quaranta sigarette.

Esercizio 117 – *Sostituire con il passato prossimo il verbo tra parentesi.*
(es.: La ragazza *si è divertita* molto oggi)

La ragazza (divertirsi) molto oggi – I bambini (divertirsi) nel giardino – Le signorine (divertirsi) a teatro – Oggi noi (svegliarsi) tardi e non (recarsi) a scuola – I due cavalieri (ferirsi) in duello – Mia sorella non (guardarsi) allo specchio, quindi (truccarsi) molto male – I nostri amici sono usciti mentre pioveva e (bagnarsi) come pulcini – Noi (coricarsi) tardi ieri sera e (svegliarsi) molto tardi questa mattina – Le nostre bambine (ammalarsi) la settimana scorsa – Le donne (sbagliarsi) nel giudicare quell'uomo; dopo (ricredersi) – Il ragazzo (vestirsi) in fretta, (lavarsi) e (presentarsi) in tempo ai genitori – Il babbo (adirarsi); non ha neanche mangiato, (spogliarsi) e (coricarsi).

La casa
Revisione della nomenclatura

Rispondere alle domande: A che ora ti alzi la mattina? Preferisci il bagno nella vasca o la doccia? Quando ti svegli prendi il caffè? Ti lavi e ti pettini prima dei tuoi genitori? Ti radi con un rasoio di sicurezza o con un rasoio elettrico? Ti fai la barba usando il pennello per il sapone o adoperi sapone speciale senza pennello? Ti tagli spesso i capelli? Lei, signorina, va spesso dal parrucchiere? È bravo il suo parrucchiere? A che ora ti corichi la sera? Ti guardi sempre allo specchio prima di uscire? Ti senti tranquilla e sicura in casa tua? In quale stanza della casa ti trovi meglio?

BREVE CONVERSAZIONE

Scusi, professore, posso fare una domanda? ....

....

Prego, chieda pure; di che cosa si tratta? ....

....

La sintassi italiana è molto difficile? ....

....

Non direi che è molto difficile, anche se ci sono delle difficoltà per uno straniero

....

Un mio amico mi ha detto che l'ha trovata veramente difficile. ....

....

Ma non bisogna esagerare, bisogna studiare con impegno e le difficoltà spariscono

....

38 - Lezione trentottęsima

I verbi impersonali

I verbi impersonali sono quelli che non si riferįscono ad un soggetto determinato e si ụsano soltanto alla terza persona singolare dei vari tempi e nelle forme infinitive. Sono generalmente verbi che įndicano fenọmeni atmosfęrici e cambiamenti di tempo:

Albeggiare	Farsi notte	Nevicare ....
Annottare	Fioccare	Piọvere ....
Balenare	Gelare	Piovigginare ....
Brinare	Grandinare	Sgelare ....
Diluviare	Imbrunire	Spiọvere ....
Farsi giorno	Lampeggiare	Tuonare ....

Alcuni di questi verbi, nei tempi composti, preferįscono l'ausiliare **ęssere**:

è piovuto – è albeggiato – è tuonato – è balenato – è fioccato.

Altri pọssono avere tanto l'ausiliare **ęssere** quanto **avere**:

| è grandinato | è lampeggiato | è diluviato | è nevicato |
| ha grandinato | ha lampeggiato | ha diluviato | ha nevicato |

Sono verbi impersonali anche quelli che hanno per soggetto tutta una intera frase o una proposizione, come:

bisogna, accade, avviene, succede, cąpita, occorre, necęssita, importa, rincresce, ecc.

Impersonali sono considerati alcuni verbi, quando hanno per soggetto un infinito o una intera proposizione, come:

risulta, sembra, pare, basta, conviene:

bisogna uscire sųbito dalla città – *accade* spesso che tu sbagli – *avviene* raramente che tu indovini – *succede* sempre che io dimęntichi – *cąpita* che ci si incontri fuori – *occorre* che tu arrivi sųbito – *necęssita* che tu risponda – *non importa* che tu dica la verità – mi *rincresce* di non ęssere con voi – non *risulta* che sia arrivato lo zio – *sembra* che sia venuto il momento – *pare* che tutto si risolva bene – *basta* che tu parli sinceramente – *conviene* trovarsi tutti qui alle otto.

Come si vede dagli esempi riportati, con questi verbi si usa il modo congiuntivo.
I verbi attivi pọssono ęssere usati nella forma impersonale nella terza persona singolare dei vari tempi, preceduti dalla particella **si.**
Nei tempi composti l'ausiliare di queste forme sarà il verbo **ęssere:**

| si dorme | – si balla | – si mạngia | – si cammina | – si beve |
| si è dormito | – si è ballato | – si è mangiato | – si è camminato | – si è bevuto |

Per l'uso corretto del particịpio passato nei tempi composti si osserverà:

a) si usa il particịpio passato al maschile singolare, se nella forma personale il verbo richiede l'ausiliare **avere:**

dormire : io *ho dormito* molto – impersonale: *si è dormito* molto
mangiare: tu *hai mangiato* – » *si è mangiato* bene
bere : egli *ha bevuto* molto – » *si è bevuto* molto

b) si usa il particịpio passato al plurale, se il verbo nella forma personale richiede l'ausiliare **ęssere:**

arrivare : io *sono arrivato* tardi – impersonale: *si è arrivati* tardi
partire : tu *sei partito* presto – » *si è partiti* presto
andare : *sono andato* lontano – » *si è andati* lontano

185

Lo sport
Nomenclatura

1) la corsa piana - 2) il salto in lungo - 3) la corsa ad ostạcoli - 4) il lạncio del disco -
5) il salto con l'asta - 6) il salto in alto - 7) la corsa ịppica ad ostạcoli - 8) la corsa
ciclịstica - 9) la pallacanestro - 10) il canottạggio - 11) il nuoto - 12) la pallanuoto -
13) la regata a vela - 14) lo sci.

BREVE CONVERSAZIONE

Oggi vieni alla partita di calcio? . . . .

No, io non sono un tifoso. A me piace di più l'atletica leggera . . . .

. . . .

Neanche io sono tifoso, ma vado lo stesso alla partita, perché è uno spettacolo all'aperto . . . .

Io, comunque, preferisco andare alla piscina; oggi ci sono delle gare interessanti con bravi nuotatori . . . .

Hai mai praticato qualche sport? . . . .

Una volta, quando ero giovane, giocavo a tennis e partecipavo a qualche gara di atletica leggera. Mi piaceva molto la corsa ad ostacoli . . . .

. . . .

Io invece giocavo al calcio, in difesa; ero terzino destro . . . .

. . . .

A casa abbiamo un tennis da tavolo e spesso facciamo qualche partita tra amici. Mia sorella è abilissima e ci batte sempre tutti . . . .

. . . .

D'inverno vai sui campi di sci? . . . .

Ogni anno passiamo qualche settimana in montagna. Io so sciare discretamente . . .

. . . .

Dalle nostre parti c'è poca neve. Bisogna percorrere più di duecento chilometri per trovare le prime colline. È un viaggio lungo e disagevole, quindi raramente andiamo a sciare. . . . .

. . . .

Con tutti gli impegni che abbiamo, pure noi dedichiamo poco tempo allo sport, ma facciamo sempre un po' di ginnastica da camera . . . .

. . . .

Anche quella è necessaria per non infiacchirsi troppo; ma basta fare una lunga passeggiata in città per mantenersi bene . . . .

. . . .

Concordanza del participio passato col nome

1. **Quando il participio passato non è accompagnato dall'usiliare** l'accordo avviene tra il participio e l'oggetto, nel genere e nel numero:

comprato il biglietto, entrò   – *comprati i biglietti*, entrò
fatti i conti, restò male   – *fatte le dovute eccezioni*, tutti sono qui
chiamata la ragazza, le parlò   – *chiamate le ragazze*, parlò loro.

2. *a)* **Quando il participio passato è coniugato col verbo « essere », la concordanza, nel genere e nel numero, avviene sempre col soggetto al quale il participio si riferisce:**

Lo zio *è arrivato* – la mamma *è partita* – i cugini *sono venuti* – *è caduta* molta neve – le bambine *sono ritornate* presto – gli alunni *sono stati interrogati* – le ragazze *sono state lodate*.

b) **La concordanza avviene col complemento oggetto,** se si tratta di verbo riflessivo apparente, o se il complemento è rappresentato da una particella pronominale (**lo, la, li, le, ne**):

Il bambino *si è bevuta una bottiglia* di latte.
Noi uomini *ci siamo caricata la cassa* sulle spalle.
Tu, caro Gino, *ti sei messa in testa questa strana idea*.
La zia *si è preso un tremendo raffreddore*.
I bambini *si son lavata la faccia* e sono usciti.
Io oggi *mi sono comprata una bella penna*.
Me li son visti davanti e non *li ho salutati*.
Tu, Maria *te lo sei* certamente *meritato*.

3. **Quando il participio passato è coniugato con il verbo « avere »:**

a) rimane invariato al maschile singolare, se il complemento oggetto segue il participio:

Io   *ho lodato* la bambina   – Noi *abbiamo ammirato* i quadri
Essi *hanno mangiato* le banane – Noi *abbiamo incontrato* gli amici.

b) Se invece il complemento oggetto precede il verbo, o è rappresentato dai pronomi **lo, la, li, le,** o è richiamato dal pronome **ne,** il participio passato concorda con esso:

La bambina che *ho lodata* – I quadri che *abbiamo ammirati*.
Le banane che essi *hanno mangiate* erano nostre.
Gli amici che *abbiamo incontrati*, partono per l'India.
Li abbiamo avvisati a tempo – *Le abbiamo viste* oggi.
L'ho (la ho) *chiamata* – *L'ho* (lo ho) *chiamato*.
Quanti libri *hai avuti? Ne ho avuti* tre.

N. B. – Non è proprio scorretto dire anche: la ragazza *che ho lodato* – I quadri *che abbiamo ammirato* – le penne *che hai comprato*, ecc. mentre sarebbe errore dire: *li abbiamo avvisato*..... – *la ho chiamato* – *le abbiamo visto* – *ne ho avuto tre*.

ESERCIZIO 118 – *Sostituire il verbo tra parentesi col passato prossimo.*

Abbiamo ancora tempo per visitare la città; (*vedere*: participio passato: *visto* + ausiliare avere) soltanto il museo e la cattedrale e (*essere*) ai giardini pubblici – Questa mattina (*incontrare*: incontrato + avere) i nostri amici: li (*salutare*: salutato + avere) e li (*accompagnare*: accompagnato + avere) sino a casa – (*Avere*) i libri che lo zio ci (*promettere*: promesso + avere) e li (*leggere*: letto + avere) in mezza giornata – Con i nostri amici (*andare*: andato + essere) a passeggio, poi (*comprare*: comprato + avere) i fiori e li (*portare*: portato + avere) alla mamma – Oggi (*uscire*: uscito + essere) con i nonni e li (*accompagnare*) in chiesa – Finalmente (*arrivare*: arrivato + essere) notizie dettagliate del disastro che (*avvenire*: avvenuto + essere) l'altro giorno e nel quale (*perdere*: perduto + avere) la vita molte persone.

ESERCIZIO 119 – *Rispondere alle seguenti domande.*

Hai visto la zia? Hai comprato le mele? Avete studiato la lezione? Avete scritto le lettere? Siete andati a caccia? Hai copiato gli esercizi? Hai salutato gli amici? Hai mangiato la frutta o i pasticcini? Hai aiutato la nonna a cucinare? Hai chiamato il giardiniere? Hai chiamato i vicini di casa? Hai cucito il vestito? Hai cucito la camicetta? Sei andata alla partita? Siete venuti in tempo? Vi siete presi i soldi? Avete comprato i biglietti? Hai guardato le riviste? Hai notato gli errori dell'esercizio? Hai salutato le zie? Hai raccontato le favole ai bambini? Hai incontrato i cuginetti? Hai preso la medicina? Hai preso i guanti? Hai mangiato le fragole? Hai mangiato i biscotti?

BREVE CONVERSAZIONE

Hai letto il libro che ti ho prestato? ....
....

Non ho avuto tempo; lo leggerò in questi giorni ....
....

Ti prego di leggerlo subito perché mi è stato richiesto da altri amici ....
....

Lo leggerò prestissimo perché mi interessa molto ....
....

È un libro veramente interessante, forse il libro più interessante di questi ultimi anni ....

A me piacciono molto questi libri storici e filosofici; non mi piacciono i romanzi e i libri di avventure ....

39 - Lezione trentanoṿesima

Il pronome « Ne »

Studiando le particelle pronominali (pag. 161) abbiamo avuto modo di incontrare anche la particella **ne**. È una particella che può riferirsi a persone e a cose, al singolare e al plurale, in senso partitivo e con valore di complemento di specificazione (di chi? di che cosa?).

Sostituisce i pronomi **di lui, di lei, di loro, di esso, di essa, di essi, di esse,** e i pronomi dimostrativi **di questo -i, di quello-i, di ciò,** e rende piú ạgile il discorso. Generalmente si premette al verbo:

    Io parlo bene *di lui* = Io *ne* parlo bene.
    Io vedo la fạccia *di lei* = Io *ne* vedo la fạccia.
    Io ho un buon ricordo *di loro* = Io *ne* ho un buon ricordo.
    Noi mangiamo poco *di questo* = Noi *ne* mangiamo poco.
    Aveva dei biglietti e *ne* distribuiva a tutti
    Hai molti libri? *Ne* ho pochi, ma *ne* desịdero tanti.
    Avete bisogno di denaro? Certo, *ne* abbiamo sempre bisogno.
    Vuoi ancora dell'acqua? No, grạzie, non *ne* vọglio piú.
    Hai letto il libro? *Ne* ho letto soltanto alcune pạgine.

Le particelle **mi, ti, si, ci, vi,** si modịficano in **me, te, se, ce, ve** quando pre-cẹdono immediatamente il pronome **ne**; il pronome **gli** si unisce ad esso mediante la congiunzione **e** (vedi pag. 162):

me ne - te ne - se ne - ce ne - ve ne - gliene

Esempi:

mi parla sempre bene *di lui*	=	*me ne* parla sempre bene
ti parleremo domani *di ciò*	=	*te ne* parleremo domani
si lamenta spesso *di lei*	=	*se ne* lamenta spesso
a noi basta poco *di questo*	=	*ce ne* basta poco
a voi spiegherò le ragioni *di ciò*	=	*ve ne* spiegherò le ragioni
a lui dimostrerò le cạuse *di questo*	=	*gliene* dimostrerò le cạuse
a lei spedirò un pacco *di queste*	=	*gliene* spedirò un pacco

Come le particelle pronominali, il pronome **ne,** con la 2ª persona, singolare e plurale, e la 1ª persona plurale dell'imperativo, con le forme infinitive dei verbi (infinito, participio passato, gerụndio), si cọlloca dopo e forma un'ụnica parola con il verbo; ciò avviene anche con l'esclama-zione **ecco** (vedi pag. 163):

    pọrtane – portạtene – portiạmone – portarne – portạtone – portạndone – ẹccone.

Esempi:

    Questa è la prạtica; *pạrlane* con il direttore.
    Avete letto il racconto? *Narrạtene* il contenuto.
    Abbiamo visto lo spettạcolo; *parliạmone* un poco.
    Non posso assolutamente *parlarne* in questo momento.
    Parlạndone con lui, cercherò di chiarire tutto.
    Abbiamo stentato tanto! ora *ẹccone* i risultati!

Nei verbi riflessivi e generalmente quando si incontra con altra particella pronominale, il pronome **ne** occupa l'ultimo posto:

    parla a me di questo = parlami di questo – parlamene
    parlate a noi di questo = parlateci di questo – parlatecene
    guardatevi da lui = guardatevene
    rendetevi conto di ciò = rendetevene conto
    ricordatevi di lei = ricordatevene
    ricordiamoci di questo = ricordiamocene
    ricordiamo a lui i punti principali dell'argomento = ricordiamogliene i punti principali
    rivelate a me tutti i segreti di questo = rivelatene a me tutti i segreti
    consoliamoci di ciò come possiamo = consoliamocene.....
    parliamo di ciò a lui subito, prima che si accorga di ciò = parliamogliene subito, prima che se ne accorga.

Ricordarsi	Ricordarsene

Indicativo presente

Io mi ricordo................	Io me ne ricordo..............
Tu ti ricordi	Tu te ne ricordi
Egli si ricorda	Egli se ne ricorda
Noi ci ricordiamo	Noi ce ne ricordiamo
Voi vi ricordate	Voi ve ne ricordate
Essi si ricordano	Essi se ne ricordano

Passato prossimo

Io mi sono ricordato..........	Io me ne sono ricordato........
Tu ti sei ricordato	Tu te ne sei ricordato
Egli si è ricordato	Egli se ne è ricordato
Noi ci siamo ricordati	Noi ce ne siamo ricordati
Voi vi siete ricordati	Voi ve ne siete ricordati
Essi si sono ricordati	Esse se ne sono ricordati

Il pronome **ne** è spesso unito alle forme del verbo **esserci** (*esservi*):

    Ci sono libri sul tavolo? – Ce ne sono, ma pochi
    Ci saranno molti invitati alla festa? – Ce ne saranno molti
    C'è inchiostro nella penna? – No, non ce n'è
    Ci sono lettori di questo libro? – Sì, ce ne sono.

Spesso la particella pronominale **ne** si usa in forma pleonastica con i numerali o con altri elementi determinanti:

    Quanti libri ti mancano? – Me ne mancano due
    Perché ridi? – Dimmene le ragioni
    C'è qualche matita sul banco? – No, non ce n'è neanche una
    Abbiamo comprato qui le scarpe, te ne ricordi? – Me ne ricordo bene.
    Vuoi del cognac? – Me ne dia soltanto un poco.

Esercizio 120 – *Notare l'uso dei pronomi nelle seguenti frasi e spiegarne il significato.*

(es.: Hai studiato la lezione sui pronomi personali? Io *te ne* parlerò a lungo domani (= io *di essa a te* parlerò, ecc.)

Conosci Luigi? No, ma ne ho sentito parlare – Non parlarmi piú di questo affare; io me ne lavo le mani – Ho commesso una brutta azione e me ne pento – Il bambino ha capito che ha fatto male e se ne vergogna – Non c'è piú acqua; ne arriva soltanto qualche goccia – Desideri delle riviste? Te ne porteremo una grande quantità – Per il caffè adoperiamo una nuova miscela; ve ne confideremo il segreto – Il nostro amico non arriverà prima di domenica: non me ne importa nulla – Il bambino desidera leggere alcuni racconti; gliene darò molti – Non arriva oggi lo zio; te ne segnalerò l'arrivo, quando sarà possibile – Giovanni ha molti libri: gliene chiedo uno e me ne dà due.

Esercizio 121 – *Rispondere alle seguenti domande, adoperando il pronome* **ne.**

(es.: Hai sentito parlare del nuovo film? Sí, *ne* ho sentito parlare)

Desideri ancora pane? Parli spesso dei tuoi affari? Mi parlerai domani di questo argomento? Quanti vestiti hai? Ti preoccupi di quello che dice la gente? Hai bisogno dei miei consigli? Ti vergogni di quello che hai fatto? Ti sei dimenticato dell'impegno che avevi con noi? Quanti libri puoi prestarmi? Ti ricordi dell'appuntamento? Hai saputo qualcosa del padre di Gino? Ti ricordi ancora dei primi compagni di scuola? Hai pochi o molti amici?

ESERCIZIO 122 – *Sostituire ai puntini il pronome personale e la particella* **ne** *richiesti.*

(es.: Quanti libri hai dato a Maria? *Gliene* ho dati due)

Hai parlato allo zio della questione? ..... ho parlato ieri – È un film eccezionale; tutti ..... parlano bene – Tu hai molte matite; ..... presti una? – Ho coltivato sempre con cura le amicizie ed ora ..... sono soddisfatto, perché ..... usufruisco ogni giorno – Ho letto l'ultimo romanzo; ora ..... traccio la trama – Mi chiedete notizie dell'ultima scoperta: ..... parlo subito in modo semplice – Ho ricevuto in omaggio molte riviste; ..... manderò alcune – Il ragazzo mi chiede dei soldi; ..... darò pochi, perché non mi piace che ..... abbia molti in tasca.

BREVE CONVERSAZIONE

È da molto tempo che studi la lingua italiana? ....

....

Soltanto da pochi mesi, ma già posso parlare ....

....

Bisogna avere ancora pazienza e studiare ancora ....

....

Certo che bisogna studiare ancora; ci manca tutta la parte relativa ai verbi irregolari e alla sintassi ....

....

Non è poi così difficile come si crede ....

Quando si lavora con impegno non esistono difficoltà in nessun campo ....

....

I – *Che cosa fanno?*

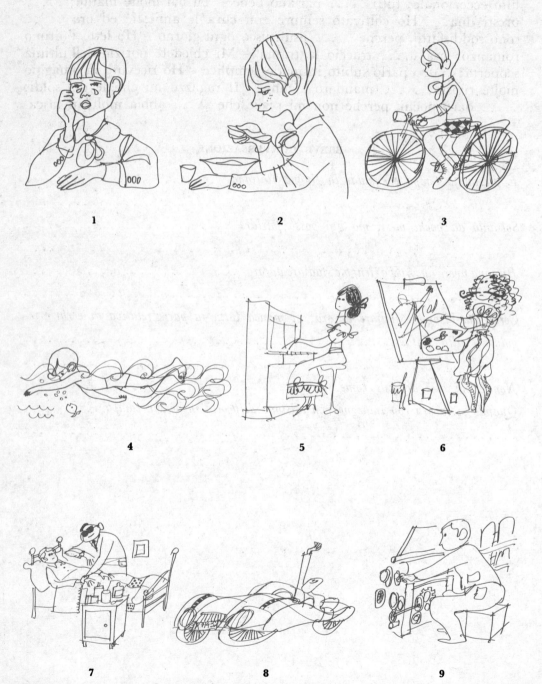

1

2

3

4

5

6

7

8

9

II – *Descrivere le scene:*

1

2

3

4

5

6

7

8

9

10

11

12

13   14   15

16   17   18

III – *Descrivere le scene:*

CAPPUCCETTO ROSSO:

1   2   3

4   5   6

I DUE LADRUNCOLI:

1

2

3

4

5

6

VITA DI FAMIGLIA:

1

2

3

4

5

6

UNA GARA SPORTIVA:

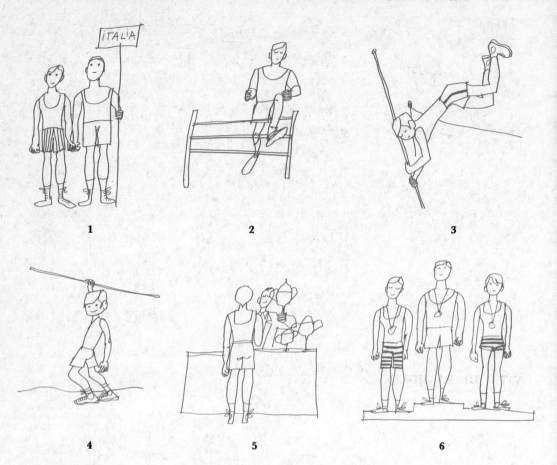

1 2 3

4 5 6

Lettura

Il lupo e l'agnello

Il lupo e l'agnello, assetati, erano giunti allo stesso ruscello. Il lupo stava piú in alto e l'agnello piú in basso. Spinto dalla fame e dalla sua malvagità, il lupo addusse vari pretesti per litigare. « Perché — disse — mi hai intorbidato l'acqua, mentre bevevo »? Il povero agnellino timidamente rispose: « Come posso aver fatto ciò di cui ti lamenti, se l'acqua scorre da te a me »? Non potendo ribattere tale verità, il lupo disse ancora: « Sei mesi fa tu hai parlato male di me ». « Ma se non ero ancora nato »? rispose l'agnello. « È vero, ma tuo padre, per Giove, ha detto male di me »! E cosí, senza dire altro, lo afferrò e lo sbranò.

198

Revisione della prima parte della grammatica

Noi abbiamo studiato nella prima parte della grammatica gli argomenti relativi alla fonetica e alle parti variabili del discorso: l'**articolo,** il **sostantivo,** l'**aggettivo,** il **pronome** e il **verbo.**

Dei verbi abbiamo esaminato soltanto la coniugazione regolare; ci resta da studiare la parte che riguarda tutti i verbi irregolari per completare la conoscenza della lingua italiana. Sarà interessante, a questo proposito, conoscere l'uso dei modi del verbo e l'uso delle **preposizioni,** che servono a formare le caratteristiche frasi italiane. Se avremo pazienza e buona volontà, arriveremo alle ultime pagine di questo volume e possiamo essere certi che, se studieremo con impegno, parleremo e scriveremo correntemente e correttamente la lingua italiana.

Rispondere alle seguenti domande: Quanti sono gli allievi che vediamo nella illustrazione? Che cosa fa l'insegnante? Quante sono le parti di questa grammatica italiana? Che cosa abbiamo studiato nella prima parte? Quale parte della grammatica avete trovato difficile? Quale parte piuttosto facile? È importante lo studio dei verbi irregolari? È necessario studiare anche l'uso delle preposizioni? Perché? Come bisogna studiare per parlare e scrivere correntemente la lingua italiana?

ESERCIZIO 123 – *Enumera tutto ciò che si vede nell'illustrazione, premettendo l'articolo determinativo e indeterminativo e formando anche il plurale.*

(es.: insegnante: l'insegnante, un insegnante, gli insegnanti, alcuni insegnanti - parete: la parete, una parete, le pareti, alcune pareti, ecc., ecc.)

ESERCIZIO 124 – *Coniugare al passato prossimo, con l'ausiliare* avere, *i verbi:* parlare, studiare, insegnare, vendere, credere, servire, udire.

ESERCIZIO 125 – *Elencare dieci animali domestici e dieci animali selvatici.*

ESERCIZIO 126 – *Scrivere venti frasi adoperando vari numeri.*

(es.: Io ho *venticinque* anni - Mio padre mi ha regalato *quarantamila* lire - I giorni dell'anno sono *trecentosessantacinque*, ecc.)

ESERCIZIO 127 – *Citare alcuni mezzi di trasporto e dire quale si preferisce per viaggiare e perché.*

ESERCIZIO 128 – *Coniugare al futuro semplice i verbi:* cantare, scrivere, leggere, mangiare, cacciare.

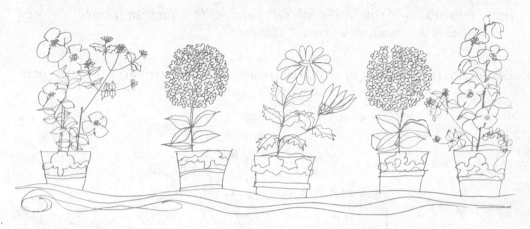

Esercizio 129 – *Parlare di un giardino e dire quali fiori si preferiscono.*

Esercizio 130 – *Descrivere il proprio abbigliamento.*

Esercizio 131 – *Parlare di ciò che si è mangiato alla prima colazione, a colazione e a cena.*

Esercizio 132 – *Descrivere il palazzo dell'illustrazione elencando tutti gli elementi che lo compongono.*

Rispondere alle seguenti domande: Che cosa fai generalmente in inverno? Qual è la stagione che ti piace di piú? Per la villeggiatura preferisci il mare o la montagna? Hai avuto occasione di fare delle gite in alta montagna? Vai spesso in campagna? Resti in città generalmente o vai fuori ogni fine settimana? Appartieni ad una famiglia numerosa? Ti piacciono i bambini? Come si chiama tuo padre? Come si chiama tua madre? Come si chiamano i tuoi fratelli? Hai molti amici?

ESERCIZIO 133 – *Scrivere i nomi dei giorni della settimana, i nomi dei mesi dell'anno e i nomi delle quattro stagioni.*

ESERCIZIO 134 – *Coniugare il passato remoto dei verbi:* arrivare, toccare, pensare, crédere, ricévere, véndere, dormire, fuggire, sentire.

ESERCIZIO 135 – *Descrivere la scena dell'illustrazione e dire se qualche volta si è stati ammalati.*

ESERCIZIO 136 – *Dire, riferendo anche l'orario, che cosa si è fatto durante la giornata.*

ESERCIZIO 137 – *Coniugare i tempi sémplici del condizionale e del congiuntivo dei verbi:* amare, accarezzare, ripétere, esìstere, sentire, partire, agire.

ALL'AGENZIA DI VIAGGI

Bianchi — Buon giorno, posso chiędere delle informazioni?

Impiegato — Buon giorno, signore; siamo a sua completa disposizione.

Bianchi — Desidererẹi fare un viạggio con la mia famịglia attraverso tutta l'Itạlia, visitando le principali città.

Impiegato — Quante persone sono?

Bianchi — Siamo quattro persone: io, mia mọglie e due figli.

Impiegato — Dispọngono di molto tempo?

Bianchi — Possiamo restare in Italịa due mesi circa.

Impiegato — Va bene. Alberghi di prima categorịa o di lusso?

Bianchi — Va bene la prima categorịa. Io ne conosco qualcuno e li trovo ọttimi per l'organizzazione e per i servizi.

Impiegato — Allora possiamo organizzare il viạggio partendo dalla riviera lịgure, visitando Gẹnova e proseguendo poi per Torino, Milano, Venẹzia; poi si raggiungerà Roma, dopo aver visitato Bologna e Firenze, quindi Nạpoli, l'Itạlia meridionale e la Sicịlia. Sarà interessante passare qualche giorno anche in Sardegna.

Bianchi — Ci affidiamo a lei. Vogliamo visitare i principali musẹi e vedere le piú importanti ọpere d'arte.

Impiegato — Preparerò in giornata il programma completo; entro domani faremo tutte le prenotazioni. Per favore, il suo nome?

Bianchi — Signor Bianchi; siamo italiani residenti all'ẹstero e la mia famịglia è la prima volta che viene in Itạlia.

Rispondere alle seguenti domande: Dove si trova il signor Bianchi? Che cosa chiede all'impiegato dell'agenzia? Quante persone compongono la famiglia Bianchi? Dispongono di molto tempo per visitare l'Italia? In quale categoria di alberghi vogliono andare? Da dove inizieranno il viaggio? Quando visiteranno Roma? Che cosa vogliono vedere soprattutto? Includeranno anche la Sardegna nel viaggio? Quando sarà pronto il programma del viaggio? Quando farà le prenotazioni l'impiegato? Come mai la famiglia Bianchi, italiana, visita per la prima volta l'Italia?

Verbi irregolari

Presente e passato prossimo indicativo dei verbi **stare, andare, venire**. I tempi composti si coniugano con l'ausiliare **essere**.

	Stare	**Andare**	**Venire**
participio passato:	stato	andato	venuto

Presente

	Stare	Andare	Venire
Io	sto	vado	vengo
Tu	stai	vai	vieni
Egli	sta	va	viene
Noi	stiamo	andiamo	veniamo
Voi	state	andate	venite
Essi	stanno	vanno	vengono

Passato prossimo

		Stare		Andare		Venire
Io	sono	stato-a	sono	andato-a	sono	venuto-a
Tu	sei	stato-a	sei	andato-a	sei	venuto-a
Egli	è	stato-a	è	andato-a	è	venuto-a
Noi	siamo	stati-e	siamo	andati-e	siamo	venuti-e
Voi	siete	stati-e	siete	andati-e	siete	venuti-e
Essi	sono	stati-e	sono	andati-e	sono	venuti-e

ESERCIZIO 138 – *Coniugare al presente e al passato prossimo le frasi seguenti.*

Stare bene – stare in casa – andare a passeggio – andare piano – venire da Roma – venire subito.

ESERCIZIO 139 – *Sostituire al verbo tra parentesi l'indicativo presente.*

Noi (andare) da Roma a Milano in aereo – Oggi noi (andare) a passeggio con gli amici – Quando c'è freddo molti (stare) in casa se non hanno impegni di ufficio – Noi (stare) bene, ma non (venire) con voi – C'è tanta confusione: molte persone (andare) e (venire) continuamente – Se tu non (venire) con noi, io non (venire) con te al cinema – Essi (stare) in casa oggi; noi (andare) a trovarli alle cinque del pomeriggio – I nonni (andare) ai giardini pubblici; i bambini (stare) con noi – Mentre tu (andare) in quel negozio e Mario (andare) al mercato, io (andare) a vedere come (stare) gli zii – Se (andare) tu, (venire) anch'io.

ESERCIZIO 140 – *Sostituire al verbo tra parentesi il passato prossimo.*

(Venire) tutti e (andare) subito a trovare la nonna – Ieri noi (andare) a cinema e non abbiamo incontrato gli amici che (venire) a visitarci – Tu (venire) tardi; i ragazzi (andare) già a scuola – Dove (stare) voi fino a questo momento? – Noi (venire) per dirvi che (stare) al mercato e che oggi non andiamo fuori – Noi (stare) una settimana a Torino e poi (andare) in Francia con cari amici nostri – Essi (stare) con noi fino alle quattro, poi (andare) al cinema – Io (venire) per dirti che (andare) a vedere la mostra – Noi (stare) male per tre giorni dopo quella cena – Quando tu (venire) per vedermi, i miei fratelli (andare) a cercare un medico.

L'imperfetto indicativo, come avviene per quasi tutti i verbi irregolari, è regolare:

Imperfetto

	Stare	Andare	Venire
Io	stavo	andavo	venivo
Tu	stavi	andavi	venivi
Egli	stava	andava	veniva
Noi	stavamo	andavamo	venivamo
Voi	stavate	andavate	venivate
Essi	stavano	andavano	venivano

Uso delle parole – Tradurre le espressioni formate con i verbi **stare** e **andare**:

stare bene	stare quieto ....
stare male	stare attento ....
stare fermo	stare zitto ....
va bene	questa merce va a ruba ....
va male	quell'uomo non mi va ....
andare in bestia	andare a male ....
andare in visibilio	tutto va per il suo verso ......
andare a gambe levate	questi biglietti non vanno piú...

Notare le frasi in neretto nei brani seguenti:

a) Oggi proprio **non va bene** nulla; la cameriera ha fatto **andare a male** la pietanza e non so che cosa dare da mangiare a mio marito. Sono stanca di questa donna che non **sta mai attenta** e sa soltanto chiacchierare, non **sta zitta** un minuto e spesso mi fa **andare in bestia**. A me piace la casa dove tutto è in ordine e **tutto va per il suo verso**.

b) Quell'uomo, a dire la verità, **non mi va,** non mi sembra una persona corretta, anche se c'è gente che **va in visibilio** per lui. E poi è sempre in disordine, **va in bestia** facilmente. L'altro giorno cercava di ingannare la gente fingendo di **stare male,** ma è stato scoperto e se n'**è andato a gambe levate,** come un ladro.

ARRIVA L'IDRAULICO

Un idraulico bussa ad una porta. Alla signora che si affaccia dice:

— *Sono l'idraulico, sono venuto per quella vasca da bagno, per la perdita dell'acqua —*

— *Idraulico?! Vasca da bagno?! Perdita d'acqua?! Ma io non ho chiamato nessun idraulico! —*

— *Non è lei la signora Bianchi? Ho qui la richiesta urgente...*

— *Ah, la famiglia Bianchi... Ma quella famiglia non abita piú qui, si è trasferita a Torino tre mesi fa! —*

— *Ecco — esclama l'idraulico — il solito scherzo! Ma io mi domando come si fa a lavorare con questa gente! Sono tutti uguali. Ti chiamano per un lavoro urgente e quando arrivi non si trovano in casa, anzi addirittura hanno cambiato città! —*

UNA SERIE DI INCIDENTI STRADALI A CAUSA DELLA NEBBIA

Cronaca (dai giornali) – Un centinaio di veicoli sono rimasti coin-
volti ieri in tamponamenti, mentre altre centinaia di auto sono rimaste
bloccate sull'autostrada a causa della nebbia.

Una vettura si è schiantata contro un'altra che aveva frenato improv-
visamente per essersi trovata di colpo a passare da una visibilità ottima
alla nebbia più fitta. Dopo questo tamponamento, quasi in successione
continua, altre vetture si sono incastrate una nell'altra.

Numerosi i feriti: si è purtroppo dovuto registrare anche un incidente mortale. Nella collisione ha perduto la vita un giovane di venti
anni. I soccorsi si sono resi estremamente difficili, proprio per la situazione
caotica che si è creata in breve sull'autostrada.

Il traffico è stato bloccato per un lungo tratto dell'autostrada. Le
auto che sopraggiungevano venivano fermate nella zona in cui c'era
ancora un poco di visibilità e venivano dirottate sulle strade secondarie.

Alla fine, dopo un duro lavoro e con l'intervento di numerosi carri-gru,
si è riusciti a sgombrare, sia pure parzialmente, le corsie dell'autostrada
e il traffico ha potuto riprendere.

Descrivere l'illustrazione « All'agenzia di viaggi » a pag. 203

La famiglia Rossi – il padre: Carlo; la madre: Luisa

i figli { i giovani: Giovanni e Maria
{ i ragazzi: Gino e Silvia

POMERIGGIO IN CASA

Oggi è sabato; tutta la famiglia Rossi è riunita nel soggiorno, perché il signor Rossi non ha ufficio il pomeriggio del sabato ed i ragazzi non hanno scuola. Generalmente vanno a scuola anche di pomeriggio, ma oggi si godono mezza giornata di riposo completo. Anche Giovanni non va all'Università il sabato quindi è libero e guarda i due ragazzi che giocano sul pavimento. Maria suona il pianoforte e non sembra che disturbi molto il resto della famiglia, anzi la signora Luisa sembra soddisfatta dei progressi della figlia nella musica. Il signor Carlo è tutto assorto nella lettura del giornale; certamente sta leggendo qualche articolo molto interessante.

È bello poter passare un pomeriggio in casa in assoluta serenità con tutta la famiglia attorno.

Rispondere alle seguenti domande: Perché tutta la famiglia Rossi è riunita nel soggiorno? Quanti sono i componenti della famiglia Rossi? Come si chiamano? Il signor Rossi non va oggi in ufficio? Gino e Silvia perché sono in casa? Che cosa fa Maria? Che cosa fa la signora Luisa? E il signor Carlo? È interessante ciò che legge il signor Carlo? Capita spesso di poter passare un pomeriggio in casa in assoluta serenità? Che cosa vi piace di più della famiglia Rossi? Sei capace di leggere un libro mentre qualcuno suona il pianoforte nella stessa stanza? Descrivi dettagliatamente la stanza dove si trova la famiglia Rossi.

Le preposizioni

Le preposizioni sono elementi grammaticali che articolano la frase, determinando la relazione che passa tra una parola e l'altra. La funzione che acquista un sostantivo, un aggettivo, un pronome o un infinito nella frase è determinata dalla preposizione che li precede; si hanno così i vari complementi. Si tratta di parolette che hanno una grandissima importanza e che non sempre corrispondono esattamente nell'uso delle varie lingue; occorrerà quindi soffermarsi sulle preposizioni, esaminando attentamente gli esempi riportati per ciascuna di esse, per rilevare le caratteristiche della fraseologia italiana.

Le preposizioni vere e proprie sono:

a – di – da – in – su – con – per – tra (**fra**) **– verso – senza – tranne**
(alcune di esse sono state già viste a pag. 32 e 55 della prima parte) [1].

---

[1] Accanto ad esse ci sono anche avverbi e locuzioni avverbiali che hanno spesso la funzione di preposizioni. Queste altre parole si riconosceranno quando saranno usate come preposizioni, perché reggono un nome, un aggettivo, un pronome o un infinito, mentre, usate come avverbi, si reggono da sole e modificano soltanto il significato del verbo.

La preposizione **DI** indica:

Esempi (da tradurre)

specificazione:	il figlio **del** professore
denominazione:	il nome **di** Maria la città **di** Milano
appartenenza:	questa matita è **del** mio compagno
materia:	il pavimento **di** marmo la collana **d'**argento
argomento:	noi parliamo **di** letteratura
mezzo:	gli operai vivono **di** lavoro
qualità:	giovane **di** intelligenza vivace
partizione:	alcuni **di** noi partiranno presto
causa:	la donna piangeva **di** gioia il giovane è morto **di** polmonite
maniera:	sono arrivato **di** corsa
tempo:	i nostri cugini arrivano **di** notte
accusa:	quell'uomo fu accusato **di** furto
paragone:	la signorina è piú studiosa **di** te il mio vestito è piú bello **del** tuo.

ESERCIZIO 141 – *Formare delle frasi simili a quelle degli esempi riportati.*

(es.: la porta *di* casa - l'orologio *d'*oro, ecc.)

Verbi irregolari

Presente e passato prossimo indicativo dei verbi **dare, fare, potere, volere.**
I tempi composti si coniugano con l'ausiliare **avere.**

	Dare	**Fare**	**Potere**	**Volere**
part. pass.	dato	fatto	potuto	voluto

Presente

	Dare	**Fare**	**Potere**	**Volere**
Io	do	faccio	posso	voglio
Tu	dai	fai	puoi	vuoi
Egli	da	fa	può	vuole
Noi	diamo	facciamo	possiamo	vogliamo
Voi	date	fate	potete	volete
Essi	danno	fanno	possono	vogliono

Passato prossimo

Io	ho	dato	ho	fatto	ho	potuto	ho	voluto
Tu	hai	dato	hai	fatto	hai	potuto	hai	voluto
Egli	ha	dato	ha	fatto	ha	potuto	ha	voluto
Noi	abbiamo	dato	abbiamo	fatto	abbiamo	potuto	abbiamo	voluto
Voi	avete	dato	avete	fatto	avete	potuto	avete	voluto
Essi	hanno	dato	hanno	fatto	hanno	potuto	hanno	voluto

ESERCIZIO 142 – *Coniugare al presente e al passato prossimo le frasi seguenti.*

Dare consigli ai giovani – Fare un'opera buona – Potere acquistare un appartamento – Volere ragionare con calma.

ESERCIZIO 143 – *Sostituire al verbo tra parentesi l'indicativo presente.*

Noi (fare) sempre il nostro dovere e (volere) continuare a farlo per l'avvenire – Oggi noi non (potere) uscire, perché (dare) un ricevimento in casa nostra – Se lei (volere), (potere) parlare francamente – Bambini, ora vi (dare) delle caramelle, ma non (volere) discussioni – Tu (potere) se (volere), ma se non (fare) nulla, dimostri di non avere volontà –

Signorina, (volere) telefonare oggi? – Io (potere) dare tutte le informazioni che lei (volere) – Noi (dare) molto, ma (volere) dare ancora di piú – Tu (volere) sempre tutto quello che (volere) io; io non (potere) accettare questo sistema, (fare) quello che (volere).

ESERCIZIO 144 – *Sostituire al verbo tra parentesi il passato prossimo:*

Io (fare) quello che (potere) – So che tu (fare) quanto (potere) – Voi non (fare) il vostro dovere e (dare) occasione a tutti di parlare male di voi – Noi non (fare) complimenti e (venire) subito – Egli non (fare) nulla non perché non (potere), ma perché non (volere) – I nostri amici non (volere) accettare l'invito, perché (fare) molte spese in questo periodo; (andare) a villeggiare nella loro campagna – Nella vita noi (avere) sempre tutto quello che (volere) e (dare) tutto quello che (potere) – Noi non (potere) acquistare l'appartamento, perché il proprietario non (volere) darci tutte le garanzie.

Imperfetto

	Dare	**Fare**	**Potere**	**Volere**
Io	davo	facevo	potevo	volevo
Tu	davi	facevi	potevi	volevi
Egli	dava	faceva	poteva	voleva
Noi	davamo	facevamo	potevamo	volevamo
Voi	davate	facevate	potevate	volevate
Essi	davano	facevano	potevano	volevano

N. B. – Dall'imperfetto del verbo *fare* si rileva che questo verbo, pur avendo la desinenza *-are*, appartiene alla 2ª coniugazione (latino: *facere*); quindi, come *temevo*, ha *facevo*, ecc.

Il **trapassato prossimo** si può facilmente coniugare servendosi del participio passato, che resta sempre immutato, e dell'imperfetto dell'ausiliare **avere**:

Io avevo dato, tu avevi dato, *ecc.* . . . . . Io avevo fatto . . . . . Tu avevi potuto . . . . . Egli aveva voluto. . . . . Noi avevamo voluto, *ecc.* . . . . .

ESERCIZIO 145 – *Coniugare all'imperfetto e al trapassato prossimo le seguenti frasi.*

Dare i fiori alla signora – Fare un bel viaggio – Non potere agire diversamente – Volere ricambiare le cortesie.

ESERCIZIO 146 – *Ripetere l'esercizio 143, sostituendo al verbo tra parentesi l'imperfetto.*

(es.: Noi *facevamo* sempre il nostro dovere)

ESERCIZIO 147 – *Ripetere l'esercizio 144, sostituendo al verbo tra parentesi il trapassato prossimo.*

(es.: Io *avevo fatto* quello che *avevo potuto*)

Uso delle parole – Si notino le locuzioni italiane con la preposizione **di** (da tradurre):

Questa pietanza *sa di aglio*
Penso *di* partire *di pomeriggio*
L'amico mi offre *del pane* e *del vino*
Il tuo modo *di fare* mi fa *ridere di gusto*
Passeggiamo senza meta, andando *di qua e di là*
Gli amici *chiedevano di me*
Ho camminato molto e sono *bagnato di sudore*
È irascibile, *si accende* facilmente *d'ira*
È bello *compiacersi di qualche cosa*
Di mattina, di domenica e *d'inverno* non vado fuori
Sono modesto, *mi contento di poco*
Il nemico *attacca* spesso *di sorpresa*
Approfittiamo dell'occasione
Non ho *paura degli spiriti*
I prezzi *aumentano del 10%*
La *ringrazio della sua gentilezza.*

L'IPPOPOTAMO

Un tizio si presenta al magistrato per sporgere querela contro un tale che in pubblico l'aveva offeso dicendogli: ippopotamo!

— Bene — osserva il giudice — quando è accaduto il fatto?

— Esattamente cinque mesi fa — specifica il tizio —

— E perché volete sporgere querela soltanto adesso? — indaga il magistrato —

— Perché prima di ieri — spiega il tizio — non avevo mai visto un ippopotamo!

CONCERTI SENZA MUSICA!

Cronaca (dai giornali) – In tempo di « contestazione » non si poteva evitare che anche il campo della musica ne fosse contagiato. Infatti è nato negli ultimi giorni del 1968 il primo concerto in cui la musica è stata scritta soltanto per il direttore d'orchestra con l'esclusione dell'impiego di qualsiasi strumento. L'originale autore giustifica questo nuovo tipo di composizione asserendo che l'artista non ha alcun diritto di affliggere il pubblico con i suoi suoni. In questo nuovo concerto il pubblico non sente assolutamente nulla; vede soltanto i movimenti del direttore d'orchestra. Questi movimenti dovrebbero suscitare nel pubblico sensazioni musicali, armonie interiori, emozioni ed anche pensieri.

In un precedente concerto dello stesso compositore non si era visto neanche il direttore d'orchestra. Unico elemento dello spettacolo erano segni, simboli e note musicali per strumenti strani che ancora non esistono, quali il futurophon, il macro-organo, ecc. I segni, che venivano proiettati sulle pareti della sala secondo un certo ritmo, avrebbero dovuto suscitare sensazioni musicali.

In un altro concerto si erano avuti dei suoni alternati a brani di prosa senza senso apparente, in trenta lingue differenti. Fra i suoni musicali prevaleva quello, molto acuto, di un fischietto. In uno dei piú importanti concerti dati da questo compositore il pubblico ha udito voci di animali incisi su nastro magnetico; miagolii, barriti, ruggiti, pigolii, ragli, squittii e nitriti si sono alternati e confusi nella sala insieme con altri suoni indefinibili. Il pubblico, naturalmente, è rimasto sconcertato da questo strano modo di presentare la .... nuova musica!

Descrivere l'illustrazione « Pomeriggio in casa » a pag. 208

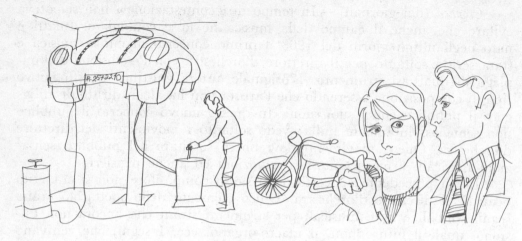

DAL MECCANICO

Cliente   – Per favore, vuole vedere questo motore?

Meccanico – C'è qualcosa che non va?

Cliente   – Non so, ma ho l'impressione che il motore non abbia forza...

Meccanico – E poi ha notato altro? Quanti chilometri ha già fatto con questa macchina?

Cliente   – Di chilometri veramente ne ha fatti molti, ma finora non ho avuto mai fastidi. Ho superato i settantamila chilometri.

Meccanico – Va bene. La lasci qui, per oggi non è possibile vederla, perché c'è molto lavoro; domani spero di poterla vedere con calma.

Cliente   – La prego di far presto, perché non posso stare senza macchina. Cambi le candele, revisioni un po' tutto e cambi anche l'olio¹ del motore. Devo fare un lungo viaggio con tutta la famiglia.

Meccanico – Tutti i clienti hanno molta fretta in questa città!

Cliente   – Controlli anche lo sterzo e i freni.

Meccanico – Controllerò tutto, può stare tranquillo.

Cliente   – Passerò domani e spero che si tratti di normale manutenzione, perché in questo periodo non posso spendere molto...

Meccanico – Lei sa che i nostri clienti sono trattati sempre bene in questa officina.

Cliente   – È anche per questo che io vengo sempre qui.

Rispondere alle seguenti domande: Che cosa c'è dentro l'officina? Chi è il signore con la tuta? Perché il cliente porta la macchina all'officina? Quanti chilometri ha fatto la macchina? Il meccanico riparerà la macchina subito? Saranno cambiate anche le candele? Com'è l'olio del motore? Funzionano bene i freni? Perché il cliente fa controllare la macchina? Che cos'è lo sterzo? In questa officina come sono trattati i clienti? Che cosa bisogna fare per mantenere sempre in ordine una macchina? Che tipo di macchina hai tu? Ricordi sempre di controllare l'acqua, l'olio e la batteria? Sei soddisfatto della tua macchina?

La preposizione **DA** indica:

a) **complemento di agente** e **di causa efficiente** per esprimere **da chi** o **da che cosa** è fatta l'azione espressa da un verbo passivo:

Esempi (da tradurre):

Il giovane studioso è lodato *da* tutti – I genitori sono amati *dai* figli – Il carro è tirato *dal* cavallo – La torre fu abbattuta *dal* fulmine – Noi siamo stati invitati *dal* direttore – Questa città è visitata *da* molti turisti – Il ferro è rovinato *dalla* ruggine.

b) **complemento di moto da luogo, di provenienza:**

Da ricordare che i nomi di città, paesi, villaggi, piccole isole, non prendono l'articolo determinativo, mentre lo prendono se sono accompagnati da aggettivo o da complemento determinativo:

Roma, è una bella città – Londra, Parigi, New York, Tokio sono grandi e belle città – Capri è vicino Napoli. La Roma dei Papi – La dotta Bologna – La Milano delle industrie.

Prendono invece l'articolo determinativo i nomi di Continenti, Nazioni, regioni, grandi isole, fiumi, laghi, monti, quando sono usati come soggetto o come complemento oggetto (in ogni altro complemento l'uso dell'articolo non è categorico):

L'Africa – L'Italia – La Svezia è nel nord dell'Europa – Visiteremo la Cina – Il Mediterraneo – I Pirenei dividono la Spagna dalla Francia – (I vini d'Italia – Io vado in America – Viviamo in Europa da dieci anni).

Esempi (da tradurre):

Vengo *da* Buenos Aires – Partiamo ora *dalla* bella Parigi – Vi scriverò *da* Parigi – È arrivato il piroscafo *dall'*America – Arrivano oggi gli amici *da* Roma – Viene *dalla* Sicilia – Ti parlo *dalla* finestra, perché non posso uscire *dalla* stanza – Questo pesce viene *dal* Nord.

c) **complemento di moto a luogo** e **di stato in luogo,** col significato di: **presso, in casa di:**

Esempi (da tradurre):

Vado *dall'*avvocato – Oggi andiamo *dal* dentista e passiamo *dal* sarto per ritirare il vestito – Ti accompagno *dalla* sarta – Oggi siamo a colazione *dai* nostri vicini di casa – Vado prima *dal* calzolaio e poi *dal* fotografo – Arrivano oggi *da* Parigi e si fermano *da* noi due giorni.

215

d) **Indica anche tempo – fine – scopo – maniera – causa – prezzo – origine,** come risulta dai seguenti esempi: (da tradurre):

Sono arrivato *da* tre giorni – Non ci vediamo *da* sei mesi – È ammalato *da* piú di una settimana – *Da* secoli si parla di questi problemi – Questa sala *da* ballo è molto grande – È bella la nostra camera *da* letto – Il giovane ha una macchina *da* corsa – Non usa mai la sua macchina *da* scrivere – È un abito *da* signora molto elegante – In questo negozio ci sono scarpe *da* uomo e *da* donna, ma non ce ne sono *da* bambini – Non ho nulla *da* mangiare – L'ho trattato sempre *da* buon amico – Agisce *da* padrone, ma non si comporta *da* signore – In quella casa si vive *da* principi – Ha fatto tutto *da* sé – Questo è un oggetto *da* pochi soldi – Non ho carta *da* lettera – Questa è una moneta *da* cinquanta lire – S. Antonio *da* Padova – Antonello *da* Messina – Leonardo *da* Vinci.

ESERCIZIO 148 – (riepilogo sulle preposizioni **di** e **da**) – *Sostituire i puntini con* **di** *o* **da,** *se è necessario articolate, secondo la necessità.*

Questo giovane è figlio .... Paolo; viene .... Milano per fermarsi ... noi alcuni giorni – Vado .... Roma a Sidney in aereo – La zia non scrive .... due mesi e qualcuno .... noi deve andare .... lei per sapere che cosa succede – Il dovere .... figli è quello di onorare i genitori, ... quali sono stati allevati ed educati – Con la tua macchina .... scrivere puoi scrivermi la lettera .... presentazione, che io stesso porterò all'amico .... tuo padre – Oggi arriva Carlo .... Roma – Mi manca la carta .... lettera – Passerò la serata .... mio zio e rientrerò .... notte – La mamma è andata .... parrucchiere, saremo .... voi alle nove – Leonardo .... Vinci è uno .... più grandi pittori .... tutti i tempi – Nella camera .... letto troverai la camicia .... notte che ti è stata regalata .... zia – Il libro .... Maria è stato comprato .... Paolo .... libraio .... via Roma – .... tempo ricevo offese .... quelli che credevo buoni amici.

IN UNA TRATTORIA

Un signore entra in una trattoria. Gli viene incontro un vecchio cameriere che cammina a stento, con le gambe arcuate.

— *Ditemi* — chiede il signore — *avete le anche di rana?*

— *No, signore* — risponde afflitto il cameriere. — *Io cammino cosí perché i reumatismi.*

Verbi irregolari

Presente e passato prọssimo indicativo dei verbi **dovere, sapere, dire, tenere.**
I tempi composti si cọniugano con l'ausiliare **avere.**

	Dovere	**Sapere**	**Dire**	**Tenere**
part. pass.	dovuto	saputo	detto	tenuto

Presente

	Dovere	**Sapere**	**Dire**	**Tenere**
Io	devo	so	dico	tengo
Tu	devi	sai	dici	tieni
Egli	deve	sa	dice	tiene
Noi	dobbiamo	sappiamo	diciamo	teniamo
Voi	dovete	sapete	dite	tenete
Essi	dẹvono	sanno	dịcono	tẹngono

Passato prọssimo

Io	ho	dovuto	ho	saputo	ho	detto	ho	tenuto
Tu	hai	dovuto	hai	saputo	hai	detto	hai	tenuto
Egli	ha	dovuto	ha	saputo	ha	detto	ha	tenuto
Noi	abbiamo	dovuto	abbiamo	saputo	abbiamo	detto	abbiamo	tenuto
Voi	avete	dovuto	avete	saputo	avete	detto	avete	tenuto
Essi	hanno	dovuto	hanno	saputo	hanno	detto	hanno	tenuto

ESERCỊZIO 149 – *Coniugare al presente e al passato prọssimo le frasi seguenti.*

Dovere fare delle spese – Sapere tante cose – Dire la verità – Tenere un segreto.

ESERCỊZIO 150 – *Sostituire al verbo tra parẹntesi l'indicativo presente.*

Voi (sapere) bene che cosa io (dovere) fare per voi – Io non (sapere) nulla; tu (sapere) piú di quello che (sapere) io – Ora io vi (dire) quello che penso, voi mi (dire) se è giusto – Noi (dire) la verità sempre, non (tenere) segreti con nessuno – Io (sapere) che oggi (dovere) andare dall'avvocato – Che cosa (sapere) tu della conferenza che questa sera il professore (tenere) al Cịrcolo della Stampa? – Noi (dire) tutto quello che (sapere); voi (dovere) fare lo stesso – Noi (dovere) partire sụbito e ancora non (sapere) dove (andare) – Essi (tenere) le rẹdini del cavallo troppo tirate, non (sapere) cavalcare bene – Io non (potere) dire di piú; voi (fare) come (volere), ma vi (dire) che (fare) molto male.

217

ESERCIZIO 151 – *Sostituire al verbo tra parentesi il passato prossimo.*

Io (sapere) la verità e (dire) tutto al giudice – Voi non (tenere) conto che noi (dovere) lottare molto per ottenere ciò – Il professore (dire) che tu non (sapere) rispondere alle sue domande e che (dovere) spiegarti di nuovo la lezione – Tutti (dire) che voi (tenere) un contegno poco dignitoso – Noi (sapere) che tu (dire) male di noi – Gino (sapere) che può venire da voi; lo (tenere) all'oscuro di tutto fino a ieri – Noi (dovere) comperare un vestito pesante per il ragazzo quando ci (dire) che (dovere) sopportare il freddo in questi giorni soffrendo – Non (sapere) dire di no, quindi (dovere) subire le conseguenze della mia eccessiva generosità.

Imperfetto

	dovere	sapere	dire	tenere
Io	dovevo	sapevo	dicevo	tenevo
Tu	dovevi	sapevi	dicevi	tenevi
Egli	doveva	sapeva	diceva	teneva
Noi	dovevamo	sapevamo	dicevamo	tenevamo
Voi	dovevate	sapevate	dicevate	tenevate
Essi	dovevano	sapevano	dicevano	tenevano

N. B. – Dall'imperfetto del verbo *dire* si rileva che questo verbo, pur avendo la desinenza *-ire*, appartiene alla 2ª coniugazione (latino: *dicere*); quindi, come *temevo*, ha *dicevo*, ecc.

Il **trapassato prossimo** si può facilmente coniugare, servendosi del participio passato, che resta sempre immutato, e dell'imperfetto dell'ausiliare **avere**:

Io avevo dovuto..... Tu avevi saputo..... Egli aveva detto..... Noi avevamo tenuto..... ecc.

ESERCIZIO 152 – *Coniugare all'imperfetto e al trapassato prossimo le seguenti frasi.*

Dovere lavorare molto – Sapere tutto di tutti – Dire molto bene degli amici – Tenere le mani in tasca.

ESERCIZIO 153 – *Ripetere l'esercizio 151, sostituendo al verbo tra parentesi il trapassato prossimo.*

(es.: Io *avevo saputo* la verità e *avevo detto* tutto al giudice)

Uso delle parole – Il verbo **dovere** indica in italiano l'intenzione, il dovere, l'obbligo, la necessità di fare una cosa:

(tradurre) – devo scrivere una lettera – devo partire oggi – devo essere subito a casa – penso che cosa devo fare – devo pagare l'affitto di casa – devo risolvere questo problema – tu devi studiare di piú – devi essere riconoscente a tuo zio – dobbiamo incontrarci con l'avvocato – questa traduzione deve essere fatta subito.

Notare ancora l'uso di **dovere:** — Signora, quanto le devo? — Lei mi deve ottantamila lire. — Io ricordavo di meno, ma ha ragione lei. — Sí, perché prima mi doveva centomila lire, me ne ha restituite ventimila, quindi me ne deve ancora ottantamila.

IL CORPO UMANO LUBRIFICATO COME UN MOTORE?

Cronaca (dai giornali) – È stato scoperto recentemente il segreto della lubrificazione nelle articolazioni del corpo umano. Questo lubrificante naturale è analogo a un olio a gradazione molteplice usato per i motori e, come quello, è composto di due gruppi di molecole: uno di molecole « sospese », cioè piú leggere, e l'altro di molecole più pesanti. I sofferenti di reumatismi e di artrite cronica potranno in un avvenire non lontano eliminare i dolori procedendo al cambio dell'olio della loro macchina umana.

Gli autori di questa scoperta sono giunti, dopo 18 mesi di esperimenti, a scoprire la composizione molecolare del lubrificante e il meccanismo di frizione delle articolazioni umane.

L'organismo umano è paragonato ad un motore: il maggiore attrito si produce subito dopo l'avviamento del motore; gli artritici soffrono di piú al mattino, quando i loro arti cominciano a funzionare. È proprio questa partenza a freddo che, in entrambi i casi, provoca il maggior logorio del motore o dell'arto.

Ultimamente le ricerche hanno portato ad individuare la composizione molecolare del lubrificante e il meccanismo di frizione delle articolazioni, si deve scoprire ora che cosa provoca l'alterazione delle molecole e il conseguente logorio delle cartilagini protettive. Questa sarà la fase più difficile della ricerca, ma gli studiosi sperano di portare a termine ben presto i loro esperimenti e di poter alleviare le sofferenze di milioni di artritici sparsi in tutto il mondo.

Descrivere l'illustrazione « Dal meccanico » a pag. 214

ALL'UFFIẹIO POSTALE

Cliente   — Scusi, sono ancora in tempo per spedire una raccomandata?

Impiegato — Certo, signore: l'uffịcio resta aperto fino alle ore diciassette per le raccomandate.

Cliente   — Sono contento, cosí non perdo ancora un giorno di tempo. Me la spedisca raccomandata per via aẹrea, espresso.

Impiegato — Va bene. Ecco fatto! Trecentocinquanta lire in tutto. Questa è la ricevuta.

Cliente   — Grạzie. Lo sportello per i telegrammi?

Impiegato — Il nụmero quattro. Per i telegrammi l'uffịcio resta sempre aperto; c'è anche il servịzio notturno.

Cliente   — Ecco il nụmero quattro. Per piacere, un modulo per telegramma?

Impiegato — I moduli sono sul tạvolo.

Cliente   — Grạzie. Voglio anche approfittare per comprare le ụltime sẹrie dei francobolli. Ho degli amici all'ẹstero che fanno collezione.

Impiegato — Per i francobolli si rivolga allo sportello nụmero uno.

Cliente   — Vedo che c'è anche la cabina telefọnica per il pụbblico; certamente ci sarà la guida telefọnica ...

Impiegato — Accanto alla cabina c'è la guida a disposizione del pụbblico.

Cliente   — Grạzie, devo fare alcune telefonate ed è mẹglio che approfitti sụbito. Cosí dopo sarò lịbero di fare quattro passi.

Rispọndere alle seguenti domande: In quale uffịcio siamo? È di mattina o di pomerịggio? Che cosa deve fare il signore che è entrato in questo momento? Quanti sportelli ci sono in questo uffịcio? Fino a che ora è aperto l'uffịcio per le raccomandate? E per i telegrammi? Dove sono i moduli per i telegrammi? Si può telefonare da questo uffịcio? Si vẹndono anche francobolli? Fate voi qualche collezione di francobolli? Qual è il nụmero del vostro telẹfono di casa? Che cosa farà il signore dopo aver telefonato?

La preposizione A

La preposizione **A** (**Ad** quando la parola che segue comincia per *a* e spesso anche davanti alle altre vocali) si usa con il complemento di termine (indiretto):

dare i cioccolatini ai bambini – parlare all'amico – scrivere ad amici e parenti.

Indica:

a) **complemento di stato in luogo** e **di moto a luogo.**

Esempi (da tradurre)

Vivo **a** Roma – Noi passiamo le vacanze **ad** Amsterdam – **A** Capri si sta bene anche d'inverno – Ti aspetto **a** casa – Vado **al** cinema – Quest'anno non andiamo **al** ballo di carnevale.

N. B. – *Si usa* **a** *quando si tratta di città, paese, villaggio, piccola isola, mentre invece si usa* **in** *quando si tratta di continente, regione, nazione, grande isola* (vedi pag. 227).

b) **complemento di tempo: alle** cinque del pomeriggio – il treno parte **alle** sette e venti.

ESERCIZIO 154 – *Formare delle frasi simili a quelle degli esempi riportati.*

(es.: Noi abbiamo aspettato *a* casa e non siamo andati *a* teatro, ecc.)

La preposizione **a** si usa in molte locuzioni, come risulta dai seguenti esempi: (da tradurre)

Io fui il primo *a* parlare ma fui l'ultimo *ad* uscire dalla sala – Gli amici tardano *ad* arrivare – Io penso sempre *a* te – Pensa *alle* cose tue – Molti prendono parte *alla* riunione di oggi – Ci divertiamo *a* giocare – *Ai* nostri tempi queste cose non si facevano – Non parlate *ad* alta voce, vi sentiamo bene anche se parlate *a* bassa voce – Questo ragazzo è sempre pronto *a* rispondere – Non posso restare *a* digiuno anche oggi – Facciamo bene *ad* avvertire il medico – Questo pittore si ispira *alla* campagna.

ESERCIZIO 155 – *Formare delle frasi simili a quelle degli esempi riportati.*

(es.: Tu sei sempre l'ultimo *ad* arrivare, ecc.)

(da tradurre)

Ho imparato *a* memoria la poesia – Suono il piano *ad* orecchio – Questa zona è piena di mulini *a* vento – Oggi andiamo tutti *a* passeggio – Questo è veramente difficile *a* farsi – Noi abbiamo una barca *a* vela – *Ad* ogni modo, mi piace ascoltarti *a* viva voce – Davanti *a* me non devi alzare la voce – Il giovane è stato ferito *a* morte – È lungo e difficile *a* raccontarsi – In mezzo *alla* strada, proprio vicino *alla* chiesa, c'è un uomo svenuto – Tutto procede *a* meraviglia – Saliremo sul tetto con la scala *a* pioli – Intorno a noi scoppiavano le bombe *a* mano – *Ad* un tratto mi trovai davanti *al* leone.

ESERCIZIO 156 – *Formare delle frasi simili a quelle degli esempi riportati.*

(es.: Questo ragazzo non ha imparato *a* memoria nulla)

(da tradurre)

Noi abitiamo porta *a* porta con i nostri amici – I ragazzi stavano silenziosi e *ad* occhi bassi – Attenzione *alla* pittura fresca – È inutile che mi guardi *a* bocca aperta e *a* braccia conserte – *A* causa della tua venuta non possiamo uscire – Faccio questo *allo* scopo di riuscire.

ESERCIZIO 157 – *Formare delle frasi simili a quelle degli esempi riportati.*

(es.: Mia zia abita porta *a* porta con il medico)

Si notino ancora le seguenti espressioni con la preposizione **a**: (da tradurre)

a poco *a* poco	*a* tre *a* tre
a mano *a* mano che	*a* bruciapelo
a piú non posso	*a* tempo perso
*all'*oscuro	*a* squarciagola
a tu per tu	approvare *a* maggioranza
vendere *all'*ingrosso	vendere *al* minuto

ESERCIZIO 158 – *Formare delle frasi servendosi delle espressioni riportate.*

(es.: Gli sparò *a* bruciapelo – Faccio questo *a* tempo perso, ecc.)

DUE UBRIACHI

Due ubriachi ritornano a casa da un paese vicino camminando lungo il binario di un treno e saltando faticosamente da una traversina all'altra. Dopo qualche chilometro, il primo ubriaco dice, ansando:

— Accidenti a questa scala! Non finisce piú e poi ha i gradini troppo larghi!

E il secondo ubriaco: — Quello sarebbe niente. Per me sono troppo basse le ringhiere!

Verbi irregolari

Presente e passato prossimo indicativo dei verbi **porre, trarre, togliere, scegliere**. I tempi composti si coniugano con l'ausiliare **avere**.

	Porre	**Trarre**	**Togliere**	**Scegliere**
part. pass.	posto	tratto	tolto	scelto

Presente

Io	pongo	traggo	tolgo	scelgo
Tu	poni	trai	togli	scegli
Egli	pone	trae	toglie	sceglie
Noi	poniamo	traiamo	togliamo	scegliamo
Voi	ponete	traete	togliete	scegliete
Essi	pongono	traggono	tolgono	scelgono

Passato prossimo

Io	ho	posto	ho	tratto	ho	tolto	ho	scelto
Tu	hai	posto	hai	tratto	hai	tolto	hai	scelto
Egli	ha	posto	ha	tratto	ha	tolto	ha	scelto
Noi	abbiamo	posto	abbiamo	tratto	abbiamo	tolto	abbiamo	scelto
Voi	avete	posto	avete	tratto	avete	tolto	avete	scelto
Essi	hanno	posto	hanno	tratto	hanno	tolto	hanno	scelto

ESERCIZIO 159 – *Coniugare al presente e al passato prossimo le seguenti frasi.*

Porre delle condizioni favorevoli – Trarre le opportune conclusioni – Togliere di mezzo gli ostacoli – Scegliere gli elementi migliori.

ESERCIZIO 160 – *Sostituire al verbo tra parentesi l'indicativo presente.*

Gli artigiani (trarre) degli oggetti preziosi dal legno informe – Noi (porre) sempre la stessa domanda, voi (dovere) rispondere con precisione – Tu parli ed io (trarre) le mie conclusioni – Nessuno mi (togliere) dalla testa che tu (porre) delle condizioni troppo difficili – La signora (togliersi) la giacchetta perché c'è caldo – Quei bambini (togliersi) le scarpe e (bagnarsi) i piedi – Tu ci (porre) davanti ad un difficile dilemma – Se si (togliere) di mezzo le sedie, noi (potere) anche ballare — Io vi (porre) un problema con due soluzioni, voi (scegliere) la soluzione che piú vi piace – Vedo che tu (trarre) grandi vantaggi da questa cura.

ESERCIZIO 161 – *Sostituire al verbo tra parentesi il passato prossimo.*

Io (scegliere) per voi la stoffa per il vestito e cosí (togliere) a voi ogni preoccupazione – Il giovane prima di entrare (togliersi) il cappello – Noi (trarre) molti benefici dalla permanenza in campagna – I ragazzi (trarre) grandi vantaggi dall'educazione ricevuta in collegio – Voi ci (porre) delle domande che (scegliere) tra le tante che vi potevano fare – Gli amici (trarre) da un nascondiglio tutto ciò – Noi (porre) in chiaro la questione e tu (trarre) tutto il vantaggio possibile dalla nostra chiarificazione – Noi (togliersi) il cappotto, ma abbiamo ancora molto freddo.

Imperfetto

	Porre	Trarre	Togliere	Scegliere
Io	ponevo	traevo	toglievo	sceglievo
Tu	ponevi	traevi	toglievi	sceglievi
Egli	poneva	traeva	toglieva	sceglieva
Noi	ponevamo	traevamo	toglievamo	sceglievamo
Voi	ponevate	traevate	toglievate	sceglievate
Essi	ponevano	traevano	toglievano	sceglievano

N. B. – *Porre* e *trarre* sono forme contratte che derivano dal latino *ponere - trahere;* dall'imperfetto risulta evidente tale derivazione.

Il **trapassato prossimo** si coniuga premettendo al participio passato l'imperfetto dell'ausiliare **avere**: Io avevo posto..... Tu avevi tratto..... Egli aveva tolto..... Noi avevamo scelto.....

ESERCIZIO 162 – *Coniugare all'imperfetto e al trapassato prossimo le seguenti frasi.*

Porre le domande imbarazzanti – Trarre molti benefici – Togliere il piacere di aiutare gli altri – Scegliere la via giusta.

ESERCIZIO 163 – *Ripetere l'esercizio 160, sostituendo al verbo tra parentesi l'imperfetto.*

(es.: Gli artigiani *traevano* degli oggetti preziosi, ecc.)

ESERCIZIO 164 – *Ripetere l'esercizio 161, sostituendo al verbo tra parentesi il trapassato prossimo.*

(es.: Io *avevo scelto* per voi la stoffa, ecc.)

Uso delle parole – Tradurre le frasi idiomạtiche formate con la parola
acqua:

    acqua in bocca ....

    lavorare sott'acqua ....

    avere l'acqua alla gola ....

    ẹssere un pesce fuor d'acqua ....

    fare un buco nell'acqua ....

    gettare acqua sul fuoco ....

    pestare l'acqua nel mortạio ....

    acqua passata non mạcina piú ....

    tirare l'acqua al prọprio mulino ....

    trovarsi in cattive acque ....

    venire l'acquolina in bocca ....

Esercịzio 165 – *Formare delle frasi servẹndosi delle frasi idiomạtiche riportate.*

  (es.: Quello è un uomo poco sincero, lavora sempre sott'acqua - Tutti cụrano
i propri interessi, ognuno tira l'acqua al prọprio mulino, ecc.)

UNA SẠGGIA DECISIONE A FAVORE DEI FILATẸLICI

Crọnaca (dai giornali) – Una recente decisione dell'amministrazione
postale italiana ha suscitato vivo interesse e soddisfazione nell'ambiente dei collezionisti e degli operatori econọmici filatẹlici: è stata
data una validità illimitata alla emissione di francobolli commemorativi
e celebrativi. Il provvedimento viene a sanare una situazione che minac-
ciava di avere gravi ripercussioni sul mercato nazionale con non indifferente danno anche dei collezionisti, i quali vedẹvano gradatamente
pẹrdere valore alle loro raccolte. Infatti il materiale sottratto ad uso
postale dai collezionisti, quando il francobollo era scaduto, veniva immesso
nel mercato molto spesso ad un costo inferiore al suo effettivo valore,
cioè al valore di acquisto che aveva precedentemente negli uffici postali.
Ciò non potrà piú avvenire nel futuro, perché i francobolli italiani nuovi,
essendo sempre vạlidi per l'affrancatura, non potranno mai valere meno
del prezzo pagato al momento della loro emissione.

    Tale decisione è stata da molti definita « sạggia » e viene accolta
con un incondizionato plạuso da tutti coloro che si interẹssano di problemi filatẹlici.

Descrịvere l'illustrazione « All'ufịcio postale » a pag. 220

IN UNA LIBRERỊA

Cliente – Desidererẹi qualche libro di lettura per ragazzi.

Commesso – Ecco, signora, questo è il reparto dei libri per ragazzi; ha qualche idẹa? Se permette posso aiutarla io a scẹgliere.

Cliente – Mi fa un gran piacere se mi suggerisce qualche buon libro per due ragazzi, uno di dieci anni e l'altra di dọdici.

Commesso – Queste sono pubblicazioni recentịssime; delle belle fạvole illustrate e libri di avventure.

Cliente – Desidererẹi anche un buon Atlante geogrạfico aggiornato; io ne ho uno vẹcchio e con i contịnui cambiamenti che avvẹngono nel mondo oggi non serve molto...

Commesso – Ne abbiamo uno pubblicato quest'anno. Come vede è aggiornatịssimo: riporta tutte le variazioni avvenute fino allo scorso anno.

Cliente – Dato che lei è cosí gentile, mi aiuti a scẹgliere un libro anche per mio marito.

Commesso – Lei sa quali sono i gusti particolari di suo marito in matẹria di letture?

Cliente – Certo; preferisce i saggi stọrici e le biografịe degli uọmini illustri del passato e del presente. Naturalmente è molto esigente e non legge i libri di sẹmplice divulgazione.

Commesso – In matẹria abbiamo molti bei libri recenti. Dobbiamo passare nell'altro reparto. Ne abbiamo tanti di questi libri che c'è la difficoltà della scelta; oggi la gente non legge piú i romanzi come una volta e c'è una grande richiesta di libri di saggi come questi.

Rispondere alle seguenti domande: Qual è il reparto di una libreria che piú ti interessa? Ti piacciono i libri di avventure e i libri gialli? Leggi molti romanzi? Preferisci i libri di narrativa o i libri di poesia? Perché la signora è entrata nella libreria? Come è il commesso? Che cosa deve comprare la signora? Perché cerca anche un nuovo Atlante geografico? Quali libri preferisce suo marito? Quali libri legge in genere oggi la gente? Hai mai letto una biografia di un uomo illustre? Qual è l'ultimo libro che hai letto? Che cosa ti piace di più in una libreria?

La preposizione IN

La preposizione **in** si usa per indicare luogo. Come abbiamo già notato (vedi pag. 221), si usa quando ci si riferisce a continenti, nazioni, regioni, grandi isole.

Esempi (da tradurre)

Ci incontreremo presto *in* Africa – Vado *in* America, precisamente *a* Nuova York – Resterò *in* Svezia alcuni anni – Noi andiamo ogni anno *in* Italia – Vado *in* Sicilia, *a* Palermo – Noi abitiamo *in* campagna – Mio zio si trasferisce definitivamente *in* Norvegia – I nostri amici sono stati *in* Giappone cinque anni, ora stanno *in* Cina.

Si usa anche:

a) **per indicare le vie di una città:** Noi abitiamo *in* Via Roma – I nostri amici hanno affittato un appartamento *in* Via Rossini;

b) **per indicare tempo:** *In* tre giorni completerò questo lavoro – *Nel* secolo scorso ci furono *in* Italia le guerre di indipendenza – *In* poche ore ci sbrigheremo – Io sono nato *nel* 1935 – *In* estate faremo i bagni di mare – *In* un momento tutto è fatto – *In* sette giorni ho visitato tutta la Svizzera.

ESERCIZIO 166 – *Formare delle frasi simili a quelle degli esempi riportati.*
(es.: Mio zio vive *in* America – Io abito *in* Via Dante – *In* una settimana ho visitato tre musei, ecc.)

Si notino le seguenti espressioni con la preposizione **in**:

(da tradurre)

mettersi *in* ginocchio	mettersi *in* piedi
mettere *in* rilievo	*in* ogni modo
in mancanza di altro	*in* un fiato
in un sorso	*in* una volta
gettarsi *in* acqua	stare *in* maniche di camicia
presentarsi *in* pigiama	arrivare *in* anticipo, *in* ritardo

ESERCIZIO 167 – *Formare delle frasi servendosi delle espressioni riportate.*

(es.: I ragazzi si mettono *in* piedi quando arriva il maestro, ecc.)

ESERCIZIO 168 – (riepilogo sulle preposizioni **a** e **in**) – *Sostituire i puntini con* **a** *o* **in,** *se è necessario articolate, secondo la necessità.*

Molti turisti .... estate vanno .... Italia – Vive .... Siviglia, ... Spagna, da molto tempo – Gli studenti hanno fatto un viaggio di istruzione .... Europa e si sono fermati .... Francia, ... Italia, ... Inghilterra, ... Germania, soprattutto .... Parigi, ... Roma, ... Londra, ... Amburgo – Non è bello parlare .... alta voce, quando si sta .... una stanza piccola – Alcuni nostri amici, trasferiti da poco .... Italia, vengono ad abitare .... Via Nazionale .... Roma – Questo è un viaggio difficile .... farsi con una barca .... vela – Agire cosí è come combattere contro i mulini .... vento – Siamo andati .... Capri .... gita turistica – Ha fatto tutto il lungo viaggio .... due settimane, ... aereo, e alla fine sono stati un mese .... riva .... mare – Abbiamo aspettato .... casa molto tempo; gli amici sono arrivati .... ritardo – Da casa mia .... ufficio, ... inverno, non si può andare .... piedi – La signorina suona la chitarra .... orecchio e conosce .... memoria moltissime canzoni – Non è bello presentarsi .... pigiama, o .... maniche di camicia, quando ci sono visite – Quando passa la processione le donne si mettono .... ginocchio .... strada – .... Africa, ... parte centrale, ci sono dei paesaggi molto belli.

CHE TIPO DI ALLIEVO!

L'insegnante di storia, terribile e un po' miope, entra in classe, prende posto sulla cattedra, apre il registro, guarda in modo severo la scolaresca e poi chiede:

« *Tu, là in fondo! Sí, dico proprio a te! Quando è morto l'ultimo imperatore d'Austria?* »

« *L'ultimo imperatore d'Austria?! ... veramente non lo so!* » *risponde l'interpellato.*

« *Non lo sai?! Bene, bene! Ma ieri che cosa hai fatto?* »

« *Sono andato alla partita di calcio e poi, di sera, con gli amici a bere del buon vino!* »

« *Ma sei sfacciato! — grida l'insegnante — E vieni anche a raccontare queste cose! Ma si può sapere che cosa vieni a fare qui?* »

« *Io? Sono venuto a controllare l'impianto del riscaldamento!* »

Verbi irregolari

Presente e passato prossimo indicativo dei verbi **nascere, morire, rimanere.**
I tempi composti si coniugano con l'ausiliare **essere.**

	Nascere	**Morire**	**Rimanere**
part. pass.	nato	morto	rimasto

Presente

	Nascere	Morire	Rimanere
Io	nasco	muoio	rimango
Tu	nasci	muori	rimani
Egli	nasce	muore	rimane
Noi	nasciamo	moriamo	rimaniamo
Voi	nascete	morite	rimanete
Essi	nascono	muoiono	rimangono

Passato prossimo

Io	sono	nato-a	sono	morto-a	sono	rimasto-a
Tu	sei	nato-a	sei	morto-a	sei	rimasto-a
Egli	è	nato-a	è	morto-a	è	rimasto-a
Noi	siamo	nati-e	siamo	morti-e	siamo	rimasti-e
Voi	siete	nati-e	siete	morti-e	siete	rimasti-e
Essi	sono	nati-e	sono	morti-e	sono	rimasti-e

ESERCIZIO 169 – *Coniugare al presente e al passato prossimo le frasi seguenti.*

Nascere fortunato – Morire di spavento – Rimanere senza soldi.

ESERCIZIO 170 – *Sostituire al verbo tra parentesi l'indicativo presente.*

Noi (rimanere) in casa per aspettare gli amici – A me (nascere) sempre dei dubbi quando (dovere) comprare qualche cosa – Quando (nascere) un bambino i genitori sono felici – In questa città (nascere) piú maschi che femmine – Io oggi (morire) di freddo! – La signora (morire) dalla curiosità di sapere quando (venire) gli ospiti – Tu (rimanere) in piedi perché non ci sono piú sedie – Quando c'è freddo alcuni vecchi (morire) assiderati – Quella donna (morire) tranquilla, perché i figli sono tutti sistemati – Ogni giorno c'è chi (nascere) e c'è chi (morire); la vita è fatta cosí – Ieri avevo diecimila lire, mi (rimanere) ben poco oggi.

ESERCIZIO 171 – *Sostituire al verbo tra parentesi il passato prossimo.*

La vecchia (morire) in seguito all'incidente – Io (nascere) l'ultimo giorno dell'anno – Noi (rimanere) senza luce elettrica tutta la serata – Il cane che avevamo da tre anni (morire) la settimana scorsa; ieri (nascere) sei gattini – Io (rimanere) senza cameriera per piú di due mesi – Dei gattini che (nascere) ieri (morire) tre; ne (rimanere) altri tre, che regaleremo agli amici – Nell'ultima guerra (morire) molti soldati – In questo palazzo ieri (morire) un vecchio signore di novant'anni e nell'appartamento vicino, quasi alla stessa ora (nascere) un bel bambino di piú di quattro chili.

Imperfetto

	Nascere	Morire	Rimanere
Io	nascevo	morivo	rimanevo
Tu	nascevi	morivi	rimanevi
Egli	nasceva	moriva	rimaneva
Noi	nascevamo	morivamo	rimanevamo
Voi	nascevate	morivate	rimanevate
Essi	nascevano	morivano	rimanevano

Il **trapassato prossimo** si coniuga premettendo al participio passato l'imperfetto dell'ausiliare **essere** (come avviene sempre quando nei tempi composti l'ausiliare è *essere*, il participio passato si declina): Io ero nato-a.....; Tu eri morto-a.....; Egli era rimasto-a.....; Noi eravamo nati-e.....; Voi eravate morti-e.....; Essi erano rimasti-e.....

ESERCIZIO 172 – *Coniugare all'imperfetto e al trapassato prossimo le seguenti frasi.*

Nascere in una clinica elegante – Morire di crepacuore – Rimanere insoddisfatto.

ESERCIZIO 173 – *Ripetere l'esercizio 170, sostituendo al verbo tra parentesi l'imperfetto.*

(es.: Noi *rimanevamo* in casa, ecc.)

ESERCIZIO 174 – *Ripetere l'esercizio 171, sostituendo al verbo tra parentesi il trapassato prossimo.*

(es.: la vecchia *era morta* in seguito all'incidente, ecc.)

Uso delle parole – Notare le espressioni relative all'età:

(da tradurre)

domanda	*risposta*
Quanti anni hai?	Ho ventidue anni, li ho compiuti il mese scorso.
Allora sei nato nel 1948?	Esattamente; sono nato infatti il 28 settembre del 1948.
Ormai sei maggiorenne! Io immaginavo che fossi sotto i vent'anni.	Si vede che porto bene gli anni!
Non sempre la gente dimostra la propria età; alcuni sembrano precocemente invecchiati, altri sembrano sui trent'anni e invece ne hanno trentacinque!	Io ho sempre dimostrato qualche anno di meno, ma gli anni che ho non me li toglie nessuno!
Voglio notare la tua data di nascita, perché per il prossimo compleanno voglio ricordarmene!	Sempre molto gentile. Anch'io desidererei conoscere la sua data di nascita, cara signora.
La mia data di nascita?! Non la ricordo bene!	Non fa nulla, ricorderò il giorno del suo onomastico!

UNA STATUA NEL FONDO DEL MARE

Cronaca (dai giornali) – Una sensazionale scoperta archeologica è stata fatta nel porto di Baia, sulla costa napoletana presso Miseno. La scoperta, dovuta alla segnalazione di alcuni pescatori, è stata successivamente accertata dagli sportivi del centro subacqueo di Baia e dai carabinieri del nucleo sommozzatori della legione di Napoli.

È stata individuata una statua di marmo che, a giudicare dai primi frammenti sottratti al fondo fangoso, è finemente lavorata, come appare dal rilievo dei muscoli delle braccia e di una mano. Il valore della scoperta, però, sta soprattutto nel fatto che la statua si trova con la sua base, su un pavimento in mosaico e questo conferma, come hanno sostenuto alcuni studiosi, che tutto l'arco di questa zona era un tempo popolato di villette sontuose, oggi finite sotto il livello del mare per un fenomeno di bradisismo.

Dai pezzi recuperati si deduce che si tratta di una statua romana e si può datare verso la fine dell'età repubblicana. Forse ornava con altre statue una fontana di un giardino; ma per avere un'idea più precisa bisognerà liberarla completamente dal fango e trarla a riva. Intanto si può essere sicuri che il « pezzo », appena recuperato, arricchirà il già vasto patrimonio dell'arte antica di questa zona.

Descrivere l'illustrazione « In una libreria » a pag. 226

45 - Lezione quarantacinquęsima

ALL'AEROPORTO DI MILANO

Viaggiatore – Questo è tutto il nostro bagaglio, sono quattro valigie e un porta-abiti. Questa borsa la porto a mano.

Impiegato – Il peso va bene, non c'è bagaglio in eccedenza.

Viaggiatore – Ecco i passaporti e i biglietti.

Impiegato – Grazie. Va bene, tutto è in ordine. Questa è la carta di imbarco che consegneranno alla hostess prima di salire sull'aereo. Ricordino di compilare i moduli per la polizia.

Viaggiatore – Li abbiamo già compilati. Grazie. È già arrivato l'aereo che viene da Roma?

Impiegato – È atterrato da pochi minuti. Tra quaranta minuti partirà per Copenaghen; poi proseguirà per Stoccolma.

(sull'aereo)

Viaggiatore – Desidererei un posto vicino al finestrino.

Hostess – Si accomodi piú avanti, ci sono molti posti liberi.

(voce della hostess che parla al microfono)

– Il Comandante Bianchi ed il suo equipaggio a nome dell'Alitalia vi porgono il benvenuto a bordo del DC8 in servizio da Roma a Stoccolma. L'arrivo a Copenaghen è previsto fra un'ora e cinquanta minuti. Vi preghiamo di allacciare le cinture e di non fumare. A decollo avvenuto vi daremo alcune informazioni sul volo. Il personale di cabina è a disposizione dei signori passeggeri per rendere il viaggio piú gradevole. – Grazie.

Viaggiatore – Che decollo perfetto! Siamo già ad alta quota e l'apparecchio pare fermo in aria. Si viaggia proprio bene con questi nuovi aerei a reazione.

Rispondere alle seguenti domande: Hai mai viaggiato in aereo? Quanti chili di bagaglio si possono portare senza pagare sovrapprezzo? Quali controlli fanno negli uffici dell'aeroporto prima di partire? Quanto tempo sta fermo l'aereo prima di riprendere il volo? Hai mai visto la cabina del pilota? Perché durante il decollo e l'atterraggio si raccomanda di non fumare? E perché si allacciano le cinture di sicurezza? C'è stato progresso negli ultimi anni nella costruzione degli aeroplani? Quanti passeggeri può portare un aereo a reazione? Servono anche da mangiare sull'aereo? Hai viaggiato mai di notte in aereo? Sai descrivere un campo di aviazione?

La preposizione CON

La preposizione **con** indica compagnia, mezzo o strumento, modo o maniera, qualità.

Esempi (da tradurre)

Vado a scuola *con* i miei compagni – Oggi resto *con* te – Non so se partirò *col* treno, *col* piroscafo o *con* l'aeroplano – Bisogna studiare *con* molto impegno, se si vuole riuscire – Quell'uomo parla sempre *con* gli occhi chiusi – *Con* questa penna non posso scrivere – Noi lavoriamo *con* passione – È un bambino bello, *con* gli occhi azzurri e *con* i capelli ricciuti.

ESERCIZIO 175 – *Formare delle frasi simili a quelle degli esempi riportati.*

(es.: parlo *con* voi – vado al cinema *con* la mamma, ecc.)

La preposizione SU

La preposizione **su** indica luogo, tempo, argomento. Quando è seguita da un pronome personale, può essere accompagnata dalla preposizione *di*: *conto su voi* (*conto su di voi*) – *la responsabilità grava su me* (*la responsabilità grava su di me*), ecc.

Esempi (da tradurre)

Il libro è *sul* banco – La nonna si mette lo scialle *sulle* spalle – Il cappello è *sulla* sedia – L'operaio è *sul* tetto – I ragazzi spingono il carro *sull'*orlo del precipizio – Quel vecchio è *sui* novantanni – Il bicchiere è *sull'*orlo del tavolo – L'oratore parla *sulla* scoperta dell'America – *Sul* far della sera arrivarono tutti i nostri parenti.

ESERCIZIO 176 – *Formare delle frasi simili a quelle degli esempi riportati.*

(es.: la bambola è *sulla* scrivania – vi parlerò *sulla* vita dei primi abitanti della terra, ecc.)

Si notino le espressioni:

(da tradurre)

Spendere *sulle* tremila lire	Contare *su* qualcuno
Allontanarsi *sulla* parola	Stare *sull'*avviso
Parlare *sul* serio	*Sul* far dell'alba
*Sull'*imbrunire	Marciare *sulla* città
Questa finestra guarda *sul* giardino	Essere *sul* punto di …

ESERCIZIO 177 – *Formare delle frasi servendosi delle espressioni riportate.*

(es.: spendo ogni giorno *sulle* cinquemila lire – questo giovane non parla mai *sul* serio, ecc.)

ESERCIZIO 178 – *Sostituire i puntini con le preposizioni* **con** *o* **su,** *se necessario articolate, secondo la necessità.*

Il giovane …. gli occhi bassi, fermo …. soglia, ascolta i rimproveri del padre – I ragazzi si arrampicano …. albero …. speranza di trovare i nidi degli uccelli – Il padre buttò il cappello …. sedia ed entrò nello studio …. volto pallido – Per la festa della mamma tutti gli amici vengono …. far della sera …. molti doni – Sembrava che scherzasse …. quel tono ironico, invece parlava …. serio – Ogni giorno la signorina si sdraia …. sabbia e resta a lungo …. libro aperto a meditare – Il ragazzo coraggioso si spinge fino …. orlo della roccia …. l'abilità di un vero alpinista – Il peso di tutta la famiglia grava …. mie spalle e non …. tue – La signora entrò nel negozio …. l'idea di spendere …. cinquemila lire – Lo raggiunge …. un salto e lo colpisce violentemente …. viso.

DOPO LA CERIMONIA NUZIALE

I due sposini escono di chiesa in silenzio. Salgono in macchina e si dirigono verso l'albergo, dove li aspettano gli amici e i parenti. Ma anche in automobile lo sposo tace, immerso nei propri pensieri.

— A che cosa pensi, caro? – chiede la sposina.

Lo sposino alza le spalle, ma la sposina insiste: — Dimmi a che cosa pensi!

Lo sposino crolla il capo sbuffando. La sposina ancora: — E dimmi che cosa stai pensando!

Allora lo sposino si volta a fissare la sposina e finalmente esplode:

— Visto che ci tieni tanto a saperlo, stavo pensando: Ma chi me l'ha fatto fare?!?!

234

Verbi irregolari

Presente e passato prossimo indicativo dei verbi **piacere, parere, salire, uscire.** I tempi composti si coniugano con l'ausiliare **essere.**

	Piacere	Parere	Salire	Uscire
part. pass.	piaciuto	parso	salito	uscito

Presente

	Piacere	Parere	Salire	Uscire
Io	piaccio	paio	salgo	esco
Tu	piaci	pari	sali	esci
Egli	piace	pare	sale	esce
Noi	piacciamo	pariamo	saliamo	usciamo
Voi	piacete	parete	salite	uscite
Essi	piacciono	paiono	salgono	escono

Passato prossimo

Io	sono	piaciuto-a	sono	parso-a	sono	salito-a	sono	uscito-a
Tu	sei	piaciuto-a	sei	parso-a	sei	salito-a	sei	uscito-a
Egli	è	piaciuto-a	è	parso-a	è	salito-a	è	uscito-a
Noi	siamo	piaciuti-e	siamo	parsi-e	siamo	saliti-e	siamo	usciti-e
Voi	siete	piaciuti-e	siete	parsi-e	siete	saliti-e	siete	usciti-e
Essi	sono	piaciuti-e	sono	parsi-e	sono	saliti-e	sono	usciti-e

ESERCIZIO 179 – *Coniugare al presente e al passato prossimo le frasi seguenti.*

Piacere a tutti – Parere cinico – Salire sull'albero – Uscire dal teatro.

ESERCIZIO 180 – *Sostituire al verbo tra parentesi l'indicativo presente.*

Io (uscire) quando (essere) necessario, tu invece (uscire) troppe volte al giorno – Se voi (salire) da noi presto, tutti insieme (uscire) per andare a cinema – A noi (piacere) gli spettacoli drammatici – I nostri ragazzi (uscire) dalla scuola a mezzogiorno, (andare) per una mezzoretta dalla nonna e poi (venire) a casa per studiare – A me non (piacere) affatto questo tuo modo di fare; mi (parere) che tu esageri – Io (parere) qualche volta burbero, invece sono buono; non (sapere) se a voi (piacere) il mio carattere – Tu (uscire) dal portone, io (uscire) dalla porta di servizio, poi insieme (salire) al primo piano – Ai vecchi (piacere) i dolci come ai bambini.

ESERCIZIO 181 – *Sostituire al verbo tra parentesi il passato prossimo.*

Noi (rimanere) due ore ad aspettare e quando ci (parere) tardi (andare) via – I nostri genitori non (salire) in camera nostra; (uscire) per fare delle spese e (tornare) a casa molto tardi – Qualche ragazzo (salire) fino alla cima della torre – Voi quel giorno ci (parere) pallidi e sciupati; noi (uscire) soltanto per vedervi – A noi non (piacere) il modo come voi (comportarsi) – A me (piacere) di piú il terzo atto della commèdia; mi (parere) che gli attori recitassero alla perfezione – Non tutti i ragazzi mi (parere) adatti per questo lavoro; soltanto pochi mi (piacere) – Noi (salire) fino alla cima della montagna, voi (rimanere) a mezza costa.

Imperfetto

Piacere	Parere	Salire	Uscire
Io piacevo	parevo	salivo	uscivo
Tu piacevi	parevi	salivi	uscivi
ecc.	ecc.	ecc.	ecc.

Il **trapassato prossimo** si coniuga premettendo al participio passato l'imperfetto del verbo **essere**: Io ero piaciuto-a; voi eravate piaciuti-e; tu eri parso-a; noi eravamo saliti-e; egli era uscito-a.

ESERCIZIO 182 – *Coniugare all'imperfetto e al trapassato prossimo le seguenti frasi.*

Piacere agli intenditori – Parere della stessa opinione – Salire di corsa – Uscire di notte.

ESERCIZIO 183 – *Ripetere l'esercizio 180, sostituendo al verbo tra parentesi l'imperfetto.*

(es.: io *uscivo* quando *era* necessario, ecc.)

ESERCIZIO 184 – *Ripetere l'esercizio 181, sostituendo al verbo tra parentesi il trapassato prossimo.*

(es.: noi *eravamo rimasti* due ore ad aspettare, ecc.)

Uso delle parole – Tradurre le frasi idiomatiche formate con la parola **asino**:

la bellezza dell'asino ....

il trotto dell'asino ....

strada a schiena d'asino ....

ponte dell'asino ....

asino rifatto ....

lavare la testa all'asino ....

far l'asino a una donna ....

raglio d'asino non sale in cielo ....

legar l'asino dove vuole il padrone ....

è meglio un asino vivo che un dottore morto ....

....

ESERCIZIO 185 – *Formare delle frasi servendosi delle frasi idiomatiche riportate.*

(es.: Giulio studia molto, si sta rovinando la salute, ma è meglio un asino vivo che un dottore morto - Con te è tutto inutile, è come lavare la testa all'asino, ecc.)

NON SI TROVA UN BAMBINO ALL'AEROPORTO

Cronaca (dai giornali) – Grande impressione ha suscitato oggi all'aeroporto lo smarrimento di un bambino di cinque anni. L'allarme è stato dato da una signora che ad un certo punto non ha più visto il suo bambino mentre i passeggeri si avviavano già all'uscita per raggiungere l'aereo in partenza per Parigi. Le ricerche si sono intensificate mentre dagli altoparlanti venivano emessi dei comunicati che descrivevano il bambino smarrito e si pregavano tutte le persone presenti a collaborare alla ricerca.

La signora non si dava pace e chiedeva tra le lacrime che l'aiutassero a rintracciare il suo bambino. Intanto si era già arrivati all'ora della partenza dell'aereo e non si riusciva ad avere alcuna notizia del bambino.

Tra i passeggeri si notava un uomo che si agitava alla ricerca di qualcosa; tutti pensarono che si trattasse del padre del bambino, invece era un uomo che non trovava il suo cagnolino!

Quando sembrava che le ricerche dovessero essere vane, fuori dall'aeroporto, tra i viali di un giardino, fu visto il bambino piangente che non riusciva a star dietro ad un cagnolino che correva tra le aiuole: immaginava che fosse il suo cane, lasciato a casa prima di partire!

Descrivere l'illustrazione « All'aeroporto di Milano » a pag. 232

ALLA SPIAGGIA

1º bagnante — Oggi il sole scotta; io ne devo prendere poco perché sono arrivato da tre giorni ed ancora non mi sono abbronzato bene.

2º bagnante — Io ormai sopporto anche il sole forte perché sono qui da venti giorni; ma è bene non abusare, si può prendere un'insolazione!

Signorina — Scusino, questa sedia a sdraio è libera? Cerco il bagnino e non lo trovo; gli avevo raccomandato di sistemarmi l'ombrellone.

1º bagnante — Prego, signorina, si accomodi pure. Posso sistemarlo io l'ombrellone, se lei ha già scelto il posto.

Signorina — Molto gentile, grazie. Sí, va bene qui. Sono arrivata ieri ed è la prima volta che vengo in questa spiaggia; mi pare che sia un bel posto, ho l'impressione che ci sia gente molto simpatica.

2º bagnante — È veramente un bel posticino; noi veniamo qui da anni e troviamo sempre gli stessi cari amici; di tanto in tanto arriva qualche nuova bagnante... e sono tutte belle!

Signorina — Lei è molto gentile. Qui si possono fare delle belle gite in barca? Io non so nuotare bene, ma quest'anno voglio imparare...

1º bagnante — Noi siamo a sua completa disposizione... abbiamo barca, canotto, motoscafo ... abbiamo tutto! E siamo, modestamente, dei buoni nuotatori...

Signorina — Allora posso approfittare per imparare finalmente a nuotare!

2º bagnante — Ma certo, possiamo iniziare subito la prima lezione...

Rispondere alle seguenti domande: Per la villeggiatura ti piace di piú il mare o la montagna? Ci si diverte di piú in una spiaggia o in un rifugio alpino? Sai nuotare? Conosci lo sci d'acqua? Quali tipi di nuoto conosci? È meglio nuotare nel mare aperto o in una piscina? Perché, certe volte, nella spiaggia c'è la bandiera rossa? Hai fatto mai i bagni di sole? Come bisogna prendere il sole in una spiaggia? È bello chiacchierare con gli amici sotto l'ombrellone nella spiaggia? Quali giuochi si possono organizzare in una spiaggia? Come giocano i bambini? Qualche volta hai giocato pure tu con paletta e secchiello?

La preposizione PER

La preposizione **per** indica:

a) **moto per luogo, moto in luogo circoscritto, moto verso un luogo:**

esempi (da tradurre):

La signora esce *per* la porta centrale – È bello passeggiare di notte *per* la città – Partiremo domani *per* Venezia – Abbiamo viaggiato *per* tutta l'Italia – Parto ora *per* il Venezuela – Il giovane si gettò *per* terra ma fu trascinato dai poliziotti *per* un lungo tratto di strada – Siamo arrivati *per* la via piú breve.

b) **tempo continuato:**

esempi (da tradurre):

Lo cercammo *per* tre giorni interi – *Per* tutta l'estate staremo fuori – *Per* molti anni ho aspettato il tuo arrivo – *Per* tutto il tempo della tua assenza ci fermammo a Roma – Mi ha parlato *per* tutto il pomeriggio.

c) **fine, scopo, mezzo, maniera, prezzo, causa:**

esempi (da tradurre):

Lo faccio soltanto *per* te – Ho lavorato tanto *per* ottenere questo diploma – Abbiamo ascoltato la trasmissione del discorso *per* radio – C'è chi vive *per* mangiare, ma c'è anche chi mangia *per* vivere – Dico tutto ciò *per* ridere – – Parliamo cosí, *per* scherzare – I genitori prendono *per* mano i bambini *per* attraversare la strada – Le due bambine si tengono sempre *per* mano – Vendono tutto *per* poche lire - Grida *per* il forte dolore.

Il verbo **stare** seguito dalla preposizione **per** esprime l'idea di *essere sul punto di* . . . . .

Esempi (da tradurre):

Stava *per* partire, ma lo chiamarono in tempo – Sta *per* piovere – Sto *per* intraprendere un lungo viaggio – Quella donna stava *per* svenire – Sta *per* parlare il principale oratore della giornata.

ESERCIZIO 186 – *Formare delle frasi simili a quelle degli esempi riportati.*

(es.: Mio padre è partito *per* Londra - L'ho comprato *per* te - Ti ho aspettato *per* due ore - Sta *per* partire il treno, ecc.)

Si notino le espressioni:

(da tradurre)

Viaggiare *per* due anni . . . .

Cadere *per* terra . . . .

Stare *per* terra . . . .

Buttare *per* terra . . . .

Parlare *per* scherzo . . . .

Prendere *per* mano . . . .

ESERCIZIO 187 – *Formare delle frasi servendosi delle espressioni riportate.*

(es.: Si prega di non buttare carta *per* terra - Egli non parla mai sul serio, parla sempre *per* scherzo, ecc.)

La preposizione TRA (fra)

La preposizione **tra** indica **luogo, tempo, relazione.** Si adopera *tra* o *fra* indifferentemente (*tra amici-fra amici*), ma bisogna evitare l'uso di *tra* o *fra* quando segue una parola che incomincia con le stesse lettere: *tra fratelli* (non *fra fratelli*) – *fra traditori* (non *tra traditori*).

Da ricordare che con i pronomi personali si adopera la forma del complemento: *tra me e te* – *tra lei e lui* – *tra te e lui* c'è molta differenza.

Esempi (da tradurre):

Tra le sue carte non si trovava quel documento – *Tra* le due città c'è molta differenza – *Tra* pochi giorni arriveremo – *Tra* cinquant'anni nessuno parlerà di lui – *Tra* noi non bisogna fare complimenti – *Tra* me e te c'è solo un anno di differenza – *Tra* qualche settimana partirò – Penso *tra* me che cosa può accadere – Il medico *tra* una visita e l'altra si riposa un poco.

ESERCIZIO 188 – *Formare delle frasi simili a quelle degli esempi riportati.*

(es.: *Tra* noi due tutto è finito - Arriverò *tra* due giorni, ecc.)

DISGRAZIA E CALAMITÀ

In una riunione fra scrittori ad un certo punto nasce una discussione per stabilire con esattezza la differenza tra le parole « disgrazia » e « calamità ». Alla fine uno scrittore celebre conclude dicendo:

— Secondo me la differenza è questa: pensiamo per un momento che lui (e cosí dicendo indica un critico letterario noto per la sua penna avvelenata) cada in un fiume in piena. Quella, certamente, sarebbe una disgrazia.

Ora supponiamo che qualcuno riesca a salvarlo: quella, senza dubbio, sarebbe una calamità!

Verbi irregolari

Presente e passato prossimo indicativo dei verbi **cogliere, nuocere, cucire, sciogliere**. I tempi composti si coniugano con l'ausiliare **avere**.

	Cogliere	Nuocere	Cucire	Sciogliere
part. pass.	colto	nociuto	cucito	sciolto

Presente

	Cogliere	Nuocere	Cucire	Sciogliere
Io	colgo	noccio	cucio	sciolgo
Tu	cogli	nuoci	cuci	sciogli
Egli	coglie	nuoce	cuce	scioglie
Noi	cogliamo	nociamo	cuciamo	sciogliamo
Voi	cogliete	nocete	cucite	sciogliete
Essi	colgono	nocciono	cuciono	sciolgono

Passato prossimo

Io	ho	colto	ho	nociuto	ho	cucito	ho	sciolto
Tu	hai	colto	hai	nociuto	hai	cucito	hai	sciolto
Egli	ha	colto	ha	nociuto	ha	cucito	ha	sciolto
Noi	abbiamo	colto	abbiamo	nociuto	abbiamo	cucito	abbiamo	sciolto
Voi	avete	colto	avete	nociuto	avete	cucito	avete	sciolto
Essi	hanno	colto	hanno	nociuto	hanno	cucito	hanno	sciolto

ESERCIZIO 189 – *Coniugare al presente e al passato prossimo le frasi seguenti.*

Cogliere l'occasione – Nuocere al prossimo – Cucire il vestito – Sciogliere il nodo.

ESERCIZIO 190 – *Sostituire al verbo tra parentesi l'indicativo presente.*

La ragazza (cucire) il vestito davanti alla finestra – Chi (fare) male, piú che agli altri (nuocere) a se stesso – Ci sono donne che (cucire) con la mano sinistra, ma (tagliare) con la mano destra – (Nuocere) di piú i cattivi compagni che i cattivi consigli – La mamma (cogliere) in fallo il bambino e lo (punire) – Noi (cogliere) il momento opportuno per parlare – La zia (infastidirsi) quando (sciogliere) le trecce alla bambina perché questa non (stare) mai ferma – Le cattive letture (nuocere) agli adolescenti – I sarti (cucire) i vestiti quasi tutti a mano – Molte donne (sciogliere) il voto recitando preghiere nel santuario della Madonna.

ESERCIZIO 191 – *Sostituire al verbo tra parentesi il passato prossimo.*

La mamma (cucire) un bel vestito a mia sorella – Tu non (cogliere) il momento giusto per parlare – Il tuo intervento mi (nuocere) molto – Tu (sciogliere) quel nodo? – Il presidente (cogliere) l'occasione per raccomandare a tutti la puntualità nel servizio – Noi (cucire) tutti i grembiuli, ma tu non (cucire) le due vestaglie – L'assenza dell'impiegato (nuocere) molto alla nostra attività – La ragazza (sciogliere) la treccia di Silvana – Perché non (cucire) il vestito strappato? – Essi (cogliere) tutte le occasioni, ma non (cogliere) l'occasione buona – Io (sapere) tardi che il mio intervento (nuocere).

Imperfetto

Cogliere	Nuocere	Cucire	Sciogliere
Io coglievo	nocevo	cucivo	scioglievo
Tu coglievi	nocevi	cucivi	scioglievi
ecc.	*ecc.*	*ecc.*	*ecc.*

Il **trapassato prossimo** si coniuga premettendo al participio passato l'imperfetto dell'ausiliare **avere**: Io avevo colto – Tu avevi nociuto – Egli aveva cucito – Noi avevamo sciolto, ecc.

ESERCIZIO 192 – *Coniugare all'imperfetto e al trapassato prossimo le seguenti frasi.*

Cogliere tutte le opportunità – Nuocere alla comunità – Cucire bene – Sciogliere il cane dalla catena.

ESERCIZIO 193 – *Ripetere l'esercizio 190, sostituendo al verbo tra parentesi l'imperfetto.*

(es.: la ragazza *cuciva* il vestito davanti alla finestra, ecc.)

ESERCIZIO 194 – *Ripetere l'esercizio 191, sostituendo al verbo tra parentesi il trapassato prossimo.*

(es.: la mamma *aveva cucito* un bel vestito a mia sorella, ecc.)

Uso delle parole – Tradurre le frasi idiomatiche formate con la parola
cane:

fatica da cani ....
roba da cani ....
solo come un cane ....
fare una vita da cani ....
non trovare un cane ....
essere come cani e gatti ....
voler drizzar le gambe ai cani ....
menare il can per l'aia ....
non destare il cane che dorme ....
fa un freddo cane ....
cane che abbaia non morde ....

Esercizio 195 – *Formare delle frasi servendosi delle frasi idiomatiche riportate.*

(es.: Non ha più nessuno, è rimasto solo come un cane - Non preoccuparti di lui: cane che abbaia non morde - Non conclude mai nulla, mena il can per l'aia, ecc.)

NAUFRAGIO DI UN MERCANTILE NEL MEDITERRANEO

Cronaca (dai giornali) – Un mercantile battente bandiera pana-mense, con un equipaggio di venticinque uomini, è affondato durante una tempesta al largo delle coste sud-occidentali della Sardegna. Dodici componenti l'equipaggio sono stati tratti in salvo dal mercantile « Stella polare » che aveva raccolto l'S O S; gli altri sono considerati dispersi.

Il mercantile di 2800 tonnellate di stazza lorda aveva a bordo oltre tremila tonnellate di barite ed era diretto in Angola. Aveva da poco preso il largo quando il mare, a causa di un forte vento, si era ingrossato. Alle prime luci dell'alba si scatenava una burrasca con mare forza 8.

Il comandante intuiva il pericolo e dava l'allarme a bordo.

Il marconista di bordo lanciava immediatamente l'S O S. Il dram-matico appello era raccolto da varie navi, che immediatamente facevano rotta verso la zona segnalata dal marconista della nave in pericolo.

Pochi minuti dopo le ore 11 il mercantile « Stella polare » avvistava la nave e non erano ancora le 12 quando questa immediatamente si inabissava.

Nel naufragio sono periti tutti gli ufficiali, comandante e direttore di macchina compresi.

Descrivere l'illustrazione « Alla spiaggia » a pag. 238

AL MERCATO

Cliente — Ho bisogno di frutta e verdura per una settimana. Vediamo un po': queste mele come sono?

Venditore — Ottime, sono arrivate questa mattina, sono le mele « deliziose ».

Cliente — Bene, allora tre chili di mele, due chili di arance; basta soltanto un chilo di mandarini; un chilo di banane, ma che non siano troppo mature.

Venditore — Vuole un po' di queste pere, che sono magnifiche?

Cliente — No, di frutta mi pare che ce ne sia abbastanza. Un po' di verdura, degli spinaci, dei fagiolini e della lattuga.

Venditore — Per l'insalata bisognerà aspettare perché questa che è rimasta non è fresca.

Cliente — Allora aggiunga un cavolfiore e questa verza piccolina. Non vedo carciofi: piacciono tanto a mio marito!

Venditore — Arriveranno forse questa sera; se vuole, glieli posso mettere da parte, o glieli mando a casa domani mattina.

Cliente — Sí, me li mandi a casa, ma non molti, bastano cinque o sei.

Venditore — Ecco, tutto è pronto, possiamo fare il conto.

Cliente — Mentre lei fa il conto io vedo se c'è del pesce fresco e della buona carne.

Ma quanti soldi si spendono per fare un po' di spesa! Non si pensa ad altro che a mangiare ed oggi tutto è caro, sempre piú caro! Di questo passo non so dove si va a finire! Ma bisogna pur tenersi in piedi, quindi bisogna mangiare e di conseguenza bisogna spendere, spendere molto!

Rispondere alle seguenti domande: Di che cosa ha bisogno la signora? Per quanti giorni la signora compra frutta e verdura? Che cosa offre il venditore? Come sono le mele? Che tipo di verdura compra la signora? Che cosa piace molto al marito? Quanto spende la signora per frutta e verdura? Che altro c'è al mercato oltre la frutta? Sei andata qualche volta a fare la spesa? Come ti comporti quando vai al mercato? Ti piace comprare la carne e il pesce? Sai distinguere il pesce fresco? Conosci i vari tagli della carne?

Le preposizioni VERSO, SENZA e TRANNE

La preposizione **verso** indica:

a) **moto a luogo** e **direzione:**

Esempi (da tradurre)
Vado *verso* la città – Ci dirigiamo *verso* il centro del paese – Navigammo tutto il giorno *verso* il Nord – Essi vanno *verso* il ponte.

b) **approssimazione di tempo** e **relazione morale:**

Esempi (da tradurre)
Ci liberammo *verso* le dieci di sera – Viene sempre *verso* mezzogiorno – Ci sono molte nuvole, *verso* sera pioverà – Rientrammo *verso* l'alba – C'è sempre fresco *verso* il tramonto – Sarò libero *verso* le due – L'amore dei figli *verso* i genitori è grande – Bisogna avere pietà *verso* i deboli.

Le preposizioni **senza** e **tranne** indicano **esclusione:**

Esempi (da tradurre)
Lo faccio *senza* interesse – Cammina mentre piove *senza* cappello – *Tranne* la prima parte, tutto va bene – Tutti lo conoscono, *tranne* lui – Avviso tutti, *senza* eccezione – Venite con noi, *senza* complimenti.

Senza, davanti ai pronomi personali, è seguita dalla preposizione **di:**
senza di te – senza di me – senza di lui – senza di noi, ecc.

Altre preposizioni

Oltre le preposizioni esaminate, ce ne sono altre che, pur essendo per loro natura avverbi, hanno spesso la funzione di preposizioni:

sopra, sotto, dietro, davanti, dentro, fuori, prima, dopo, insieme, intorno, contro, oltre, eccetto, accanto, vicino, lungo, ecc.

Queste preposizioni sono spesso seguite da altre preposizioni [1]
intorno alla città – *insieme con* lui – *accanto a* noi – *fuori di* Roma – *prima dell'*arrivo – *dopo di* noi – *contro di* noi – *vicino alla* chiesa, ecc.

---

[1] Le preposizioni **contro, dopo, sopra, sotto, verso,** come si è notato per la preposizione **senza,** quando sono seguite da un pronome personale, possono essere seguite dalla preposizione **di:**

Dopo di noi vengono gli altri – Non agiremo mai *contro di* voi – *Sopra di* lui grava una minaccia – Veniva piano piano *verso di* noi – *Sotto di* noi abitano i nostri amici.

Esercizio 196 – *Formare delle frasi simili a quelle degli esempi riportati.*

(es.: Arriveranno *verso* le cinque del pomeriggio - *Sopra* il tavolo c'è il libro – *Sopra di* noi non abita nessuno - Io vengo *prima di* te e *dopo di* lui, ecc.)

AL GIARDINO ZOOLOGICO

Al giardino zoologico un bambino accompagnato dalla madre si diverte a indovinare i nomi degli animali. Arrivato davanti ad una grande gabbia nella quale si agita una grossa scimmia, la madre chiede al bambino:

— E questa, come si chiama? —

— Lo so come si chiama, perché me l'ha detto papà la settimana scorsa, quando mi ha accompagnato qui —

— E allora, come si chiama? —

— Questa, mi ha detto papà, si chiama suocera!

Verbi irregolari

Presente e passato prossimo indicativo dei verbi **bere, tacere, udire, cuocere.** I tempi composti si coniugano con l'ausiliare **avere.**

	Bere	Tacere	Udire	Cuocere
part. pass.	bevuto	taciuto	udito	cotto

Presente

	Bere	Tacere	Udire	Cuocere
Io	bevo	taccio	odo	cuocio
Tu	bevi	taci	odi	cuoci
Egli	beve	tace	ode	cuoce
Noi	beviamo	taciamo	udiamo	cociamo
Voi	bevete	tacete	udite	cocete
Essi	bevono	tacciono	odono	cuociono

Passato prossimo

Io	ho	bevuto	ho	taciuto	ho	udito	ho	cotto
Tu	hai	bevuto	hai	taciuto	hai	udito	hai	cotto
Egli	ha	bevuto	ha	taciuto	ha	udito	ha	cotto
Noi	abbiamo	bevuto	abbiamo	taciuto	abbiamo	udito	abbiamo	cotto
Voi	avete	bevuto	avete	taciuto	avete	udito	avete	cotto
Essi	hanno	bevuto	hanno	taciuto	hanno	udito	hanno	cotto

ESERCIZIO 197 – *Coniugare al presente e al passato prossimo le frasi seguenti.*

Bere una bottiglia di vino – Tacere per non sbagliare – Udire uno strano rumore – Cuocere la verdura.

ESERCIZIO 198 – *Sostituire al verbo tra parentesi l'indicativo presente.*

Io (bere) birra e (stare) bene – Io (tacere), ma il torto è suo – In estate noi (bere) molte bibite, la mamma (bere) soltanto qualche spremuta d'arancia – Io (udire) quello che tu mi (dire), ma (tacere) per non compromettere l'affare – Per fare presto mentre io (cuocere) i fagioli, tu (cuocere) gli spinaci – Noi a tavola non (bere) vino, ma soltanto acqua; la nonna (bere) acqua minerale – Chi (tacere) (acconsentire) – I vicini di casa (tacere); forse non (essere) in casa – Se voi (cuocere) presto gli asparagi, noi (potere) cenare in pochi minuti – Essi (tacere), ma (sapere) che (avere) tutta la responsabilità della disgrazia.

ESERCIZIO 199 – *Sostituire al verbo tra parentesi il passato prossimo.*

La cameriera non (cuocere) bene gli spaghetti – Io (tacere) per farti piacere – Noi (udire) rumore nelle scale e (pensare) ai ladri – Tu ancora non (bere) il tuo bicchiere di vino, mentre noi ne (bere) già tre. – Noi (tacere), ma (udire) dei commenti poco piacevoli – Perché voi (tacere)? (Udire) quello che (dire)? – Noi (cuocere) le uova, voi (cuocere) la verdura, essi (cuocere) il pollo: il pasto è pronto – Noi non (potere) mangiare, perché la mamma non ci (udire) quando la (chiamare) – Perché voi non (bere) con noi? – L'altra notte tutti (bere) un po' troppo, quindi (essere) allegri, più del solito.

Imperfetto			
Bere	**Tacere**	**Udire**	**Cuocere**
Io bevevo	tacevo	udivo	cuocevo
Tu bevevi	tacevi	udivi	cuocevi
ecc.	*ecc.*	*ecc.*	*ecc.*

Il **trapassato prossimo** si coniuga premettendo al participio passato l'imperfetto dell'ausiliare **avere**: io avevo bevuto – tu avevi taciuto – egli aveva udito – noi avevamo cotto, ecc.

ESERCIZIO 200 – *Coniugare all'imperfetto e al trapassato prossimo le seguenti frasi.*

Bere tutto d'un fiato – Tacere per principio – Udire le urla dei vicini – Cuocere le mele.

Esercizio 201 – *Ripetere l'esercizio 198, sostituendo al verbo tra parentesi l'imperfetto.*

(es.: Io *bevevo* birra e *stavo* bene, ecc.)

Esercizio 202 – *Ripetere l'esercizio 199, sostituendo al verbo tra parentesi il trapassato prossimo.*

(es.: La cameriera non *aveva cotto* bene gli spàghetti, ecc.)

Uso delle parole

MESTIERI E PROFESSIONI
(da tradurre)

Il calzolaio fa e ripara le scarpe – Il falegname lavora il legno – Il muratore costruisce e ripara le case – L'orologiaio ripara gli orologi – Il sarto cuce i vestiti – L'idraulico monta l'impianto delle tubature dell'acqua e ripara le tubature e i rubinetti – L'elettricista fa l'impianto dell'illuminazione e ripara i guasti dei fili e degli apparecchi elèttrici – Il mobiliere ripara e costruisce i mobili – Il verniciatore pulisce e vernicia i mobili, le porte, le finestre, gli infissi – L'avvocato difende le cause – Il mèdico cura gli ammalati – Il chirurgo interviene nei casi gravi e opera – Il notaio redige gli atti – L'ingegnere prepara il progetto della costruzione e ne dirige i lavori – Il maestro insegna nelle scuole elementari – Il professore insegna nelle scuole superiori – Il pittore dipinge – Lo scultore scolpisce – Lo scrittore scrive – Il poeta compone – L'artista crea.

Tradurre le frasi idiomàtiche formate con la parola **caldo:**

rivolgere una calda preghiera ....

avere la testa calda ....

piangere a calde làgrime ....

agire a sangue caldo ....

non mi fa né caldo né freddo ....

L'UOMO ALLA RICERCA DELLE COMODITÀ

Cronaca (dai giornali) – Un momento di grande sviluppo sul piano industriale sta conoscendo in questi ultimi tempi l'antropometria, la scienza che studia le misure dell'uomo. Uno studioso specializzato in ricerche anatòmiche dice: « le màcchine dèvono assolutamente adattarsi al corpo umano, visto che è impossìbile che il corpo umano si adatti alle màcchine ».

È questo il principio generale che fa ricorrere in modo sempre piú massiccio all'antropometria. Molte società hanno creato uffici di specialisti nello studio del corpo umano; altre ricorrono sempre piú spesso a consulenti esterni. I risultati sono evidenti: in determinati paesi si vendono piú facilmente cineprese la cui impugnatura riproduca la forma delle mani degli abitanti di quel paese; anche l'incurvatura dei tasti delle macchine da scrivere, per non recar danno alle unghie delle dattilografe, viene studiata dito per dito. Le bottoniere degli ascensori hanno subíto numerose modifiche: l'ultima suggerisce che i tasti siano collocati in basso nella cabina, in maniera che una mano possa premerli con facilità.

L'antropometria ha dato un piccolo contributo anche all'industria aeronautica. Le scalette interne dell'ultimo modello di un aeroplano a due piani, per esempio, dispongono di scalini vicinissimi l'uno all'altro, perché, sostengono i costruttori, le hostess indossano gonne cortissime che impediscono di compiere passi molto lunghi. « Se la moda cambia — sostiene un tecnico — si è sempre in tempo a cambiare gli scalini ».

Descrivere l'illustrazione « Al mercato » a pag. 244

DAL BARBIERE

Cliente   – Finalmente posso tagliarmi i capelli; si finisce sempre col non aver tempo per queste cose!

Barbiere – Prego, si accọmodi; fra pochi minuti ci sarà il posto lịbero.

Cliente   – Grạzie, intanto io leggo qualche rivista.

Barbiere – Prego, signore, si accọmodi in questa poltrona. Barba e capelli?

Cliente   – Soltanto i capelli. La barba me la fạccio io ogni mattina con il rasọio elẹttrico. Oggi son pochi quelli che si fanno rạdere dal barbiere; non è cosí?

Barbiere – Sí, signore; ormai quasi tutti si rạdono da sé .... Desịdera la sfumatura dei capelli alta o bassa?

Cliente   – Sfumatura normale. Me li accorci un poco, io non sopporto i capelli lunghi sulla nuca.

Barbiere – E dire che oggi c'è gente che porta i capelli fin sulle spalle!

Cliente   – È una moda che passerà, come tutte le mode. Se oltre a farsi la barba a casa, la gente non si fa tagliare i capelli molte sale da barba dovrẹbbero chiụdere!

Barbiere – Certo che non si lavora come una volta! Lei non usa brillantina? Vuole che laviamo la testa?

Cliente   – No, grạzie; basta un po' d'acqua nei capelli, con lo spruzzatore.

Barbiere – Va bene, come lei desịdera. Le basette le lasciamo un po' lunghe?

Cliente   – Sí, ma non troppo. Seguiamo cosí anche noi la moda!

Rispọndere alle domande: Ogni quanti giorni vai dal barbiere? Vai soltanto per i capelli o ti fai rạdere anche la barba? Usi il rasọio elẹttrico? Ti fai la saponata col pennello, o adọperi la crema soltanto? E lei, signorina, va spesso dal parrucchiere? Va soltanto per lavare i capelli e per la messa in piega, o si fa dare anche un po' di colore? Come si portano oggi i capelli? Ti piacciono i giovani con i capelli lunghi? Conosci qualche « capellone »? Conosci qualche giovane con la barba? Come si portano oggi le basette? Ti piacciono i capelli ricci o i capelli lisci?

Aggettivi e pronomi dimostrativi

Gli aggettivi e i pronomi dimostrativi, come abbiamo detto per i possessivi (vedi pag. 139), hanno generalmente delle forme comuni, che si distinguono in **aggettivi,** se accompagnano un nome, in **pronomi** se sono usati da soli.

Aggettivi dimostrativi: **questo** – **codesto** – **quello**

Le tre forme servono ad indicare la distanza dalla cosa o dalla persona da chi parla:

questo   indica vicinanza alla prima persona, quella che parla;

codesto   indica vicinanza alla seconda persona, quella alla quale si parla;

quello   indica lontananza dalla persona che parla e dalla persona alla quale si parla:

leggo questo libro – (si tratta di un libro che ho con me);

temo codesto tuo cane – (si tratta di un cane vicino alla persona alla quale parlo e lontano da me; se dico *lega questo cane*, intendo parlare di un cane che ho con me e che affido ad altra persona);

guarda quella ragazza – (si tratta di una ragazza lontana da me e dalla persona alla quale parlo).

singolare {	maschile:	*questo*	*codesto*	*quello*
	femminile:	*questa*	*codesta*	*quella*
plurale {	maschile:	*questi*	*codesti*	*quelli*
	femminile:	*queste*	*codeste*	*quelle*

N. B. – Da ricordare che l'aggettivo *quello*, davanti ad altra parola, si comporta come *bello*, quindi segue le norme dell'articolo determinativo; cioè si tronca davanti a consonante, che non sia *s* impura, *z, gn,* e si apostrofa davanti a vocale:

il cane:	*quel cane*	–	i cani:	*quei cani, quei bei cani*
lo storpio:	*quello storpio*	–	gli storpi:	*quegli storpi, quei brutti storpi*
lo zio:	*quello zio*	–	gli zii:	*quegli zii, quegli strani zii*
l'occhio:	*quell'occhio*	–	gli occhi:	*quegli occhi, quei grandi occhi*
l'inno:	*quell'inno*	–	gl'inni:	*quegl'inni, quegli stessi inni.*

Due o tre aggettivi dimostrativi possono precedere lo stesso sostantivo:

questa e quella donna;   quello e questo bagaglio;
quelli, codesti e questi bambini si riuniranno oggi in casa nostra per la festa della mamma.

Altri aggettivi dimostrativi sono: **stesso, medesimo, tale, cotale:**

lo stesso uomo si presentò per dire le medesime cose – *con tali argomenti non si risolverà la questione* – *cotali accuse non le merito.*

Forme di aggettivi dimostrativi contratti con il nome sono:

stamane (questa mane)   –   **stamattina** (questa mattina)
stasera (questa sera)   –   **stanotte**   (questa notte)

251

ESERCIZIO 203 – *Mettere l'aggettivo dimostrativo davanti ai seguenti nomi, ripetendo l'esercizio con le forme* questo, codesto, quello *e formandone il plurale.*

Orologio – scolaro – penna – zucchero – stampa – zero – attore – attrice – ombra – uccello – pastore – specchio – lume – alga – brindisi – braccio – stratega – sciocco – equivoco – banco – libraio – figlio – fornaio – avversario – tempo – amica – viaggio – cavaliere.

Pronomi dimostrativi

a) Forme identiche a quelle degli aggettivi sono: **questo, codesto, quello, tale, cotale, stesso, medesimo,** che si distinguono dagli aggettivi perché non sono accompagnati da un nome:

> *dei due libri questo è* **tuo**
> *le tue scarpe sono come* **quelle** *di Gino*
> **quello** *che incontrammo è tuo padre*
> *leggi sempre quel libro? Sí, sempre lo* **stesso.**

I pronomi **questo, codesto, quello, tale, stesso, medesimo**, si trovano spesso usati come sostantivi, in senso neutro, e sottintendono il nome **cosa**:

> *questo* = questa cosa – *quello* = quella cosa – *stesso* = la stessa cosa.
> *Ti ripeto ancora* **questo** *– Ci vuole proprio* **quello** *per riuscire – Vieni o resti, per me è lo* **stesso.**

b) Il pronome **ciò,** che si riferisce sempre a cosa, è invariabile e corrisponde a **questa cosa, codesta cosa, quella cosa**:

> **ciò** *non è bello – tutti hanno notato* **ciò** *– ti dico* **ciò** *per il tuo bene;*

c) Oltre al pronome **ciò,** che si riferisce a cosa, ci sono alcuni pronomi dimostrativi che *si riferiscono soltanto a persona* e non hanno le forme corrispondenti come aggettivi:

> **questi** e **quegli,** *che non hanno plurale,* indicano persona vicina (questi) o persona lontana (quegli) (¹):

> **questi** *tace,* **quegli** *ride –* **questi** *è buono,* **quegli** *è piuttosto turbolento.*

d) **Costui** (maschile), **costei** (femminile) e **costoro** (plurale) sono usati generalmente in senso dispregiativo:

> *chi è* **costui**? *– Che cosa vuole* **costui**? *–* **Costoro** *sono molto furbi.*

e) **Colui, colei, coloro** sono forme che si adoperano soprattutto seguite dal pronome relativo **che:**

> *colui che parla troppo stanca la gente*
> *colei che dice queste cose è mia figlia*
> *coloro che non compiono il proprio dovere sono da biasimare.*

(¹) Le forme **questi, quegli** sono usate quando ci si riferisce a *persona maschile singolare,* invece di **questo, quello,** ma soltanto come soggetto:

> *questi* mi vuole bene   –   *quegli* mi odia

ma si dirà: *ho visto questo, non quello,* perché in questo caso si tratta di complemento diretto; e cosí anche: *parlo di questo – vado con quello,* ecc.

LA PREGHIERA DI PIERINO

Avvicinandosi il Natale, Pierino, nel recitare la sera le preghiere accanto al letto, termina gridando ad alta voce:

— ..... *e mandami, caro Gesú Bambino, insieme con le caramelle e i cioccolatini, una bella bicicletta ed un pallone —*

— *Ma perché urli cosí?* — *gli chiede la madre* — *Gesú Bambino non è sordo —*

— *Lo so, lo so* — *risponde Pierino* — *Gesú Bambino non è sordo, ma il nonno sí! —*

EsERCIZIO 204 – *Sostituire ai puntini i pronomi dimostrativi.*

In questo libro non c'è ..... che cerco – ..... che mi dici è giusto, ma io faccio ..... che voglio – Ho visto lo scrittore, ... premiato quest'anno – Ci sono nel negozio due commessi: ..... è attivo, ... è piuttosto pigro – Scegli tra questi libri ..... che vuoi – Riesce sempre bene ..... che ha lavorato molto – Nella vita ..... che conta è avere la coscienza tranquilla – In questa stanza c'è piú aria che in ..... tua – ..... che parla è un noto oratore – ..... è un imbroglione – Non posso dirti ..... che penso, perché ti offenderesti – Sono buone queste fragole, ma ..... di ieri erano migliori – Io ti dico ..... per tua norma – Grazie, non voglio ....., desidererei piuttosto ..... – ..... è il giovane, che ci importuna da qualche giorno; ..... è proprio insopportabile – Non parlarmi di .....; so tutto.

Uso delle parole – Tradurre le frasi idiomatiche formate con la parola **battere**:

battere le mani ....

battere la fiacca ....

battere il ferro mentre è caldo ....

battere una lettera a macchina ....

in un batter d'occhio ....

senza batter ciglio ....

battere all'uscio (bussare) ....

non sapere dove battere il capo ....

la lingua batte dove il dente duole ....

EsERCIZIO 205 – *Formare delle frasi servendosi delle frasi idiomatiche riportate.*

(es.: Prima lavoravi di piú, ora batti la fiacca - Dobbiamo agire subito, il ferro si batte mentre è caldo - L'imputato ha ascoltato tutte le accuse senza batter ciglio, ecc.)

NON SI VA DAL BARBIERE PER RADERSI LA BARBA

Cronaca (dai giornali) – Sempre piú difficile diventa, almeno in America e specialmente a New York, farsi radere la barba da un barbiere; infatti i barbieri considerano questa prestazione poco conveniente dal punto di vista economico.

È stato calcolato che per radere bene un cliente si impiegano circa venti minuti, mentre si impiega lo stesso tempo per fare due tagli di capelli. La rasatura diventa quindi un'operazione in pura perdita, dato che un taglio di capelli a New York va da un minimo di duemila lire, nelle sale piú modeste, fino a diciottomila lire nelle sale eleganti e di lusso!

Sono gli stessi barbieri ormai che consigliano ai clienti di radersi da soli. Da quando, all'inizio di questo secolo, è stato inventato il rasoio di sicurezza, seguito piú tardi dal rasoio elettrico, gli uomini preferiscono radersi a casa per evitare il fastidio di recarsi ogni giorno dal barbiere e per non perdere tempo. Cosí la professione del barbiere è in pieno declino e non è lontano il giorno, con la moda dei capelli lunghi, che le sale da barba saranno completamente lasciate nel piú triste abbandono!

Descrivere l'illustrazione « Dal barbiere » a pag. 250

AL RISTORANTE

Cliente   – Ci sono dei posti lịberi? Siamo quattro persone.

Cameriere – Sí, signore; il tạvolo all'ạngolo sarà pronto immediatamente; quei signori hanno terminato di mangiare e stanno pagando il conto.

Cliente   – Veramente avremmo preferito un tạvolo centrale, ma va bene lo stesso quello dell'ạngolo (*attẹndono che il cameriere sistemi il tạvolo, poi si accọmodano*).

Cameriere – (*porgendo la lista ed accingẹndosi a prẹndere nota delle ordinazioni*) Antipasto? C'è dell'ọttimo mellone al prosciutto.

Cliente   – Un po' di antipasto misto. Spaghetti alla bolognẹse.

Cliente   – Io preferisco spaghetti al burro ed una bistecca ai ferri.

Cliente   – Allora tre spaghetti alla bolognẹse ed uno al burro. Una bistecca ai ferri e tre fette di pescespada. Per contorno patatine ed insalata verde.

Cameriere – Il pescespada è terminato. Desịderano merluzzo o delle belle trịglie?

Cliente   – Che peccato! È tanto tempo che non mạngio pescespada! Allora trịglie.

Cameriere – Formạggio, gelato e frutta?

Cliente   – Sí, per tutti e quattro. Da bere: vino bianco ed acqua minerale; per la signora vino rosso.

Cameriere – Bene, saranno serviti immediatamente.

Rispondere alle seguenti domande: Ti piace mangiare al ristorante? Generalmente, quando mangi in un ristorante, scegli pesce o carne? Mangi sempre l'antipasto? Ti piacciono gli spaghetti? Li preferisci al sugo o al burro? Ti piace la frittura di pesce? Bevi vino? Vino bianco o vino rosso? Hai mangiato mai la pizza alla napoletana? Hai mangiato qualche volta in una trattoria? Conosci dei ristoranti dove si mangia bene e si paga poco? Conosci qualche ristorante all'aperto? Vuoi fare l'elenco dei piatti che mangeresti in questo momento? Quali cibi bisogna evitare per non ingrassare? Conosci qualcuno che fa la cura per dimagrire?

Aggettivi e pronomi indefiniti

Alcune forme comuni di aggettivi e pronomi indefiniti si distinguono soltanto per l'uso: cioè sono aggettivi, se accompagnano un nome; sono pronomi, se sostituiscono il nome.

I – Si adoperano come **aggettivi** e come **pronomi**:

Uno e i composti **alcuno, taluno, ciascuno, nessuno** (poco usata la forma **cadauno**); **altro, poco, molto, troppo, parecchio, tanto, quanto, alquanto, altrettanto, tutto.**

Da ricordare che **uno** e i suoi composti si troncano (vedi pag. 93).

Esempi:

Aggettivi: passano *alcuni* soldati – Non c'è *nessuna* ragione – *Ciascun* ragazzo ha il suo posto – *Talune* fabbriche chiudono i battenti – C'è *poca* gente a quest'ora in piazza – *Parecchi* amici non vengono – Succedono *troppi* disastri in questo periodo – Ho visto *parecchie* macchine nuove – Sono arrivati *tanti* turisti – *Quanto* denaro sciupi! – Ci sono già *alquanti* bambini – Ho visto *tutti* i quadri di questo pittore.

Pronomi: Erano in *parecchi* alla riunione – *Molti* guardano, *pochi* comprano – Non ho incontrato *nessuno* – *Tutti* pensano all'avvenire – Quanti bei libri, dammene *alcuni* – Tu chiedi *troppo* – Lo so, sono *tanti* a pensarla cosí – Tu mi presti due dischi, io te ne restituisco *altrettanti* – Mi manca *tutto*.

N. B. – Da tenere presente che **nessuno** esprime negazione da solo quando precede il verbo, mentre richiede la negazione **non** quando segue il verbo:

nessuno paga in questo negozio – *nessuno* rideva – *non* rideva *nessuno* – *non* ho visto *nessuno* – *non* voglio vedere *nessuno* – *nessuno* scrive.

II – Sono usati soltanto come **aggettivi indefiniti**:

ogni – qualche – qualunque – qualsivoglia – qualsiasi.

È da tenere presente che *queste forme,* sulle quali bisogna insistere molto, *sono invariabili,* quindi servono tanto per il maschile quanto per il femminile, e *si adoperano sempre con il nome che accompagnano al singolare.*

Esprimono a volte l'idea indefinita di gruppo *(ogni – qualche),* quindi indicano un plurale, pur essendo adoperati al singolare.

Esempi:

ogni uomo deve lavorare – *ogni* donna ha le sue gioie – ho bisogno di *qualche* lira – *qualche* bambino piange – *ogni* giorno abbiamo delle visite – c'è *qualche* soldato nella strada – *qualunque* vestito è buono per questa occasione – *qualsiasi* esempio basta – ho visto *qualche* cane e *qualche* pecora per la strada – *qualche* santo protegge quell'uomo – *qualunque* pena parrebbe inadeguata per il delitto commesso – *qualche* donna o *qualche* bambino ha invocato aiuto – ogni sera c'è *qualche* buona trasmissione alla radio.

N. B. – **Qualsiasi** ha lo stesso significato di **qualunque;** come **qualunque** può essere posposto al nome:

Qualsiasi libro è buono – Dammi un libro *qualsiasi* – Leggo un libro *qualunque* – *Qualsiasi* oggetto è utile – *Qualsiasi* lavoro rende bene – Desidero fare un lavoro *qualsiasi* – Dammi un giornale *qualsiasi*.

Nella lingua viva è poco usata la forma **qualsivoglia.**

ESERCIZIO 206 – *Sostituire ai puntini l'aggettivo indefinito piú adatto.*

.... gli uomini possono sbagliare, ma non .... gli uomini devono sbagliare – Ho visto .... cane randagio, ma non ho visto .... gatti – Dammi .... libro da leggere, un libro ...., perché soffro di insonnia – Pago l'affitto di casa .... mese; avrei preferito pagarlo .... trimestre – C'è .... gente in questa sala – Questo cagnolino ha .... giorni di vita – Non c'è .... dubbio, ... volta che viene da noi quest'uomo succede .... guaio – Non ho .... intenzione di passare .... giorno con te – Mi fa .... piacere stare .... volta vicino a coloro che stanno male – Dammi un vestito ....; non è cerimonia di lusso – .... parola è inutile, non si può consolare – Mi ha dato soltanto .... lira ed io ho bisogno di .... denaro – Ai giardini pubblici c'era .... soldato e .... cameriera a quell'ora; in compenso c'erano .... bambini – Non capisco perché c'è .... gente in piazza.

UN MENDICANTE CHE NON HA TEMPO

All'uscita della chiesa, dopo la Messa, una buona signora, si ferma presso un mendicante che chiede l'elemosina sui gradini della chiesa.

— *Voi mi sembrate un uomo vigoroso — dice la signora — come mai non cercate di lavorare invece di chiedere l'elemosina?*

— *Non ne ho il tempo, signora mia — replica il mendicante — Capirà, per campare con una famiglia a carico mi tocca mendicare dalle dieci alle dodici ore al giorno!*

Verbi irregolari

Indicativo futuro e condizionale dei verbi **dare, fare, tenere.** I tempi composti si coniugano con l'ausiliare **avere.**

Dare	Fare	Tenere
part. pass. dato	fatto	tenuto

Futuro semplice

Io darò	farò	terrò
Tu darai	farai	terrai
Egli darà	farà	terrà
Noi daremo	faremo	terremo
Voi darete	farete	terrete
Essi daranno	faranno	terranno

Futuro anteriore

Io avrò dato	avrò fatto	avrò tenuto
Tu avrai dato	avrai fatto	avrai tenuto
ecc.	*ecc.*	*ecc.*

Condizionale presente

Io darei	farei	terrei
Tu daresti	faresti	terresti
Egli darebbe	farebbe	terrebbe
Noi daremmo	faremmo	terremmo
Voi dareste	fareste	terreste
Essi darebbero	farebbero	terrebbero

Condizionale passato

Io avrei dato	avrei fatto	avrei tenuto
Tu avresti dato	avresti fatto	avresti tenuto
ecc.	*ecc.*	*ecc.*

Come si vede, il condizionale differisce dal futuro soltanto per le desinenze. Sarà facile, quindi, coniugare il condizionale dei verbi irregolari una volta che si conosca il futuro indicativo. L'irregolarità del futuro si riscontrerà sempre nel condizionale. Nella prima persona plurale la differenza tra il futuro semplice e il condizionale presente consiste nel fatto che nella desinenza del futuro c'è una sola **m,** mentre nel condizionale ci sono due **m:** noi *parleremo* – noi *parleremmo*; noi *terremo* – noi *terremmo* ecc.

ESERCIZIO 207 – *Coniugare al futuro e al condizionale le frasi seguenti.*

Dare un premio – Fare una passeggiata – Tenere una conferenza.

ESERCIZIO 208 – *Sostituire al verbo tra parentesi il futuro semplice.*

Io (fare) di piú di te, se tu mi (dare) il tempo – Io ti (dare) tutte le istruzioni necessarie e tu mi (fare) il piacere di eseguirle scrupolosamente – Noi (tenere) il tuo bambino in casa, cosí ti (dare) il tempo per fare tutto – Voi certamente (fare) del vostro meglio per riuscire, noi (fare) il nostro dovere e vi (tenere) informati di tutto – Essi non (dare) mai un centesimo, non (fare) mai elemosina, perché sono avari – Se essi (tenere) un contegno scorretto, noi li (buttare) fuori – Io (tenere) in ordine tutta l'amministrazione, voi (fare) i conti ogni settimana e me li (dare) alla sera del sabato – Mi (fare) un piacere, se mi (dare) un po' di aiuto.

Pronomi indefiniti

I – I pronomi **uno, alcuno, taluno, ciascuno, qualcuno, ognuno, nessuno** (**certuni** è usato soltanto nella forma plurale) indicano persone.

Esempi: ciascuno ha il suo libro – *una* piange, l'*altra* ride – *qualcuno* bussa alla porta – *ognuno* pensa ai fatti propri – *taluno* si lamenta della propria sorte – non ho parlato con *nessuno* – non ho visto *alcuno* – *certuni* non sanno quello che dicono.

Il pronome **taluno** al singolare indica sempre persone, al plurale indica persone e cose: *taluno può pensare male di me – taluni chiacchierano troppo – ho visto dei quadri: di taluni posso fare anche la critica.*

Uno, come pronome, può avere la forma plurale nelle espressioni:

gli *uni* e gli altri – le *une* e le altre
gli *uni* ridono, gli altri piangono – le *une* lavorano, le altre parlano.

II
a) I pronomi **molto, poco, troppo, parecchio, tutto, tanto, alquanto, altrettanto,** usati al singolare indicano cose, mentre indicano persone e cose se sono usati al plurale.

Esempi: prometteva *molto*, ma manteneva *poco* – *molti* applaudivano, *pochi* erano contrari – so tutto della vicenda e *parecchio* delle persone interessate – arriveranno *tutti* e saranno *parecchi* – mi dispiace *alquanto* – sono *alquanti* i concorrenti – parlano in *troppi* contemporaneamente – sono stanco; ho atteso *troppo* – ti ringrazio *tanto* – sono *tanti* i nipoti e *altrettanti* i cugini.

b) Si riferiscono soltanto a persone le forme indeclinabili **altri, chi** e **chiunque**:

altri parlerà meglio di noi – *chi* piange, *chi* ride: non si capisce niente – *chiunque* può intervenire alla cerimonia.

c) Si riferiscono soltanto a cose i pronomi indefiniti: **niente, nulla**:

non chiedo *niente* – non dice *nulla* – meglio *niente* che poco.

ESERCIZIO 209 – *Correggere le forme errate degli aggettivi e dei pronomi indefiniti.*

Ai giardini pubblici c'erano soltanto *qualche* soldati e *qualche* domestiche – *Chiunque* libro è buono per leggere – *Ogni* uomini e *ogni* donne hanno i loro problemi – Oggi sono arrivati *qualche* rappresentanti delle nazioni straniere – *Qualcuno* albero del nostro giardino sarà tagliato – *Chiunque* uomo ha il dovere di lavorare – Mi piacciono tutte queste cravatte; dammene *qualunque* – Lo zio ha comprato *qualche* appartamenti – *Nulla* persona è ancora venuta – *Chiunque* posto è buono per riposare, quando si è stanchi – Non chiedo *nessuno* io, mi basta poco – Per sistemare questa stanza bastano *qualche* tavoli.

ANCHE I PESCI «PARLANO»

Cronaca (dai giornali) – Uno studioso di un Istituto americano di idrobiologia ed alcuni suoi collaboratori hanno escogitato un diabolico dispositivo acustico per attirare nelle reti dei pescatori prede che erano sempre riuscite a sfuggire alla cattura, soprattutto perché vivono a grandi profondità.

Da molto tempo gli studiosi di biologia marina si chiedevano quali segnali si scambiano i pesci quando devono comunicarsi le scoperte di buoni pascoli; molte ricerche sono state effettuate per registrare i « rumori » prodotti dagli abitanti dei mari. Gli scienziati, contrariamente all'opinione comune, non sono convinti che i pesci siano muti.

Sono già stati pazientemente registrati i rumori idrodinamici che accompagnano sempre i branchi di pesci quando si radunano per nutrirsi in qualche zona di mare ricca di preda. Analizzati i rumori registrati, ne sono stati selezionati alcuni e quindi, con un trasmettitore installato a circa 20 metri di profondità, sono stati trasmessi i segnali acustici registrati. Per seguire i risultati, accanto al trasmettitore è stata sistemata anche una telecamera. Poco tempo dopo l'inizio della trasmissione dei segnali, sono stati visti accorrere tumultuosamente pesci di ogni genere: cernie, pescecani, tartarughe giganti, ecc., oltre a tanti esemplari mai visti prima.

Descrivere l'illustrazione « Al ristorante » a pag. 255

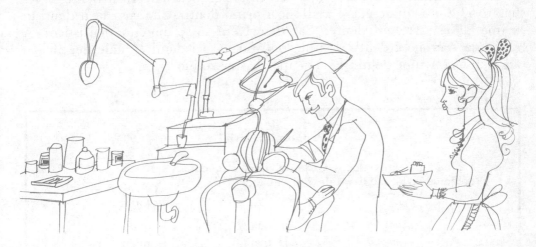

DAL DENTISTA

Cliente – Dottore, questa notte non ho potuto chiudere occhio.

Dottore – Vediamo un poco; il nervo non è ancora completamente devitalizzato, quindi bisogna avere pazienza.

Cliente – Mi ha fatto tanto male!

Dottore – Si tratterà di qualche giorno e poi non sentirà piú nulla.

Cliente – Mi farà l'otturazione del molare e poi mi metterà a posto tutto il resto?

Dottore – Certo, è già previsto che lei tornerà ad avere la bocca in ordine in breve tempo. Il dente che abbiamo dovuto eliminare, perché completamente rovinato dalla carie, sarà sostituito dopo che abbiamo curato il molare che le dà fastidio. La prossima volta prenderemo l'impronta e cosí la settimana ventura avremo la protesi.

Cliente – Le capsule saranno d'oro? Desidererei che fossero il meno possibile visibili.

Dottore – Il ponte sarà fatto in modo che non le dia fastidio e le capsule non si vedranno molto, tranne quando lei apre tutta la bocca!

Cliente – A me piace poco vedere la gente con tutto quell'oro in bocca quando sorride...

Dottore – Certo i denti bisogna sostituirli! La tecnica moderna ci permette dei lavori che un tempo neanche si sospettavano... Lei avrà un bel sorriso!

Rispondere alle seguenti domande: Hai mai avuto mal di denti? Hai subito qualche estrazione di denti? Vai spesso dal dentista? Ti da fastidio il trapano? Conosci qualcuno che ha la dentiera? Sai quali sono i denti canini? E gli incisivi? Quanti denti abbiamo noi? Hai avuto mai la carie in qualche molare? Sai che cosa significa « avere il dente avvelenato »? Sai a quale età si mettono i primi denti? Che cosa fa il dentista prima di estrarre un dente? Sai descrivere un gabinetto dentistico? A che cosa servono i denti? È utile pulire spesso i denti? Quale dentifricio adoperi per i tuoi denti? E che tipo di spazzolino?

Pronomi relativi

I pronomi relativi sono: **il quale, che, chi, cui.**
Soltanto la forma **il quale** è declinabile:

	Singolare	*Plurale*
maschile	il quale	i quali
femminile	la quale	le quali

Le forme **che, chi, cui** sono invariabili.

CHE, indeclinabile, corrisponde a **il quale, la quale, i quali, le quali,** e si riferisce tanto a persona quanto ad animale o cosa.
Generalmente si usa come oggetto o come complemento diretto; quando ha la funzione di altro complemento, si sostituisce con **cui** e con la forma **quale:**

Il cane *che* abbaia è mio – Il cane *che* vedi nella strada è mio – Le donne *che* parlano molto sono noiose – I bambini *che* sono lodati sono felici – Il giornale *che* leggi è vecchio.

Nota: Davanti a parola che comincia per **e** o **i** il pronome **che** può subire l'elisione:

L'uomo che era con me	=	l'uomo *ch'era* con me
Ciò che io ti dico è vero	=	ciò *ch'io* ti dico è vero.

Le forme **il quale, la quale, i quali, le quali,** si adoperano soprattutto quando il pronome è preceduto da articolo o da preposizione articolata:

Gli uomini, *dei quali* parli, sono anziani – La casa, *nella quale* vivo, è bella – Il treno, *col quale* arrivai, era in ritardo – La penna, *con la quale* scrivo, è nuova – Questa è la donna *della quale* ti ho parlato – Ecco i bambini *con i quali* ogni giorno giuoco.

Tutte le forme dei pronomi relativi delle frasi precedenti possono essere sostituite dalla forma invariabile **cui,** *che non si adopera mai come soggetto, ma come complemento preceduto da preposizione.* Quindi si può anche dire: gli uomini *di cui* parli.....; la casa *in cui* vivo.....; il treno *con cui* arrivai.....; la penna *con cui* scrivo.....; questa è la donna *di cui*.....; ecco i bambini *con cui*.....

CUI, indeclinabile, cioè forma unica per maschile e femminile, per singolare e plurale, si riferisce a persona, animale o cosa. Come si è visto negli esempi precedenti, *non si usa come soggetto, né come complemento diretto.* Come complemento di termine (*a cui*), può essere usato senza la preposizione **a:**

l'uomo, *a cui* mi rivolgo, è gentile = l'uomo, *cui* mi rivolgo, è gentile.

Quando **cui** ha la forma di complemento di specificazione (**di cui**), corrisponde alle forme **del quale, della quale, dei quali, delle quali,** ed è preceduto dall'articolo determinativo, la preposizione **di** si omette sempre:

l'uomo, *la cui* figlia è nostra amica, è un pittore – i giovani, *i cui* genitori sono immorali, difficilmente sono moralmente sani.

(Sarebbe errata la forma: l'uomo, *la di cui* figlia.....; i giovani, *i di cui*..... ecc.).

Nota: Quando con l'uso delle forme **che, cui** può nascere ambiguità, cioè non risulta chiaro il senso del discorso, bisogna adoperare le forme **quale, quali:**

La sorella di Gino, a cui (o cui) tu sei tanto legato, arriva oggi; non si intende bene a chi sia legato l'interlocutore, a Gino o alla sorella; allora si dirà meglio: *la sorella di Gino, alla quale*....., se è legato alla sorella; *la sorella di Gino, al quale*..... ecc., se è legato a Gino.

CHI si riferisce soltanto a persona singolare, tanto maschile che femminile. Si può usare come soggetto e come complemento ed ha il significato di *colui il quale, colui che, colei la quale, colei che;* quindi rappresenta la fusione di un pronome dimostrativo (**colui, colei**) con un pronome relativo:

chi è ricco, spesso non capisce i poveri (= *colui il quale* è ricco.....);

chi canta, è una giovane americana (= *colei che* canta.....);

a chi mi chiede scusa concederò il perdono (= *a colui, a colei che* mi chiede scusa.....);

queste sono le parole *di chi* ha molta esperienza (= le parole *di colui il quale*.... o *di colei la quale*.....).

N. B. – Il pronome relativo **che**, qualche volta può essere usato con l'articolo o con la preposizione articolata, assumendo un valore di neutro col significato di **ciò, la qual cosa:**

Tu parli bene, *il che* (la qual cosa) mi piace;

Ci sono tante altre cose da dire, *del che* (di ciò, della qual cosa, del quale argomento) parleremo in seguito.

ESERCIZIO 210 – *Sostituire ai puntini il pronome relativo più adatto.*

Ho visto passare i tuoi genitori .... andavano a passeggio – Questi sono i libri .... leggo – Mi piace ascoltare i discorsi di .... ha viaggiato molto – Questo è il vestito di .... ti avevo parlato – Il rischio è sempre di .... si espone molto – Ho parlato con l'uomo con .... dovrò incontrarmi domani – Tutte le speranze .... riponevo in te, ... sei l'unico mio sostegno, sono svanite – La compagna di Antonio .... vive a Milano, arriva oggi – .... vuole troppo, spesso realizza poco – Parlo con .... mi sa intendere – La madre di Paolo, ... noi stimiamo tanto, viene oggi da noi – La stanza era piena: .... stava seduto non poteva neanche stendere le gambe – I nonni, i .... nipotini crescono bene, sono felici – L'orologio, ... mi hai regalato, va sempre bene – I fiori, ... raccogliemmo ieri, sono già appassiti – Queste sono le signore, la .... storia ti ha impressionato – A .... mi dice la verità, ... non sono riuscito a scoprire, darò un compenso adeguato.

SERVIZIO PERFETTO

Dopo due settimane di vacanze sulla neve i signori Bianchi rientrano in città.

« *Maria* — *chiede la signora alla giovane cameriera* — *hai messo ogni giorno l'acqua nel vaso dei pesci rossi?* »

« *Non ce n'è stato mai bisogno, signora; ancora non hanno bevuto quella di quindici giorni fa!* »

Verbi irregolari

Indicativo futuro e condizionale dei verbi **volere, dovere, potere.** I tempi composti si coniugano con l'ausiliare **avere.**

Volere	Dovere	Potere
part. pass. voluto	dovuto	potuto

Futuro semplice

Io vorrò	dovrò	potrò
Tu vorrai	dovrai	potrai
Egli vorrà	dovrà	potrà
Noi vorremo	dovremo	potremo
Voi vorrete	dovrete	potrete
Essi vorranno	dovranno	potranno

Futuro anteriore

Io avrò voluto	avrò dovuto	avrò potuto
Tu avrai voluto	avrai dovuto	avrai potuto
ecc.	*ecc.*	*ecc.*

Condizionale presente

Io vorrei	dovrei	potrei
Tu vorresti	dovresti	potresti
Egli vorrebbe	dovrebbe	potrebbe
Noi vorremmo	dovremmo	potremmo
Voi vorreste	dovreste	potreste
Essi vorrebbero	dovrebbero	potrebbero

Condizionale passato

Io avrei voluto	avrei dovuto	avrei potuto
Tu avresti voluto	avresti dovuto	avresti potuto
ecc.	*ecc.*	*ecc.*

Esercizio 211 – *Coniugare al futuro e al condizionale le frasi seguenti.*

Volere uno stipendio piú alto – Dovere camminare molto – Potere fare di piú.

Esercizio 212 – *Sostituire al verbo tra parentesi il futuro semplice.*

Tu (dovere) lavorare molto, se (volere) riuscire – Non (potere) mai dimenticare tutto il bene che mi hai fatto – Se essi (volere), (potere) restare con noi molto tempo – Voi (potere) tentare, ma io penso che (dovere) faticare molto prima di ottenere quanto (volere) – Nessuno (volere) certamente il tuo male, ma è certo che nessuno (potere) aiutarti – Egli (fare) ciò che (potere), solo se (volere) – Chi (volere) ottenere di piú, (dovere) fare molti sacrifici, ma certamente (potere) aspirare ad una ottima sistemazione – Io (tenere) la conferenza prevista, quando (potere), perché in questo periodo non ho tempo – Ormai voi non (potere) fare tutto, perché è tardi – Se tu (volere), (potere) ritirare il libro domani mattina.

Uso delle parole: Tradurre le frasi idiomatiche formate con la parola **dente:**

restare a denti asciutti ....
promettere a denti stretti ....
non essere pane per i suoi denti ....
tener l'anima con i denti ....
scusa tirata con i denti ....
avere il dente avvelenato ....
cavato il dente, cavato il dolore ....
la lingua batte dove il dente duole ....

Tradurre le frasi idiomatiche formate con la parola **luna:**

faccia di luna piena ....
avere la luna ....
far vedere la luna nel pozzo ....
avere la luna al rovescio ....
vivere nel mondo della luna ....

Esercizio 213 – *Formare delle frasi servendosi delle frasi idiomatiche riportate.*

(es.: Quell'uomo insiste sempre sulla richiesta di denaro, la lingua batte dove il dente duole - È ridotto proprio male, tiene l'anima con i denti - Oggi non si può parlare con lui, ha la luna al rovescio, ecc.)

I BAMBINI GUARISCONO DALLA SORDITÀ

Cronaca (dai giornali) – Presso la clinica otorinolaringoiatrica del
l'università di Genova è entrato in funzione recentemente un centro per
la cura della sordità dei bambini, che ha già dato risultati sorprendenti
Il centro è dotato di attrezzature che, oltre a costituire una novità in
questo campo, consentono di recuperare dal punto di vista sociale i piccoli minorati dell'udito. Molto spesso infatti, quando non si sente da
piccoli, non si è in grado di parlare, perciò si resta in un assoluto isola-
mento.

Molti bambini sono stati già sottoposti ad una precoce diagnosi e
quindi ad un tempestivo intervento chirurgico e quasi tutti sono stati
socialmente recuperati.

Con speciali apparecchi che si applicano alle orecchie dei piccoli
minorati si riesce a determinare particolari sollecitazioni acustiche e in
base a queste sollecitazioni si crea la protesi che rende quasi normale
l'udito. Il completo recupero però avviene quando i piccoli sono messi
in grado di parlare oltre che di udire. Si inizia così la graduale operazione di rieducazione che porta i piccoli al completo inserimento nella
società.

Descrivere l'illustrazione « Dal dentista » a pag. 261

IN UN SALOTTO

Padrona di casa – Era da tanto tempo che non riunivo in casa mia le amiche piú care; oggi sono felice di avervi qui finalmente.

1ª Signora – È per noi un vero piacere scambiare quattro chiacchiere con te; il guạio è che non sempre si è lịberi . . . .

2ª Signora – Specialmente poi quando si hanno dei bambini.

3ª Signora – Ma lei ha dei bambini?

2ª Signora – Certo! Ne ho tre e mi danno tanto da fare.

3ª Signora – Ma guarda un po'! Io credevo che lei non avesse figli!

Padrona di casa – E se vedessi, che bambini! Sono meravigliosi. Ora si sono ambientati in questa città e ci vịvono bene.

2ª Signora – Sí; molto bene; hanno già i loro amici . . . .

3ª Signora – E lei si trova bene? Generalmente le meridionali stẹntano un poco ad adattarsi al nostro ambiente . . . . .

Padrona di casa – La nostra amica si è ambientata sụbito, riesce simpạtica a tutti . . . . .

3ª Signora – Ma guarda un po'! Ed io che pensavo che fosse tanto difficile ambientarsi da noi per i meridionali. Io, per esẹmpio, non mi adatterẹi facilmente in una città diversa dalla mia.

2ª Signora – Io mi trovo bene in tutte le parti quando ho con me mio marito e i mịei figli.

3ª Signora – Forse sarebbe lo stesso per me se avessi un buon marito e soprattutto dei figli!

Rispọndere alle seguenti domande: Hai delle amiche? Vi scambiate spesso delle vịsite con le amiche? Giocate a canasta o a bridge a casa vostra? Avẹte un giorno stabilito per ricẹvere in casa vostra? Hai qualche amica un po' pettẹgola? Conosci qualche signora che parla troppo? Pensi che sia un bene avere molti figli? Pensi che sịano piú fastidiosi i figli pịccoli o i figli di una certa età? Sei stata sempre nella stessa città? Ti ambienteresti facilmente se dovessi cambiare sede di residenza? Quando sei lontana da casa tua senti la nostalgịa e desịderi ritornare nel tuo ambiente dopo pochi giorni?

Pronomi interrogativi

I pronomi interrogativi sono: **chi? che? quale? quanto?**

Si pọssono adoperare tanto nell'**interrogazione diretta** (*chi sei? che fai? quale vuọi? quanto pago?*), quanto nell'**interrogazione indiretta,** dipendente da un verbo che significa **chiẹdere, domandare,** ecc. (*dimmi chi sei – vọglio sapere che fai – ti chiedo quale vuọi – è bene sapere quanto mi dai*).

CHI, *indeclinạbile,* si adọpera per le persone: *chi viene con me? – domanda chi viene con me – chi bussa? – vai a vedere chi bussa.*

CHE, *indeclinạbile,* si adọpera soltanto per le cose: *che vuọi? che pensi? che fate? – il nostro amico vuol sapere che dici.*

QUALE e **QUANTO** sono *declinạbili* (*quali, quanta, quante*) e si riferịscono tanto a persone quanto a cose: *quale scegli? – quali sono i tuọi figli? – quanto spendi ogni mese? – quanti siete? – il signore chiede quanto costa – dimmi quante ne vuoi.*

I pronomi interrogativi pọssono ẹssere rafforzati con **mai:**
chi verrà mai a quest'ora? – che mai vi viene in mente! – chi mai ti capirà! – che diranno mai i tuọi genitori?

ESERCỊZIO 214 – *Sostituire ai puntini i pronomi interrogativi adatti.*

Queste sono le cravatte: .... scegli? – Dimmi con .... vai e ti dirò .... sei – Mi hai chiesto dei libri; non so .... ne devo preparare – .... mi accompagna oggi al mercato? – Vọglio sapere .... pensi – Non ti ho scritto ancora; .... penserại di me? – Con .... vai a scuola? – Di .... parli? – Non si capisce bene di .... intende parlare e .... vuole dire – Domanda al portiere per sapere .... è venuto oggi – .... dice il commesso? – Hai chiesto .... costa il vestito? – .... può mai crẹdere a quello che dici? – Non capisco .... vuọi – Desịdero sapere .... vẹngono oggi a casa – .... mi chiama? – Desidererẹi comprare un cappotto di questi, ma ....? – .... sono gli invitati?

MESTIERI FACILI

Un chirurgo va a ritirare la sua macchina, una fuoriserie di marca straniera, dal meccanico; non soddisfatto di come è stata riparata, protesta:

— « Se io aggiustassi le persone come lei ripara le automobili finirei certamente in galera! »

— « Ma egregio dottore — ribatte il meccanico — il suo mestiere è piú facile! »

— « Piú facile?! »

— « Sicuro, perché lei lavora soltanto su due modelli e che, per di piú, non vengono mai modificati! »

Verbi irregolari

Indicativo futuro e condizionale dei verbi **bere, vedere, sapere, udire.** I tempi composti si coniugano con l'ausiliare **avere.**

Bere	**Vedere**	**Sapere**	**Udire**
part. pass. bevuto	veduto (visto)	saputo	udito

Futuro semplice

	Bere	**Vedere**	**Sapere**	**Udire**
Io	berrò	vedrò	saprò	udrò
Tu	berrai	vedrai	saprai	udrai
Egli	berrà	vedrà	saprà	udrà
Noi	berremo	vedremo	sapremo	udremo
Voi	berrete	vedrete	saprete	udrete
Essi	berranno	vedranno	sapranno	udranno

Futuro anteriore

	Bere	**Vedere**	**Sapere**	**Udire**
Io	avrò bevuto	avrò veduto (visto)	avrò saputo	avrò udito
Tu	avrai bevuto	avrai veduto (visto)	avrai saputo	avrai udito
ecc.		*ecc.*	*ecc.*	*ecc.*

Condizionale presente

	Bere	**Vedere**	**Sapere**	**Udire**
Io	berrei	vedrei	saprei	udrei
Tu	berresti	vedresti	sapresti	udresti
Egli	berrebbe	vedrebbe	saprebbe	udrebbe
Noi	berremmo	vedremmo	sapremmo	udremmo
Voi	berreste	vedreste	sapreste	udreste
Essi	berrebbero	vedrebbero	saprebbero	udrebbero

Condizionale passato

	Bere	**Vedere**	**Sapere**	**Udire**
Io	avrei bevuto	avrei veduto (visto)	avrei saputo	avrei udito
Tu	avresti bevuto	avresti veduto (visto)	avresti saputo	avresti udito
ecc.		*ecc.*	*ecc.*	*ecc.*

ESERCIZIO 215 – *Coniugare al futuro e al condizionale le frasi seguenti.*

Bere una bibita fresca – Vedere con piacere gli amici – Sapere tutto bene – Udire la voce dei bambini.

ESERCIZIO 216 – *Sostituire al verbo tra parentesi il futuro semplice.*

Tu (udire) un segnale; allora (potere) venire e (sapere) che cosa io penso di te – Quando tu (vedere) la zia, le (dire) che io non (potere) uscire né oggi né domani – Noi (sapere) tutto domani; allora (stabilire) che cosa (volere) o che cosa (potere) fare – Noi (tenere) tutto per noi, se ce lo (concedere); noi (potere) contare su questo – Se tu (bere) una bottiglia intera di birra ghiacciata, finalmente (potere) dissetarti – Io ti (vedere) con piacere, così (bere) insieme un buon bicchiere di vino – Essi (bere) il nostro vino, così (potere) apprezzare i prodotti della nostra terra e (sapere) valutare obiettivamente.

L'avverbio

(Gli avverbi di uso piú comune sono stati riportati a pag. 67, 70, 73, 74, 78, 190).

L'**avverbio** è una **parola invariabile** che serve a determinare meglio l'azione o il significato di un verbo (qualche volta anche di un aggettivo, o di un altro avverbio):

parlare *bene* – arrivare *presto* – ottenere *facilmente* – essere *veramente* ingenuo – finire *troppo presto* – fermarsi *lí* – lavare *sempre*.

Secondo la particolare modificazione che determinano nel significato del verbo, gli avverbi possono essere **di modo, di luogo, di tempo, di quantità, di affermazione, di negazione** o **di dubbio**.

Oltre gli avverbi ci sono anche gruppi di parole che hanno la stessa funzione degli avverbi e che prendono il nome di **locuzioni avverbiali:**

a poco a poco – all'improvviso – di qua e di là – di corsa – ad un tratto – a notte fonda – a buon mercato – a lungo andare, ecc.

Avverbi di modo (vedi pag. 78)

Rispondono alla domanda: **Come?**

Generalmente sono formati da aggettivi qualificativi con il suffisso **-mente.** *Il suffisso si aggiunge direttamente alla forma femminile dell'aggettivo:*

comodo = *comodamente*   veloce = *velocemente*
(*fraudolento* e *violento* hanno la forma *fraudolentemente* e *violentemente*).

Gli aggettivi che terminano con la sillaba **-le** o **-re,** non preceduta da consonante, perdono la **e** finale prima di aggiungere il suffisso **-mente:**

debole = *debolmente*   abile = *abilmente*   militare = *militarmente* ecc.

(ma *folle, acre* ecc. = *follemente, acremente,* perché la sillaba *-le* o *-re* è preceduta da consonante)

Benevolo e leggero hanno la forma *benevolmente* e *leggermente.*

Alcuni avverbi di modo, che indicano posizione del corpo umano, hanno una forma particolare col suffisso **-oni**:

bocconi	*a cavalcioni* ....
carponi	*a saltelloni* ....
ginocchioni	*a spintoni* ....
penzoloni	*a tastoni* ....
ruzzoloni	*a tentoni* ....

Si notino le espressioni:

camminare *carponi* ....
stare *a cavalcioni* su una sedia ....
andare *a saltelloni* ....
andare *a tentoni* nel buio ....

Alcuni aggettivi si possono adoperare in funzione avverbiale: **forte, piano, giusto, certo,** ecc.:

parliamo *piano* – quel ragazzo corre *forte* – *certo* arriverà domani – tu parli *giusto*, ma io devo andare *piano* con queste cose.

Come gli aggettivi corrispondenti, gli avverbi di modo possono avere i gradi di comparazione:

aggettivo:	*forte*	*piú forte*	*fortissimo*
avverbio:	*fortemente*	*piú fortemente*	*fortissimamente*

Non hanno grado di comparazione gli avverbi in **-oni**.

Alcuni avverbi possono avere le forme alterate del diminutivo, dell'accrescitivo, del dipregiativo: **bene, benino, benone; male, maluccio, malaccio.**

Alcuni avverbi di modo

bene	supino	apposta, a bella posta..
benone	supinamente	non ..... affatto .....
male	riverso	volentieri ....
cosí	piano	malvolentieri ....
adagio	piano piano	comunque ....
almeno	sottovoce	scientemente ....
purtroppo	senz'altro	sommessamente ......

ESERCIZIO 217 – *Ricavare gli avverbi in* **-mente** *dai seguenti aggettivi.*

Facile – difficile – volgare – sapiente – pigro – umile – lento – allegro – ostile – militare – ragionevole – distinto – cameratesco – giovanile – caro – cordiale – penoso – passivo – folle.

ESERCIZIO 218 – *Sostituire ai puntini l'avverbio più adatto.*

Questo bambino sta .....; mangia .... ed ha una faccia che non mi piace .... – Non credo che lo faccia ....; è abituato a parlare .... – C'è molta gente che fa tutto poco .... e procede nella vita sempre .... – La vecchia per tutto il tempo della messa stava .... e pregava .... – Il bambino piangeva .... – Camminando .... arrivarono fino alla casa – È pericoloso andare .... nel buio – Questo lavoro è fatto ...., non può andare .... – Il vecchio andò .... per le scale e fu trovato .... sul pavimento – Non è bello stare .... sulle sedie – Spero .... che arrivino .... i miei genitori – Ti darò .... il libro che vuoi.

ESERCIZIO 219 – *Notare le varie locuzioni avverbiali formate dalla parola* **punto** *e sostituirle con espressioni equivalenti.*

Arrivai alle quattro *in punto* e tutto era già pronto – I soldati erano armati *di tutto punto* – Avevano stabilito tutte le condizioni, erano già d'accordo e lui *di punto in bianco* cambiò parere – Lavoro da un anno a questo libro, ora sono *a buon punto* – Ti aspettavo, arrivi *appunto appunto* per definire tutta la faccenda – Avevo sopportato tutto con pazienza, ma *ad un certo punto* cedetti all'ira – Abbiamo esaminato *punto per punto* tutto il programma della festa – Quell'uomo non mi piace *né punto né poco* – Tutta la faccenda è arrivata *ad un punto morto* – *A che punto* sei con il tuo lavoro? – *In punto* di morte si dice spesso la verità – *Dal punto di vista* nostro, tutto va bene.

Uso delle parole – Tradurre le frasi idiomatiche formate con la parola **aria:**

> dare aria ad una stanza ....
> mandare all'aria, buttare all'aria ....
> campare d'aria ....
> cogliere in aria ....
> mutar aria ....
> prendere una boccata d'aria ....
> darsi delle arie ....
> esserci qualcosa per aria ....
> gli stracci vanno all'aria ....
> fare dei castelli in aria ....

ESERCIZIO 220 – *Formare delle frasi servendosi delle frasi idiomatiche riportate.*

(es.: Quell'uomo non mi piace, si dà delle arie - Ancora nulla di preciso, ma c'è qualcosa per aria - Questo è un discorso tutto campato in aria, ecc.)

TORNEO DI BRIDGE PER PRINCIPIANTI

Cronaca (dai giornali) – Non c'è dubbio che il bridge costituisca oggi un utile mezzo ricreativo capace di risolvere anche il problema del tempo libero; questo giuoco infatti ha un aspetto culturale interessante, perché richiede da parte dei giocatori un notevole intuito, delle capacità deduttive e razionali e contribuisce validamente a sviluppare la personalità, la memoria ed il raziocinio.

A tale scopo l'Associazione « Amici del bridge » organizza delle manifestazioni, attraverso un nutrito programma di iniziative di interesse sociale e culturale, che mirano ad una sempre maggiore diffusione del bridge. Per la settimana prossima è previsto l'inizio di un corso per corrispondenza per principianti, i quali non possono frequentare i corsi organizzati nella sede dell'Associazione, mentre per tutti coloro che seguirono i corsi degli anni precedenti viene organizzato un torneo, con ricchi premi per le coppie che si classificheranno nei primi posti, con lo scopo di suscitare tra i giocatori la passione per il bridge agonistico.

Le iscrizioni sono già aperte presso la segreteria dell'Associazione; si è certi che un numero sempre crescente prenderà parte a questo interessante torneo in vista di altre manifestazioni piú impegnative.

Descrivere l'illustrazione « In un salotto » a pag. 267

DAL SARTO

Cliente – Quest'anno ho bisogno di due vestiti di lana per l'ufficio e di un vestito scuro per la sera.

Sarto – Può scegliere tra queste stoffe per i vestiti da mattina.

Cliente – Preferirei colori chiari, anzi è meglio un grigio .... e questa fantasia su fondo nocciola; non ho mai avuto un vestito di questo colore.

Sarto – Bene scelto! Questa è un'ottima stoffa. Per il vestito scuro le sottopongo questi tipi che sono meravigliosi ....

Cliente – Ecco, vorrei una stoffa né troppo leggera, né troppo pesante.

Sarto – Preferisce la solita confezione ad un petto?

Cliente – Sí, ad un petto per i due vestiti da mattina; il vestito scuro è meglio forse questa volta farlo a doppio petto.

Sarto – Dobbiamo rivedere le misure, c'è sempre qualche centimetro ... Mi pare che lei si sia ingrassato un poco ....

Cliente – È proprio una disdetta; per quanto mi preoccupi e faccia pure della ginnastica non riesco a fare rientrare questa pancia!

Sarto – Ma è roba da poco... Lei è alto di statura, quindi non fa nulla. Sí, c'è qualche centimetro di piú! — Ora si portano le giacche un po' lunghe, piú lunghe dello scorso anno .... facciamo la giacca ad un petto a tre bottoni con taglio regolare; lasciamo ai giovanissimi le stravaganze! Pantaloni piuttosto stretti e senza risvolto ...

Cliente – Allora diceva che c'è qualche centimetro di piú?! Sono proprio desolato!

Rispondere alle seguenti domande: Vai spesso dal sarto per farti confezionare i vestiti? Preferisci l'abito su misura o l'abito già confezionato? Preferisci colori chiari o colori scuri per i tuoi vestiti? Segui la moda? Ti piace il taglio moderno dei vestiti da uomo? Non ti pare che ci sia troppa fantasia nei colori dei vestiti dei giovani? Hai visto mai qualche sfilata di moda con vestiti da uomo? Ti piacciono i vestiti sportivi? Porti i pantaloni sempre ben stirati? Preferisci la giacca ad un petto o a due petti? Quando devi comprare la stoffa per un vestito ti accompagna qualcuno? Generalmente sei deciso nella scelta di un colore e di un tipo di stoffa? Ti durano molto i vestiti?

Verbi irregolari

Indicativo futuro e condizionale dei verbi **andare, venire, cadere, rimanere**. I tempi composti si coniugano con l'ausiliare **essere**.

	Andare	**Venire**	**Cadere**	**Rimanere**
part. pass.	andato	venuto	caduto	rimasto

Futuro semplice

	Andare	Venire	Cadere	Rimanere
Io	andrò	verrò	cadrò	rimarrò
Tu	andrai	verrai	cadrai	rimarrai
Egli	andrà	verrà	cadrà	rimarrà
Noi	andremo	verremo	cadremo	rimarremo
Voi	andrete	verrete	cadrete	rimarrete
Essi	andranno	verranno	cadranno	rimarranno

Futuro anteriore

Io	sarò	andato-a	sarò	venuto-a	sarò	caduto-a	sarò	rimasto-a
Tu	sarai	andato-a	sarai	venuto-a	sarai	caduto-a	sarai	rimasto-a
Egli	sarà	andato-a	sarà	venuto-a	sarà	caduto-a	sarà	rimasto-a
Noi	saremo	andati-e	saremo	venuti-e	saremo	caduti-e	saremo	rimasti-e
Voi	sarete	andati-e	sarete	venuti-e	sarete	caduti-e	sarete	rimasti-e
Essi	saranno	andati-e	saranno	venuti-e	saranno	caduti-e	saranno	rimasti-e

Condizionale presente

	Andare	Venire	Cadere	Rimanere
Io	andrei	verrei	cadrei	rimarrei
Tu	andresti	verresti	cadresti	rimarresti
Egli	andrebbe	verrebbe	cadrebbe	rimarrebbe
Noi	andremmo	verremmo	cadremmo	rimarremmo
Voi	andreste	verreste	cadreste	rimarreste
Essi	andrebbero	verrebbero	cadrebbero	rimarrebbero

Condizionale passato

Io	sarei	andato-a	sarei	venuto-a	sarei	caduto-a	sarei	rimasto-a
Tu	saresti	andato-a	saresti	venuto-a	saresti	caduto-a	saresti	rimasto-a
ecc.			*ecc.*		*ecc.*		*ecc.*	

Esercizio 221 – *Coniugare al futuro e al condizionale le frasi seguenti.*

Andare in città – Venire con piacere – Cadere per strada – Rimanere senza soldi.

Esercizio 222 – *Sostituire al verbo tra parentesi il futuro semplice.*

Io (rimanere) a casa ad aspettare; gli amici certamente (venire) alle otto – Se voi (andare) con loro, io (venire) dopo, non (rimanere) qui solo – Voi (venire) con me dal dottore e poi insieme (andare) a fare quelle spese – Questa torre è molto antica e mal ridotta, certamente (cadere) con una forte ventata – Voi (rimanere) qui, noi (andare) alla stazione e (venire) appena sarà arrivato il treno – Egli (arrivare) domani, (rimanere) con noi tre giorni e poi (venire) da voi; (dovere) sbrigare degli affari in città e finalmente (andare) a riposare in campagna – (Venire) il giorno in cui (rimanere) sola; allora (andarsene) in un pensionato per avere un po' di compagnia.

Esercizio 223 – *Sostituire al verbo tra parentesi il futuro anteriore.*

Quando (venire) i miei fratelli, io potrò uscire – Il bambino piange, (cadere) mentre giocava nel giardino – Mio figlio non è in casa, forse (andare) al cinema con gli amici – Io (venire) quattro o cinque volte in questa casa, quindi mi conoscete – Quando arriverà lo zio, noi (andare) già alla spiaggia – Paolo è venuto, ma (rimanere) poco meno di un'ora con noi – Domani a quest'ora, se non arriva un telegramma, (cadere) tutte le speranze di ricevere buone notizie – Dove (andare) il dottore con i suoi amici? – I ragazzi (venire), ma io non li ho visti.

L'ERRORE GRAVE

Durante un ricevimento un signore dice al vicino:

« Ma chi è quell'orribile donna che non tace un momento e non lascia parlare nessuno? »

« Mia moglie »

« Oh, mi scusi per l'errore .... »

« Ma non c'è nulla da scusarsi, per carità; il mio errore è stato certamente più grosso del suo! »

Verbi irregolari

Indicativo futuro e condizionale dei verbi **parere, valere, vịvere, morire.** I tempi composti si cọniugano con l'ausiliare **ẹssere.**

	Parere	Valere	Vịvere	Morire
part. pass.	parso	valso	vissuto	morto

Futuro sẹmplice

Io	parrò	varrò	vivrò	morrò
Tu	parrại	varrại	vivrại	morrại
Egli	parrà	varrà	vivrà	morrà
Noi	parremo	varremo	vivremo	morremo
Voi	parrete	varrete	vivrete	morrete
Essi	parranno	varranno	vivranno	morranno

Futuro anteriore

Io sarò parso-a	sarò valso-a	sarò vissuto-a	sarò morto-a
Tu sarại parso-a	sarại valso-a	sarại vissuto-a	sarại morto-a
ecc.	*ecc.*	*ecc.*	*ecc.*

Condizionale presente

Io	parrẹi	varrẹi	vivrẹi	morrẹi
Tu	parresti	varresti	vivresti	morresti
Egli	parrebbe	varrebbe	vivrebbe	morrebbe
Noi	parremmo	varremmo	vivremmo	morremmo
Voi	parreste	varreste	vivreste	morreste
Essi	parrẹbbero	varrẹbbero	vivrẹbbero	morrẹbbero

Condizionale passato

Io sarẹi parso-a	sarẹi valso-a	sarẹi vissuto-a	sarẹi morto-a
Tu saresti parso-a	saresti valso-a	saresti vissuto-a	saresti morto-a
ecc.	*ecc.*	*ecc.*	*ecc.*

ESERCỊZIO 224 – *Coniugare al futuro e al condizionale le frasi seguenti.*

Parere ingẹnuo – Valere piú degli altri – Vịvere senza pensieri – Morire di spavento.

ESERCIZIO 225 – *Sostituire al verbo tra parentesi il futuro semplice.*

Noi (vivere) sempre bene se (rimanere) legati alle nostre tradizioni –
Chi (vivere) in buoni rapporti con tutti alla fine (morire) in santa pace –
Noi vi (parere) un po' duri all'inizio, ma (essere) piú buoni in seguito –
Se tu (imparare) molte lingue straniere, certamente (valere) di piú –
Io (venire) a trovarti e (volere) dimostrarti quanto (valere) in questa
circostanza – Quel vecchio (morire) in mezzo alla strada se non (portarlo)
all'ospedale – Chi (vivere) (vedere)! – Noi (morire) piuttosto di lasciarci
trascinare nell'ignominia – Se ti (parere) opportuno, quando (vedere)
i nostri amici comuni, (potere) comunicare loro che io (andare) in questi
giorni a Roma e (dovere) restare lontano un paio di mesi; non credo
che essi (morire) senza di me!

Avverbi di luogo

(Per gli avverbi di luogo di uso piú comune, vedi pag. 70)

Gli *avverbi di luogo* rispondono alla domanda: **dove?**

quassú	a destra . . . .
quaggiú	a sinistra . . . .
lassú	tutt'intorno . . . .
laggiú	avanti, innanzi . . . .
di qua	di dove, da dove, donde . . . .
di là	altrove . . . .
di qui	qui vicino . . . .
di lí	in disparte . . . .
altre, al di là	accanto . . . .
dappertutto	daccapo . . . .
per ogni dove	in nessun posto . . . .

Ci e **vi** (preferibile l'uso di **ci**) hanno anche valore di avverbio di luogo col significato di
in questo luogo, in quel luogo, qui, lí:

Vai a scuola in questo periodo? – Sí, *ci* vado ogni giorno.
Abiti ancora all'albergo? – No, non *ci* sto da molto tempo.

Anche **ne** qualche volta è adoperato in funzione di avverbio di luogo, col significato di
da questo luogo, da quel luogo, da qui, da lí:

Sei stato al cinema? – Sí, *ne* esco ora.

La parola **via** viene spesso adoperata in italiano con valore di avverbio di luogo:

vieni *via* con me – se ne vanno *via* piangendo – il giovane scappa *via* a precipizio – i nostri
amici restarono *via* molto tempo – porta *via* questa valigia – lo hanno mandato *via* come un cane.

Si notino le espressioni:

Via via che arrivano gli invitati. . . . . *Via via* che si sistemano le cose. . . . . Porterete quaderni,
libri, carta e cosí *via*. . . . . Io vi offro vitto, alloggio, indumenti e cosí *via* dicendo. . . . .

Uso delle parole – Tradurre le frasi idiomạtiche formate con la parola **bello:**

copiare in bella cọpia ....

farsi un bel nome ....

avere un bel posto ....

è un bel parlatore ....

ci ha detto un bel no ....

sono bell'e spacciato ....

scamparla bella ....

farne delle belle ....

che fai di bello? ....

ora verrà il bello! ....

sul piú bello ....

farsi bello delle penne del pavone ....

ESERCỊZIO 226 – *Formare delle frasi servẹndosi delle frasi idiomạtiche riportate.*

(es.: Quel professionista si è affermato bene, si è fatto un bel nome – Noi abbiamo insistito, ma lui ci ha detto un bel no! - Che fai di bello oggi? Sei impegnato? - Stavamo definendo l'affare e sul piú bello il commerciante ci ha lasciati, ecc.)

MODELLI ỤNICI PER UOMO E PER DONNA

Crọnaca (dai giornali) – Una novità nel campo della moda: un giọvane sarto italiano ha lanciato a Parigi un nuovo modello di vestito uguale per uomo e per donna. « È un modello — afferma l'ideatore — che avrà molta fortuna. È stato presentato da poco tempo ed ha già conquistato uọmini e donne delle grandi città ».

Il modello, che si chiama « ụnisex », è stato già indossato da moltịssime cọppie cẹlebri, specialmente dell'ambiente cinematogrạfico, che hanno dimostrato molto entusiasmo per la « lịnea gemella ».

Per evitare la monotonịa e la ripetizione del modello, sono state trovate infinite varianti e infinite possibilità per il tessuto, la lịnea il colore, gli accostamenti, il tạglio.

A Londra centinạia di esemplari sono stati sụbito esauriti.

Qualcuno ha già commentato: « finora era possịbile che in una famịglia si scambiạssero i vestiti tra fratelli o tra padre e fịglio; ora si potrà uscire con la giacca della mọglie o con i pantaloni del marito! Un vestito potrebbe bastare per un'intera famịglia! ».

Descrịvere l'illustrazione « Dal sarto » a pag. 274

DALL'OROLOGIĄIO

Cliente	— La prego di dare un'occhiata a questo orologio; da qualche tempo non è regolare e spesso si ferma.
Orologiąio	— Sarà un po' sporco, perché apparentemente non ha nulla di rotto: lo puliremo e lo controlleremo.
Cliente	— E la sveglia che le avevo lasciato la settimana scorsa è pronta?
Orologiąio	— Me la deve lasciare ancora qualche giorno, ancora non è regolata. Ho dovuto cambiare il bilanciere.
Cliente	— La mattina è un disastro senza svęglia con i ragazzi che dęvono andare a scuola. La preoccupazione è tale che cocomincio a non dormire piú dopo le cinque; mi sembra sempre che siąno già le sette .... Abbiamo tanti orologi in casa, ma non ce n'è uno che vada bene.
Orologiąio	— Guardi questa piccola svęglia da viąggio, è una meravįglia e non costa tanto.
Cliente	— Alla prima occasione vorrò farne un regalo a mio marito, per il momento dovrò accontentare i ragazzi che vogliono l'orologio da polso per la pesca subącquea!
Orologiąio	— Sono arrivati proprio in questi giorni gli ultimi modelli in puro acciąio; resįstono alle grandi profondità ...
Cliente	— A me fanno paura questi orologi; i ragazzi per provarli vanno sempre piú giú sotto l'acqua e non si sa mai a che ora ritǫrnano a galla!!

Rispǫndere alle domande: Puoi fare un elenco di tutti glį orologi che avete in casa? Qual è l'orologio che ti piace di piú? Hai provato mai ad aggiustare un orologio? È sempre esatto il tuo orologio? Va avanti o va indietro di alcuni minuti qualche volta? Ti disturba lo squillo della svęglia la mattina? Hai sentito mai battere le ore dell'orologio di qualche chiesa o di qualche torre? Il tuo orologio da polso è d'oro o di qualche altro metallo? Possiedi un orologio con il quadrante fosforescente? Hai un orologio per la pesca subacquea? Ti piacerebbe avere l'orologio che, oltre ai minuti e alle ore, segni anche il giorno del mese?

Avverbi di tempo

(Per gli avverbi di tempo di uso piú comune vedi pag. 67)

Gli *avverbi di tempo* rispondono alla domanda: **quando?**

ieri	al piú tardi	subito dopo ....
avantieri	di rado	in anticipo ....
ieri l'altro)	intanto)	per tempo ....
l'altro ieri (..........	frattanto (..........	di buon'ora ....
domani	mai	giammai ....
dopodomani)	mai piú	all'improvviso ....
domani l'altro (......	indi)	ad un tratto ....
domani mattina)	quindi (..........	ad un tempo ....
domattina (......	in seguito)	contemporaneamente ...
domani dopo pranzo ..	tra poco	di colpo ....
domani sera	or ora	al piú presto ....
oggi	appena	a lungo ....
oggigiorno	non appena	quanto prima ....
una volta)	spesse volte	ogni tanto)
un tempo (..........	piú volte	di tanto in tanto (.....
tempo fa	poco fa)	di quando in quando)
talora	poc'anzi (..........	di tratto in tratto (...
talvolta	ogni qualvolta	non ...... piú ......
a volte	sempre piú	ormai ....

Gli avverbi **presto, tardi, spesso** hanno i gradi di comparazione:

arrivarono *tardissimo* – telefonerà *piú tardi* – prima non lo vedevo mai, ora lo vedo *spessissimo* – alzati *piú presto* la mattina – si svegliò *prestissimo* – tutto questo succede sempre *piú spesso*.

Presto e **tardi** hanno anche la forma del diminutivo **prestino, tardino.**

Alcuni avverbi si rafforzano ripetendo lo stesso avverbio:

subito subito – presto presto – or ora – adesso adesso

(l'avverbio **mai** si rafforza con la forma **mai e poi mai**).

Quando, che è generalmente congiunzione temporale, ha il valore di avverbio nelle interrogazioni: *quando* vieni? – *quando* parti per Parigi? ecc.

Esercizio 227 – *Notare gli avverbi di tempo nelle frasi seguenti e formare delle frasi simili.*

I nostri amici arrivarono tardi e ripartirono prestissimo il giorno successivo – Noi siamo sempre in anticipo, siete voi che arrivate sempre in ritardo – Oggi c'è caldo, ieri sera c'era fresco ed è quasi certo che domani pioverà; che tempo insopportabile! – Domani sera verremo da voi; oggi non possiamo muoverci, perché questo pomeriggio arriverà lo zio – Si presentò all'improvviso e non avemmo il tempo di parlargli, perché contemporaneamente arrivò il dottore, che viene di rado da noi – Tra poco passeranno i soldati – Ogni tanto mi ricordo di voi, ma voi non vi ricordate piú di noi – Tempo fa avevo visto i tuoi genitori, avantieri ho incontrato tuo fratello – Dobbiamo sbrigare al piú presto i nostri affari; al piú tardi dovremo partire dopodomani.

LE PROMESSE SI MANTENGONO

Un signore al volante della sua utilitaria sta attraversando un ponte nel momento in cui un'arcata, sotto l'impeto del fiume in piena, comincia a cedere. « San Cristoforo — implora l'uomo — se arrivo salvo all'altra sponda, ti prometto che venderò questa automobile e donerò il ricavato ai poveri! »

Miracolosamente l'uomo si salva; e subito dopo il ponte crolla. Il giorno dopo va dal proprietario di un'autorimessa e gli propone:

« Vede questa macchina? È quasi nuova: gliela vendo per sole mille lire, però ad una condizione, che lei acquisti contemporaneamente anche questa penna stilografica per quattrocentonovantanovemila lire... »

I verbi servili

Sono detti verbi *servili* i verbi **dovere, potere, volere,** quando accompagnano (« servono ») l'infinito di un altro verbo:

> io devo uscire – egli non può camminare – tu vuoi partire

a) Quando i verbi **dovere, potere, volere,** sono usati assolutamente, cioè da soli, nei tempi composti richiedono l'ausiliare **avere:**

> noi *abbiamo* dovuto – essi non *hanno* potuto – voi *avete* voluto, ecc.

b) Quando invece accompagnano un infinito, nei tempi composti richiedono generalmente l'ausiliare del verbo che accompagnano; cosí, se si trovano in unione con verbi intransitivi che richiedono l'ausiliare **essere,** nei tempi composti hanno l'ausiliare **essere:**

> dovere partire   non potere andare   volere tornare

> pass. prossimo *son dovuto partire – non son potuto andare – son voluto tornare*
>   (sono partito)   (sono andato)   (sono tornato)

Questa norma generale, che qualche volta ha le sue eccezioni, è dovuta al fatto che i verbi servili hanno funzione fraseologica, cioè formano una frase con il verbo principale, dando all'infinito un particolare significato che mette in evidenza il *dovere*, la *possibilità*, la *volontà* di chi agisce: hanno insomma soltanto una funzione di *accompagnamento*, mentre l'infinito, che esprime l'azione principale, determina l'uso dell'ausiliare.

Nota: Quelle che comunemente sono indicate come eccezioni a questa regola generale (« *ha dovuto partire di nascosto*..... » Manzoni, ecc.) hanno una giustificazione logica; dimostrano che in alcuni casi il verbo « servile » assume l'importanza di un verbo principale, nel qual caso determina l'uso dell'ausiliare. Nell'esempio del Manzoni citato, non si vuole fermare l'attenzione sull'azione del « partire », ma si vuole sottolineare la necessità, il dovere assoluto che il soggetto ha di partire; il verbo *dovere*, da servile, si è trasformato in verbo principale, indica la parte dell'azione in quella circostanza. *Per evitare confusione si consiglia di adoperare sempre, in casi simili, l'ausiliare richiesto dall'infinito.*

c) Quando l'infinito è sottinteso, o comunque manca, come avviene spesso nelle risposte, si usa sempre l'ausiliare **avere**:

Perché non *sei* venuto ieri? – Perché non *ho* potuto (sott. venire) – *Saremmo* andati tutti con lui, ma non *abbiamo* voluto – *Sei* partito senza dirci nulla – *Ho* dovuto, non avevo tempo.

d) Con i verbi riflessivi e reciproci si usa l'ausiliare **essere** quando la particella pronominale **mi, ti, si, ci, vi,** precede i verbi **dovere, volere**:

mi son dovuto lavare – *ci siamo dovuti* riparare sotto la pensilina – *vi siete dovuti* assoggettare ad uno sforzo non indifferente – *mi son voluto* provare – *ti sei dovuto* vestire in pochi minuti – *ci siamo* sempre *dovuti* difendere con accanimento – *si è voluto* addormentare sulla poltrona.

Se invece la particella pronominale è unita come suffisso all'infinito, si usa l'ausiliare **avere**:

ho dovuto lavarmi – *abbiamo dovuto* ripararci sotto la pensilina – *avete dovuto* assoggettarvi ad uno sforzo non indifferente – *ho voluto* provarmi – *hai dovuto* vestirti in pochi secondi – *abbiamo dovuto* sempre difenderci con accanimento – *ha voluto* addormentarsi sulla poltrona.

ESERCIZIO 228 – *Coniugare al passato prossimo le seguenti frasi.*

Devo lavorare per vivere – Non posso andare a teatro e voglio ritornare presto – Devo partire con i miei fratelli – Non posso venire con voi – Non posso uscire, perché non posso perdere tempo – Mi devo stirare i pantaloni – Devo stirarmi i pantaloni – Mi devo sempre arrabbiare per ottenere qualche cosa da te – Devo sempre arrabbiarmi con te – Ci possiamo vestire in quella stanza – Posso vestirmi subito – Non mi posso arricchire mai con questo lavoro – Non posso arricchirmi lavorando onestamente – Devo salire al quarto piano – Non posso rimanere più con te – Voglio concludere il discorso e così posso uscire con i miei – Devo difendermi con i denti – Non voglio restare senza denaro e voglio rendermi indipendente.

Uso delle parole – Tradurre le frasi idiom̧atiche formate con le parole **anima** e **bene:**

essere un'anima dannata ....

darsi anima e corpo a uno ....

non c'è anima viva ....

giuro sull'anima mia ....

mio padre buon'anima ....

essere due corpi e un'anima ....

voler bene ....

voler un bene dell'anima ....

avere ogni ben di Dio ....

questo castigo ti sta bene ....

questo vestito mi sta bene ....

questo clima mi fa bene ....

star bene con tutti ....

star bene a denari ....

beni di fortuna ....

sono stato ben tre volte a Parigi ....

ESERCIZIO 229 – *Formare delle frasi servendosi delle frasi idiom̧atiche riportate.*

(es.: Quella sera non c'era anima viva nella piazza – Quei due si vogliono molto bene, sono due corpi in un'anima – L'altro vestito non mi piaceva, questo ti sta veramente bene, ecc.)

L'ELETTRONICA NELL'INSEGNAMENTO

Cronaca (dai giornali) – Una persona normale ricorda il 10 per cento di ciò che legge, il 20 per cento di ciò che ascolta, il 30 per cento di ciò che vede ed il 50 per cento di ciò che vede e ascolta. Nella scuola tradizionale l'apprendimento è ancora legato alla lettura dei testi e alle parole del docente ed è raro l'accoppiamento visione-voce da cui l'allievo dovrebbe trarre il maggior profitto. Tutt'al piú la spiegazione della materia viene integrata con grafici e disegni sommari, tracciati con il gesso su una lavagna.

Questo ha indotto le grandi industrie elettroniche a impegnarsi nella produzione di apparecchi audiovisivi sussidiari all'insegnamento, che sono ormai una realtà nelle scuole di tutto il mondo. Si è creata cosí una nuova didattica che ha il suo strumento base nella lavagna luminosa.

La lavagna luminosa, che proietta i disegni tracciati su un piano, funziona sul principio della luce riflessa o anche a trasparenza. L'insegnante si siede di fronte all'apparecchio, scrive su un foglio di plastica trasparente appoggiato sul piano della lavagna e quello che scrive appare immediatamente alle sue spalle.

Le reazioni degli alunni davanti alla lavagna luminosa sono positive. Con questo mezzo viene meglio appagata la sete di sapere di un giovane, perché è aiutata dalla vista; la lezione viene seguita con piú interesse, l'attenzione resta vigile, la descrizione notevolmente facilitata.

Descrivere l'illustrazione « Dall'orologiaio » a pag. 280

AI GIARDINI PUBBLICI

Signorina — Scusi, signora, appartiene a lei quel bambino che è caduto dalla bicicletta?

1ª Signora — Ma sí, certo, è il mio bambino! È un disastro questo bambino, non si può stare mai in pace a leggere un articolo di giornale!

2ª Signora — Il mio bambino l'altro giorno s'è rotta la testa giocando in casa con il fratellino. Che paura! Una ferita cosí; mi creda, signora, sono svenuta dallo spavento!

Signorina — Non si è mai tranquilli con i bambini di quell'età! Io per fortuna non ho di queste preoccupazioni .....

2ª Signora — Non ha bambini lei?

Signorina — Io non sono sposata e vivo nella pace dei Santi .....

2ª Signora — Beata lei! Se sapesse, che vita si fa con i figli che non lasciano respirare un momento tutto il giorno! .....

Signorina — Ah! Ho avuto ben ragione io! Ormai, certo..... ma quante richieste di matrimonio! Quanti adoratori! Gli uomini sono tutti uguali, egoisti, birbanti.

1ª Signora — Vede? Si è sporcato tutto! Questo non è un bambino, è un diavolo! E guardi un po' questo ginocchio!

Signorina — Tutti uguali! Tutti uguali! Cominciano cosí a far disperare la mamma, a dare fastidio ai fratellini e poi, quando saranno giovanotti o uomini maturi, tormenteranno le povere donne!

Rispondere alle seguenti domande: Chi è stato qualche volta ai giardini pubblici? Ci sono dei bei giardini pubblici in questa città? Vi è mai capitato di dover accompagnare dei bambini a passeggio? Si sono comportati sempre bene questi bambini? Avete dei fratellini? Giocano tranquilli in casa? Per una passeggiata nei giardini pubblici preferite la mattina o il pomeriggio? Siete mai stati di sera in un giardino pubblico? Qual è il piú bello tra i giardini pubblici visitati? La signorina che parla con le vicine vi sembra che sia sincera quando esprime quei giudizi sugli uomini? Non è probabile che abbia avuto qualche profonda delusione?

Verbi irregolari

Passato remoto indicativo dei verbi **stare, rimanere, nascere, venire, vivere.** I tempi composti si coniugano con l'ausiliare **essere.**

	Stare	**Rimanere**	**Nascere**	**Venire**	**Vivere**
part. pass.	stato	rimasto	nato	venuto	vissuto

Passato remoto

	Stare	Rimanere	Nascere	Venire	Vivere
Io	stetti	*rimasi*	*nacqui*	*venni*	*vissi*
Tu	stesti	rimanesti	nascesti	venisti	vivesti
Egli	stette	*rimase*	*nacque*	*venne*	*visse*
Noi	stemmo	rimanemmo	nascemmo	venimmo	vivemmo
Voi	steste	rimaneste	nasceste	veniste	viveste
Essi	stettero	*rimasero*	*nacquero*	*vennero*	*vissero*

Da notare che, ad eccezione di pochissimi verbi (*dare, fare, stare, dire, addurre, porre, trarre*), l'irregolarità del passato remoto riguarda sempre la *prima* e *terza persona singolare* e la *terza persona plurale;* le altre persone seguono la forma regolare, unendo la desinenza al tema dell'infinito presente.

ESERCIZIO 230 – *Sostituire al verbo tra parentesi il passato remoto.*

Il poeta Dante (nascere) a Firenze nel 1265 – I bambini (rimanere) male, perché non si aspettavano la brutta sorpresa e (stare) a guardare con gli occhi spalancati e la bocca aperta – Quando (venire) lo zio, noi eravamo già pronti – Noi (rimanere) senza quattrini, ma essi (rimanere) peggio di noi – Noi (stare) in casa tutto il giorno, ma non (venire) nessuno – Io (vivere) per te ore disperate e (rimanere) con il cuore in gola fino alla sera, quando (venire) tuo cugino e mi (assicurare) che stavi bene – Voi (stare) male, ma noi (stare) peggio – Questi bambini (nascere) fortunati e (vivere) sempre tra gli agi – Mi (venire) un'idea felice e (stare) in attesa della mamma per comunicargliela.

PRIMA DI TUTTO LA CORTESIA

Durante le prove il maestro ferma l'orchestra.

« Insomma — grida indignato rivolto al primo flauto — è possibile che lei, proprio mentre suona un « a solo », interrompa la nota per voltare la pagina? Ma se la faccia voltare dal primo clarino, che sta vicino a lei! »

La sera successiva ha luogo la « prima » del concerto. Quando il flauto si esibisce nel suo « a solo », al momento giusto il primo clarino gli volta la pagina.

« Oh! — esclama allora il primo flauto, interrompendosi — grazie, grazie, vecchio mio! »

Avverbi di quantità

(Per gli avverbi di quantità di uso piú comune vedi pag. 73)

Gli *avverbi di quantità* rispondono alla domanda: **quanto?**

poco, po'	ancora . . . .
molto	niente ⎱
piú	nulla ⎰ . . . .
assai	oltremodo . . . .
abbastanza	perfino ⎱
tanto	persino ⎰ . . . .
quanto	altresí . . . .
troppo	altrettanto . . . .
alquanto	neanche ⎱
soltanto	neppure ⎰ . . . .
affatto	circa ⎱
quasi ⎱	su per giú ⎰ . . . .
pressoché ⎰	approssimativamente . . . .

Molto e *poco* hanno anche il superlativo *moltissimo* e *pochissimo*.

Affatto, che significa « del tutto », « interamente », « completamente », non si adopera in senso negativo senza la negazione:

Sei stanco? - *Niente affatto*   Ti piace? - *Non* mi piace *affatto*.

Poco si adopera spesso nella forma apocopata *po'* (ha il diminuitivo *pochino*):

Dammi un *po'* di pane - Dopo un *po'*, questa musica mi stanca.

ESERCIZIO 231 – *Notare gli avverbi di quantità nelle frasi seguenti e formare delle frasi simili.*

Ho lavorato tanto oggi, sono troppo stanco – Mi è oltremodo gradito rivedervi in casa nostra – Non ho capito nulla di quello che hai detto, sono molto distratto – Mangio poco in questo periodo, ma sto abbastanza bene – Dimmi un po', verrai con noi questa sera? – Non sono stato neanche una settimana alla spiaggia e sono molto dispiaciuto, perché ho tanto bisogno di riposo – Eravamo circa venti, non molti in verità per una festa tanto interessante – Sono venuti tutti; perfino i nonni che non escono neppure per le grandi occasioni – Non voglio affatto influire sulla tua decisione, ma spero molto che accetterai il nostro invito; vedrai, ti divertirai moltissimo.

Verbi irregolari

Passato remoto dei verbi **dare, fare, leggere, scrivere**. I tempi composti si coniugano con l'ausiliare **avere**.

	Dare	Fare	Leggere	Scrivere
part. pass.	dato	fatto	letto	scritto

Passato remoto

	Dare	Fare	Leggere	Scrivere
Io	diedi (detti)	feci	lessi	scrissi
Tu	desti	facesti	leggesti	scrivesti
Egli	diede (dette)	fece	lesse	scrisse
Noi	demmo	facemmo	leggemmo	scrivemmo
Voi	deste	faceste	leggeste	scriveste
Essi	diedero (dettero)	fecero	lessero	scrissero

Passato remoto dei verbi **dire, sapere, tenere, vedere**. I tempi composti si coniugano con l'ausiliare **avere**.

	Dire	Sapere	Tenere	Vedere
part. pass.	detto	saputo	tenuto	veduto

Passato remoto

	Dire	Sapere	Tenere	Vedere
Io	dissi	seppi	tenni	vidi
Tu	dicesti	sapesti	tenesti	vedesti
Egli	disse	seppe	tenne	vide
Noi	dicemmo	sapemmo	tenemmo	vedemmo
Voi	diceste	sapeste	teneste	vedeste
Essi	dissero	seppero	tennero	videro

Esercizio 232 – *Sostituire al verbo tra parentesi il passato remoto.*

A) Quando io (leggere) nel giornale la notizia, vi (scrivere) immediatamente una lettera e (dare) incarico ad un amico di portarvi dei fiori – Noi (fare) il nostro dovere, ma essi non (fare) il loro e ci (dare) tanti fastidi – Tu (dare) il nome e il cognome ed io (scrivere) tutto in un mio quadernetto di appunti – Noi (dare) l'incarico ad un avvocato ed essi (dare) quanto dovevano dare, non (fare) nessuna opposizione – Io (fare) il mio dovere: (scrivere) una lunga lettera alla signora e (dare) tutti i dettagli dell'avvenimento – Egli (fare) bene il suo compito; prima (leggere) a lungo il brano e poi (scrivere) senza errori piú di cinque pagine sull'argomento.

B) Io (sapere) troppo tardi che tu eri arrivato e (rimanere) male perché non ti (vedere) in questa occasione – Noi (sapere) tutto nel giro di poche ore e (dire) ciò che pensavamo all'interessato – Il professore (tenere) una conferenza in lingua straniera, ma non lo (dire), perché non parla correntemente la lingua; prima la (scrivere) con cura e poi la (leggere) al pubblico – Quando io ti (vedere), (sapere) che tutto era finito e lo (dire) subito ai tuoi genitori – Essi tanto (fare) e tanto (dire) che alla fine non (tenere) il segreto – Io (dire) ciò che pensavo; (sapere) piú tardi che avevo torto, perché non (tenere) presente che la situazione era molto delicata.

Si notino e si traducano le espressioni con **piú:**

tu sei piú bravo di lui ....
piú presto si fa, meglio è ....
vale di piú ....
né piú né meno ....
tutt'al piú.......................................
per lo piú ....
a piú non posso ....
dirò di piú ....
parlare del piú e del meno ....
sempre piú ....
mille lire in piú ....
niente di piú ....

Esercizio 233 – *Formare delle frasi servendosi delle espressioni con* **piú** *riportate.*

(es.: Abbiamo lavorato a piú non posso; ora ci riposiamo un poco, parlando del piú e del meno – Per lo piú restiamo in casa la domenica – Questo è né piú né meno quello che desideravo, ecc.)

NUOVA SISTEMAZIONE DEI GIARDINI PUBBLICI

Cronaca (dai giornali) – Si sono iniziati finalmente i lavori per la nuova sistemazione dei giardini pubblici della città. Era da tempo che i cittadini attendevano che si passasse alla realizzazione di un progetto che risaliva a qualche anno fa. Finalmente sono stati trovati i fondi per la definitiva sistemazione dei viali e soprattutto per l'impianto di un nuovo sistema di illuminazione che eliminerà tutti gli angoli bui, rifugio di coppiette che cercano la sera un posticino solitario ed appartato. Da qualche tempo queste coppiette costituivano un vero problema per coloro che di sera volevano prendere una boccata d'aria tra i viali del giardino. L'illuminazione risolverà questo problema, ma sarà bene intensificare il servizio di sorveglianza affinché non si ripetano scene disgustose che hanno dimostrato in alcuni scarso senso civico.

I viali saranno anche arricchiti di nuove aiuole e, a quanto pare, alcune statue renderanno attraenti questi giardini pubblici, che costituiscono l'orgoglio della cittadinanza.

Vada un plauso alla Giunta Comunale e soprattutto al Sindaco, che dimostra di avere a cuore tutto ciò che contribuisce a rendere esteticamente bella questa città.

Descrivere l'illustrazione « Ai giardini pubblici » a pag. 286

IN UN NEGOZIO DI SCARPE

Signora – Per me un pạio di scarpe da passẹggio e per i due ragazzi delle scarpe sọlide per andare a scuola.

Commesso – Ha visto qualcosa in vetrina che possa andare bene?

Signora – Sí, per me c'è quel tipo marrone, nella vetrina vicino all'ingresso; per il ragazzo non ho visto nulla, ma per la ragazza c'è quel modello con un po' di tacco....

Commesso – Vediamo un poco: per lei che nụmero?

Signora – Io calzo il nụmero trentotto, la ragazza trentasei; per il ragazzo dobbiamo provare, perché il nụmero trentasette non gli va bene e il nụmero trentotto è un po' grande ....

Commesso – La servo sụbito; porto diversi modelli e lei sceglierà ....

Ragazza – Hai visto mamma, gli scarponi da sci e quelli da montagna? Se quest'inverno dobbiamo andare in montagna....

Signora – Non è questo il momento per pensare alla montagna! Con quello che cọstano le scarpe oggi! Non vedi che devo comprare tre pạia di scarpe in una volta e non so ancora se mi basteranno i soldi?

Ragazzo – Io vọglio i mocassini con la fịbbia, come ụsano ora.

Signora – Tu avrai quello che c'è e che non sụperi la somma che abbiamo preventivato con tuo padre!

Ragazzo – Io non posso aver mai le scarpe che mi piạcciono!

Ragazza – Ed io non riesco ad avere ancora gli scarponi da montagna!

Signora – Ed io non riesco ad ottenere che siate tranquilli quando si dẹvono comprare le scarpe!

Rispọndere alle seguenti domande: Scegli con facilità quando devi comprare un pạio di scarpe? Quante pạia di scarpe hai? Sciupi molto le scarpe generalmente? Hai tutta l'attrezzatura per andare in montagna? Hai gli stivali per andare a cavallo? Che numero di scarpe calzi? Hai avuto qualche volta delle scarpe che ti hanno dato fastidio? Ci sono molti negozi di scarpe nella tua città? Hai le scarpette da ginnastica? Porti il tacco alto o il tacco basso? D'estate porti i sandali? In media, ogni quanto tempo compri un paio di scarpe nuove?

Verbi irregolari

Passato remoto dei verbi **volere, addurre, accendere, accludere.** I tempi composti si coniugano con l'ausiliare **avere.**

	Volere	**Addurre**	**Accendere**	**Accludere**
part. pass.	voluto	addotto	acceso	accluso

Passato remoto

Io	volli	addussi	accesi	acclusi
Tu	volesti	adducesti	accendesti	accludesti
Egli	volle	addusse	accese	accluse
Noi	volemmo	adducemmo	accendemmo	accludemmo
Voi	voleste	adduceste	accendeste	accludeste
Essi	vollero	addussero	accesero	acclusero

Come **addurre** si coniugano i verbi **condurre, dedurre, produrre, ridurre, sedurre, tradurre:**

Io condussi	dedussi	produssi
Tu conducesti	deducesti	producesti
ecc.	*ecc.*	*ecc.*
Io ridussi	sedussi	tradussi
Tu riducesti	seducesti	traducesti
ecc.	*ecc.*	*ecc.*

Esercizio 234 – *Sostituire al verbo tra parentesi il passato remoto.*

Io (volere) rendermi conto di tutto, poi (scrivere) la lettera e vi (accludere) un assegno – Essi (volere) fare tutto il possibile per riuscire, ma (ridursi) tanto male che alla fine non (sapere) dimostrare la loro preparazione accurata – Egli (tradurre) un libro dal giapponese e ciò gli (produrre) una certa notorietà nella sua cittadina – Essi (condurre) a spasso i nonni, i quali (volere) ricambiare con un regalino la gentilezza – Quando (accendere) la luce era già buio completo – Il ragazzo (volere) giustificarsi, ma (addurre) motivi puerili e quindi fu punito – Fu un periodo di crisi e noi (ridurre) al minimo tutte le spese e (condurre) una vita molto ritirata.

Avverbi affermativi - negativi - dubitativi

sí . . . .   no, non . . . .

sissignore ⎱
sissignori ⎰ . . . .

nossignore . . . .

niente affatto . . . .

certo ⎫
di certo ⎬ . . . .
certamente ⎭

in nessun modo . . . .

neanche ⎫
nemmeno ⎬ . . . .
neppure ⎭

sicuro ⎱
sicuramente ⎰ . . . .

mai . . . .

senza dubbio ⎱
indubbiamente ⎰ . . . .

giammai . . . .

nemmeno per sogno . . . .

davvero . . . .

possibilmente . . . .

per l'appunto ⎱
precisamente ⎰ . . . .

probabilmente . . . .

forse . . . .

caso mai . . . .

può darsi ⎱
può essere ⎰ . . . .

chissà . . . .

Non si adopera davanti ad altra parola, **no** quando è isolato:

Egli *non* vuole venire – Vieni con noi? *No* – Ne vuoi? *No, non* ne voglio.

Si notino e si traducano le espressioni:

dire di sí . . . .   credo di sí, credo di no . . . .

dire di no . . . .   essere in forse . . . .

ESERCIZIO 235 – *Formare delle frasi servendosi degli avverbi affermativi, negativi e dubitativi.*

(es.: Vai oggi a cinema? Certamente – Forse verrò, ma può darsi che non abbia tempo – Non ho visto neanche un cane, ecc.)

LA SOTTRAZIONE

— *Adesso* — dice il maestro — *cercherò di farvi capire la sottrazione. Tu, Pierino, vieni alla cattedra ed ascolta bene quello che ti dico: Tu hai dieci dita, va bene?*

— *Sissignore* — ammette Pierino, guardandosi attentamente le mani.

— *Supponiamo ora che tu abbia quattro dita di meno* — continua l'insegnante — *che cosa succede?*

— *Che non prenderei piú quelle maledette lezioni di pianoforte!* — dichiara sospirando il ragazzo.

294

Verbi irregolari

Passato remoto dei verbi **decidere, tacere, mettere, appendere.** I tempi composti si coniugano con l'ausiliare **avere.**

	Decidere	**Tacere**	**Mettere**	**Appendere**
part. pass.	deciso	taciuto	messo	appeso

Passato remoto

Io	decisi	tacqui	misi	appesi
Tu	decidesti	tacesti	mettesti	appendesti
Egli	decise	tacque	mise	appese
Noi	decidemmo	tacemmo	mettemmo	appendemmo
Voi	decideste	taceste	metteste	appendeste
Essi	decisero	tacquero	misero	appesero

Come *mettere* si coniugano *ammettere, commettere, permettere, scommettere;* come *decidere* si coniugano *incidere, coincidere, recidere, uccidere:*

Io	ammisi	commisi	permisi	scommisi
Tu	ammettesti	commettesti	permettesti	scommettesti
	ecc.	*ecc.*	*ecc.*	*ecc.*
Io	incisi	coincisi	recisi	uccisi
Tu	incidesti	coincidesti	recidesti	uccidesti
	ecc.	*ecc.*	*ecc.*	*ecc.*

ESERCIZIO 236 – *Sostituire al verbo tra parentesi il passato remoto.*

Io subito (tacere) e (decidere) di non discutere con lui; soltanto gli altri (decidere) sulle ultime questioni trattate – Riconosco che (commettere) l'errore di lasciarlo libero, ma lo (fare) quando (mettere) bene in evidenza la sua responsabilità – (Appendere) il quadro nella stanza piú grande e (decidere) di non toccarlo piú – Essi (ammettere) di avere sbagliato, ma non (tacere) fino a quando io non (decidere) di buttarli fuori – Io ti (permettere) di venire con noi, ma devo riconoscere che (commettere) un grave errore – Quando egli (tacere) essi (decidere) di accoglierlo in casa, ma gli (mettere) avanti tali difficoltà che quello (decidere) di non accettare – Papà (entrare) in casa ed (appendere) il fucile in anticamera.

Si notino e si traducano le espressioni con **poco:**

poco fa ....

poco dopo ....

fra poco ....

a poco a poco ....

cosa da poco ....

uno da poco ....

dormire, mangiare pochino ....

essere in pochi ....

contentarsi di poco ....

è un poco di buono ....

per poco non cade ....

senti un poco, senti un po' ....

vediamo un po' ....

ESERCIZIO 237 – *Formare delle frasi servendosi delle espressioni con* **poco** *riportate.*

(es.: Non è cosa da poco dovere badare a tutte le faccende di casa - Poco fa sono venuti i tuoi amici - A poco a poco tutte le cose si sistemeranno - Senti un poco, quando taci? ecc.)

Verbi irregolari

Passato remoto dei verbi **discutere, cogliere, ardere, assolvere.** I tempi composti si coniugano con l'ausiliare **avere.**

	Discutere	**Cogliere**	**Ardere**	**Assolvere**
part. pass.	discusso	colto	arso	assolto

Passato remoto

Io	discussi	colsi	arsi	assolsi
Tu	discutesti	cogliesti	ardesti	assolvesti
Egli	discusse	colse	arse	assolse
Noi	discutemmo	cogliemmo	ardemmo	assolvemmo
Voi	discuteste	coglieste	ardeste	assolveste
Essi	discussero	colsero	arsero	assolsero

Come *cogliere* si coniugano *accogliere* e *raccogliere;* come *assolvere* si coniuga *risolvere:*

Io accolsi	raccolsi	risolsi
Tu accogliesti	raccogliesti	risolvesti
ecc.	*ecc.*	*ecc.*

ESERCIZIO 238 – *Sostituire al verbo tra parentesi il passato remoto.*

Tutta la notte (ardere) i ceppi nel camino – I giudici (assolvere) l'imputato, perché non aveva commesso il reato – Noi (discutere) tutto il pomeriggio senza concludere nulla; gli amici invece (discutere) soltanto un'ora e (concludere) qualche cosa – Il contadino (raccogliere) una cesta di fichi – Io (ardere) dal desidęrio di vederti, ma tu non (cogliere) l'occasione per incontrarmi – Lo (accogliere) in casa mia come un figlio e lo (mettere) in condizioni di poter studiare e crearsi un avvenire – Tu non mi (accogliere) bene, per questo (decidere) di partire subito – Io (raccogliere) tutte le prove e lo (assolvere) perché era innocente.

LE SCARPE ITALIANE

Cronaca (dai giornali) – Molto apprezzate sono nel mondo le scarpe italiane, perché sono generalmente scarpe di classe che possiędono tutti i requisiti per imporsi nel mercato internazionale. Molti sono i calzaturifici che producono scarpe eleganti che, oltre all'originale linea, hanno una morbidezza ed una robustezza veramente particolari. Spesso si tratta di lavorazione che avviene secondo i criteri dell'artigianato tradizionale, con maestranze specializzate le quali, pur applicando le tęcniche piú razionali, lavorano con passione, con spirito creativo e con estro, che soddisfano la domanda del mercato più evoluto e raffinato.

Le donne che amano le novità, che preferiscono i colori nuovi, che apprezzano la raffinatezza della linea congiunta alla praticità di una scarpa riposante, trovano sempre in Italia i modelli piú originali. La clientela piú esigente viene sempre tenuta in grande considerazione con prodotti di qualità superiore che costituiscono un vanto di un'industria tanto sviluppata e tanto apprezzata nel mondo.

Descrivere l'illustrazione « In un negozio di scarpe » a pag. 292

IN UNA STAZIONE DI SERVIZIO

Cliente — Benzina super, per favorc; trenta litri.

Commesso — Sí, signore. Controlliamo le gomme? Sono un po' sgǫnfie.

Cliente — Certo, controliạmole; le atmosfere sono 1,4 per le ruote anteriori, 1,6 per quelle posteriori. Da controllare anche l'acqua, la batteria e l'ǫlio del motore.

Commesso — Manca un po' d'acqua distillata nella batteria; l'acqua del radiatore è a livello giusto; bisognerà aggiungere un po' d'ǫlio nel motore, forse basterà mezzo litro.

Cliente — Aggiungi pure l'ǫlio, ma mi raccomando che sia della stessa marca e dello stesso tipo di quello che adǫpero sempre.

Commesso — Non si preǫccupi, aggiungeremo lo stesso ǫlio. Do anche un'occhiata all'ǫlio dei freni e all'ǫlio del differenziale.

Cliente — Dovrebbe ęssere tutto a posto, l'ho fatto controllare pochi giorni fa. Comunque, è sempre męglio controllare.....

Commesso — Tutto a posto. Diamo una pulitina ai vetri ed il signore è servito.

Cliente — Grązie. Dato che ci sei, guarda un po' la lampadina del lampeggiatore destro; qualche volta non si accende.....

Commesso — È soltanto un po' lenta, ma non è rotta. Ora va bene.

Cliente — Le mącchine bisogna tenerle bene e controllarle spesso; si va piú sicuri e durano di piú; è proprio cosí.

Rispǫndere alle seguenti domande: Qual è la cilindrata della tua mącchina? Quale velocità può raggiungere? Qual è il consumo mędio di benzina per ogni cento chilometri? Porti spesso la mącchina in officina per il controllo periǫdico? Fai controllare spesso i pneumątici? Hai cambiato qualche volta la batteria? Per mantenere bene una batteria che cosa si fa? Sono utili le stazioni di servizio? Hai trovato sempre personale premuroso in queste stazioni? Controlli sempre anche la ruota di scorta prima di intraprendere un lungo viaggio? Qual è stato il viaggio piú lungo che hai fatto in macchina?

Verbi irregolari

Passato remoto dei verbi **cadere, correre, crescere, dipendere.** I tempi composti si coniugano con l'ausiliare **essere.**

	Cadere	Correre	Crescere	Dipendere
part. pass.	caduto	corso	cresciuto	dipeso

Passato remoto

	Cadere	Correre	Crescere	Dipendere
Io	caddi	corsi	crebbi	dipesi
Tu	cadesti	corresti	crescesti	dipendesti
Egli	cadde	corse	crebbe	dipese
Noi	cademmo	corremmo	crescemmo	dipendemmo
Voi	cadeste	correste	cresceste	dipendeste
Essi	caddero	corsero	crebbero	dipesero

Come il verbo *correre* si coniugano *accorrere, concorrere, decorrere, discorrere, incorrere, occorrere, percorrere, ricorrere, rincorrere:*

Io accorsi	decorsi	concorsi	discorsi
Tu accorresti	decorresti	concorresti	discorresti
ecc.	*ecc.*	*ecc.*	*ecc.*
Io incorsi	percorsi	ricorsi	rincorsi
Tu incorresti	percorresti	ricorresti	rincorresti
ecc.	*ecc.*	*ecc.*	*ecc.*

Da notare però, che i verbi **concorrere, discorrere, percorrere** e **rincorrere,** nei tempi composti, si coniugano con l'ausiliare **avere.**

I verbi **ricorrere** e **scorrere,** che possono essere transitivi e intransitivi, nei tempi composti possono avere gli ausiliari **essere** o **avere:**

Hanno concorso tutti per la buona riuscita della manifestazione – I tuoi amici *hanno discorso* per tre ore – *Ho percorso* a piedi tutta la strada – Li *ho rincorsi* e li ho raggiunti subito – Il giovane *ha ricorso* a tutte le sue forze – Oggi *ho scorso* tutti i giornali – *È ricorso* ieri il tuo compleanno – *È scorso* molto tempo ormai.

Il verbo **occorrere** si usa generalmente nella forma impersonale, col significato di **servire, essere necessario:** occorre che tu vada..... Occorre che noi facciamo presto..... Mi occorrono dieci giorni di tempo..... Ci occorre molto denaro.....

Come il verbo *crescere* si coniugano *accrescere, decrescere, rincrescere* (*rincrescere* si usa generalmente nella forma impersonale):

Io accrebbi	decrebbi	(rincrebbe)
Tu accrescesti	decrescesti	(rincrebbero)
ecc.	*ecc.*	

ESERCIZIO 239 – *Sostituire al verbo tra parentesi il passato remoto.*

Io (correre) a casa, ma (cadere) nelle scale e mi (fare) male – Molte disgrazie (dipendere) dal fatto che quei ragazzi (cadere) nello stesso errore di prima – L'acqua (crescere) tanto che non (potersi) attraversare la strada – Dalla sua decisione (dipendere) la sorte di mio figlio – Io (cadere) nella curva, tu (cadere) prima di arrivare al traguardo – Tutti (correre) quando (sapere) che era arrivato quell'uomo dall'America – Con questi ragazzi noi (crescere) insieme fino ai cinque anni, poi noi (andare) in città e loro (rimanere) in campagna, quindi non (vedersi) piú – Le ultime resistenze (cadere) quando (arrivare) in gran numero i poliziotti.

CHE SFORTUNA

— *Ma guarda se si può essere piú sfortunati di cosí* — *dice un ergastolano al suo compagno di cella* — *Il numero 57825 aveva tutto pronto per evadere questa notte; nossignori: gli è arrivata la grazia!*

Le locuzioni avverbiali

Con valore di avverbi si adoperano spesso alcuni raggruppamenti di parole, che prendono il nome di *locuzioni avverbiali*. Si riportano le piú comuni, anche se alcune di esse sono state già citate parlando delle preposizioni e degli avverbi, affinché ci si possa esercitare componendo delle frasi.

Con la preposizione A

a poco a poco	a rompicollo ....
a bizzeffe	a precipizio ....
a iosa	a scappa e fuggi ....
a gara	alla chetichella ....
a caso	a occhio e croce ....
a bella posta (apposta)	a buon mercato ....
a vicenda	a menadito ....
a penna	alla fin fine ....
a matita	a lungo andare ....
a catinelle (a dirotto)	a briglia sciolta ....
a quattr'occhi	a spizzico ....
a tu per tu	a piú non posso ....
alla rinfusa	a notte fonda ....
alla buona	a metà ....
alla meglio	a bruciapelo ....
alla carlona	a perdita d'occhio ....
a casaccio	a squarciagola ....
all'impazzata	a denti stretti ....
a memoria	a viso aperto ....
all'ingrosso	a pie' pari ....
al minuto	a tempo perso ....
a rate	a cavallo ....
a vanvera	a piedi ....

Con la preposizione DI

di passo	di buona lena ....
di corsa	di grązia ....
di gran corsa	di passąggio ....
di galoppo	di male in pęggio ....
di volata	di buzzo buono ....
di soppiatto	di palo in frasca ....
di nascosto	di riffe o di raffe ....

Con la preposizione IN

in bịlico	in carne ed ossa ....
in fretta	in forse ....
in fretta e fụria	in piedi.....................
in gran fretta	in ginọcchio ....
in un bątter d'ọcchio	in un fiato ....
in conclusione	in un sorso ....
in una volta	in punta di piedi ....

Con la preposizione PER

per caso	per ogni dove ....
per avventura	per cẹlia ....
per davvero	per adesso ....
per niente	per allora ....
per certo	per amore o per forza ....
per sempre	per l'appunto ....

Altre locuzioni avverbiali

su due piedi	zitto zitto...................
da un pezzo	presto presto ....
botte da orbi	adągio adągio ....
tosto o tardi	bel bello ....

ESERCỊZIO 240 – *Notare le locuzioni avverbiali e formare delle frasi sịmili.*

a) È ammirẹvole: conosce a memọria e a menadito quasi tutta la Divina Commẹdia – Gli fece una domanda a bruciapelo e quello rimase a bocca aperta – Questo è un negozio dove si vende all'ingrosso; io ne cercavo uno dove si vendesse al minuto e possibilmente a rate – È mẹglio che ci parliamo a viso aperto – Io preferisco i disegni a penna; questi a matita non mi piạcciono – Pioveva a catinelle, per questo rientrammo

301

a notte fonda – Devo parlarti a quattr'occhi; ho sopportato tutto fino ad oggi a denti stretti ed ora non ne posso piú – Corrᶒvano a briglia sciolta e a rompicollo per la valle – A cavallo o a piedi, vᶒnnero tutti a precipizio quando sᶒppero della nostra disgrazia – Gridava a squarciagola per vᶒndere la merce; era conveniente comprare, perché tutto era a buon mercato – Non parlare a vanvera; cerca di ricordare bene tutto.

b) Siamo di passaggio; dobbiamo raggiungere i nostri genitori in fretta – Si avvicinarono di soppiatto e gli portarono via tutto – Bisogna mᶒttersi di buona lena e concludere subito qualche cosa – Quel piatto è in bilico sull'orlo del tavolo; cadrà a terra e si romperà certamente – Camminando di passo ci stancheremo meno che andando di corsa - Arrivarono di nascosto e se ne andarono di gran corsa – Non sono cose che si decidono in fretta e furia – Sono sempre in forse se venire con voi o restare in casa – In chiesa, durante la messa, si sta in piedi o in ginocchio – Devo fare tutto in gran fretta, perché partirò con il treno delle cinque – In conclusione, non mi hai ancora detto perché te ne sei andato alla chetichella.

c) A occhio e croce mi pare che questo tavolo sia largo un metro e mezzo – Quando rientriamo a notte inoltrata, camminiamo in punta di piedi per non svegliare i bambini – Per l'appunto, volevo ricordarti che ti aspettiamo questa sera – Dissi quelle cose per celia; non era il caso di prᶒnderle sul serio – Il giovane stanco vuotò il bicchiere in un sorso e si sdraiò sulla poltrona per riposare un poco – È da un pezzo che cerco di dirti questo, ma non ci sono mai riuscito – Tosto o tardi, a lungo andare, finiremo con l'intᶒnderci – Il vecchietto tornava bel bello dalla sua passeggiata e adagio adagio si dirigeva verso casa fischiettando – Non possiamo prᶒndere una decisione definitiva su due piedi; bisognerà prima riflᶒttere a lungo per decidere – Si sono prima scambiate parolacce e poi si son date botte da orbi, fino a quando non sono intervenuti i presenti per dividerli.

NOVE MESI A LETTO PER AIUTARE GLI ASTRONAUTI

Cronaca (dai giornali) – Tre robusti giovanotti americani hanno accettato, per amore della scienza, di sottoporsi ad un esperimento che susciterà nei loro confronti l'invidia dei pigri di tutto il mondo: consiste nel rimanere sdraiati a letto per nove mesi senza mai alzarsi.

L'esperimento viene condotto in un ospedale ed è finanziato dalla NASA, l'ente statunitense per le ricerche spaziali: lo scopo è di studiare quali siano le conseguenze fisiologiche della prolungata permanenza di un uomo in stato di assenza di gravità.

I tre volontari si sono messi a letto il giorno di Natale circondandosi di dischi di musica, di scacchiere, di mazzi di carte.

Le condizioni fisiche dei tre sono ottime, mentre invece si è riscontrata in essi una notevole insofferenza psicologica; anzi uno, incapace di resistere ha chiesto di interrompere il « riposo » cinquanta giorni prima che l'esperimento finisse, ed è stato accontentato. Si è verificato per loro un fenomeno di diminuzione del calcio nelle ossa, ma soltanto nelle prime settimane. Nelle settimane successive è andato diminuendo, fino a scomparire del tutto dopo la ventinovesima settimana.

Presto sarà iniziato un nuovo esperimento, con un altro gruppo di volontari per vedere se sia possibile ridurre, ricorrendo a particolari trattamenti, la perdita del calcio.

Descrivere l'illustrazione « In una stazione di servizio » a pag. 298

PASTICCERIA

IN UNA PASTICCERIA

1ª signora – Mentre noi prendiamo un gelato al tavolo, mi prepari due etti di cioccolatini e dodici pasterelle assortite da portare a casa.

Commesso – La servo subito; si accomodi pure al tavolo, il cameriere servirà subito i gelati.

2ª signora – Ecco, sediamoci qua; è un angolo riparato e nello stesso tempo possiamo goderci il passęggio nella strada.

Cameriere – Le signore desiderano?

1ª signora – Due gelati. Che gelati ci sono?

Cameriere – Abbiamo cioccolata, nocciola, fragola, caffè, pistacchio; abbiamo anche spongati e granite di caffè o di limone.

2ª signora – Io preferisco una granita di limone.

1ª signora – A me un gelato di fragola.

Cameriere – Le servo subito. La granita di limone è una nostra specialità.

1ª signora – È tanto tempo che non prendo un gelato! Ma aspetto sempre l'occasione di prenderlo in questa pasticceria che è famosa per i gelati e per tutti i dolci. Mio marito passa spesso di qui e porta a casa qualcosa, o la torta di mele o i dolcini di mandorle, che sono squisiti. Io però li trovo un po' pesanti e preferisco altri dolci.

2ª signora – Voglio prendere anch'io qualche pasterella; però è un guaio! I dolci fanno ingrassare! E intanto non si riesce a conciliare la dieta con la gola! Pazienza, pazienza! Questi dolci sono tanto buoni!

Rispondere alle seguenti domande: Ti piacciono i dolci? Qual è il tipo di dolce che ti piace di piú? Conosci qualche pasticceria dove si fanno degli ottimi gelati? Ti piacciono i gelati? Qual è il gelato che ti piace di piú? Mangi spesso i dolci? Vai spesso nelle pasticcerie? Conosci i dolci di mandorla? C'è qualcuno in casa tua che sa fare i dolci? Ti piacciono I dolci con la crema? Sai che cosa sono i confetti? Sei stato di recente in qualche trattenimento? Vuoi descrivere i dolci che hanno offerto? Sei goloso? Prendi il caffè con molto zucchero? Conosci qualcuno che preferisce il caffè amaro? Ti piacciono i dolci con la panna?

Le congiunzioni
(Per le congiunzioni di uso piú comune vedi pag. 46)

La *congiunzione* è la parte invariabile del discorso che serve a « congiungere » tra loro due proposizioni o gli elementi di una stessa proposizione.

Le congiunzioni possono essere **coordinative** o **subordinative.** Si dicono **coordinative** le congiunzioni che uniscono due elementi della stessa proposizione, o due proposizioni che non siano in rapporto di dipendenza tra loro; si dicono **subordinative** le congiunzioni che uniscono due proposizioni che hanno tra loro un rapporto di dipendenza, cioè una proposizione principale con una dipendente che è ad essa subordinata.

Le **congiunzioni coordinative,** secondo la loro particolare funzione, si distinguono in:

1) **copulative**: *e (ed), né, neppure, neanche, nemmeno:*

Maria *e* Giovanni passeggiano – Io leggo *e* tu scrivi – Quello che mi dici non è *né* bello *né* utile – È passato e *neppure* si è fermato – Se io non parlo, *neanche* tu mi sembri loquace.

Non c'è nessuna differenza tra *neppure, neanche, nemmeno.*
E davanti a parola che comincia con vocale, per ragioni eufoniche, può diventare **ed** – È bene usare sempre **ed** quando la parola che segue comincia con *e:*

Tu *ed* io siamo buoni amici – Io parlavo *ed* egli rideva – *Ed* anche per questo non potrò venire – Arrivò tardi *ed* era stanco.

2) **disgiuntive**: *o, ovvero, oppure:*

Ridi *o* piangi? – Parli sul serio, *ovvero* scherzi? – Ti conviene partire col treno, *oppure* con l'aereo.

3) **avversative**: *ma, però, tuttavia, peraltro, nondimeno, eppure:*

Quell'uomo sa tutto, *ma* non vuole parlare – È giusto, *però* qualche volta sbaglia – Capisco quello che dici, *tuttavia* non so consigliarti – È tardi, *nondimeno* mi fermo ancora un poco – Ho parlato molto, *peraltro* devo chiarire ancora il mio pensiero – Questo film non è bello, *eppure* mi piace.

Qualche volta si trovano insieme due congiunzioni avversative che si rafforzano a vicenda: *ma tuttavia, ma nondimeno, ma pure,* ecc. Quando si adoperano insieme *ma* e *però,* è bene interporre qualche parola tra le due congiunzioni:

Io non vado questa sera alla festa, *ma* sarebbe bene *però* avvisarli.

4) **dimostrative**: *cioè, infatti, vale a dire, ossia:*

Ti dirò tutto in breve; *cioè* ti riassumerò l'argomento – Puoi fidarti di lui, *infatti* è una persona onesta – Questo è ciò che volevo raccomandarti, *vale a dire* la costanza e la buona volontà – Ti ho detto tutto, *ossia* quasi tutto.

5) **conclusive**: *dunque, pertanto, perciò, quindi, allora, ebbene:*

Siamo tutti d'accordo, *dunque* si può conclųdere – Avete fatto male, *pertanto* non vi resta che chiędere scusa – Ho esposto quanto era necessąrio, *perciò* tutto ora è chiaro – Hai capito bene? *Allora* muọviti – Abbiamo ricevuto tutto, *quindi* possiamo andare – Ci siamo sfogati a parlare, *ebbene* ora siamo soddisfatti.

6) **correlative**: *e.....e, o.....o, né.....né, come.....così, sia.....sia, non solo..... ma anche*, ecc.:

O fai presto, *o* te ne vai – Non accetto *né* l'uno *né* l'altro – *Come* venne, *così* se ne andò – Non mi piace *sia* che parta, *sia* che resti – *Non solo* vuole partire, *ma anche* vuole del denaro.

LA MỌGLIE INGĘNUA

— *Ma pensa quanto è ingęnua mia mọglie!* – dice un signore all'amico — *Ha la fissazione che le pọssano rubare i vestiti, ma non vuole assicurarli, come le ho consigliato io. Dice che lei ha un'idęa originale su questo argomento... infatti ha incaricato un tįzio di stare dentro l'armạdio per sorvegliare i vestiti.*

L'altra notte, quando sono rincasato, ho trovato quest'uomo dentro l'armạdio! Oltre che ingęnua, è prọprio stụpida mia mọglie!

Verbi irregolari

Passato remoto dei verbi **esplọdere, evạdere, giụngere, scęndere**. I tempi composti si cọniugano con l'ausiliare **ęssere**.

	Esplọdere	**Evạdere**	**Giụngere**	**Scęndere**
part. pass.	esploso	evaso	giunto	sceso

Passato remoto

	Esplọdere	**Evạdere**	**Giụngere**	**Scęndere**
Io	esplosi	evasi	giunsi	scesi
Tu	esplodesti	evadesti	giungesti	scendesti
Egli	esplose	evase	giunse	scese
Noi	esplodemmo	evademmo	giungemmo	scendemmo
Voi	esplodeste	evadeste	giungeste	scendeste
Essi	esplọsero	evạsero	giụnsero	scęsero

Come il verbo *giụngere* si cọniugano *aggiụngere, congiụngere, ingiụngere, raggiụngere, soggiụngere,* ma bisogna tenere presente che, mentre *giụngere* nei tempi composti richiede l'ausiliare *ęssere*, i verbi derivati richiędono l'ausiliare *avere*:

Io sono giunto-a	ho aggiunto	ho congiunto
Tu sei giunto-a	hai aggiunto	hai congiunto
ecc.	*ecc.*	*ecc.*
Io ho ingiunto	ho raggiunto	ho soggiunto
Tu hai ingiunto	hai raggiunto	hai soggiunto
ecc.	*ecc.*	*ecc.*

ESERCIZIO 241 – *Sostituire al verbo tra parentesi il passato remoto.*

Alcune bombe (esplodere) nella piazza, proprio dopo che noi (giungere) a casa – Il detenuto (evadere) dal carcere, ma non (giungere) molto lontano, perché fu catturato dopo poche ore – Tu (scendere) subito, ma Gino non (scendere) con te e (giungere) in ritardo – Quando (scendere) le tenebre (giungere) gli amici e insieme (andare) al castello – I ragazzi (esplodere) in esclamazioni di gioia quando (sapere) che erano stati promossi – Il padre indignato non (aggiungere) altro, ma (raggiungere) il suo scopo, perché i figli (scendere) in giardino con le lacrime agli occhi, e quando (essere) davanti alla madre, (dire) che erano pentiti di quello che avevano fatto.

Verbi irregolari

Passato remoto dei verbi **sorgere, accorgersi, dolersi, valere.** I tempi composti si coniugano con l'ausiliare **essere.**

	Sorgere	**Accorgersi**	**Dolersi**	**Valere**
part. pass.	sorto	accortosi	dolutosi	valso

Passato remoto

	Sorgere	**Accorgersi**	**Dolersi**	**Valere**
Io	sorsi	mi accorsi	mi dolsi	valsi
Tu	sorgesti	ti accorgesti	ti dolesti	valesti
Egli	sorse	si accorse	si dolse	valse
Noi	sorgemmo	ci accorgemmo	ci dolemmo	valemmo
Voi	sorgeste	vi accorgeste	vi doleste	valeste
Essi	sorsero	si accorsero	si dolsero	valsero

Come il verbo *sorgere* si coniugano *insorgere, risorgere:*

Io insorsi, tu insorgesti ecc.;   Io risorsi, tu risorgesti ecc.

ESERCIZIO 242 – *Sostituire al verbo tra parentesi il passato remoto.*

Il bambino (accorgersi) di avere perduto un libro, allora (correre) a scuola per vedere se l'aveva lasciato sul banco – La mamma (dolersi) tanto quando (sapere) che il figlio si era comportato male a scuola – A nulla (valere) il mio aiuto, ma sono contento che i miei amici (accorgersi) che io (fare) il possibile per salvarli – Io (accorgersi) subito dell'inganno e (dolersi) soprattutto perché non mi aspettavo da lui questo comportamento – All'improvviso (sorgere) degli ostacoli che nessuno di noi prevedeva, ma allora veramente (valere) l'apporto dei tecnici – A me (sorgere) subito dei dubbi quando (accorgersi) che i conti non erano chiari.

Uso delle parole: Tradurre le frasi idiomatiche formate con la parola **capo:**

capo sventato ....

capo ameno, capo scarico ....

mettere il capo a partito ....

cadere fra capo e collo ....

avere il capo sulle nuvole ....

far capo ad una persona ....

una lavata di capo ....

rompersi il capo in una cosa ....

cosa fatta capo ha ....

da capo a piedi ....

una cosa senza né capo né coda ....

andare a capo (*scrivendo*) ....

avere altro per il capo ....

ESERCIZIO 243 – *Formare delle frasi servendosi delle frasi idiomatiche riportate.*

(es.: Io ero tranquillo, ora mi è caduta tra capo e collo questa disgrazia - Se vai a Roma, puoi far capo al dottor Bianchi - Quello che dici non ha senso, non ha né capo né coda, ecc.)

FURTO IN UNA PASTICCERIA

Cronaca (dai giornali) – Questa notte alcuni ladri sono penetrati in una pasticceria del centro con l'evidente intenzione di impadronirsi dei soldi della cassa, ma hanno avuto la sorpresa di non trovare nulla, perché il proprietario della pasticceria ha l'abitudine di portar via ogni sera l'intero incasso della giornata.

Da quanto ha potuto ricostruire la polizia, i ladri hanno sfogato la loro delusione mettendo a soqquadro tutto il negozio e calpestando un notevole numero di torte che erano esposte nelle vetrine interne. Questa mattina il pavimento era letteralmente coperto di cioccolatini, di biscotti e di caramelle; le pareti imbrattate di crema e di panna a causa delle torte che vi erano state lanciate! Certo non deve essere stato un piacere cercare denaro e trovare soltanto dolciumi!

Per la rabbia, forse, qualcuno dei ladri avrà fatto un'indigestione di cioccolatini, ma è certo che avrebbe preferito ritornare nello stesso negozio il giorno successivo e comprare, con i soldi della stessa pasticceria, uno o due etti di caramelle per i bambini ed una bella torta da offrire a tavola a tutta la famiglia!

Descrivere l'illustrazione « In una pasticceria » a pag. 304

IN UN NEGOZIO DI «OTTICA»

Cliente — Desidero avere stampate queste fotografie; prima però voglio vedere se sono riuscite bene, quindi mi faccia soltanto lo sviluppo. Mi dia anche un rullino per fotografie a colori per questa macchina.

Commesso — Ha una preferenza sulla marca? Desidera il rullino da venti o da trentasei fotografie?

Cliente — Da trentasei. Mi dia anche due film a colori per la mia cinepresa da 8 millimetri. Sviluppano qui anche i film?

Commesso — No, per lo sviluppo bisogna mandarli fuori. La sua cinepresa è da 8 millimetri normale o super?

Cliente — Normale, è una vecchia cinepresa, ma tanto comoda. Ho girato dei film che sono meravigliosi. E dire che io non m'intendo di fotografia; ma la cinepresa è automatica, a me basta regolare soltanto la distanza.

Commesso — Abbiamo dei nuovi apparecchi, come può vedere in questa vetrina, che sono di una maneggevolezza eccezionale e con congegni tali che anche un bambino può fare degli ottimi film.

Cliente — Per il momento tengo l'apparecchio che ho; in questo periodo mi dedico di piú alla fotografia; mio marito è appassionato fotografo dilettante, ottiene dei risultati brillantissimi: ha vinto anche un premio per una fotografia a colori di una rosa.

Commesso — Complimenti ed auguri.

Cliente — Io mi diverto a fotografare i miei bambini .... Mio marito dice che dovrei smetterla con la fotografie, perché sciupo tempo e denaro! Ma lui non è contento di nulla, almeno di quello che faccio io! ....

Rispondere alle seguenti domande: Hai una macchina fotografica? Hai anche la cinepresa? Sai fare delle belle fotografie? Quali sono le piú belle fotografie che hai fatte? Preferisci le fotografie a colori o in bianco e nero? Fai delle diapositive a colori? Hai tutta l'attrezzatura per proiettare i film in casa? Sai quali sono le parti principali di un proiettore? Conosci qualcuno che abbia la cinepresa a 16 millimetri? Sai che cos'è una fotografia fatta controluce? Quando fai delle fotografie ti fai stampare anche l'ingrandimento di qualcuna? Quando hai fatto le ultime fotografie formato tessera? Hai l'attrezzatura per fare fotografie di sera e in ambienti chiusi?

Le congiunzioni
(continuazione)

Le **congiunzioni subordinate,** cioè quelle che introducono proposizioni dipendenti da altre, alle quali sono « subordinate », si distinguono in:

1) **dichiarative**: *che, come:*

So *che* tu farai presto – Penso *che* tu sia buono – Mi spiegò *come* si doveva fare – Non so *come* ti comporterai in questa occasione.

2) **causali**: *perché, poiché, giacché, ché* (= *perché, poiché*), *siccome, dal momento che, visto che, dato che:*

Se ne andarono subito, *perché* erano stanchi – *Poiché* sei stato punito a scuola, resterai in casa tutto il giorno – La ragazza ci salutò in fretta, *giacché* doveva partire – Non vollero fermarsi, *ché* a casa li attendevano per la cena – *Siccome* volevano uscire, cenarono prima del solito – *Dal momento che* nessuno parlava, l'adunanza fu sciolta – *Visto che* tutto era inutile, non perdemmo altro tempo e ce ne andammo – *Dato che* sei venuto qui, ti terrò un po' di compagnia.

3) **temporali**: *quando, allorché, allorquando, mentre, appena, come, tosto che, dal momento che, finché, dacché, fino a quando, ogni volta che:*

Io arrivai *quando* tuo fratello era uscito – Ci affacciammo al balcone, *allorché* cominciò a piovere – Io scrissi la lettera *allorquando* mi telefonò mio zio – *Mentre* passeggiavamo ci vennero incontro gli amici – Lo riconobbi appena lo vidi – *Come* uscí vennero a cercarlo – *Tosto che* lo videro, lo abbracciarono commossi – *Dal momento che* cominciò a parlare, il pubblico lo ascoltò attentamente – *Finché* stette lí, nessuno lo prese in considerazione – Non l'abbiamo piú visto *dacché* partí per l'estero – Staremo ad aspettarlo *fino a quando* ritornerà – *Ogni volta che* parla, sbaglia.

4) **finali**: *affinché, perché, acciocché* (*si costruiscono sempre con il modo congiuntivo*):

Te lo ripeto *affinché* tu possa capire meglio – Andarono a letto presto *perché* potessero alzarsi in tempo per partire – Si fanno dei grandi sacrifici *acciocché* si possa realizzare qualcosa nella vita – Parlo ad alta voce *perché* tutti possano sentire – Ti rimprovero *affinché* ciò non si ripeta piú.

5) **condizionali**: *se, qualora, ove, purché, quando:*

Ti accompagnerò, *se* verrai presto – *Se* tu studiassi di piú, otterresti degli ottimi voti – Ti perdonerei, *qualora* tu dicessi la verità – Potresti uscire, *ove* qualcuno venisse a prenderti – Ti aspetterò, *purché* tu venga presto – *Quando* si vuole, si può sempre riuscire.

6) **concessive**: *benché, sebbene, quantunque, ancorché, nonostante che, con tutto che, per quanto (si costruiscono sempre con il modo congiuntivo):*

Benché avesse ragione, non riuscí a dimostrarlo – Ti regalerò un libro, *sebbene* tu non lo meriti – *Quantunque* mi sforzi, non riesco a superare queste difficoltà – Uscirono tutti, *ancorché* fosse tardi – *Nonostante che* l'avessero abbandonato, il vecchio non odiava nessuno – Ti parlerò francamente, *con tutto che* tu non ispiri molta fiducia – *Per quanto* io possa fare, è difficile che riesca.

7) **modali**: *come, come se, comunque, quasi, quasi che, senza che:*

Tu fai sempre *come* vuoi – Egli parla *come se* nulla fosse successo – *Comunque* vadano le cose, avrò poco da sperare – Piangeva e strillava *quasi* l'avessero strangolato – Mi rimproverava ancora, *quasiché* la colpa fosse mia – Uscirono dalla stanza *senza che* si facessero notare.

8) **consecutive**: *cosí..... che, sí ché, cosicché, tanto..... che, talché, di modo che, al punto che, di guisa che, in modo da:*

Era *cosí* buono *che* tutti lo citavano come esempio – Egli fece *sí che* dovettero assumerlo – Lavorarono tutto l'anno, *cosicché* poi poterono disporre di molto denaro – Non tennero conto dell'orario, *sicché* rimasero fuori – Mi pregarono *tanto che* non potei dire di no – È troppo convinto di quello che dice, *talché* è inutile contraddirlo – Ridusse il libro in quelle condizioni, *di modo che* ora non si può piú adoperare – Con il suo modo di fare arrivò *al punto che* tutti lo sfuggivano – Egli si divincolò con tutte le sue forze, *di guisa che* alla fine dovettero lasciarlo libero – Questi giovani si comportano *in modo da* farsi ammirare da tutti.

9) **eccettuative** (*limitative*): *salvo che, fuorché, tranne che, a patto che:*

Tutto è pronto per partire, *salvo che* tu non decida diversamente – Ha detto tutto, *fuorché* quello che piú interessava – Gli scriverò domani, *tranne che* tu non mi avvisi in tempo – Io verrò, *a patto che* tu mi precisi l'orario.

DOPO VENTICINQUE ANNI!

Il signor Rossi rincasò il giorno del venticinquesimo anniversario del proprio matrimonio e trovò la moglie di pessimo umore.

— Ma lo sai che giorno è oggi? — gli domandò la signora irritata.

— Certo che lo so! — sospirò il signor Rossi.

— E non credi che per celebrare questa data si dovrebbe fare qualcosa di straordinario? — insisté lei.

— Certo — disse il signor Rossi — E dopo averci pensato su un momento, propose: — Che ne diresti di due minuti di silenzio?

Verbi irregolari

Passato remoto dei verbi **assumere, bere, chiedere, togliere.** I tempi composti si coniugano con l'ausiliare **avere.**

	Assumere	**Bere**	**Chiedere**	**Togliere**
part. pass.	assunto	bevuto	chiesto	tolto

Passato remoto

Io	assunsi	bevvi	chiesi	tolsi
Tu	assumesti	bevesti	chiedesti	togliesti
Egli	assunse	bevve	chiese	tolse
Noi	assumemmo	bevemmo	chiedemmo	togliemmo
Voi	assumeste	beveste	chiedeste	toglieste
Essi	assunsero	bevvero	chiesero	tolsero

Passato remoto dei verbi **trarre, vincere, volgere, conoscere.** I tempi composti si coniugano con l'ausiliare **avere.**

	Trarre	**Vincere**	**Volgere**	**Conoscere**
part. pass.	tratto	vinto	volto	conosciuto

Passato remoto

Io	trassi	vinsi	volsi	conobbi
Tu	traesti	vincesti	volgesti	conoscesti
Egli	trasse	vinse	volse	conobbe
Noi	traemmo	vincemmo	volgemmo	conoscemmo
Voi	traeste	vinceste	volgeste	conosceste
Essi	trassero	vinsero	volsero	conobbero

Come il verbo *trarre* si coniugano i verbi *attrarre, contrarre, distrarre, ritrarre, sottrarre;* come *vincere,* si coniugano *avvincere, convincere;* come *volgere* si coniugano *avvolgere, rivolgere, sconvolgere:*

Io attrassi	contrassi	distrassi	ritrassi
Tu attraesti	contraesti	distraesti	ritraesti
ecc.	*ecc.*	*ecc.*	*ecc.*

Io sottrassi	avvinsi	convinsi
Tu sottraesti	avvincesti	convincesti
ecc.	*ecc.*	*ecc.*

Io avvolsi	rivolsi	sconvolsi
Tu avvolgesti	rivolgesti	sconvolgesti
ecc.	*ecc.*	*ecc.*

Esercizio 244 – *Sostituire al verbo tra parentesi il passato prossimo.*

Questo impiegato io lo (assumere) tre mesi fa; lo (conoscere) in occasione di una festa in casa di amici – Tutti (trarre) un sospiro di sollievo quando il direttore (assumersi) la responsabilità di tutto – I ragazzi (chiedere) un supplemento di soldi, ma il padre (tenere) duro; allora

quelli (rivolgersi) alla mamma e cosí (ottenere) quanto (chiedere) –
Il vecchio (togliere) il tappo e (bere) direttamente dalla bottiglia – Io
(conoscere) tuo padre quando tu non eri ancora nato – I giocatori (vincere) una bella partita, ma il pronostico (volgersi) a loro favore quando
(venire) meno l'impegno degli avversari – In quella fabbrica non (assumere) piú impiegati dopo l'incendio di un padiglione che (contrarre)
molto la produzione – Io (volgersi) indietro, (guardare) tutti e li (riconoscere) uno per uno – Io quel giorno (bere) un fiasco di vino e (convincersi) che è meglio bere poco che esagerare con gli alcoolici – Quando
vi (chiedere) il prestito (sconvolgere) i vostri piani, perché volevate favorirmi, ma avevate poco denaro – Egli (togliersi) la giacca, (bere) una
birra e (sdraiarsi) all'ombra del castagno nel giardino.

Uso delle parole – Tradurre le frasi idiomatiche formate con la parola
cadere:

   cadere bocconi ....

   cadere a capofitto ....

   cadere dal sonno ....

   cadere dalle nuvole ....

   cadere dalla padella nella brace ....

   cadere agli esami ....

   la commedia è caduta ....

   cadere come il cacio sui maccheroni ....

   cadere in contraddizione ....

   far cadere dall'alto una cosa ....

ESERCIZIO 245 – *Formare delle frasi servendosi delle frasi idiomatiche riportate.*

(es.: Non sapevo proprio nulla, son caduto dalle nuvole a sentire quelle cose –
Non ne posso piú, cado dal sonno, ecc.)

A CHE SERVONO LE CORNA DEI CERVI?

Cronaca (dai giornali) – Un dottore della Nuova Zelanda ha scoperto
che le corna dei cervi hanno principalmente la funzione di irradiare
calore, permettendo cosí all'animale di mantenere bassa la temperatura
del corpo durante la primavera e l'estate.
 Per i cervi che vivono nella foresta, le corna non possono essere considerate un mezzo di difesa, perché spesso rappresentano un pericoloso

ingombro piuttosto che un'arma. Poiché i maschi cambiano le corna di anno in anno, si deduce che queste debbano avere una funzione stagionale: quella appunto di assicurare la ventilazione corporea nei mesi caldi.

A sostegno di questa tesi si afferma anzitutto che la crescita delle corna, che comporta una considerevole perdita di calore, avviene nel periodo in cui i cervi immagazzinano grassi per l'autunno e per l'inverno, cioé per la stagione degli amori; secondariamente, la spugnosità delle corna nel periodo iniziale di crescita sembra voluta dalla natura per favorire una dispersione di calore; in terzo luogo, è noto che attraverso le corna le capre e i buoi eliminano calore; infine è interessante notare che certe specie di cervi che vivono in zone umide e fresche non hanno le corna.

Descrivere l'illustrazione « In un negozio di ottica » a pag. 309

DUE AMICHE A PASSĘGGIO

Renata – Era da tanto tempo che non facevamo una passeggiatina insieme in città. Tu sei sempre impegnata...

Carla – Certo gli esami all'Università mi tęngono sempre in uno stato di agitazione che dura parecchi mesi, ma se tu sapessi quanto t'invįdio certe volte ... Stare un poco con te per me è sempre una grande giọia.

Renata – Guarda che bel modello di ạbito da sera! Questo è un negọzio che espone sempre delle cose meravigliose. La settimana scorsa c'ęrano dei cappotti e delle pellicce!...
Ha salutato te quel giovanotto?

Carla – Quale giovanotto? Non l'ho neanche visto!...

Renata – Quello che è passato adesso; mi è sembrato che ti facesse un inchino. Ma tu sei sempre distratta.

Carla – Stavo pensando che prima di rientrare a casa devo fare delle cọmpere; devo acquistare anche un oggettino da regalo per mio padre che domani festęggia il suo compleanno, ma ancora non ho nessuna idea. Suggerịscimi tu qualcosa.

Renata – Per un uomo è fạcile; basta pręndere una cravatta...

Carla – Per carità! Mio padre ha gusti molto personali in matęria di cravatte e mia madre, che si ostina sempre a regalạrgliele, non ha capito ancora che è meglio che se le compri lui.

Renata – Allora, se non vuoi spęndere molto, un bel portachiavi.

Carla – Sempre portachiavi! Ma quante chiavi dovrebbe avere mio padre?!

Rispondere alle seguenti domande: Vai spesso a passeggio con qualche amica? Ti piace guardare le vetrine? Esci soltanto per fare degli acquisti, o anche per il semplice gusto di passeggiare? Esiste nella tua città una strada dove si possa passeggiare bene? Ci sono bei negozi? Quali sono i piú eleganti? Prima di comprare qualcosa chiedi consigli a qualcuno? Conosci qualche negozio dove si venda a buon prezzo, anche se la roba è ottima? Fai sempre dei regali in occasione del compleanno o dell'onomastico degli amici? In genere che cosa regali se si tratta di un uomo? E se si tratta di una donna? È piú facile scegliere un regalo per un uomo o per una donna? Recentemente a te hanno regalato qualcosa di carino?

L'esclamazione
(Interiezione)

L'*esclamazione* è quella parte invariabile del discorso che serve ad esprimere con vivacità vari sentimenti dell'animo. Le esclamazioni italiane sono numerosissime, spesso rappresentate da monosillabi, nei quali la lettera *h* ha la funzione di indicare il prolungamento di suono della vocale (ah! = aaà – oh! = ooò).

Le esclamazioni piú semplici sono: *ah!, eh!, ih!, oh!, uh!, ahi!, ehi!, ohi!, ohé!, uff!, auff!, uhm!, ehm!, puh!, puah!, deh!, mah!, beh!*

Alcune di esse sono adoperate per esprimere meraviglia (*ah!, oh!, uh!*), dolore (*ah!, ahi!, ohi!, oh!*), disprezzo (*pu!, puah!*), impazienza (*uff!, auff!*), preghiera (*deh!*), incertezza (*mah!, ehm!*).

Le esclamazioni piú comuni sono:

ahimé! aimé!	macché! . . . .
ohimé! oimé!	finiscila! smettila! . . . .
ohibò! oibò!	guai! . . . .
orsú!	guai a te! . . . .
suvvia!	bada! attenzione! . . . .
viva! evviva!	coraggio! . . . .
bravo!	aiuto! . . . .
bene!	olà! . . . .
forza!	alto là! . . . .
largo!	chi va là! . . . .
perbacco!	piaccia a Dio! . . . .
perdio!	volesse il Cielo! . . . .
diamine!	che peccato! . . . .
accidenti!	acciderba! accipicchia! . . . .
povero me!	magari! . . . .
felice te!	tò! toh! . . . .
corpo di Bacco!	corpo di mille bombe! . . . .
caspita!	

ESERCIZIO 246 – *Formare una frase con ciascuna delle esclamazioni seguenti.*

Puah! – suvvia! – perdinci! – guai! – auff! – ohibò! – caspita! – magari! – ih! – deh! – bravo! – perbacco! – piaccia a Dio! – orsú! – che peccato! – povero me! – felice te!

Verbi irregolari

Passato remoto dei verbi **prendere, porre, chiudere, comprimere.** I tempi composti si coniugano con l'ausiliare **avere.**

	Prendere	Porre	Chiudere	Comprimere
part. pass.	preso	posto	chiuso	compresso

Passato remoto

Io	presi	posi	chiusi	compressi
Tu	prendesti	ponesti	chiudesti	comprimesti
Egli	prese	pose	chiuse	compresse
Noi	prendemmo	ponemmo	chiudemmo	comprimemmo
Voi	prendeste	poneste	chiudeste	comprimeste
Essi	presero	posero	chiusero	compressero

Come *prendere* si coniugano *apprendere, comprendere, riprendere;* come *porre* si coniugano *comporre, deporre, esporre, imporre, proporre, riporre;* come *comprimere* si coniugano *deprimere, esprimere, imprimere, opprimere, reprimere:*

Io appresi	compresi	composi	deposi
Tu apprendesti *ecc.*	comprendesti *ecc.*	componesti *ecc.*	deponesti *ecc.*
Io esposi	imposi	proposi	depressi
Tu esponesti *ecc.*	imponesti *ecc.*	proponesti *ecc.*	deprimesti *ecc.*
Io espressi	impressi	oppressi	repressi
Tu esprimesti *ecc.*	imprimesti *ecc.*	opprimesti *ecc.*	reprimesti *ecc.*

ESERCIZIO 247 – *Sostituire al verbo tra parentesi il passato remoto.*

L'avvocato (prendere) la decisione definitiva e (porre) la sua candidatura all'elezione di presidente – Io ti (comprendere) bene, per questo ti (porre) quelle domande e ti (esprimere) la mia gratitudine – Quando io (chiudere) la porta era già tardi – I soldati (deporre) una corona di fiori davanti al monumento dei caduti e (chiudere) cosí le cerimonie celebrative dell'avvenimento storico – Il maestro (comporre) questa musica in una settimana e (prendere) la decisione di partire subito dopo – Io (apprendere) la notizia mentre ero al mare, per questo non (esprimere) subito tutto il mio dolore – Il tuo amico (assumere) nei miei riguardi un contegno poco riguardoso e mi (chiudere) tutte le vie per ottenere quanto desideravo.

CHE FATICA!

Un ragazzo, parlando delle seconde nozze della madre, descrive ad un amico le premure che ha per lui il padrigno:

— *Pensa che ogni giorno mi porta in barca al centro del lago, a due chilometri dalla riva, e poi mi sta a guardare mentre torno all'imbarcadero a nuoto.*

— *Diamine!* — *osserva l'amico* — *Ma non è troppo faticoso nuotare per due chilometri?*

— *Non è tanto il nuotare che mi stanca* — *spiega il ragazzo* — *quanto il fatto di doverlo fare stando in un sacco!* —

Verbi irregolari

Passato remoto dei verbi **difendere, concedere, dipingere, dirigere**. I tempi composti si coniugano con l'ausiliare **avere**.

	Difendere	Concedere	Dipingere	Dirigere
part. pass.	difeso	concesso	dipinto	diretto

Passato remoto

Io	difesi	concessi	dipinsi	diressi
Tu	difendesti	concedesti	dipingesti	dirigesti
Egli	difese	concesse	dipinse	diresse
Noi	difendemmo	concedemmo	dipingemmo	dirigemmo
Voi	difendeste	concedeste	dipingeste	dirigeste
Essi	difesero	concessero	dipinsero	diressero

Come *difendere* si coniuga *offendere*; come *concedere* si coniugano *retrocedere* e *succedere*.

Da notare che *concedere, retrocedere* e *succedere* hanno anche le forme regolari *concedei* (conceduto), *retrocedei* (retroceduto), *succedei* (succeduto) e che *retrocedere* nei tempi composti si può coniugare con gli ausiliari *essere* e *avere*, mentre *succedere* si coniuga con l'ausiliare *essere*:

Io offesi	retrocessi (retrocedei)	successi (succedei)
Tu offendesti *ecc.*	retrocedesti *ecc.*	succedesti *ecc.*

Esercizio 248 – *Sostituire al verbo tra parentesi il passato remoto.*

L'avvocato (difendere) molto bene la causa, ma il giudice (dirigere) anche molto bene il dibattimento – Io ti (concedere) tutte le possibilità, ma tu non (volere) approfittarne, quindi non (riuscire) – I miei amici mi (difendere) in quella occasione come io non immaginavo; (succedere) proprio quello che quei mascalzoni non si aspettavano – Noi (dirigersi) verso destra, loro (dirigersi) verso sinistra; dopo molte ore (incontrarsi) nel punto stabilito, proprio dove (succedere) i gravi fatti riportati dal giornale – Questo è il pittore che (dipingere) il ritratto della regina – In quel periodo (succedere) tante cose in casa nostra e i nostri amici (offendersi) perché noi non (partecipare) alla loro festa.

Uso della parole – Tradurre le frasi idiomạtiche formate con le parole
botte e **carne:**

volere la botte piena e la moglie ubriaca ....

ẹssere in una botte di ferro ....

la botte dà il vino che ha ....

dare un colpo al cẹrchio ed uno alla botte ....

rimẹttersi in carne ....

era lui in carne ed ossa ....

mẹttere troppa carne al fuoco ....

non ẹssere né carne né pesce ....

ESERCỊZIO 249 – *Formare delle frasi servẹndosi delle frasi idiomạtiche riportate.*

(es.: Ho raccolto tutta la documentazione necessạria, ora sono tranquillo, sono
in una botte di ferro - Dopo la grave malattịa si va rimettendo in carne, ecc.)

Verbi irregolari

Passato remoto dei verbi: **allụdere, fịngere, fọndere, nascọndere.** I tempi
composti si cọniugano con l'ausiliare **avere.**

	Allụdere	**Fịngere**	**Fọndere**	**Nascọndere**
part. pass.	alluso	finto	fuso	nascosto

Passato remoto

	Allụdere	Fịngere	Fọndere	Nascọndere
Io	allusi	finsi	fusi	nascosi
Tu	alludesti	fingesti	fondesti	nascondesti
Egli	alluse	finse	fuse	nascose
Noi	alludemmo	fingemmo	fondemmo	nascondemmo
Voi	alludeste	fingeste	fondeste	nascondeste
Essi	allụsero	fịnsero	fụsero	nascọsero

Come *allụdere* si cọniugano *delụdere, elụdere, illụdere;* come *fọndere* si cọniuga *confọndere:*

Io delusi	elusi	illusi	confusi
Tu deludesti *ecc.*	eludesti *ecc.*	illudesti *ecc.*	confondesti *ecc.*

ESERCỊZIO 250 – *Sostituire al verbo tra parẹntesi il passato remoto.*

Io (fịngere) di non vederlo; (entrare) in casa e (chiụdere) la porta
senza salutarlo – Il vẹcchio (nascọndere) tutti i suoi risparmi nella sof-
fitta – Le due società (fọndersi) e non (nascọndere) a nessuno il programma
futuro – Essi (fịngere) di ẹssere ricchi, cosí (confọndere) le idee di tutti e

(ottenere) molti vantaggi – Quell'artista (fondere) la statua in pochi giorni; io (alludere) a lui quando ti (parlare) di un talento eccezionale – Questi ragazzi mi (deludere) molto, ma (fingere) di nulla e (cercare) di rimetterli sulla buona strada – Noi non (fingere) mai con loro, mentre loro (fingere) sempre con noi – Ad un certo punto (illudersi), ma dopo (sapere) che non valeva la pena trattare quell'affare con quelle persone.

CAMBIA LA MODA ANCHE PER LE PELLICCE

Cronaca (dai giornali) – Nei saloni del piú elegante albergo della città ha avuto luogo ieri sera, alla presenza di un folto pubblico, la presentazione dei nuovi modelli di pellicce che le signore indosseranno il prossimo inverno.

La ricca collezione ha riscosso l'interesse e l'ammirazione delle signore presenti. Le mini-pellicce in tutte le pelli possibili, indicate per le ragazze o le giovani signore dinamiche, da indossare al mattino anche sopra i pantaloni, si alternavano alle maxi-pellicce senza maniche in castoro, utilissime per il dopo-sci in montagna, ed alle pellicce « classiche », cioè quelle di media lunghezza per tutte le ore del giorno in città ed anche per la sera. Pellicce lunghe fino a terra, quasi tutte in visone, sono state proposte per gli abiti da gran sera.

Le linee variano dai modelli con il punto di vita alto nei monopetto, alla semiredingote nei doppiopetto, alla vita segnata bassa. Tra le eccentricità è stato notato l'abito da sera in visone per una festa in montagna. Interessanti sono apparsi anche i modelli confezionati con pelli a intarsi e i capi composti, eseguiti con due o tre differenti tipi di pelliccia.

Descrivere l'illustrazione « Due amiche a passeggio » a pag. 315

IN UN CAMPĘGGIO

1o signore – Questa è la mia nuova tenda; quella che avevo prima era comoda, ma non aveva il doppio telo e quindi in caso di pioggia non aveva una buona tenuta.

2o signore – Il doppio telo è necessario, come è necessaria anche la verandina per avere un poco di ombra.

1o signore – Ho completato in questi giorni tutta l'attrezzatura per il campęggio: lume, cucina con pęntole e piatti, tavolinetto, poltroncine leggerissime e sędie a sdraio, brandine e sacchi a pelo...

Signora – Noi preferiamo la tenda ad una stanza di albergo; questa vita all'aria aperta fa tanto bene.

2o signore – Bisogna rinforzare tutti i paletti e i picchetti e tirare bene le corde; con l'umidità della notte il telo si tira e poi di giorno si allenta tutto.

1o signore – Se vuole, posso aiutarla io; si passa un po' di tempo....

2o signore – No, grazie, ho i ragazzi che mi aiutano.

Ragazzo – Ma io devo andare a pescare sul lago! Mi attęndono gli amici; vedi son tutti pronti con le canne.....

2o signore – Quando c'è bisogno, non sono mai liberi questi ragazzi!

Signora – Ma lasciali divęrtire un poco! Non li lasci respirare quei poveri figli!

2o signore – E si divęrtano pure; io intanto devo piantare paletti e picchetti!

Rispondere alle seguenti domande: Ti piace la vita del campęggio? Avete tutta l'attrezzatura per andare al campęggio? Che tipo di tenda avete? Hai fatto qualche volta un lungo viaggio fermandoti nei vari campęggi? Preferisci il campęggio vicino al mare o in montagna? Quando montate la tenda, aiutate tutti, o c'è una persona in famiglia che si preoccupa particolarmente della parte pratica? Avete il canotto di gomma? Puoi enumerare tutti gli oggetti che servono per fare un buon campeggio? Avete sediolini o poltroncine? Come vi sistemate per dormire? Avete i sacchi a pelo e le brandine, o avete dei lettini da campo? Come risolvete il problema dell'illuminazione la sera? Quanti posti ha la vostra tenda?

Verbi irregolari

Passato remoto dei verbi **dividere, invadere, piangere, rompere.** I tempi composti si coniugano con l'ausiliare **avere.**

	Dividere	**Invadere**	**Piangere**	**Rompere**
part. pass.	diviso	invaso	pianto	rotto

Passato remoto

Io	divisi	invasi	piansi	ruppi
Tu	dividesti	invadesti	piangesti	rompesti
Egli	divise	invase	pianse	ruppe
Noi	dividemmo	invademmo	piangemmo	rompemmo
Voi	divideste	invadeste	piangeste	rompeste
Essi	divisero	invasero	piansero	ruppero

Come *rompere* si coniugano *corrompere, interrompere, irrompere, prorompere:*

Io corruppi	interruppi	irruppi	proruppi
Tu corrompesti	interrompesti	irrompesti	prorompesti
ecc.	*ecc.*	*ecc.*	*ecc.*

Passato remoto dei verbi **rispondere, scegliere, spargere, spegnere.** I tempi composti si coniugano con l'ausiliare **avere.**

	Rispondere	**Scegliere**	**Spargere**	**Spegnere**
part. pass.	risposto	scelto	sparso	spento

Passato remoto

Io	risposi	scelsi	sparsi	spensi
Tu	rispondesti	scegliesti	spargesti	spegnesti
Egli	rispose	scelse	sparse	spense
Noi	rispondemmo	scegliemmo	spargemmo	spegnemmo
Voi	rispondeste	sceglieste	spargeste	spegneste
Essi	risposero	scelsero	sparsero	spensero

ESERCIZIO 251 – *Sostituire al verbo tra parentesi il passato remoto.*

Il bambino (rompere) il bicchiere, (spaventarsi) e (piangere) a calde lagrime – I nemici (invadere) la città in poco tempo e (spargere) il terrore ovunque – Quando io (spegnere) la luce erano le undici, tu la (spegnere) un po' prima – Io (scegliere) per te questa cravatta, la mamma (scegliere) la camicia – Tutti (piangere) di gioia a quella notizia e (rispondere) che erano felici – La ragazza (chiudere) la porta, (spegnere) la luce e (piangere) a lungo al buio – Quel giovane neanche (rispondere) alla mia lettera, e dire che io per aiutarlo (interrompere) il mio lavoro – I bambini (invadere) il giardino, (rompere) molte piante nelle aiuole, ma quando (venire) il giardiniere (piangere) perché quell'uomo non sopporta queste cose – Si (spargere) la voce che arrivava il Presidente e tutti (irrompere) nella piazza per vederlo – Quegli amici non (scegliere) il momento giusto per intervenire, ci (dividere) in due gruppi e (rompere) l'armonia che sempre era regnata tra noi.

SPIRITO DI OSSERVAZIONE

Alcune donne brutte hanno la mania di trovare immancabilmente qualche difetto nelle donne che sono ritenute da tutti belle.

— Io non so proprio perché voi uomini riteniate affascinante quella donna! — dice la signora Bianchi! — Ha la bocca larga, le orbite incavate, la fronte troppo alta.... e poi ha anche una voglia di vino sulla guancia.

— Io non l'ho mai notata questa macchia di vino – obietta il signor Bianchi.

— Non l'avrai notata – ribatte la signora – perché non hai spirito di osservazione e perché è una macchia di vino bianco! Ma è pur sempre una macchia di vino!

Verbi irregolari

Passato remoto dei verbi **stringere, tendere, cuocere, distinguere**. I tempi composti si coniugano con l'ausiliare **avere**.

	Stringere	**Tendere**	**Cuocere**	**Distinguere**
part. pass.	stretto	teso	cotto	distinto

Passato remoto

Io	strinsi	tesi	cossi	distinsi
Tu	stringesti	tendesti	cocesti	distinguesti
Egli	strinse	tese	cosse	distinse
Noi	stringemmo	tendemmo	cocemmo	distinguemmo
Voi	stringeste	tendeste	coceste	distingueste
Essi	strinsero	tesero	cossero	distinsero

Come *tendere* si coniugano *attendere, contendere, distendere, intendere, pretendere, protendere*; come *stringere* si coniuga *costringere*:

Io attesi	contesi	distesi
Tu attendesti *ecc.*	contendesti *ecc.*	distendesti *ecc.*

Io intesi	pretesi	protesi	costrinsi
Tu intendesti *ecc.*	pretendesti *ecc.*	protendesti *ecc.*	costringesti *ecc.*

Passato remoto dei verbi **espҽllere, indュlgere, rҽdere, muҿvere.** I tempi composti si cҿniugano con l'ausiliare **avere.**

	Espҽllere	**Indュlgere**	**Rҽdere**	**Muҿvere**
part. pass.	espulso	indulto	raso	mosso

Passato remoto

Io	espulsi	indulsi	rasi	mossi
Tu	espellesti	indulgesti	radesti	movesti
Egli	espulse	indulse	rase	mosse
Noi	espellemmo	indulgemmo	rademmo	movemmo
Voi	espelleste	indulgeste	radeste	moveste
Essi	espュlsero	indュlsero	rҽsero	mҿssero

ESERCIZIO 252 – *Sostituire al verbo tra parҽntesi il passato remoto.*

Il direttore non (indュlgere) con l'alunno indisciplinato, anzi lo (espҽllere) per tre giorni dalla scuola – Quel giҿvane (distҵnguersi) in occasione di una festa, ma (attҽndere) molti anni per ҽssere preso in considerazione – Io (attҽndere) fino a notte alta il ritorno dei ragazzi e (pretҽndere) che chiedҽssero scusa per il ritardo – La cameriera (cuҿcere) la verdura e ci (fare) mangiare in fretta – Essi (muҿvere) tutte le obiezioni possҵbili, ma noi non (indュlgere) e li (costrҵngere) ad arrҽndersi – L'ュltima volta che io (rҽdersi) la barba (farsi) male perché il rasҿio non era in ҿrdine – Quando ero ragazzo una volta mi (espҽllere) da scuola perché (contҽndere) a lungo con un compagno per una questione banale – Durante la guerra gli aviatori con i bombardamenti aҽrei (rҽdere) al suolo alcune città – L'avvocato (muҿvere) delle gravi accuse e cosí (intҽndere) eliminare ogni possibilità di compromesso.

Uso delle parole – Tradurre le frasi idiomҽtiche formate con la parola **bocca:**

acqua in bocca . . . .
restare a bocca aperta . . . .
restare a bocca asciutta . . . .
senza aprir bocca . . . .
in bocca al lupo! . . . .
levarsi il pan di bocca . . . .
andare per la bocca di tutti . . . .
pҽndere dalla bocca di alcuno . . . .
dire ciò che viene alla bocca . . . .

ESERCIZIO 253 – *Formare delle frasi servҽndosi delle frasi idiomҽtiche riportate.*

(es.: Ci aspettavamo qualche cosa pure noi dallo zio, ma siamo rimasti a bocca asciutta - Quell'uomo vuole tanto bene ai nipotini; per loro si leva il pan di bocca, ecc.

Verbi irregolari

Passato remoto dei verbi **percuotere, proteggere, porgere, ridere.** I tempi composti si coniugano con l'ausiliare **avere.**

	Percuotere	Proteggere	Porgere	Ridere
part. pass.	percosso	protetto	porto	riso

Passato remoto

Io	percossi	protessi	porsi	risi
Tu	percotesti	proteggesti	porgesti	ridesti
Egli	percosse	protesse	porse	rise
Noi	percotemmo	proteggemmo	porgemmo	ridemmo
Voi	percoteste	proteggeste	porgeste	rideste
Essi	percossero	protessero	porsero	risero

Come *percuotere* si coniugano *scuotere* e *riscuotere;* come *porgere* si coniuga *sporgere:*

Io scossi	riscossi	sporsi
Tu scotesti	riscotesti	sporgesti
ecc.	*ecc.*	*ecc.*

ESERCIZIO 254 – *Sostituire al verbo tra parentesi il passato remoto.*

Io (ridere) di gusto quando lo (vedere) vestito in quel modo – La signorina mi (porgere) la mano e (ridere) quando io mi (muovere) verso di lei – La donna (prendere) il ragazzo e lo (percuotere), perché aveva riso e disubbidito – Non so quale santo ci (proteggere) in quella occasione, ma certo non (ridere) fino a quando non (potere) vederci chiaro in tutta la faccenda – Io gli (porgere) una mano e lo (aiutare) perché lo conoscevo bene, ma lui (disobbligarsi) subito non appena (riscuotere) lo stipendio – Mi (ridere) tutti in faccia e non (volere) sentire le mie ragioni – Il ragazzo mi (porgere) la borsa e (andarsene) per i fatti suoi.

LE AURORE POLARI

Cronaca (dai giornali) – Dopo dieci anni di ricerche un gruppo di scienziati di tutto il mondo si sono riuniti per discutere su uno dei fenomeni naturali piú suggestivi: le aurore polari. Analizzate con le tecniche di indagine piú raffinate, compresi i satelliti artificiali, le aurore hanno finalmente rivelato il segreto della loro origine: sono figlie del Sole e del magnetismo terrestre, cioé il risultato di complessi rapporti tra le attività solari e l'ambiente fisico entro il quale la terra si trova racchiusa.

Le aurore appaiono, all'improvviso, nelle regioni polari: simultaneamente a sud e a nord una luminosità colora il cielo nero, assumendo varie forme dai colori meravigliosi: giallo, verde, rosso intenso, violetto e azzurro.

Osservazioni effettuate per decenni avevano dimostrato che a determinate manifestazioni di attività solare corrispondevano sulla Terra fenomeni aurorali. Si riuscí a dimostrare che il giorno dopo un'eruzione solare, un flusso di particelle provenienti dal Sole raggiunge la Terra. In seguito a questa scoperta gli scienziati riuscirono a spiegare il meccanismo attraverso il quale si produceva il fenomeno, ma restavano ancora dei punti oscuri: come mai le particelle solari, che sono relativamente lente, potevano raggiungere una velocità tale da produrre, urtandosi con l'ossigeno e l'azoto atmosferico, fenomeni aurorali? E perché le aurore sono localizzate nelle regioni polari?

A questi interrogativi, soprattutto con i dati raccolti dai satelliti artificiali, sono state date delle risposte soddisfacenti. Si tratta di un urto determinato dal campo magnetico terrestre, che respinge le particelle provenienti dal Sole deviandole dal loro corso fino a che, cosí deviate, trovano una resistenza piú debole e cosí riescono a penetrare nell'interno del campo magnetico e quindi, con una accelerazione progressiva, sono ricondotte nell'atmosfera terrestre verso i due poli.

Descrivere l'illustrazione « In un campeggio » a pag. 321

IN CUCINA

La signora – Rosa, bada alla pęntola del lesso mentre io preparo lo stufato. Bisognerà passare il burro nella tęglia.

Cameriera – Sí, signora; la tęglia è già pronta, si possono męttere i polli nel forno. Devo anche preparare la tavola.

La signora – Certo; apparęcchia per otto persone. Il dolce è nel frigorifero?

Cameriera – Sí, devo soltanto friggere i crostini e sistemare l'antipasto. Ci vuole la padella grande per questi crostini.

La signora – Dopo che avrò preparato il secondo piatto, penseremo a sistemare la frutta. Intanto ricorda di preparare in tempo le tazzine per il caffè.

Cameriera – Devo preparare anche il secchiello per il ghiąccio per l'aperitivo?

La signora – Naturalmente. Vedi un poco se ci sono nel soggiorno le patatine fritte e le olive .... Ma guarda! Non ho pensato all'insalata.

Cameriera – Non si preǫccupi, c'è ancora un po' di lattuga di ieri ....

La signora – Ma la lattuga se non è fresca non è buona! Che cos'è quest'odore di bruciato! Uh! I polli! Ma non hai regolato bene la fiamma nel forno?!

Cameriera – Non si può avere la testa per tutto! Qualcosa sempre sfugge!

La signora – Ma che sfugge e sfugge! Intanto mi si brųciano i polli! Sempre cosí in questa casa! E gli ǫspiti finiranno col notare che c'è qualcosa che non va!...

Rispǫndere alle domande: Avete spesso degli invitati a cena? Chi prepara in gęnere i pasti in casa vostra? Avete una cucina bene attrezzata? Che cosa offrite agli ǫspiti prima di andare a tavola? Vi è mai capitato di avere delle sorprese nella preparazione di un pranzo! Sai cucinare bene tu? Come disponi i posti a tavola quando ci sono molti invitati? Avete un solo servizio di posate? Come si dispone la posata a tavola? Preferisci il vino rosso o il vino bianco? Preferisci la carne o il pesce? Usate molte salse per condire i cibi? Mangiate molta frutta in casa vostra? Ti piace l'insalata? La mangi condita con olio e aceto, o senza aceto? Mangi spesso i dolci? Quale tipo di dolci preferisci?

Verbi irregolari

Passato remoto dei verbi **friggere, mordere, mungere, reggere.** I tempi composti si coniugano con l'ausiliare **avere.**

	Friggere	**Mordere**	**Mungere**	**Reggere**
part. pass.	fritto	morso	munto	retto

Passato remoto

Io	frissi	morsi	munsi	ressi
Tu	friggesti	mordesti	mungesti	reggesti
Egli	frisse	morse	munse	resse
Noi	friggemmo	mordemmo	mungemmo	reggemmo
Voi	friggeste	mordeste	mungeste	reggeste
Essi	frissero	morsero	munsero	ressero

Come *reggere* si coniugano *correggere, sorreggere:*

Io corressi	sorressi
Tu correggesti	sorregesti
ecc.	*ecc.*

Passato remoto dei verbi **persuadere, spingere, stendere, rendere.** I tempi composti si coniugano con l'ausiliare **avere.**

	Persuadere	**Spingere**	**Stendere**	**Rendere**
part. pass.	persuaso	spinto	steso	reso

Passato remoto

Io	persuasi	spinsi	stesi	resi
Tu	persuadesti	spingesti	stendesti	rendesti
Egli	persuase	spinse	stese	rese
Noi	persuademmo	spingemmo	stendemmo	rendemmo
Voi	persuadeste	spingeste	stendeste	rendeste
Essi	persuasero	spinsero	stesero	resero

ESERCIZIO 255 – *Sostituire al verbo tra parentesi il passato remoto.*

La cameriera (friggere) le patate, ma non (cuocere) i fagiolini – Il contadino (mungere) le vacche nella stalla e poi (spingere) gli animali nel campo – Un serpente lo (mordere) quando era in Africa; da quel momento non (spingersi) piú nell'interno della boscaglia – Io (persuadere) il ragazzo ad essere piú disciplinato e cosí (rendere) di piú nei suoi studi – Io (mordermi) le mani dalla rabbia quando (sapere) che non c'era piú nulla da fare – Egli (reggere) quell'ufficio per parecchi anni e (rendere) sempre al massimo delle sue possibilità – I ragazzi (stendere) un telo per terra e (sdraiarsi) per riposare un poco.

MATRIMONIO D'AMORE

C'è folla davanti alla chiesa, dove si celebrano delle nozze patrizie. Due donne commentano lo sposalizio.

— Come sarebbe a dire! — protesta una di esse — Lei gli porta mezzo miliardo in dote, lui non ha una lira e lo chiamano matrimonio d'amore?

— Sa com'è.... — ribatte l'altra — Lui ama tanto i quattrini....

ESERCIZIO 256 – *Notare le espressioni formate col verbo* **prendere** *e sostituirle con un verbo corrispondente.*

Sono stato male questa notte, non sono riuscito a *prendere sonno* – Siamo contenti della nuova cameriera, che ha *preso servizio* la settimana scorsa – Il nuovo impiegato si è *presi troppi giorni* di vacanza – Il ladro saltò dalla finestra e *prese la fuga* – *Prendemmo una grande paura*: questa notte la paglia *prese fuoco* nella stalla – Prima di uscire *prendi nota* di tutto ciò che devi comprare – I nostri ospiti *presero congedo* a tarda notte – Gli amici vennero a *prendermi a casa* per andare a teatro – Quell'uomo *prese moglie* all'età di cinquant'anni – Ieri mi *son preso un terribile raffreddore* – Siamo andati a passeggio per *prendere una boccata d'aria*.

Verbi irregolari

Passato remoto dei verbi **distruggere, tingere, sciogliere, erigere.** I tempi composti si coniugano con l'ausiliare **avere.**

	Distruggere	**Tingere**	**Sciogliere**	**Erigere**
part. pass.	distrutto	tinto	sciolto	eretto

Passato remoto

Io	distrussi	tinsi	sciolsi	eressi
Tu	distruggesti	tingesti	sciogliesti	erigesti
Egli	distrusse	tinse	sciolse	eresse
Noi	distruggemmo	tingemmo	sciogliemmo	erigemmo
Voi	distruggeste	tingeste	scioglieste	erigeste
Essi	distrussero	tinsero	sciolsero	eressero

Passato remoto dei verbi **estinguere, infrangere, ungere, prediligere.**
I tempi composti si coniugano con l'ausiliare **avere.**

	Estinguere	**Infrangere**	**Ungere**	**Prediligere**
part. pass.	estinto	infranto	unto	prediletto

Passato remoto

	Estinguere	Infrangere	Ungere	Prediligere
Io	estinsi	infransi	unsi	predilessi
Tu	estinguesti	infrangesti	ungesti	prediligesti
Egli	estinse	infranse	unse	predilesse
Noi	estinguemmo	infrangemmo	ungemmo	prediligemmo
Voi	estingueste	infrangeste	ungeste	prediligeste
Essi	estinsero	infransero	unsero	predilessero

ESERCIZIO 257 – *Sostituire al verbo tra parentesi il passato remoto.*

Il terremoto (distruggere) quasi tutte le case della cittadina – Noi (tingere) di rosso i mobili dell'ingresso, mentre la mamma (tingere) con la biacca le sedie del giardino – Il meccanico (ungere) tutti gli ingranaggi del motore prima di avviarlo – Con quel gesto il giovane (infrangere) una vecchia tradizione ed (infrangere) soprattutto le norme che regolano il vivere civile – Con la morte del vecchio (estinguersi) la generazione piú gagliarda di quella famiglia – Non (potere) adoperare quella corda, a stento (sciogliere) pochi nodi – I cittadini (erigere) un bel monumento all'uomo illustre che (rendersi) benemerito con opere geniali – Io (prediligere) sempre i bravi ragazzi – I soldati (distruggere) tutti i ponti prima di ritirarsi e cosí (impedire) ai nemici di raggiungerli in breve tempo.

Verbi irregolari

Congiuntivo presente e passato dei verbi **andare, stare, venire, morire.**
I tempi composti si coniugano con l'ausiliare **essere.**

	Andare	**Stare**	**Venire**	**Morire**
part. pass.	andato	stato	venuto	morto

Presente

	Andare	Stare	Venire	Morire
che io	vada	stia	venga	muoia
che tu	vada	stia	venga	muoia
che egli	vada	stia	venga	muoia
che noi	andiamo	stiamo	veniamo	moriamo
che voi	andiate	stiate	veniate	moriate
che essi	vadano	stiano	vengano	muoiano

Passato

	Andare	Stare	Venire	Morire
che io	sia andato-a	sia stato-a	sia venuto-a	sia morto-a
che tu	sia andato-a *ecc.*	sia stato-a *ecc.*	sia venuto-a *ecc.*	sia morto-a *ecc.*

ESERCIZIO 258 – *Sostituire al verbo tra parentesi il congiuntivo presente.*

Io desidero che tu (venire) al piú presto possibile e che (stare) con me almeno una settimana – Penso che oggi (venire) i miei amici per la solita canasta – Speriamo che tutto (andare) bene, in modo che voi (stare) tranquilli – Temo che il vecchio (morire) questa notte, perché era grave – Egli (andare) dove vuole, l'interessante è che sua sorella (venire) con noi alla gita – È difficile che questo bambino (stare) un momento fermo, speriamo che (venire) qualcuno a prenderlo – Non posso permettere che tu (stare) cosí bene e che l'altro (morire) dal freddo e dalla fame – Mi piace che voi (venire) a passare qualche giorno con noi, perché penso che in campagna (morire) di noia.

ESERCIZIO 259 – *Sostituire al verbo tra parentesi il congiuntivo passato.*

Io credo che tuo fratello (andare) al cinema e che tua sorella (venire) per passare un paio d'ore con noi – Mi pare che (venire) il momento di parlare con franchezza – Credo che quella donna (morire) di polmonite – Mi pare che i gattini (morire) tutti in un giorno – Temo che gli amici (venire) e (andarsene) subito senza aspettarmi – Credo che i tuoi genitori (stare) in Germania per tre mesi, che (andare) anche in Inghilterra e che (venire) qui per riposare – Si pensa che il vecchio (morire) assiderato – Non c'è uno che (venire) a trovarmi in questo periodo; penso che tutti (andare) a villeggiare in montagna – È bene che tu (andare) da tuo zio – Non so che cosa (andare) a fare tuo fratello a Roma.

UNA CAMERIERA ORIGINALE

Cronaca (dai giornali) – Una « cameriera abilissima » era stata definita da tutti coloro che l'avevano avuta a servizio, però era pure vero che aveva cambiato tanti padroni nel giro di pochissimi anni!

Nella nuova casa aveva detto di trovarsi bene, anche perché la padrona, date le difficoltà che aveva incontrate per trovarne una che corrispondesse alle sue esigenze, le aveva concesso tutto ciò che desiderava: ottimo compenso, libertà completa nei giorni festivi e possibilità di ricevere in casa le sue amiche. Ma fu proprio su quest'ultimo punto che l'accordo era finito: la perfetta cameriera pretendeva che si tenesse una poltrona dentro la cucina per ricevere qualche amica anche durante le ore di lavoro! La signora fu irremovibile; la cameriera si ostinò e pretese che, se volevano licenziarla, le dovevano pagare i danni, perché per avere accettato di servire in quella casa aveva perduto una preziosa opportunità, quella di seguire due vecchi signori in giro per il mondo in viaggio di piacere!

Ne nacque una questione che durò a lungo, ma la poltrona non venne sistemata in cucina e la cameriera uscí di casa sbraitando contro i ricchi signori che nulla vogliono concedere a chi deve sacrificarsi per loro tutto il giorno!

Descrivere l'illustrazione « In cucina » a pag. 327

A TEATRO

Moglie	– Non hai prenotato le poltrone? Vedo che c'è molta gente.
Marito	– Non mi pare che ci sia tanta folla da non trovare posti. Questa commędia è in cartellone da dieci giorni ed è diffįcile che ci sia il « tutto esaurito ».

(alla bigliettęria)

Per favore, mi dia due biglietti per due poltrone possibilmente centrali.

Bigliettaio	– Fino alla dęcima fila è tutto occupato. Se vuole qualche posto piú vicino al palcoscęnico, lo abbiamo soltanto nei settori laterali.
Moglie	– Męglio al centro, anche se è un po' distante.
Marito	– Allora va bene nel settore centrale alla undicęsima fila.
Moglie	– Oh! Ma guarda chi si vede! I Bianchi!
Signora Bianchi	– Cara, quanto tempo è che non ci vediamo! Come va?
Moglie	– Bene, bene! Dįcono che questa è una commędia brillantįssima, che ha avuto tanto successo all'ęstero..... Noi siamo degli appassionati di teatro di prosa e non vogliamo pęrdere questo spettącolo. Non ci sono posti nelle prime file, abbiamo dovuto contentarci della undicęsima fila; se voi non fate presto, non troverete posti neanche in questa fila...
Signora Bianchi	– Ma noi abbiamo già i biglietti; mio marito aveva prenotato quattro giorni fa; siamo in seconda fila. Ci vedremo dopo.
Moglie	– Lo dicevo io che non fai mai nulla di buono! Tutti hanno prenotato in tempo ųtile e noi alla undicęsima fila! Sempre cosí con te!
Marito	– Stai buona, non è questo il modo migliore per prepararsi ad assįstere alla commędia!

Rispondere alle seguenti domande: Vai spesso a teatro? Ti piace di piú il teatro di prosa o la lirica? Tra le opere liriche quali preferisci? C'è un musicista che piú ti commuove? Preferisci, nella prosa, la commedia o il dramma? Segui nei giornali le cronache teatrali? Qual è l'attore o l'attrice di fama mondiale che piú ti piace? Preferisci il teatro al cinema? Quando devi andare a teatro, prenoti sempre i posti? Ti piace rivedere a teatro un'opera che hai già precedentemente vista? Sei stato qualche volta alla « prima » di qualche opera importante? Hai amici che siano veramente appassionati di teatro? C'è nella tua città un teatro d'avanguardia? Qual è la commedia che ti piace di piú? Ti piace il teatro classico antico?

Verbi irregolari

Congiuntivo presente e passato dei verbi **uscire, salire, rimanere, apparire.**
I tempi composti si coniugano con l'ausiliare **essere.**

	Uscire	**Salire**	**Rimanere**	**Apparire**
part. pass.	uscito	salito	rimasto	apparso

Presente

	Uscire	**Salire**	**Rimanere**	**Apparire**
Che io	esca	salga	rimanga	appaia (apparisca)
Che tu	esca	salga	rimanga	appaia (apparisca)
Che egli	esca	salga	rimanga	appaia (apparisca)
Che noi	usciamo	saliamo	rimaniamo	appariamo
Che voi	usciate	saliate	rimaniate	appariate
Che essi	escano	salgano	rimangano	appaiano (appariscano)

Passato

Che io sia uscito-a	sia salito-a	sia rimasto-a	sia apparso-a
Che tu sia uscito-a *ecc.*	sia salito-a *ecc.*	sia rimasto-a *ecc.*	sia apparso-a *ecc.*

Congiuntivo presente e passato dei verbi **giacere, piacere, parere, valere.**
I tempi composti si coniugano con l'ausiliare **essere.**

	Giacere	**Piacere**	**Parere**	**Valere**
part. pass.	giaciuto	piaciuto	parso	valso

Presente

	Giacere	**Piacere**	**Parere**	**Valere**
Che io	giaccia	piaccia	paia	valga
Che tu	giaccia	piaccia	paia	valga
Che egli	giaccia	piaccia	paia	valga
Che noi	giaciamo	piacciamo	paiamo	valiamo
Che voi	giaciate	piacciate	paiate	valiate
Che essi	giacciano	piacciano	paiano	valgano

Passato

Che io sia giaciuto-a	sia piaciuto-a	sia parso-a	sia valso-a
Che tu sia giaciuto-a *ecc.*	sia piaciuto-a *ecc.*	sia parso-a *ecc.*	sia valso-a *ecc.*

ESERCIZIO 260 – *Sostituire al verbo tra parentesi il congiuntivo presente.*

Non voglio che tu (uscire) senza cappotto – Penso che questa pietanza (piacere) alla signora e che tutti gli ospiti (rimanere) soddisfatti della nostra cena – È difficile che io (salire) su quella montagna; non devi credere che mi (piacere) molto l'alpinismo! – Non so se ti (piacere), ma è bene che tu (andare) da lui e (rimanere) lí fino a quando a lui (parere) opportuno – Penso che non (valere) la pena di affannarsi tanto e che tutto (rimanere) come prima – Egli pensa che tu (stare) bene e che già (uscire), ma io credo che tu (giacere) ancora in un letto e che per te tutto (andare) male – Voglio che tu (rimanere) con me; ti (piacere) o non ti (piacere).

ESERCIZIO 261 – *Sostituire al verbo tra parentesi il congiuntivo passato.*

Credo che quell'articolo non (apparire) sul giornale di oggi e che (rimanere) sul tavolo del direttore – Mi pare che mia sorella (uscire) con Carlo e che (andare) a fare delle spese – È difficile che un bambino (salire) sulla sedia e poi sul tavolo e (rimanere) per un'ora in quella posizione scomoda – Mi pare che (rimanere) soltanto un capitolo da studiare e che quanto abbiamo detto vi (parere) semplice e chiaro – Nessuno è venuto a trovarmi e questo non devi credere che mi (piacere) – Non credo che (valere) a nulla tutto il bene che gli abbiamo fatto, anzi credo che a qualcuno (parere) tutto interessato il nostro modo di fare – Credo che Renata (uscire) e che (salire) sul grattacielo.

Verbi irregolari

Congiuntivo presente e passato dei verbi **dare, dire, fare, tenere.** I tempi composti si coniugano con l'ausiliare **avere.**

	Dare	**Dire**	**Fare**	**Tenere**
part. pass.	dato	detto	fatto	tenuto

Presente

Che io	dia	dica	faccia	tenga
Che tu	dia	dica	faccia	tenga
Che egli	dia	dica	faccia	tenga
Che noi	diamo	diciamo	facciamo	teniamo
Che voi	diate	diciate	facciate	teniate
Che essi	diano	dicano	facciano	tengano

Passato

Che io	abbia dato	abbia detto	abbia fatto	abbia tenuto
Che tu	abbia dato	abbia detto	abbia fatto	abbia tenuto
ecc.		*ecc.*	*ecc.*	*ecc.*

Congiuntivo presente e passato dei verbi **potere, dovere, volere, udire.**
I tempi composti si coniugano con l'ausiliare **avere.**

	Potere	Dovere	Volere	Udire
part. pass.	potuto	dovuto	voluto	udito

Presente

		Potere	Dovere	Volere	Udire
Che io	possa	debba	voglia	oda
Che tu	possa	debba	voglia	oda
Che egli	possa	debba	voglia	oda
Che noi	possiamo	dobbiamo	vogliamo	udiamo
Che voi	possiate	dobbiate	vogliate	udiate
Che essi	possano	debbano	vogliano	odano

Passato

Che io abbia potuto	abbia dovuto	abbia voluto	abbia udito
Che tu abbia potuto	abbia dovuto	abbia voluto	abbia udito
ecc.	*ecc.*	*ecc.*	*ecc.*

ESERCIZIO 262 – *Sostituire al verbo tra parentesi il congiuntivo presente.*

Voglio che tu mi (dire) tutta la verità e che (tenere) presente che bisogna essere soprattutto onesti – Non so che cosa io (potere) fare per te, ma credo che (dovere) intervenire per salvarti – Credo che tutti (potere) capire ciò che io dico e che tutti (dovere) fare il proprio dovere – Tu pensi che io non (volere) aiutarti e che (fare) di tutto per danneggiarti – Desidero che tu, (volere) o non (volere), (dare) l'esempio agli altri – Chi vuoi che a quest'ora (udire) le nostre parole? – Mi sembra che voi (volere) scherzare e che non (tenere) nella giusta considerazione le mie proposte — È necessario che tu mi (dare) un aiuto e che (fare) come se si trattasse di cosa tua.

ESERCIZIO 263 – *Sostituire al verbo tra parentesi il congiuntivo passato.*

Credo che egli (fare) tutto quello che poteva e che non (potere) fare di piú – È sperabile che essi non (dire) delle bugie e che (tenere) fede all'impegno assunto – Spero che il tuo amico non (udire) le mie parole – Voglio sperare che tutti (dare) il loro contributo e (volere) cosí dimostrare la solidarietà che regna tra noi – Non credo che il ragazzo (fare) tutti i compiti e che (dire) la verità – Mi è sembrato che voi (volere) esagerare e che non (tenere) conto di quanto io vi avevo detto – Tu pensi che io non (volere) o che non (potere) aiutarti? – Non so che cosa (dire) quel giovane, ma mi sembra che (andare) piuttosto irritato.

LE PRETESE DEI DIVI DILETTANTI

Il campione olimpionico di tuffi accettò un giorno di far da controfigura ad un . divo del cinema che, in un film, doveva buttarsi da venti metri in uno specchio d'acqua. Quando però salí in cima alla finta roccia da cui avrebbe dovuto gettarsi, si accorse che il laghetto era asciutto.

— Ehi! — gridò al regista — Come volete che mi tuffi se non c'è acqua?

— Questi dilettanti! — brontolò indignato il regista — Sono tutti uguali! È la prima volta che questo giovane si trova davanti a una macchina da presa e ha già delle pretese!

ESERCIZIO 264 – *Uso delle parole – Sostituire all'infinito tra parentesi il sostantivo da esso derivato.*

> (es.: È stata lunga la (attendere) = è stata lunga l'*attesa*)

È stata proprio una (coincidere): il suo (arrivare) è coinciso con la tua (partire) – Questo è un (oltraggiare) – Il pubblico applaudí con (esultare) – Questi due ragazzi hanno una (somigliare) impressionante – È segno di buona (educare) dare sempre la (precedere) alle signore e alle persone anziane – Tengo sempre in (considerare) la tua proposta; puoi stare tranquillo che c'è ancora (sperare) per una tua buona (affermare) – L'ultimo libro dello (scrivere) ha avuto molta (risonare) – Per camminare a lungo a piedi ci vuole una forte (resistere) – Sento molto la tua (mancare) e spero sempre in una tua (venire) in questa città – Questi ragazzi devono essere tenuti sotto stretta (sorvegliare) – Finché c'è (vivere), c'è (sperare).

Uso delle parole – Tradurre le frasi idiomatiche formate con la parola **cavare:**

> non cavare un ragno dal buco ....
> cavarsi un capriccio ....
> saper cavarsela ....
> cavarsela a buon mercato ....
> cavarsela bene ....
> voler cavar sangue dalle rape ....

ESERCIZIO 265 – *Formare delle frasi servendosi delle frasi idiomatiche riportate.*

> (es.: È un giovane abilissimo, se la cava sempre bene, ecc.)

SI STUDIA RECITANDO

Cronaca (dai giornali) – Un interessante esperimento teatrale è stato fatto in una scuola di Milano: un personaggio storico è stato portato sulle scene dagli studenti, che si propongono di studiare la storia trasformando l'aula in una vera e propria sala di teatro.

Gli studenti non si preoccupano di fare un semplice spettacolo, ma mirano ad eliminare il nozionismo rendendo viva la lezione di storia e rifacendosi scrupolosamente ai testi che fanno parte del programma di studio. Verranno così di volta in volta proposti come temi gli argomenti più importanti della storia passata attraverso la presentazione di un personaggio senza eccessive preoccupazioni per l'impianto scenico, ma conferendo alla parola un'assoluta preminenza.

Come prima rappresentazione è stato scelto il Savonarola ed hanno costituito la base del copione testi del Savonarola e del Guicciardini, cronache del secolo XVI ed opere di saggistica moderna. L'esperimento si può considerare riuscito e costituisce il punto di partenza per altre prove che vedranno sulla scena episodi della rivoluzione francese, dell'epopea napoleonica o della storia del Risorgimento.

L'entusiasmo degli studenti che partecipano a queste rappresentazioni è grande e non è difficile prevedere che in molte scuole verrà organizzato questo tipo di teatro che istruisce divertendo.

Descrivere l'illustrazione « A teatro » a pag. 333

IN FARMACĮA

Cliente	– Per favore, mi dia tutte le medicine segnate in questa ricetta ad eccezione dell'ųltima, perché il mędico mi ha detto che per il momento non è necessạria.
Farmacista	– Che età ha l'ammalato?
Cliente	– Tredici anni. Ma perché mi fa questa domanda?
Farmacista	– Perché ci sono delle medicine per adulti, mentre invece ce ne sono per bambini. Per averle tutte deve attęndere un poco; il ragazzo andrà sųbito al depọsito e verrà entro pochi minuti.
Cliente	– Nel frattempo, scusi dottore, vuole dare un'occhiata a queste macchioline che ho sulla guạncia?
Farmacista	– Nulla di grave, ma deve farsi controllare il fęgato.
Cliente	– Il fęgato?! Ma io non sento alcun disturbo...
Farmacista	– Eppure lei ha il fęgato in disọrdine.
Cliente	– Anche questa del fęgato ci mancava! Ma non può darmi una pomatina?...
Farmacista	– Certo, ma serve poco.
Cliente	– Mi dia anche delle compresse per il mal di testa; ma che sịano efficaci, perché ne ho provate tante...
Farmacista	– Provi questo prodotto; sono tutti uguali; uno vale l'altro. Lei ha molta fidụcia nelle medịcine?
Cliente	– Certo che ce l'ho! Pensi un poco se non ci fọssero le medicine!
Farmacista	– Già, se non ci fọssero le medịcine! Si vivrebbe come vivẹvano un tempo, quando non esistẹvano tutte queste medicine.

Rispọndere alle seguenti domande: Vai spesso in farmacịa? Quando hai un lieve malẹssere, ricorri sempre al mẹdico? Hai molta fidụcia nelle medicine? Ritieni che tutte le medicine sịano efficaci? Quando hai mal di testa che tipo di compresse prendi? Conosci qualche farmacista? Che tipo è? Ti piacerebbe fare il farmacista? Tieni in casa la lista delle farmacie di turno nei giorni festivi e di notte? Tieni in casa molte medicine? A che distanza da casa tua è la piú vicina farmacia? Sai come facevano gli antichi a procurarsi i medicinali? Quando vai in una farmacia, hai l'abitudine di controllare il tuo peso? Il medico di casa vostra, nel compilare le ricette, consiglia prodotti nuovi o prescrive le solite medicine?

Verbi irregolari

Congiuntivo presente e passato dei verbi **bere, cogliere, tacere, scegliere.** I tempi composti si coniugano con l'ausiliare **avere.**

	Bere	**Cogliere**	**Tacere**	**Scegliere**
part. pass.	bevuto	colto	taciuto	scelto

Presente

Che io beva	colga	taccia	scelga
Che tu beva	colga	taccia	scelga
Che egli beva	colga	taccia	scelga
Che noi beviamo	cogliamo	taciamo	scegliamo
Che voi beviate	cogliate	taciate	scegliate
Che essi bevano	colgano	tacciano	scelgano

Passato

Che io abbia bevuto	abbia colto	abbia taciuto	abbia scelto
Che tu abbia bevuto	abbia colto	abbia taciuto	abbia scelto
ecc.	*ecc.*	*ecc.*	*ecc.*

Congiuntivo presente e passato dei verbi **sapere, trarre, cuocere, togliere.** I tempi composti si coniugano con l'ausiliare **avere.**

	Sapere	**Trarre**	**Cuocere**	**Togliere**
part. pass.	saputo	tratto	cotto	tolto

Presente

Che io sappia	tragga	cuocia	tolga
Che tu sappia	tragga	cuocia	tolga
Che egli sappia	tragga	cuocia	tolga
Che noi sappiamo	traiamo	cociamo	togliamo
Che voi sappiate	traiate	cociate	togliate
Che essi sappiano	traggano	cuociano	tolgano

Passato

Che io abbia saputo	abbia tratto	abbia cotto	abbia tolto
Che tu abbia saputo	abbia tratto	abbia cotto	abbia tolto
ecc.	*ecc.*	*ecc.*	*ecc.*

ESERCIZIO 266 – *Sostituire al verbo tra parentesi il congiuntivo presente.*

(Sapere) comunque il signore che io non tollero soprusi e (trarre) quindi le dovute conseguenze – Non voglio che tu (bere) una bottiglia intera di birra ghiacciata; è meglio che (scegliere) una bibita fredda – Non è bene che tu (tacere) quando ti interrogano, perché si può pensare che tu non (sapere) nulla – Ora è bene che io (togliere) il disturbo e (cogliere) l'occasione per augurarvi buone vacanze – È inutile che tu (tacere); credi che io non (sapere) tutto quello che hai combinato? – È ora che la cameriera (cuocere) la pastina per il bambino – Qualsiasi cravatta tu (scegliere), farai sempre una buona scelta, perché sono delle ottime cravatte.

ESERCIZIO 267 – *Sostituire al verbo tra parentesi il congiuntivo passato.*

Penso che egli (trarre) le dovute conseguenze e che (tacere) per educazione – Non credo che essi (scegliere) bene tra tanta roba, anzi credo che non (sapere) scegliere affatto – Credi tu che io (tacere) per paura? – Penso che questi ragazzi (trarre) in inganno il vecchio e lo (cogliere) in un momento di debolezza per ottenere tutto ciò che hanno facilmente ottenuto – Credi che a quest'ora la mamma (cuocere) già gli spaghetti? – Non so come essi (sapere) tutto – Mi pare che tu (scegliere) un avvocato poco adatto alla tua causa e che quindi non (cogliere) la buona occasione per liberarti dai guai – Il ragazzino non può bere, credo che non (togliere) il tappo della bottiglia.

COSTANZA

— *Come le debbo dire che lei non mi piace?* — dice seccata una bella ragazza ad un giovane che la corteggia con troppa insistenza.

— *La pensa cosí oggi* — ribatte quello senza scomporsi — *ma un giorno cambierà idea.*

— *Può darsi* — sorride la ragazza — *ma non certo domani o dopodomani. Ripassi tra vent'anni!*

— *D'accordo* — conclude il giovane — *Al mattino o nel pomeriggio?*

Uso delle parole – Tradurre le frasi idiomatiche formate con la parola **fare:**

far credito . . . .

fare a meno di una cosa . . . .

fargliela a uno . . . .

non fa nulla! . . . .

non fa per me ....

tempo fa – un anno fa ....

avere da fare ....

chi la fa, l'aspetti ....

ESERCIZIO 268 – *Formare delle frasi servendosi delle frasi idiomatiche riportate.*
(es.: Ho avuto dei guai, perché ho avuto da fare con dei birboni, ecc.)

Verbi irregolari

Congiuntivo presente e passato dei verbi **nuocere, sciogliere, spegnere, porre.** I tempi composti si coniugano con l'ausiliare **avere.**

	Nuocere	Sciogliere	Spegnere	Porre
part. pass.	nociuto	sciolto	spento	posto

Presente

	Nuocere	Sciogliere	Spegnere	Porre
Che io	noccia	sciolga	spenga	ponga
Che tu	noccia	sciolga	spenga	ponga
Che egli	noccia	sciolga	spenga	ponga
Che noi	nociamo	sciogliamo	spegniamo	poniamo
Che voi	nociate	sciogliate	spegniate	poniate
Che essi	nocciano	sciolgano	spengano	pongano

Passato

Che io abbia nociuto	abbia sciolto	abbia spento	abbia posto
Che tu abbia nociuto	abbia sciolto	abbia spento	abbia posto
ecc.	*ecc.*	*ecc.*	*ecc.*

ESERCIZIO 269 – *Sostituire al verbo tra parentesi il congiuntivo presente.*

Non credo che questo cibo (nuocere) alla nostra salute – Devi dire a tuo fratello che non mi (porre) nella condizione di doverlo punire — Ora è bene che io (sciogliere) le mie riserve e che vi (porre) alcuni quesiti che mi (permettere) di agire con maggiore tranquillità – Credo che questa medicina (sciogliersi) bene nell'acqua calda – Raccomanda alla cameriera che non (spegnere) la luce dell'ingresso fino al nostro ritorno – Non voglio che tu (nuocere) ai tuoi compagni – Chi ha fatto questi nodi ora li (sciogliere) – Desidero che voi (spegnere) quei lumi; quella luce mi da fastidio agli occhi – È bene che la ragazza (sciogliere) le trecce prima di andare a letto.

342

Verbi irregolari

Congiuntivo imperfetto dei verbi **dare, stare, fare, dire.** I tempi composti del verbo **stare** si coniugano con l'ausiliare **essere**; i composti di **dare, fare, dire** con l'ausiliare **avere**.

	Dare	Stare	Fare	Dire
part. pass.	dato	stato	fatto	detto

Imperfetto

	Dare	Stare	Fare	Dire
Che io	dessi	stessi	facessi	dicessi
Che tu	dessi	stessi	facessi	dicessi
Che egli	desse	stesse	facesse	dicesse
Che noi	dessimo	stessimo	facessimo	dicessimo
Che voi	deste	steste	faceste	diceste
Che essi	dessero	stessero	facessero	dicessero

Trapassato

	Dare	Stare	Fare	Dire
Che io	avessi dato	fossi stato-a	avessi fatto	avessi detto
Che tu	avessi dato	fossi stato-a	avessi fatto	avessi detto
	ecc.	*ecc.*	*ecc.*	*ecc.*

Nota: Gli unici verbi che hanno un'irregolarità nella desinenza dell'imperfetto congiuntivo sono *dare* e *stare*, perché *fare* e *dire*, apparentemente della I e III coniugazione, appartengono alla II coniugazione (dal latino *facere* e *dicere*), quindi formano l'imperfetto congiuntivo come *temere* (*tem-essi*) dal tema *fac-* e *dic-* (*fac-essi, dic-essi*).

ESERCIZIO 270 – *Sostituire al verbo tra parentesi il congiuntivo imperfetto.*

Egli voleva che io (fare) e (dire) tutto ciò che gli faceva comodo — Essi credevano che noi (stare) per arrivare, invece poi tardammo molto – Io vorrei che tu (stare) piú tranquillo e che (studiare) di piú – Se i nostri amici ci (dare) un po' di aiuto, finiremmo presto — Se voi (stare) zitti, sarebbe meglio – Tu vorresti che io (fare) presto, ma non è possibile – Se ci (dare) ascolto, non combinereste dei guai – Se tu (fare) il tuo dovere, sarebbe una fortuna per tutti – Se noi (dire) quello che sappiamo, sarebbe finita per te – Se voi (fare) meno rumore, io potrei sentire ciò che quello dice – Se tu (dare) di tanto in tanto qualcosa ai poveri, faresti un gran bene – Se noi (stare) un po' tranquilli, risparmieremmo molto.

Uso delle parole – Tradurre le frasi idiomatiche formate con la parola **croce:**

fare una croce su un debito ....
mettere uno in croce ....
gridar la croce addosso a uno ....
a occhio e croce ....

Esercizio 271 – *Formare delle frasi servendosi delle frasi idiomatiche riportate.*
(es.: ha insistito tanto, mi ha proprio messo in croce per ottenere quello che voleva, ecc.)

UN MALESSERE DELLE PERSONE INTELLIGENTI

Cronaca (dai giornali) – In un congresso di medici a Londra si è stabilito che l'emicrania, il comune mal di testa, forse la piú diffusa e la meno conosciuta delle malattie, è un male tipico degli uomini di genio.

I congressisti sono arrivati alla conclusione che l'emicrania è quasi certamente una malattia ereditaria e che affligge, soprattutto le persone dotate di intelligenza superiore al livello normale, con particolare predilezione per i geni.

È stato ricordato che soffrirono di emicrania Leonardo, Newton, Napoleone, Bismarck, Beethoven, Grieg, Goya e Tiziano. Un congressista ha detto che ci si dovrebbe dedicare con piú impegno e con maggiore disponibilità di mezzi per trovare l'origine di questa malattia, invece di limitarsi ad attenuarne i sintomi, come avviene ora; l'emicrania non è una malattia che uccide e quindi non attira la pubblicità e i fondi per le ricerche, ma è causa di perdita di giornate lavorative che ogni anno superano quelle provocate da tutti gli scioperi che avvengono nel mondo.

Descrivere l'illustrazione « In farmacia » a pag. 339

UNA PARTITA DI CALCIO

1º signore – Questo incontro non finisce bene, perché l'arbitro è troppo partigiano. Lei non è d'accordo con me?

2º signore – Veramente non mi sembra che abbia fatto degli errori; a me pare anzi che sia abbastanza oculato e obiettivo.

1º signore – Ma lei non ha visto poco fa quel giocatore, il terzino destro della squadra avversaria, che ha atterrato il nostro centrattacco in area di rigore? Non doveva concedere la massima punizione l'arbitro?

2º signore – Io non sono fanatico sostenitore di una sola squadra, a me piace il giuoco del calcio per se stesso, quindi non mi lascio trascinare dallo spirito di parte...

1º signore – Ma che spirito di parte! Si tratta di capire il giuoco... Vede ora? Ha fischiato il fuori giuoco, mentre il nostro attaccante non era fuori giuoco; questo è un arbitraggio che non mi convince.

2º signore – Ma anche il segnalinee ha fatto segno per interrompere il giuoco.

1º signore – Sono tutti d'accordo! Ed il mio fegato si spappola! Lo dico che non devo venire piú a vedere queste partite! Tutti ce l'hanno con la nostra squadra, che rischia di retrocedere nella categoria inferiore per colpa degli arbitri...

2º signore – Ma si goda lo spettacolo sportivo e non se la prenda tanto...

1º signore – Altro che spettacolo! Io ci muoio di crepacuore con questi arbitri!

Rispondere alle seguenti domande: Hai assistito mai ad una partita di calcio? Leggi con interesse la pagina sportiva del giornale? Segui gli sviluppi del campionato nazionale di calcio? Tra le varie squadre di calcio ce n'è qualcuna che ti interessa particolarmente? Hai praticato qualche sport? Quali sono le tue preferenze in questo campo? Conosci di persona qualche campione che si sia distinto in campo internazionale? Pensi che lo sport faccia bene alla salute? Quale sport ritieni piú utile per il benessere fisico? In casa tua c'è qualcuno che non si intende di sport e non vuole che se ne parli? Sapresti distinguere i vari giocatori di una squadra di calcio? Sai se il numero che portano nella maglia corrisponde ad una particolare funzione?

Classificazione dei verbi irregolari

Nelle lezioni precedenti sono stati esaminati i singoli tempi dei verbi irregolari; ora si può procedere ad un riepilogo generale tenendo conto dei vari gruppi in cui possono dividersi secondo la coniugazione e le caratteristiche delle loro irregolarità.

La *I coniugazione* ha soltanto tre verbi irregolari: **andare, dare, stare.**

(Si ricorda che il verbo **fare,** pur terminando in **-are,** appartiene alla II coniugazione).

I verbi irregolari della *II coniugazione* si possono dividere in vari gruppi:

I gruppo: verbi che hanno forme irregolari in tempi e modi diversi:

addurre	dolersi	porre	togliere
bere	dovere	potere	trarre
cadere	fare	rimanere	valere
chiedere	giacere	sapere	vedere
cogliere	nuocere	sedere	vivere
cuocere	parere	tacere	volere
dire	piacere	tenere	

II gruppo: verbi che hanno irregolari soltanto il passato remoto ed il participio passato:

1) *Passato remoto* in **-si,** *participio passato* in **-so**

esempio: *accendere - accesi - acceso*

accendere	deludere	fondere	persuadere
accludere	detergere	illudere	recidere
alludere	difendere	immergere	rendere
appendere	diffondere	incidere	ridere
ardere	dipendere	infondere	rifulgere
ascendere	discendere	intridere	rodere
aspergere	distendere	intrudere	scendere
assidersi	dividere	invadere	sommergere
chiudere	elidere	ledere	spargere
concludere	emergere	mordere	spendere
confondere	espellere	occludere	tendere
correre	esplodere	offendere	tergere
decidere	evadere	perdere	uccidere

2) *Passato remoto* in **-si,** *participio passato* in **-to:**

esempio: *assolvere - assolsi - assolto*

accorgersi	estinguere	presumere	spegnere
assolvere	frangere	pungere	spingere
assumere	giungere	redimere	tingere
cingere	indulgere	respingere	torcere
corrispondere	mungere	rispondere	ungere
desumere	nascondere	sconvolgere	vincere
dipingere	piangere	scorgere	volgere
distinguere	porgere	sorgere	

3) *Passato remoto* in **-ssi,** *participio passato* in **-sso:**

esempio: *affiggere - affissi - affisso*

affiggere	deprimere	incutere	riscuotere
annettere	discutere	muovere	scindere
commuovere	esprimere	percuotere	scuotere
comprimere	figgere	prefiggere	sopprimere
concedere	imprimere	reprimere	

4) *Passato remoto* in **-ssi,** *participio passato* in **-tto:**

esempio: *affliggere - afflissi - afflitto*

affliggere	distruggere	infliggere	reggere
configgere	eleggere	leggere	sconfiggere
correggere	erigere	prediligere	scrivere
dirigere	friggere	proteggere	struggere

5) *Passato remoto e participio passato con vocale del tema alterata:*

esempio: *mettere - misi - messo; stringere - strinsi - stretto*

mettere	compromettere	promettere	stringere
ammettere	dimettere	rimettere	costringere
commettere	emettere	scommettere	restringere

6) *Passato remoto con tema alterato:*

	pass. rem.	part. pass.
conoscere	conobbi	conosciuto
crescere	crebbi	cresciuto
nascere	nacqui	nato
piovere	piovve	piovuto
rompere	ruppi	rotto

7) *Passato remoto regolare e participio passato irregolare:*

	pass. rem.		part. pass.
assistere	assistei	(assistetti)	assistito
consistere	consistei	(consistetti)	consistito
desistere	desistei	(desistetti)	desistito
esigere	esigei	(esigetti)	esatto
insistere	insistei	(insistetti)	insistito
persistere	persistei	(persistetti)	persistito
resistere	resistei	(resistetti)	resistito

Pochi sono i verbi irregolari della III coniugazione:

apparire	costruire	salire	uscire
aprire	morire	seppellire	venire
assalire	offrire	udire	

Hanno il participio passato irregolare:

apparire (apparso)	aprire (aperto)	costruire (costruito e costrutto) (¹)
morire (morto)	offrire (offerto)	venire (venuto)
seppellire (sepolto)	soffrire (sofferto)	

Hanno il participio presente irregolare:

esaurire (usauriente)	venire (veniente)
esordire (esordiente)	sentire (senziente – piú usato nei composti: consenziente e dissenziente)

(¹) Costrutto - usato comunemente come sostantivo.

GIOVANE FORTUNATO

Uno studente squattrinato, che vive in città per gli studi universitari, scrive ad un ricco zio di provincia: « Caro zio, ti confesso che mi vergogno come un ladro, ma avrei bisogno di ventimila lire. Credi che mi addolora moltissimo scriverti questa lettera, tanto che non so ancora se te la invierò. Qui la vita è molto cara e i soldi spariscono senza che ce ne accorgiamo; ma capisco benissimo che in fondo la cosa non ti riguarda, perciò pagherei chissà quanto per non aver dovuto scriverti questa lettera. Te la spedisco soltanto perché con lo sciopero in corso dei postelegrafonici può anche darsi che non ti arrivi. Credimi, caro zio, lo preferirei! »

Lo zio risponde:

« Caro nipote, non angustiarti; sei proprio fortunato! La sorte ha voluto favorirti: la tua lettera non mi è arrivata ».

Esercizio 272 – *Volgere al singolare le frasi seguenti.*

a) Noi giacemmo in terra per parecchio tempo – Volemmo parlare con lui, così lo persuademmo a restare – Con quelle parole noi lo offendemmo – Rimanemmo soli, ma non ci affliggemmo – Ponemmo tutto nelle valige e scendemmo le scale carichi come asini – Chiudemmo gli occhi ed evademmo dal mondo circostante – Perdemmo tempo e quindi non concludemmo nulla – Facemmo tutto senza pensarci e non chiedemmo consigli a nessuno – Tacemmo per non complicare le cose, ma non sapemmo resistere a lungo – Infondemmo coraggio al giovane e poi lo difendemmo con tutti i mezzi – Accludemmo un assegno nella lettera e sapemmo dopo che fu molto utile.

b) Assumemmo la nuova cameriera senza informazioni e ci accorgemmo dopo che non era capace – Dipingemmo questi quadri lo scorso anno e li nascondemmo per non farli vedere – Vincemmo dei premi alla lotteria, ma non li riscuotemmo subito – Imprimemmo un nuovo ritmo al lavoro e rispondemmo così alle nuove esigenze dell'azienda – Piangemmo a lungo a quella notizia, poi rispondemmo con una lunga lettera – Tingemmo questi vestiti perché la stoffa è buona – Discutemmo molto prima di decidere, poi decidemmo senza tentennamenti – Col nostro atteggiamento sconvolgemmo tutti i piani dei nostri amici – Mungemmo noi stessi il latte e lo porgemmo agli amici.

c) Leggemmo attentamente la lettera e scrivemmo subito la risposta – Proteggemmo per lungo tempo questo ragazzo e lo mettemmo in condizione di poter farsi avanti nella vita – Stringemmo amicizia in poco tempo con questi ragazzi, ma non distruggemmo le vecchie amicizie – Friggemmo in pochi minuti le patate e le mangiammo avidamente – Correggemmo gli errori del compito e lo presentammo al professore – Erigemmo un bel monumento nella piazza principale della città – Ci dimettemmo da soci di quel circolo e scrivemmo una lunga lettera di protesta al presidente – Dopo lunghe contestazioni ammettemmo di avere torto – Scommettemmo una grossa somma e vincemmo moltissimo.

Esercizio 273 – *Sostituire al verbo tra parentesi il participio passato.*

La donna ha (aprire) la porta, ma non ha (vedere) nessuno – Noi abbiamo (fare) il nostro dovere e non abbiamo (chiedere) l'aiuto di nessuno – Ho (cogliere) l'occasione per chiarire il mio punto di vista, ma non ho (persuadere) nessuno – I cacciatori hanno (uccidere) molte bestie che poi hanno (dividere) tra loro – Siamo (scendere) in giardino ed abbiamo (chiudere) il cancello; l'altro giorno il nostro cane ha (mordere) la gamba di un ragazzo, che è quasi svenuto per lo spavento – Abbiamo (trarre) le nostre conclusioni ed abbiamo (decidere) di insistere nelle nostre giuste richieste – Ho (rispondere) come di dovere ed ho (promettere) che mi interesserò ancora della faccenda – Il vecchio è (morire) in campagna ed è stato (seppellire) in quel piccolo cimitero – Ci hanno (offrire) degli ottimi dolci – Ho (resistere) un poco, poi mi sono (arrendere) – È (sorgere) un nuovo problema – Oggi non ho (leggere) molto, perché ho (scrivere) delle lettere – Mi hanno (concedere) un aumento di stipendio.

Uso delle parole – Tradurre le frasi idiomatiche formate con le parole **capello, casa, cavallo:**

averne fin sopra i capelli . . . .

cosa che fa venire i capelli bianchi . . . .

avere un diavolo per capello . . . .

mangiare un piatto di capelli d'angelo . . . .

roba fatta in casa . . . .

mettere su casa . . . .

stare casa e bottega . . . .

stare di casa a . . . .

stare a casa del diavolo . . . .

a caval donato non si guarda in bocca . . . .

l'occhio del padrone ingrassa il cavallo . . . .

campa caval, che l'erba cresce . . . .

questo è il suo cavallo di battaglia . . . .

ESERCIZIO 274 – *Formare delle frasi servendosi delle frasi idiomatiche riportate.*

(es.: Non ne posso piú di questa faccenda, ne ho fin sopra i capelli – I nostri amici non si vedono mai, stanno a casa del diavolo! – Il tenore canta benissimo quella romanza, è il suo cavallo di battaglia, ecc.)

TAFFERUGLI AL CAMPO SPORTIVO

Cronaca (dai giornali) – In occasione dell'incontro di calcio tra la squadra locale e la squadra « Libertas » del capoluogo di provincia si sono verificati degli incidenti tra i tifosi che gremivano le gradinate. Per alcune decisioni dell'arbitro, che i tifosi locali hanno interpretato come atteggiamento ostile del direttore della gara nei confronti della propria squadra, alcuni scalmanati sono venuti alle mani. È dovuta intervenire la polizia per sedare la rissa, ma non si è potuto evitare che alcuni rimanessero leggermente feriti.

È veramente riprovevole quanto è avvenuto ieri nel campo sportivo, perché non si può ammettere che l'eccessivo entusiasmo dei sostenitori di una squadra debba degenerare in pugilato collettivo. Una sana manifestazione sportiva deve sempre restare tale ed è bene che i responsabili dell'increscioso episodio vengano severamente puniti onde evitare che possa ripetersi in avvenire.

Descrivere l'illustrazione « Una partita di calcio » a pag. 345

65 - Lezione sessantacinquẹsima

IN UNA RIVẸNDITA DI TABACCHI

1º cliente – Mi dia, per favore, un pacchetto di sigarette Nazionali esportazione e una scạtola di cerini.

2º cliente – Accendi ancora la sigaretta con il cerino? Non usi l'accendisịgari?

1º cliente – Da qualche giorno non funziona bene il mio accendisịgari.

Commesso – Il signore è servito.

2º cliente – A me dia un pacchetto di Nazionali con filtro, del tabacco da pipa e due francobolli da cinquanta lire.

Commesso – Va bene questo tabacco da pipa olandese?

2º cliente – Sí, questo è il tabacco che mi piace di piú perché è leggero.

1º cliente – Fumi anche la pipa? Io non sono riuscito mai ad abituarmi.

2º cliente – La pipa fa meno male delle sigarette, perché il fumo non va fino ai polmoni e quindi si può sopportare mẹglio.

1º cliente – Ma tu sei uno di quelli che dịcono che il fumo fa male?

2º cliente – Certo che fa male; hai forse dei dubbi? Naturalmente dipende anche dal nụmero delle sigarette che si fụmano in un giorno.

1º cliente – Io credo che una sigaretta di tanto in tanto fạccia anche bene. Il mio mẹdico non è d'accordo, ma tu credi ai mẹdici? Ti dịcono che il fumo fa male e poi fụmano anche loro! E chi ci capisce niente!

2º cliente – Io mi lịmito a fumare una ventina di sigarette al giorno; preferisco quelle col filtro, perché non lạsciano passare la nicotina nei polmoni, e poi, dopo i pasti, mi fạccio la mia fumatina con la pipa. Certo la mattina ho la tosse e mi gira la testa; ma chi ci riesce a non fumare?

Rispondere alle domande: Tu fumi? Credi che il fumo faccia male? Quante sigarette fumi al giorno? Pensi che le sigarette con il filtro facciano meno male delle sigarette senza filtro? A che età hai cominciato a fumare? Conosci qualcuno che fuma piú di cinquanta sigarette al giorno? Hai fumato mai la pipa? Quando fumi aspiri il fumo della sigaretta? Sai che cos'è la nicotina? Accendi la sigaretta con l'accendisigari o con il fiammifero? Sai qual è la differenza tra tabacco nero e tabacco biondo? Se il medico ti dicesse di smettere di fumare, smetteresti immediatamente? Conosci qualcuno che, pur sapendo che il fumo gli fa male, continua a fumare? Sai perché smettendo di fumare ci si ingrassa?

Uso dei tempi e dei modi dei verbi

Modo indicativo

L'**indicativo** è il modo che indica certezza, realtà:

Io scrivo – Tu cammini – Egli mangia – Noi cantiamo – Egli dormiva ancora, quando io arrivai – Io so che tu sei buono.

Presente

Il **presente** indica un'azione che sta accadendo nel momento in cui si parla:

noi *leggiamo* il giornale e tu *scrivi* la lettera al direttore.

Qualche volta, per rendere piú viva la narrazione di un avvenimento passato, si adopera il *presente* (*presente storico*):

Cesare *passa* il Rubicone e si *dirige* verso Roma – Napoleone *rompe* gli indugi e *attacca* di sorpresa il nemico.

Si adopera anche il *presente* per azioni future che si considerano come imminenti:

Esci con noi? Sí, *vengo* subito – *Parto* domani per Londra.

Passato

L'**imperfetto** indica un'azione passata, di cui si vuole esprimere la durata, oppure un'azione che si ripete nel passato:

I nostri amici *abitavano* in questa via dieci anni fa – *Percorrevo* ogni giorno cinque chilometri per arrivare a casa.

Indica anche un'azione contemporanea ad un'altra azione passata:

Lo vedevo mentre *saliva* le scale – Quando lo incontrammo *piangeva*.

È il tempo caratteristico delle descrizioni e delle narrazioni.

Il **passato prossimo** indica un'azione passata, ma che si considera vicina al presente, o collegata con esso; indica generalmente un'azione le cui conseguenze si fanno sentire nel presente:

Ho preparato la valigia, ora posso partire – Questo ragazzo *ha pianto* tutto il giorno – *Ho scritto* una lettera lunghissima, ma non *ho avuto* il coraggio di spedirla – Dove *sei stato* ieri sera? *Sono stato* al cinema con gli amici.

Il **passato remoto** invece indica un'azione avvenuta nel passato lontano, oppure nel passato vicino, ma completamente esaurita in esso, cioè senza stretta relazione con il presente:

Dante *amò* Beatrice e la *esaltò* nella sua Divina Commedia – L'anno scorso *passammo* i mesi estivi in montagna – Ieri *incontrai* il vecchio professore, quello che *ebbi* nei primi anni dei miei studi.

Il **trapassato prossimo** indica un'azione già avvenuta prima che ne accadesse un'altra pure passata:

Lo *avevo visto* il giorno prima che partisse – Quando spuntava l'alba *avevamo* già *percorso* gran parte della strada.

Il **trapassato remoto** indica un'azione già del tutto esaurita rispetto ad un'altra passata (è un tempo generalmente poco usato):

Dopo che *ebbe scritto* tutta la notte, spense la luce e si addormentò – (più comunemente: dopo *aver scritto* tutta la notte, ecc.)

Futuro

Il **futuro semplice** indica un'azione che si verificherà nell'avvenire:

Lo *vedrò* domani – *Leggerò* l'articolo questa sera – Ti *dirò* tutto dopo.

Il **futuro anteriore** indica un'azione che si verificherà nel futuro, ma prima di un'altra azione espressa dal futuro semplice:

Passerò da te, quando *avrò finito* il lavoro – Dopo che *avrò letto* con attenzione il libro, vi *parlerò* di questo argomento.

ESERCIZIO 275 – *Per ognuno dei seguenti verbi comporre delle frasi di senso compiuto usando i vari tempi dell'indicativo.*

(es.: *Leggerò* questo romanzo domani - *Vidi* tuo zio un anno fa, ecc.)

Leggere – scrivere – cantare – raccontare – persuadere – vedere – camminare – dire – scoprire – partire – salutare – incontrare - sognare – scegliere – tenere – telefonare – vendere – comprare – cadere – soffrire – mangiare – controllare – parlare – mettere.

ESERCIZIO 276 – *Sostituire al verbo tra parentesi il passato prossimo o il passato remoto, secondo che l'uno o l'altro tempo sembri più opportuno.*

Oggi non (venire) a trovarti, perché avevo molto da fare – Proprio in questa città (avvenire) l'incontro tra i due famosi generali vent'anni fa – Ti (aspettare) fino a dieci minuti fa, ma (andarsene) perché (ricordarsi) che già un'altra volta, molto tempo fa, mi (dare) un appuntamento ed io ti (aspettare) invano – Ricordo la grande emozione, da bambini, quando (vedere) per la prima volta il mare – Noi (vendere) la vecchia casa tre anni fa e (comprarne) una nuova subito dopo; (vendere) la nuova casa la settimana scorsa – In questa settimana (avvenire) molti incidenti in questo tratto di strada; (morire) tre persone – Il giornale di questa mattina (riportare) la notizia che (esserci) scontri di truppe al confine orientale.

CHE SFORTUNA!

— *Pensa!* — *dice lo sfregiato all'amico* — *I tempi si sono fatti veramente difficili. Non si è più sicuri di niente; ho impiegato tre mesi per riuscire a falsificare con assoluta precisione la firma di un banchiere, e quell'imbecille è fallito ieri...*

Modo condizionale

Il **modo condizionale** indica un'azione che è subordinata ad una condizione, esprime cioè un fatto che può avvenire soltanto se si verifica una data condizione (cfr. periodo ipotetico, pag. 126):

Verrei spesso a casa tua, se avessi tempo – *Arriverei* in tempo, se tutta la strada fosse libera – se tu venissi presto, *andremmo* insieme – se egli dicesse la verità, io certamente lo *perdonerei* – Ti *avrei regalato* il libro, se fosse stato mio – *Ti regalerei* il libro, se fosse mio.

Si usa il condizionale per rendere più gentile un desiderio:

desidero questo libro (è un desiderio che ha implicita l'idea del comando); *desidererei* questo libro (la richiesta è resa più gentile).

Modo imperativo

Il **modo imperativo** esprime comando, preghiera, esortazione, minaccia:

Vai via! – *Porta* questo pacco a tuo padre – *Corri* subito a casa! – *Studiate* bene la lezione – *Venite* da me oggi! – *Aiutatemi!*

Per *l'imperativo negativo*, quando si riferisce ad una seconda persona singolare, si usa *non* e *l'infinito*:

non parlare – non farmi arrabbiare – non restare lì.

Modo congiuntivo

Il **congiuntivo** è il modo caratteristico delle proposizioni dipendenti; esprime incertezza, dubbio, possibilità, irrealtà:

Io penso che *sia* meglio così – Credo che *venga* anche lui – Dubito che tu *possa* riuscire – È possibile che *arrivino* tutti – Suppongo che tu *legga* molto – Sospettiamo che egli ci *tradisca*.

Il **modo congiuntivo** si adopera quando il verbo della proposizione reggente indica:

a) dubbio, incertezza, timore, possibilità, desiderio:

dubito che gli amici *arrivino* in tempo – *non so se sia* necessaria la tua presenza – *temo* che egli *abbia* ragione – *ho timore* che tutto *vada* di male in peggio – *può darsi* che *venga* anche tuo padre – *credo* che *sia* troppo tardi per uscire – *penso* che essi *vengano* – *desidero* che tu *vada* a trovarli – gli *auguro* che *guarisca* presto – *spero* che *vogliate* gradire questo omaggio.

b) quando il verbo della reggente è un condizionale:

vorrei che tu *fossi* più diligente – *aspetterei* che *arrivassero* tutti prima di parlare – *preferirei* che tu *andassi* subito.

355

c) quando nella proposizione reggente c'è un verbo impersonale (o la dipendente è introdotta da una congiunzione *che, affinché, sebbene....*):

è necessario che tu ti *faccia* coraggio – *è possibile* che mi *diano* questa soddisfazione – *è possibile* che tu *riesca* bene – *occorre* che vi *sbrighiate* subito – *bisogna* che ognuno *pensi* ai fatti propri – ti do questo libro *affinché* tu *impari* qualcosa – passammo dagli amici, *sebbene fosse* molto tardi.

Qualche volta si può trovare il modo congiuntivo in proposizioni indipendenti, per esprimere augurio, desiderio, imprecazione, esortazione:

Il Signore *protegga* la nostra famiglia – *Sia lodato* Iddio – Oh, *potessi* un giorno rivederti! – *Abbia* pazienza! – *Vada* a farsi benedire!

In questi casi si può sempre pensare ad un verbo reggente sottinteso:

speriamo che il Signore protegga la..... – *voglio* che Iddio sia lodato – *darei* tanto se potessi un giorno rivederti! – *desidero* che abbiate pazienza! – *è bene* che vada a farsi benedire!

Per l'uso del congiuntivo nelle proposizioni dipendenti, bisogna tener conto del significato del verbo della proposizione principale; cioè bisogna vedere se questo verbo esprime *dubbio, timore, incertezza, desiderio,* oppure esprime *certezza, affermazione decisa.*

Se il verbo della principale esprime *dubbio,* ecc...., nella dipendente si usa il *congiuntivo:*

io *suppongo* che egli *sia* ricco – *penso* che tu *sia* buono – *desidero* che *veniate* tutti – *credo* che egli *arrivi* domani – *ritengo* che *sia* utile che tu *vada* e *spero* che *riesca* tutto bene.

Ma se il verbo della principale esprime *certezza,* nella dipendente si usa *l'indicativo:*

io *so* che egli *è* ricco – *sono certo* che tu *sei* buono – *è sicuro* che voi *venite* tutti – ti *comunico* che egli *arriva* domani – *sappiamo* che *è* utile andare e *siamo certi* che tutto *riuscirà* bene.

Se il soggetto della proposizione dipendente è lo stesso soggetto della proposizione principale, invece del congiuntivo o dell'indicativo, introdotto da *che,* si usa l'infinito preceduto dalla preposizione *di:*

essi sanno *di* essere buoni – voi pensate *di* arrivare in tempo – egli crede *di* partecipare alla riunione – noi temiamo *di* essere troppo indulgenti – io credo *di* essere piuttosto generoso.

ESERCIZIO 277 – *Sostituire al verbo tra parentesi il modo congiuntivo.*

Io desidero che tu (andare) subito a casa, (prendere) i libri che ti ho prestati e me li (restituire) – Credo che (essere) meglio che tu (venire) a passeggio con noi – Non so se (essere) necessaria la tua presenza, ma credo che gli zii ti (volere) vedere – Temo che tu (esagerare) con le tue preoccupazioni e che (restare) sempre indeciso – Spero che voi (potere) lasciare i bambini a casa e che (venire) al nostro ricevimento – Suppongo che tu (sapere) già quale (essere) la sorte che ti attende – Desideriamo ardentemente che (risolversi) la questione e che non (esserci) dubbi sulla nostra buona fede – Vorrei che tu (venire) e che (portare) con te tutti i documenti in tuo possesso – È necessario che ognuno (dire) la verità e che (fare) il proprio dovere – Bisogna che tu (darmi) un po' di aiuto – Sebbene tutto (essere) chiaro, io ve lo ripeto ancora – Io ti aiuto affinché tu (fare) presto e (concludere) qualche cosa di serio.

ESERCIZIO 278 – *Sostituire al verbo tra parentesi il modo congiuntivo o il modo indicativo, secondo la necessità.*

So che tu (venire) con noi e penso che (fare) bene – Ti comunico che oggi (essere) il compleanno della mamma e che quindi non (potere) uscire – Ritengo che (essere) utile il tuo intervento, ma ti assicuro che non (essere) assolutamente indispensabile – Spero che tu (convincere) tuo padre, mentre sono certo che tu (convincere) tua madre – So che mi (offrire) un buono stipendio, ma io spero che essi (avere) il buon senso di non insistere con le loro richieste – Credo che oggi (dare) i risultati degli esami; sono sicuro che tu (essere) promosso – È meglio che tutti (contribuire) secondo le proprie possibilità e che ognuno (assumere) le proprie responsabilità; so che tutti (pensare) cosí, ma non (avere) il coraggio di parlare – Ti assicuro che non (potere) venire; tu pensi forse che (essere) meglio che io (sospendere) il mio lavoro per venire da voi? So che tu (leggere) molto, ma credo che tu non (leggere) bene e che quindi non (formarsi) una solida cultura.

ALL'ETÀ DI QUASI CENTO ANNI FUMA ANCORA!

Cronaca (dai giornali) – Si parla tanto in questi ultimi tempi dei danni che procura il fumo all'organismo umano, ma c'è un vecchietto che dimostra come il fumo gli abbia fatto bene e gli abbia fatto raggiungere la soglia del secolo. Intervistato dai giornalisti, ha detto che adesso non fuma piú le trenta sigarette al giorno di una volta, ma senza la sua pipa non riuscirebbe ad ingannare il tempo, insomma non riuscirebbe a vivere! Ha dichiarato che non ha mai smesso di fumare e che non ha mai avuto fastidi di nessun genere.

Ha offerto del tabacco da pipa ai giornalisti e li ha invitati a ritornare da lui il giorno in cui compirà il centesimo compleanno per bere un bicchiere di buon vino e fare.... una bella fumatina!

Alla fine, mostrando la pipa, ha aggiunto: « questa è la mia amica piú fedele, non mi ha tradito mai e mi ha fatto sempre buona compagnia! »

Gli si può dare torto? Come si fa a dimostrargli che il fumo fa male e che le statistiche sui malanni prodotti dal fumo sono impressionanti?

Descrivere l'illustrazione « In una rivendita di tabacchi » a pag. 352

AD UN BALLO

1ª amica – Ti diverti tu questa sera? Io mi sto annoiando.

2ª amica – Certo non è una gran serata, ma bisogna anche contentarsi.

1ª amica – Hai fatto qualche ballo con quel giovane dal naso lungo e i capelli rossi?

2ª amica – Soltanto un ballo, ma non balla molto bene.

1ª amica – Mi ha pestato i piedi e neanche mi ha detto « scusi »! Lo trovo antipatico e stupido.

2ª amica – Taci che si sta avvicinando; io non lo posso sopportare...

Il giovane – Posso disturbare queste due stupende ragazze che si ritirano in un angolino per farsi le confidenze?...

2ª amica – Prego, prego; ci stavamo riposando un poco. Lei si diverte?

Il giovane – Io mi diverto sempre quando sono vicino a belle ragazze come voi.

1ª amica – Molto gentile, lei è veramente simpatico e brillante e balla anche bene. Si vede che il ballo le piace molto.

Il giovane – Modestamente me la cavo; il ballo è la mia gran passione; poi ci sono le ragazze... Non vogliamo uscire in terrazza a prendere una boccata d'aria?

2ª amica – Veramente... fuori c'è troppo fresco; ma lei ha lasciato sola la ragazza bionda, quella vicino al pianoforte?

Il giovane – A me non piace fare coppia fissa con nessuno; io sono di tutti e di nessuno; non trovano loro che è un buon sistema?

1ª amica – Certo, certo, è un buon sistema; ma non voleva prendere lei una boccata d'aria? Noi preferiamo starcene tranquille in questo angolino.

Rispondere alle seguenti domande: Ti piace ballare? Vai spesso a ballare in qualche locale pubblico? Preferisci i balli di gala o i balli in famiglia? Quando si annuncia un nuovo tipo di ballo lo impari subito? Conosci qualche giovanotto che si possa definire un ballerino perfetto? Organizzi di tanto in tanto una serata danzante a casa tua? Quando vi riunite, siete tutti giovani della stessa età? Ti piace la musica moderna? Conosci le ultime canzonette ed i cantanti piú famosi? Frequenti qualche circolo dove si organizzino spesso delle feste? Quando vai ad una festa, ti ritiri a casa molto tardi? Credi che il ballo faccia bene anche fisicamente? Ti piace la danza classica? Hai mai visto uno spettacolo di balletti con dei ballerini famosi?

L'uso dei tempi del congiuntivo

Per quanto riguarda l'uso esatto dei tempi nelle proposizioni dipendenti di modo congiuntivo, è necessario tenere presenti alcune norme:

bisogna innanzi tutto esaminare il tempo della proposizione principale e il *rapporto di tempo* che passa tra l'azione espressa dal verbo della principale e quello della dipendente al congiuntivo; cioè bisogna vedere se l'azione espressa dal verbo della dipendente è contemporanea, anteriore o posteriore all'azione espressa dal verbo principale.

La proposizione principale e la dipendente indicano azioni contemporanee:

a) se il verbo della principale è un *presente* o un *futuro*, nella dipendente si avrà il *congiuntivo presente:*

desidero che tu *venga* con noi – *farò* in modo che tu *venga* con noi.

b) se il verbo della principale è un *passato* (*imperfetto, passato prossimo, passato remoto, trapassato remoto*), la contemporaneità nella proposizione dipendente si esprime con l'*imperfetto congiuntivo:*

desideravo che tu *dicessi* la verità – *ho temuto* che tu *fossi* ammalato – *tememmo* che voi *arrivaste* tardi – *avevamo fatto* in modo che tu *fossi* contento – voi *credevate* che io *partissi* in quel momento.

La proposizione dipendente indica azione anteriore a quella della principale:

a) se il verbo della principale è un *presente* o un *futuro*, nella dipendente, per indicare anteriorità di azione, si avrà il *congiuntivo passato:*

egli *teme* che tu *abbia avuto* delle noie – io *credo* che tu *sia stato* impulsivo – tuo padre *penserà* che tu non *sia andato* a scuola.

b) se il verbo della principale è un *passato*, l'anteriorità dell'azione della dipendente si esprime con il *trapassato congiuntivo:*

noi *temevamo* che tu *avessi avuto* delle noie – io *credevo* che tu *fossi stato* impulsivo – egli *ha pensato* che tu, prima di partire, *avessi avuto* la febbre – *dubitammo* che voi *foste stati* fuori il giorno prima – *avevamo pensato* che egli vi *avesse detto* tutto la sera precedente.

La proposizione dipendente indica azione posteriore a quella della principale:

a) se il verbo della principale è un *presente* o un *futuro*, nella dipendente, per indicare un'azione che deve ancora verificarsi, si avrà il *congiuntivo presente* o il *congiuntivo della coniugazione perifrastica*, cioè formata da una perifrasi come *stare per......, essere per......:*

egli *pensa* che tu *parta* domani e che non *ritorni* piú – io *dubiterò* ancora che tu *possa* riuscire in questa circostanza – noi *crediamo* che tu *stia per partire* (che tu *sia per partire*).

b) se il verbo della principale è un *passato*, per esprimere la posteriorità dell'azione, nella subordinata si avrà il *condizionale passato*, o l'*imperfetto congiuntivo della coniugazione perifrastica:*

tutti *pensavano* che tu *avresti vinto* la gara – egli *credeva* che tu *saresti arrivato* in tempo per la cena – *avevamo pensato* che *saresti venuto* con i tuoi genitori – *avevamo pensato* che *stessi per partire* – in quel momento *ritenni* che mi *avresti scritto* subito.

Riassumendo:

temo, temerò	che tu arrivi oggi che tu sia arrivato ieri che tu arrivi (sia per arrivare) domani
temevo, ho temuto temetti, avevo temuto	che tu non arrivassi in tempo che tu fossi arrivato il giorno prima che tu saresti arrivato il giorno dopo che tu fossi per arrivare il giorno dopo

ESERCIZIO 279 – *Sostituire al verbo tra parentesi il tempo richiesto del modo congiuntivo.*

Penso che tu oggi non (potere) venire da noi, ma che domani (fare) di tutto per venire – Io volevo che tu (parlare) e (dire) con chiarezza quello che pensavi – Ho desiderato tanto che voi (partire) con i miei genitori e mi dispiace che non (essere) possibile – Voi pensavate che io non (riuscire), ma io feci molti sforzi affinché tutto (andare) secondo i miei desideri – Tuo padre crede che tu ieri non (andare) dalla nonna e che (rimanere) ai giardini pubblici per giocare con i tuoi compagni – Io pensavo che tu la settimana scorsa non (andare) a scuola – Non credo che tu (rendere) al massimo in quella circostanza, ma credo che (potere) far meglio la settimana ventura – Temo che tu (essere) fuori tutta la notte, che non (coprirsi) bene e che ti (buscarsi) una forte bronchite – Credo che lunedí prossimo (essere) giorno di vacanza – La scorsa estate pensavo che tu (partire) per un lungo viaggio in autunno.

Esercizio 280 – *Correggere i tempi dei verbi delle proposizioni dipendenti il cui uso non sembri corretto.*

Mario scrisse che *venga* domani – Noi pensiamo che tu *fossi* un giovane diligente – Si temeva nel paese che ci *sia* il pericolo di una lunga siccità – Avevamo pensato che tutti ci *aiuterebbero* in una circostanza come quella – Io credetti che voi *siate venuti* per restare a lungo – Mio fratello partí prima che mia madre *possa* salutarlo – Desideriamo tutti che voi *foste* piú ubbidienti e che *faceste* senza discutere il vostro dovere – Io volevo che mio padre mi *dia* una grossa somma per quel viaggio turistico – Gli alunni credono che i professori *fossero* severi durante gli esami – Farò in modo che tu *dicessi* come sei stato lo scorso anno in America – Noi temevamo che tu *mentisca* ancora – Egli riteneva che egli il giorno dopo l'incidente *verrebbe* a casa nostra per chiederci scusa.

Uso delle parole – Tradurre le frasi idiomatiche formate con la parola **dare, (darsi)**:

darsi buon tempo ....

darsi pace ....

darsi delle arie ....

darsi la zappa sui piedi ....

darsi alla macchia ....

darsi il caso ....

darsi da fare ....

darsi per vinto ....

dare nel segno ....

dare ai nervi ....

darsela a gambe ....

dare alla testa (vino) ....

dare alla testa (profumi) ....

dare alla testa (onori) ....

dare nell'occhio ....

Esercizio 281 – *Formare delle frasi servendosi delle frasi idiomatiche riportate.*

(es.: Quel giovane è superbo, si da tante arie - Non riesco a darmi pace, penso sempre alla mia disgrazia, ecc.)

Il periodo ipotetico

Le *proposizioni condizionali* (vedi congiunzioni condizionali a pag. 311) che esprimono una premessa, una condizione, dalla quale dipende il realizzarsi della azione espressa nella proposizione principale, formano con la principale il cosiddetto *periodo ipotetico*.

1) Quando si vuole indicare un'*ipotesi considerata come reale, si usa il modo indicativo:*

se *fai* questo, sbagli – se *hai fatto* cosí, hai sbagliato – se *farai* ancora cosí, sbaglierai.

2) Quando si vuole indicare una *possibilità*, un'*incertezza*, una *irrealtà*, si usa:

a) il *congiuntivo imperfetto* nella proposizione condizionale e il *modo condizionale presente* nella proposizione principale, *se ci riferiamo al presente o al futuro:*

se io fossi ricco, *regalerei* molti soldi ai poveri – *se tu venissi* da noi, *andremmo* insieme a teatro – se essi *arrivassero* presto, *potremmo* uscire subito e non *perderemmo* il primo spettacolo.

b) il *congiuntivo trapassato* nella proposizione condizionale e il *condizionale passato* nella principale, *se ci riferiamo al passato:*

se io fossi stato ricco, *avrei regalato* molti soldi ai poveri – *se tu fossi venuto* da noi, *saremmo andati* insieme a teatro – se essi *fossero arrivati* presto, *saremmo potuti* uscire subito e non *avremmo perduto* il primo spettacolo.

ESERCIZIO 282 – *Trasformare i seguenti periodi ipotetici della realtà in periodi ipotetici della possibilità, al presente o al passato.*

(es.: se tu parli, io ti ascolto = se tu parlassi, io ti ascolterei = se tu avessi parlato, io ti avrei ascoltato)

Se tu parli, io ti ascolto – Se voi venite, usciamo insieme – Se io ti chiamo, tu devi rispondere – Se tu dici questo, fai molto male – Se essi non vanno a scuola, concludono poco – Se voi dite le bugie, io vi punisco – Se essi mi invitano, io ci vado – Se mio padre torna presto, noi non possiamo uscire – Se tu vinci la scommessa, pago io – Se vengo a Roma, voglio visitare tutti i musei della città – Se lo vedo, certamente gli dico tutto – Se mi vuoi bene, non devi farmi soffrire – Se vieni da me, ti spiego meglio la lezione – Se vuoi un consiglio, me lo devi chiedere – Se vuoi partire, devi preparare le valige – Se guadagnate poco, dovete risparmiare – Se cammini piú svelto, puoi raggiungere tuo fratello.

DẸBOLI DI CUORE

Un tale, ricoverato in una clịnica per un attacco cardịaco vinse il primo prẹmio alla lotterịa dei centocinquanta milioni.

— Bisogna fạrglielo sapere con prudenza — dịssero gli amici — altrimenti quello muore sul colpo.

Se ne incaricò il mẹdico curante che, discorrendo col malato, uscí fuori a dire in tono del tutto casuale:

— A propọsito, chissà che lei non ạbbia vinto i centocinquanta milioni...

— Dottore — replicò quello — se è vero gliene regalo la metà.

E il dottore morí sul colpo.

L'infinito

Dopo i verbi che esprịmono *volontà, desidẹrio, preghiera, ọrdine,* molto spesso in italiano si ha l'infinito preceduto dalla preposizione **di:**

Ti *propongo di* esaminare bene la questione – *Spero di* non delụderti – Ti *prego di* avvisarmi – Il comandante *ọrdina di* partire immediatamente – *Procurerại di* non farmi arrabbiare – Gli *dissi di* mandarmi tutto l'occorrente – Mi *sembra di* agire correttamente – Ti *chiedo di* ascoltarmi – Egli ci *propone di* andare a passẹggio – Ti *comando di* eseguire sụbito gli ọrdini – *Abbiamo deciso di* partire.

Dopo il verbo *continuare* si ha l'infinito preceduto dalla preposizione **a:**

Il ragazzo *continua a* piạngere – Io *continuerò a* darti sempre dei consigli ụtili – *Continuammo a* cọrrere fino a quando ci stancammo – Se non *continuate a* parlare, io non capirò nulla – Noi *continuiamo a* sperare, cosí come voi *continuate a* mentire.

L'infinito si trova spesso usato come un sostantivo, quindi come complemento preceduto da preposizione e artịcolo o da preposizione articolata:

Nello svọlgere la tua attività, pensa all'avvenire – *Tra il dire* e *il fare* c'è di mezzo il mare – *Col passare* del tempo tutto si accọmoda – Ero molto lontano *dall'immaginare* questa tua capacità – *Nel rispọndere* alla mia lẹttera ricorda bene quanto ti chiedo.

Il gerụndio

Con il verbo *stare* si usa il gerụndio per indicare un'azione in atto e la durata dell'azione stessa. La stessa costruzione hanno, in questo senso, i verbi *andare* e *venire:*

Stavo leggendo quando tu arrivasti – Egli *stava completando* il suo lavoro, noi *stavamo chiacchierando* – *Stavamo uscendo* quando incontrammo tuo zio – *Stiamo passando* le vacanze in riviera – *Sto preparando* (vengo preparando) il materiale per la pubblicazione di un libro – Egli *andava raccogliendo* tutti i grạppoli d'uva rimasti nelle viti – Sono contento di voi: *state facendo* un ọttimo lavoro – *Stạvano parlando* di polịtica e *venịvano concludendo* che è mẹglio non parlarne.

Il partịcipio presente

Il partịcipio presente è adoperato generalmente come un sẹmplice aggettivo, o come aggettivo sostantivato, ma si usa anche come forma verbale:

Questo signore è *rappresentante* di una ditta di medicinali – Tu sei un tipo veramente *divertente* – L'acqua *bollente* è sempre meno pericolosa dell'ọlio *bollente* – Trovammo il bambino *tremante* e *piangente* in un ạngolo bụio della stanza.

Uso delle parole – Tradurre le frasi idiomatiche formate con le parole **cuore, fiore, dire**:

prendersi a cuore una cosa ....

stare a cuore una cosa ....

strappare il cuore ....

farsi cuore ....

avere il cuore di leone ....

non bastare il cuore ....

nel cuore dell'inverno ....

nel cuore della notte ....

il cuore mi dice che ....

un fior di ragazza ....

un fior di galantuomo ....

il fior fiore della nobiltà ....

guadagnare fior di quattrini ....

a fior di pelle ....

avere a che dire con qualcuno ....

voler dire la sua ....

dire a mezza voce ....

dire corna di uno ....

dimmi con chi vai e ti dirò chi sei ....

modo di dire ....

ESERCIZIO 283 – *Formare delle frasi servendosi delle frasi idiomatiche riportate.*

(es.: Quell'uomo rincasa sempre molto tardi, nel cuore della nòtte - Era una ragazza bellissima, proprio un fior di ragazza – È un gran pettegolo, vuole sempre dire la sua, ecc.)

UNA MOSTRA CHE VALE MILIARDI

Cronaca (dai giornali) – Pietre preziose, gioielli, creazioni in oro ed in argento, per un valore assicurato di quindici miliardi di lire, sono esposti alla Mostra nazionale dell'oreficeria, gioielleria ed argenteria.

Si tratta di una delle piú grandi e piú qualificate rassegne mondiali del settore. Una raccolta fantastica, sorprendente ed eccitante che non interessa soltanto le donne, ma gli operatori economici italiani e stranieri. Il gioiello italiano è uno fra i prodotti piú richiesti sul mercato internazionale.

Secondo una recente statistica l'Italia ha esportato lo scorso anno monili e oggetti preziosi per 74 miliardi di lire, con un notevole aumento rispetto alla cifra realizzata l'anno precedente.

Accanto ai prodotti di lavorazione industriale figurano pezzi artigianali, che sono autentiche opere d'arte; si tratta di preziosi di valore inestimabile che finiranno nelle collezioni dei musei.

La ragione del successo che i preziosi italiani incontrano all'estero è dovuta, oltre che all'abilità e alla fantasia dei nostri artigiani, ai costi di lavorazione che sono inferiori a quelli di molti altri paesi.

Girando per le sale dell'esposizione, tra le vetrine luccicanti di brillanti, zaffiri, rubini e smeraldi, ci si sente presi da un'emozione che per un momento ci fa dimenticare di tante miserie e ci solleva in un'atmosfera di favola, che è come un piacevole sogno.

Descrivere l'illustrazione « Ad un ballo » a pag. 358

ALCUNI ESEMPI DI LETTERE

(Si riporta soltanto l'inizio e la fine della lettera)

(Ad una sorella)

Gent.ma Signorina Anna Bianchi
Via Arno, 7

50100 – F I R E N Z E

Anna carissima,

ho ricevuto con molto ritardo la tua lettera e mi affretto a risponderti per darti mie notizie......

. . . .

. . . .

Ti abbraccio affettuosamente

tua MARIA

(Ai genitori)

Gent.mi Signori Rossi
Piazza Sempione, 49

10100 – T O R I N O

Carissimi genitori,

ho sostenuto questa mattina gli ultimi esami all'Università e sono felice di comunicarvi che tutto è andato bene.....

. . . .

. . . .

In attesa di rivedervi al piú presto, vi abbraccio e vi bacio affettuosamente

PAOLO

(Ad un amico)

Gent.mo Signor Paolo Bianchi
Piazza Duomo, 174

20100 – M I L A N O

Paolo carissimo,

è da tanto tempo che penso di scriverti, ma soltanto oggi riesco a trovare un po' di calma per intrattenermi con te.....

. . . .

. . . .

Cordialissimi saluti per i tuoi, ti abbraccio

tuo MARIO

(Ad un signore)

Gent.mo Signor Gino Rossi
Piazza Castello, 83
00100 – R O M A

Gent.mo Signor Rossi,

voglia perdonarmi se mi permetto di importunarLa, ma ho bisogno del Suo aiuto per risolvere un problema che mi sta tanto a cuore......
....
....

Voglia gradire i piú cordiali saluti,

Suo PIETRO BIANCHI

(Ad un dottore)

Preg. Dott. Mario Bianchi
Via Po, 92
40100 – B O L O G N A

Egregio Dottor Bianchi,

La ringrazio moltissimo per l'interessamento che ha dimostrato nei miei riguardi...
....
....

Con i piú distinti ossequi, Suo devotissimo

ANTONIO MARINI

(Ad un professore)

Preg.mo Prof. Paolo Rossi
Piazza della Stazione, 7
80100 – N A P O L I

Egregio Professore,

ho ricevuto la Sua lettera e Le sono veramente grato per la cortese sollecitudine con la quale mi è venuto incontro ....
....
....

Distinti saluti,

Suo GIUSEPPE SERENI

(Ad un professore d'Università)

Chiar.mo Prof. Giovanni Marini
Città Universitaria
31100 – P A D O V A

Chiar.mo Professore,

La ringrazio moltissimo per le indicazioni che mi ha date riguardo al mio lavoro
....
....

Con i piú deferenti ossequi,

GIUSEPPE ALBERTI

367

(Ad un superiore)

Preg.mo Signor Antọnio Rossi
Direttore Generale
Piazza Fontana, 44
16100 – G E N O V A

Gent.mo Signor Direttore,

ho ricevuto la Sua pregiata lẹttera con le comunicazioni che mi riguạrdano....

. . . .
. . . .

Distinti ossequi,

ALBERTO BIANCHI

(Ad una persona autorẹvole)

Ill.mo Dott. Carlo Alberti
Via Tẹvere, 87
90100 – P A L E R M O

Ill.mo Dott. Alberti,

ho ricevuto la Sua pregiata lẹttera del 21 corrente.....

. . . .
. . . .

Voglia gradire i sensi della mia piú profonda gratitụdine,

Suo PIETRO ROSSANO

(Ad un sacerdote)

Rev. Padre Bianchi
Convento dei Cappuccini
06081 – A S S I S I (Perụgia)

Reverendo Padre Bianchi,

Le chiedo scusa se vengo ad importunarLa, ma confido nella Sua bontà . . . . .

. . . .
. . . .

Gradisca i piú devoti ossequi,

Suo GINO CORVETTA

(Ad un Vẹscovo)

A S. E. Mons. Luịgi Romano
Vẹscovo della Diọcesi di
S I E N A

Ecc.za Reverendịssima,

a nome di mia madre mi rivolgo all'Eccellenza Vostra per . . . . .

. . . .
. . . .

Vọglia accọgliere i piú deferenti ossequi e La prego di impartirmi la Santa Bene-
dizione. Suo devotissịmo

CARLO BIANCHI

Gent.ma Signora Maria Bianchi
Via Etnea, 58
95100 – C A T A N I A

Carissima Maria

in occasione del tuo onomastico ti prego di gradire i piú vivi auguri ed i piú cordiali saluti anche da parte di tutti i miei.

Affettuosamente ti abbraccio,   tua RENATA

Gent.mo Signor Giuseppe Rossi
Viale Roma, 103
00184 – S A L E R N O

Caro Giuseppe,

è da molto tempo che penso di scriverti, ma finisco sempre col rimandare perché sono occupatissimo con il mio lavoro. Ora che si avvicinano le feste Natalizie voglio che ti pervengano i miei più affettuosi auguri di Buon Natale e di un felice Anno Nuovo, estensibili a tutta la tua famiglia.

Caramente, tuo GIOVANNI

(Lettera di condoglianza)

Gent.mo Signor Michele Bianchi
Piazza della Repubblica, 3
30100 – V E N E Z I A

Caro Michele,

non puoi immaginare con quanto dolore abbia appreso la morte della tua adorata mamma; in questo momento cosí angoscioso per te, ti sono affettuosamente vicino e condivido il tuo immenso dolore. So che qualsiasi parola non potrebbe alleviare la tua pena, ma devi farti coraggio ed affrontare da uomo forte la tragedia che colpisce la tua famiglia.

Caramente credimi tuo   PAOLO

LETTERE COMMERCIALI

(Richieste d'impiego)

Milano, 10 ottobre 1970

Spett.le Ditta ....
Corso Sempione, 33
20100 – M I L A N O

Il sottoscritto, in possesso dei requisiti e dei titoli richiesti, si permette di inoltrare domanda per essere assunto, quale impiegato nella Vostra Spettabile Ditta.

Vi accludo il mio « curriculum vitae » e copia del certificato del servizio prestato presso la Ditta ...., che lascio a malincuore soltanto per migliorare la mia condizione economica.

Il titolare della Ditta dove ho lavorato per cinque anni è a Vostra disposizione per fornirVi tutte le informazioni che riterrete opportuno chiedere sul mio conto.

Nella speranza che sia accolta benevolmente la mia richiesta e in attesa di un cortese riscontro, Vi porgo distinti saluti.

LUCIANO FABBRI
Via Giuseppe Verdi, 35 - 20100 Milano

Torino, 23 settembre 1970

Spett.le Ditta « La Veloce »
Ufficio Personale
Casella Postale 388
10100 – T O R I N O

Con riferimento alla inserzione sul giornale « La Stampa » di ieri, mi permetto di porre la mia candidatura al posto di contabile della Vs. Ditta.

Come risulta dal certificato che Vi allego, ho prestato servizio di contabile per dieci anni presso la Ditta « Arlex » che, come a Voi è noto, ha cessato la propria attività il mese scorso.

Vi accludo il mio dettagliato « curriculum vitae » e alcune referenze che attestano la mia lunga esperienza nel campo della contabilità.

In attesa di un Vs. cortese riscontro Vi porgo distinti saluti.

. . . .
. . . .

(Compra-vendita)

Melbourne, 2 dicembre 1970

Spett.le Ditta « Forsital »
Via Monte Bianco, 27
20100 – M I L A N O

Con la presente abbiamo il piacere di richiederVi, alle solite condizioni di resa e pagamento, la fornitura del seguente materiale:

    1) . . . .
    2) . . . .
ecc. ecc.

In attesa di Vs. sollecito riscontro porgiamo distinti saluti.

Astor

. . . .
. . . .

Milano, 7 gennaio 1971

Spett.le Ditta ASTOR
P. O. Box 2165
M E L B O U R N E

In riscontro alla Vostra del 2 dicembre 1970, Vi rimettiamo qui allegata la nostra fattura proforma N. . . . . . per l'ammontare di Lit. . . . . . .

I prezzi quotati si intendono per merce resa FOB Genova, imballo marittimo e Vostra Commissione d'uso inclusi.

Rimaniamo in attesa di Vostro riscontro e distintamente Vi salutiamo.

Forsital

. . . .

Boston, 22 marzo 1970

Spett.le Ditta SIMPLEX
Via Monte Rosa, 133
10100 – T O R I N O

Abbiamo il piacere di passarVi il seguente ordine di materiale di Vs. produzione con preghiera di evaderlo con la massima sollecitudine:
....
....
....

Come di ns. consuetudine, attendiamo regolare fattura proforma per il materiale sopra elencato; non appena ne saremo in possesso, provvederemo al relativo pagamento.

In attesa di Vs. riscontro in merito, porgiamo distinti saluti.

Ditta ASTOR

Torino, 29 marzo 1970

Spett.le Ditta ASTOR
P. O. Box 3355
B O S T O N

Abbiamo ricevuto la stimata Vs. del 22 corrente e Vi siamo grati per la preferenza accordataci nel passarci il Vs. accluso ordine.

Come da Vs. istruzioni, Vi rimettiamo in allegato ns. fattura proforma in 3 copie, con le ns. condizioni, mentre Vi informiamo di aver immediatamente dato istruzioni per l'approntamento del materiale.

Vi assicuriamo, inoltre, che faremo del nostro meglio affinché l'ordine venga eseguito con la massima cura e sollecitudine, alfine di poterne effettuare la spedizione al più presto.

A tale proposito, restiamo in attesa di Vs. conferma d'ordine e di Vs. precise istruzioni.

Cogliamo pertanto l'occasione per ringraziarVi e per salutarVi distintamente.

SIMPLEX

Boston, 5 aprile 1970

Spett.le Ditta SIMPLEX
Via Monte Rosa, 133
10100 – T O R I N O

Con riferimento alla pregiata Vs. del 29 marzo u.s. Vi confermiamo l'ordinazione fatta con ns. lettera del 22 marzo e rimaniamo in attesa della comunicazione della data di imbarco della merce e dei relativi documenti.

Distinti saluti.

Ditta ASTOR

Torino, 16 aprile 1970

Spett.le Ditta ASTOR
P. O. Box 3355
BOSTON

Vi confermiamo la ns. ultima del 29 marzo u.s. e, come da Vs. istruzioni contenute nella conferma d'ordine di fornitura N. ...., allegate alla presente, Vi rimettiamo 3 copie della ns. fattura N. 73/5 del 1º corrente di Lit. .... relativa al Vs. ordine del 22 marzo 1970.

Cogliamo inoltre l'occasione per informarVi che il materiale è stato imbarcato nel vapore « Etruria », che partirà da Genova il 18 aprile p.v.

Non appena riceveremo i documenti d'imbarco della spedizione, ci affretteremo a trasmetterli alla Banca.

Ci auguriamo che il materiale possa giungerVi al piú presto e che lo stesso possa essere di Vs. gradimento.

Ci è gradita l'occasione per salutarVi distintamente.

Ditta SIMPLEX

Appendice

CONIUGAZIONE DEI VERBI AUSILIARI

Verbo **avere**

Indicativo

Presente

Io ho
Tu hai
Egli ha
Noi abbiamo
Voi avete
Essi hanno

Passato prossimo

Io ho avuto
Tu hai avuto
Egli ha avuto
Noi abbiamo avuto
Voi avete avuto
Essi hanno avuto

Imperfetto

Io avevo
Tu avevi
Egli aveva
Noi avevamo
Voi avevate
Essi avevano

Trapassato prossimo

Io avevo avuto
Tu avevi avuto
Egli aveva avuto
Noi avevamo avuto
Voi avevate avuto
Essi avevano avuto

Passato remoto

Io ebbi
Tu avesti
Egli ebbe
Noi avemmo
Voi aveste
Essi ebbero

Trapassato remoto

Io ebbi avuto
Tu avesti avuto
Egli ebbe avuto
Noi avemmo avuto
Voi aveste avuto
Essi ebbero avuto

Futuro

Io avrò
Tu avrai
Egli avrà
Noi avremo
Voi avrete
Essi avranno

Futuro anteriore

Io avrò avuto
Tu avrai avuto
Egli avrà avuto
Noi avremo avuto
Voi avrete avuto
Essi avranno avuto

Congiuntivo

Presente

Che io abbia
Che tu abbia
Che egli abbia
Che noi abbiamo
Che voi abbiate
Che essi abbiano

Passato

Che io abbia avuto
Che tu abbia avuto
Che egli abbia avuto
Che noi abbiamo avuto
Che voi abbiate avuto
Che essi abbiano avuto

Imperfetto

Che io avessi
Che tu avessi
Che egli avesse
Che noi avęssimo
Che voi aveste
Che essi avęssero

Trapassato

Che io avessi avuto
Che tu avessi avuto
Che egli avesse avuto
Che noi avęssimo avuto
Che voi aveste avuto
Che essi avęssero avuto

Condizionale

Presente

Io avręi
Tu avresti
Egli avrebbe
Noi avremmo
Voi avreste
Essi avrębbero

Passato

Io avręi avuto
Tu avresti avuto
Egli avrebbe avuto
Noi avremmo avuto
Voi avreste avuto
Essi avrębbero avuto

Imperativo

Presente: abbi   tu
             ąbbia   egli
             abbiamo noi
             abbiate   voi
             ąbbiano essi

Infinito

Presente: avere
Passato: avere avuto

Participio

Presente: avente
Passato: avuto

Gerųndio

Sęmplice: avendo
Passato: avendo avuto

Verbo **essere**

Indicativo

Presente

Io   sono
Tu   sei
Egli è
Noi siamo
Voi siete
Essi sono

Passato prossimo

Io   sono   stato
Tu   sei   stato
Egli è   stato
Noi siamo stati
Voi siete stati
Essi sono   stati

imperfetto

Io   ero
Tu   eri
Egli era
Noi eravamo
Voi eravate
Essi erano

Trapassato prossimo

Io   ero   stato
Tu   eri   stato
Egli era   stato
Noi eravamo stati
Voi eravate stati
Essi erano   stati

Passato remoto

Io   fui
Tu   fosti
Egli fu
Noi fummo
Voi foste
Essi furono

Trapassato remoto

Io   fui   stato
Tu   fosti stato
Egli fu   stato
Noi fummo stati
Voi foste stati
Essi furono stati

Futuro

Io   sarò
Tu   sarai
Egli sarà
Noi saremo
Voi sarete
Essi saranno

Futuro anteriore

Io   sarò   stato
Tu   sarai   stato
Egli sarà   stato
Noi saremo   stati
Voi sarete   stati
Essi saranno stati

Congiuntivo

Presente

Che io   sia
Che tu   sia
Che egli sia
Che noi siamo
Che voi siate
Che essi siano

Passato

Che io   sia   stato
Che tu   sia   stato
Che egli sia   stato
Che noi siamo stati
Che voi siate stati
Che essi siano stati

Imperfetto

Che io fossi
Che tu fossi
Che egli fosse
Che noi fọssimo
Che voi foste
Che essi fọssero

Trapassato

Che io fossi stato
Che tu fossi stato
Che egli fosse stato
Che noi fọssimo stati
Che voi foste stati
Che essi fọssero stati

Condizionale

Presente

Io sarẹi
Tu saresti
Egli sarebbe
Noi saremmo
Voi sareste
Essi sarẹbbero

Passato

Io sarẹi stato
Tu saresti stato
Egli sarebbe stato
Noi saremmo stati
Voi sareste stati
Essi sarẹbbero stati

Imperativo

Presente: sii tu
sia egli
siamo noi
siate voi
sịano essi

Infinito

Presente: ẹssere
Passato: ẹssere stato

Participio

Presente: (ente – sostantivo)
Passato: stato

Gerụndio

Sẹmplice: essendo
Passato: essendo stato

CONIUGAZIONI REGOLARI

1ª Coniugazione – *Verbo* **amare**

Indicativo

Presente

Io   amo
Tu   ami
Egli   ama
Noi   amiamo
Voi   amate
Essi   amano

Passato prossimo

Io   ho   amato
Tu   hai   amato
Egli   ha   amato
Noi   abbiamo amato
Voi   avete   amato
Essi   hanno   amato

Imperfetto

Io   amavo
Tu   amavi
Egli   amava
Noi   amavamo
Voi   amavate
Essi   amavano

Trapassato prossimo

Io   avevo   amato
Tu   avevi   amato
Egli   aveva   amato
Noi   avevamo amato
Voi   avevate amato
Essi   avevano amato

Passato remoto

Io   amai
Tu   amasti
Egli   amò
Noi   amammo
Voi   amaste
Essi   amarono

Trapassato remoto

Io   ebbi   amato
Tu   avesti   amato
Egli   ebbe   amato
Noi   avemmo   amato
Voi   aveste   amato
Essi   ebbero   amato

Futuro

Io   amerò
Tu   amerai
Egli   amerà
Noi   ameremo
Voi   amerete
Essi   ameranno

Futuro anteriore

Io   avrò   amato
Tu   avrai   amato
Egli   avrà   amato
Noi   avremo   amato
Voi   avrete   amato
Essi   avranno amato

Congiuntivo

Presente

Che io   ami
Che tu   ami
Che egli ami
Che noi   amiamo
Che voi   amiate
Che essi amino

Passato

Che io   abbia   amato
Che tu   abbia   amato
Che egli abbia   amato
Che noi   abbiamo amato
Che voi   abbiate amato
Che essi abbiano amato

Imperfetto

Che io amassi
Che tu amassi
Che egli amasse
Che noi amạssimo
Che voi amaste
Che essi amạssero

Trapassato

Che io avessi amato
Che tu avessi amato
Che egli avesse amato
Che noi avẹssimo amato
Che voi aveste amato
Che essi avẹssero amato

Condizionale

Presente

Io amerẹi
Tu ameresti
Egli amerebbe
Noi ameremmo
Voi amereste
Essi amerẹbbero

Passato

Io avrẹi amato
Tu avresti amato
Egli avrebbe amato
Noi avremmo amato
Voi avreste amato
Essi avrẹbbero amato

Imperativo

Presente: ama tu
ami egli
amiamo noi
amate voi
ạmino essi

Infinito

Presente: amare
Passato: avere amato

Particịpio

Presente: amante
Passato: amato

Gerụndio

Sẹmplice: amando
Passato: avendo amato

2ª Coniugazione – *Verbo* temere

Indicativo

Presente

Io temo
Tu temi
Egli teme
Noi temiamo
Voi temete
Essi tẹmono

Passato prọssimo

Io ho temuto
Tu hai temuto
Egli ha temuto
Noi abbiamo temuto
Voi avete temuto
Essi hanno temuto

380

Imperfetto

Io temevo
Tu temevi
Egli temeva
Noi temevamo
Voi temevate
Essi temẹvano

Passato remoto

Io temẹi
Tu temesti
Egli temé
Noi tememmo
Voi temeste
Essi temẹrono

Futuro

Io temerò
Tu temerại
Egli temerà
Noi temeremo
Voi temerete
Essi temeranno

Trapassato prọssimo

Io avevo temuto
Tu avevi temuto
Egli aveva temuto
Noi avevamo temuto
Voi avevate temuto
Essi avẹvano temuto

Trapassato remoto

Io ebbi temuto
Tu avesti temuto
Egli ebbe temuto
Noi avemmo temuto
Voi aveste temuto
Essi ẹbbero temuto

Futuro anteriore

Io avrò temuto
Tu avrại temuto
Egli avrà temuto
Noi avremo temuto
Voi avrete temuto
Essi avranno temuto

Congiuntivo

Presente

Che io tema
Che tu tema
Che egli tema
Che noi temiamo
Che voi temiate
Che essi tẹmano

Imperfetto

Che io temessi
Che tu temessi
Che egli temesse
Che noi temẹssimo
Che voi temeste
Che essi temẹssero

Passato

Che io ạbbia temuto
Che tu ạbbia temuto
Che egli ạbbia temuto
Che noi abbiamo temuto
Che voi abbiate temuto
Che essi ạbbiano temuto

Trapassato

Che io avessi temuto
Che tu avessi temuto
Che egli avesse temuto
Che noi avẹssimo temuto
Che voi aveste temuto
Che essi avẹssero temuto

Condizionale

Presente

Io temerẹi
Tu temeresti
Egli temerebbe
Noi temeremmo
Voi temereste
Essi temerẹbbero

Passato

Io avrẹi temuto
Tu avresti temuto
Egli avrebbe temuto
Noi avremmo temuto
Voi avreste temuto
Essi avrẹbbero temuto

Imperativo

Presente: temi tu
tema egli
temiamo noi
temete voi
tẹmano essi

Infinito

Presente: temere
Passato: avere temuto

Particịpio

Presente: temente
Passato: temuto

Gerụndio

Sẹmplice: temendo
Passato: avendo temuto

3ª Coniugazione – *Verbo* servire

Indicativo

Presente

Io servo
Tu servi
Egli serve
Noi serviamo
Voi servite
Essi sẹrvono

Passato prọssimo

Io ho servito
Tu hai servito
Egli ha servito
Noi abbiamo servito
Voi avete servito
Essi hanno servito

Imperfetto

Io servivo
Tu servivi
Egli serviva
Noi servivamo
Voi servivate
Essi servịvano

Trapassato prọssimo

Io avevo servito
Tu avevi servito
Egli aveva servito
Noi avevamo servito
Voi avevate servito
Essi avẹvano servito

Passato remoto

Io   servii
Tu   servisti
Egli serví
Noi servimmo
Voi serviste
Essi servirono

Trapassato remoto

Io   ebbi   servito
Tu   avesti servito
Egli ebbe   servito
Noi avemmo servito
Voi aveste servito
Essi ebbero servito

Futuro

Io   servirò
Tu   servirai
Egli servirà
Noi serviremo
Voi servirete
Essi serviranno

Futuro anteriore

Io   avrò   servito
Tu   avrai   servito
Egli avrà   servito
Noi avremo servito
Voi avrete servito
Essi avranno servito

Congiuntivo

Presente

Che io serva
Che tu serva
Che egli serva
Che noi serviamo
Che voi serviate
Che essi servano

Passato

Che io   abbia   servito
Che tu   abbia   servito
Che egli abbia   servito
Che noi abbiamo servito
Che voi abbiate servito
Che essi abbiano servito

Imperfetto

Che io   servissi
Che tu   servissi
Che egli servisse
Che noi servissimo
Che voi serviste
Che essi servissero

Trapassato

Che io   avessi   servito
Che tu   avessi   servito
Che egli avesse   servito
Che noi avessimo servito
Che voi aveste   servito
Che essi avessero servito

Condizionale

Presente

Io   servirei
Tu   serviresti
Egli servirebbe
Noi serviremmo
Voi servireste
Essi servirebbero

Passato

Io   avrei   servito
Tu   avresti servito
Egli avrebbe servito
Noi avremmo servito
Voi avreste servito
Essi avrebbero servito

Imperativo

Presente: servi   tu
           serva   egli
           serviamo noi
           servite   voi
           servano essi

Infinito

Presente: servire
Passato: avere servito

Particịpio

Presente: servente
Passato: servito

Gerụndio

Sẹmplice: servendo
Passato: avendo servito

ELENCO DEI PRINCIPALI VERBI INTRANSITIVI
CHE RICHIEDONO L'AUSILIARE «ESSERE», O «ESSERE» E «AVERE»

(Alcuni di questi verbi sono transitivi, ma possono essere usati intransitivamente, cioè senza complemento diretto; in questo caso richiedono l'ausiliare *essere*)

A

Abbondare (essere e avere) ....
Accadere ....
Affievolire ....
Affluire......................
Affogare ....
Affondare ....
Aggravare ....
Allibire......................
Ammattire ....
Ammontare ....
Ammuffire ....
Ammutolire ....
Andare ....
Annebbiare ....
Annegare ....
Annerire ....
Annottare ....
Apparire ....
Appassire ....
Approdare (essere e avere) ....
Ardere ....
Arenare ....
Arricchire ....
Arrivare ....
Arrossare ....
Arrossire ....
Arrostire ....
Arroventare ....
Arrugginire ....
Ascendere ....
Asciugare ....
Assiderare ....
Attecchire (essere e avere) ....
Aumentare ....
Avanzare (essere e avere) ....
Avvizzire ....

B

Bastare ....
Battere (essere e avere) ....
Bisognare ....
Brillare (essere e avere) ....

C

Cadere ....
Calare ....
Cambiare ....
Capitare ....
Cascare ....
Cessare (essere e avere) ....
Circolare (essere e avere) ....
Comparire ....
Confluire (essere e avere) ....
Conseguire ....
Constare ....
Convenire (essere e avere) ....
Costare ....
Crepare ....
Crescere ....
Crollare ....

D

Decadere ....
Decorrere......................
Decrescere.....................
Deperire......................
Derivare......................
Deviare (essere e avere) ....
Dilagare......................
Dimagrire ....
Diminuire ....
Dipendere ....
Discendere ....
Dispiacere ....
Divampare ....
Divenire, diventare ....
Dolere (essere e avere) ....
Durare (essere e avere) ....

E

Echeggiare (essere e avere) ....
Emanare ....
Emergere ....
Entrare ....
Esalare ....

Esistere ....
Espatriare (essere e avere) ....
Esplodere (essere e avere) ....
Esulare ....
Evadere ....
Evaporare (essere e avere) ....

F

Fallire (essere) ....
Fallire (avere) ....
Finire (essere: *senza complemento*) ......
Finire (avere: *in altri casi*) ....
Fiorire ....
Fluire ....
Franare ....
Fuggire ....

G

Garbare ....
Gelare ....
Germinare (essere e avere) ....
Germogliare (essere e avere) ....
Giacere ....
Giovare (essere e avere) ....
Giungere ....
Guarire ....

I

Illanguidire ....
Imbaldanzire ....
Imbastardire ....
Imbecillire ....
Imbestialire ....
Imbizzarrire ....
Imboschire ....
Imbrunire ....
Immigrare ....
Immiserire ....
Impallidire ....
Impazzire ....
Imperversare (essere e avere) ....
Impoverire ....
Imputridire ....
Inacidire ....
Inaridire ....
Incallire ....
Incanutire ....
Incappare ....
Incespicare (essere e avere) ....
Incorrere ....
Incretinire ....

Indolenzire ....
Indurire ....
Inferocire ....
Infiacchire ....
Infreddolire ....
Infurbire ....
Infuriare (essere) ....
Infuriare (avere) ....
Ingelosire ....
Ingentilire ....
Ingiallire ....
Ingigantire ....
Ingrandire ....
Ingrassare ....
Inorgoglire ....
Inorridire ....
Insorgere ....
Insuperbire ....
Intervenire ....
Intiepidire, intepidire ....
Intirizzire ....
Intontire ....
Intoppare (essere e avere) ....
Intorpidire ....
Intristire ....
Invecchiare ....
Inverdire ....
Invigorire ....
Inviperire ....
Irrigidire ....

L

Lievitare ....
Luccicare (essere e avere) ....

M

Mancare (essere e avere) ....
Marcire ....
Maturare ....
Migliorare ....
Moltiplicare (essere) ....
Moltiplicare (avere) ....
Montare (essere) ....
Montare (avere) ....
Morire ....

N

Nascere ....
Naufragare (essere e avere) ....
Nevicare (essere e avere) ....

O

Occorrere ....
Originare ....

P

Parere ....
Partire ....
Passare ....
Peggiorare ....
Penetrare ....
Perire ....
Pervenire ....
Piacere ....
Piombare ....
Piovere ....
Precipitare ....
Premere ....
Procedere (essere e avere) ....
Progredire (essere e avere) ....
Proseguire (essere e avere) ....
Prosperare (essere e avere) ....
Provenire ....

R

Rabbrividire (essere e avere) ....
Raccapricciare (essere e avere) ....
Raddolcire ....
Raggrumare ....
Rasserenare ....
Rassodare ....
Rattrappire ....
Restare ....
Retrocedere (essere e avere) ....
Rialzare ....
Rifluire (essere e avere) ....
Rifuggire (essere e avere) ....
Rimanere ....
Rimarginare (essere e avere) ....
Rimbambire ....
Rimbecillire ....
Rimbombare (essere e avere) ....
Rimpatriare (essere e avere) ....
Rincarare ....
Rincrescere ....
Rinfrescare ....
Ringiovanire ....
Rinsanire ....
Rinsavire ....
Rintoccare (essere e avere) ....
Rintronare (essere e avere) ....
Rinvenire ....

Riparare ....
Risaltare (essere e avere) ....
Risanare ....
Riscaldare ....
Rischiarare ....
Risonare (essere e avere) ....
Risorgere ....
Risplendere (essere e avere) ....
Risultare ....
Risuscitare ....
Ritardare (essere e avere) ....
Ritornare ....
Riuscire ....
Ruzzolare (essere e avere) ....

S

Salire ....
Salpare (essere e avere) ....
Saltare (essere e avere) ....
Sbalzare ....
Sbarcare ....
Sbiadire ....
Sbiancare ....
Sbigottire ....
Sboccare ....
Sbocciare ....
Sbucare ....
Scadere ....
Scampare ....
Scappare ....
Scattare (essere: *riferito a persona*) .....
   (essere e avere: *riferito a cosa*) ......
Scaturire ....
Scemare ....
Scendere ....
Schiarire ....
Schizzare ....
Scintillare (essere e avere) ....
Scivolare ....
Scolorire ....
Scomparire ....
Scoppiare ....
Scorrere ....
Sdrucciolare (essere e avere) ....
Seccare ....
Sembrare ....
Servire (essere e avere) ....
Sfinire ....
Sfiorire ....
Sfuggire ....
Sfumare ....
Sgonfiare ....

Sgorgare ....

Sgusciare ....

Slittare (essere e avere) ....

Smontare ....

Soccombere ....

Somigliare (essere e avere) ....

Sopraggiungere ....

Sopravanzare ....

Sopravvenire ....

Sorgere ....

Sostare (essere e avere) ....

Sottostare ....

Sparire ....

Spettare ....

Spiacere ....

Spirare (essere) ....

Spirare (avere) ....

Sprofondare ....

Spuntare ....

Stingere ....

Stramazzare ....

Straripare ....

Subentrare ....

Suppurare (essere e avere) ....

Susseguire ....

Sussistere (essere e avere) ....

Svanire ....

Svenire ....

T

Toccare ....

Tornare ....

Traboccare (essere e avere) ....

Tralignare (essere e avere) ....

Tramontare ....

Trapelare ....

Trasalire (essere e avere) ....

Trasecolare (essere e avere) ....

U

Uscire ....

V

Vacillare (essere e avere) ....

Valere (essere e avere) ....

Venire ....

Vivere (essere e avere) ....

Volare (essere e avere) ....

Z

Zampillare (essere e avere) ....

I VERBI IRREGOLARI

Si riportano soltanto le forme irregolari e, per ciascun verbo, si indica l'ausiliare che richiede per la formazione dei tempi composti.

Accendere (. . . . .) – *participio passato:* **acceso** (ausiliare: **avere**);
pass. rem.: accesi, accendesti, accese, accendemmo, accendeste, accesero.

Accludere (. . . . .) – *part. pass.:* **accluso** (ausil. **avere**);
pass. rem.: acclusi, accludesti, accluse, accludemmo, accludeste, acclusero.

Accogliere (. . . . .) – vedi **cogliere.**

Accorgersi (. . . . .) – *part. pass.* **accortosi** (ausil. **essere**);
pass. rem.: mi accorsi, ti accorgesti, si accorse, ci accorgemmo, vi accorgeste, si accorsero.

Accorrere (. . . . .) – vedi **correre.**

Accrescere (. . . . .) – vedi **crescere.**

Addurre (. . . . .) – *part. pass.:* **addotto** (ausil. **avere**);
indic. pres.: adduco, adduci, adduce, adduciamo, adducete, adducono;
imperf.: adducevo, adducevi, adduceva, adducevamo, adducevate, adducevano;
pass. rem.: addussi, adducesti, addusse, adducemmo, adduceste, addussero;
futuro: addurrò, addurrai, addurrà, addurremo, addurrete, addurranno;
condiz.: addurrei, addurresti, addurrebbe, addurremmo, addurreste, addurrebbero;
cong. pres.: che io adduca . . . . .; *imperf.:* che io adducessi. . . . .

Affiggere (. . . . .) – vedi **figgere** (però *part. pass.:* **affisso**)

Affliggere (. . . . .) – *part. pass.:* **afflitto** (ausil. **avere**);
pass. rem.: afflissi, affliggesti, afflisse, affliggemmo, affliggeste, afflissero.

Aggiungere (. . . . .) – vedi **giungere** (però ausil. **avere**).

Alludere (. . . . .) – *part. pass.:* **alluso** (ausil. **avere**);
pass. rem.: allusi, alludesti, alluse, alludemmo, alludeste, allusero.

Ammettere (. . . . .) – vedi **mettere.**

Andare (. . . . .) – *part. pass.:* **andato** (ausil. **essere**);
indic. pres.: vado (vo), vai, va, andiamo, andate, vanno;
futuro: andrò, andrai, andrà, andremo, andrete, andranno;
condiz.: andrei, andresti, andrebbe, andremmo, andreste, andrebbero;
imperativo: va' (vai), vada, andiamo, andate, vadano;
cong. pres.: vada, vada, vada, andiamo, andiate, vadano.

Annettere (. . . . .) – *part. pass.:* **annesso** (ausil. **avere**);
pass. rem.: annettei (annessi), annettesti, annetté (annesse), annettemmo, annetteste, annetterono (annessero).

Apparire (. . . . .) – *part. pass.:* **apparso** (ausil. **essere**);
   indic. pres.: apparisco (appaio), apparisci (appari), apparisce (appare), appariamo (appaiamo), apparite, appariscono (appaiono);
   pass. rem.: apparii (apparvi *e* apparsi), apparisti, apparí (apparve *e* apparse), apparimmo, appariste, apparirono (apparvero *e* apparsero);
   imperat.: appari (apparisci), appaia (apparisca), appariamo, apparite, appaiano (appariscano);
   cong. pres.: apparisca (appaia), apparisca (appaia), apparisca (appaia), appariamo (appaiamo), appariate (appaiate), appariscano (appaiano).

Appartenere (. . . . .) – vedi **tenere.**

Appendere (. . . . .) – *part. pass.:* **appeso** (ausil. **avere**);
   pass. rem.: appesi, appendesti, appese, appendemmo, appendeste, appesero.

Apprendere (. . . . .) – vedi **prendere.**

Aprire (. . . . .) – *part. pass.:* **aperto** (ausil. **avere**);
   pass. rem.: aprii (apersi), apristi, aprí (aperse), aprimmo, apriste, aprirono (apersero).

Ardere (. . . . .) – *part. pass.:* **arso** (ausil. **avere**);
   pass. rem.: arsi, ardesti, arse, ardemmo, ardeste, arsero.

Aspergere (. . . . .) – *part. pass.:* **asperso** (ausil. **avere**);
   pass. rem.: aspersi, aspergesti, asperse, aspergemmo, aspergeste, aspersero.

Assalire (. . . . .) – *part. pass.:* **assalito** (ausil. **avere**);
   indic. pres.: assalgo (assalisco), assali (assalisci), assale (assalisce), assaliamo, assalite, assalgono (assaliscono);
   pass. rem.: assalii, assalisti, assalí, assalimmo, assaliste, assalirono;
   cong. pres.: assalga, assalga, assalga, assaliamo, assaliate, assalgano.

Assidersi (. . . . .) – *part. pass.:* **assiso** (ausil. **essere**);
   pass. rem.: mi assisi, ti assidesti, si assise, ci assidemmo, vi assideste, si assisero.

Assistere (. . . . .) – *part. pass.:* **assistito** (ausil. **avere**);
   pass. rem.: assistei (assistetti), assistesti, assisté (assistette), assistemmo, assisteste, assisterono (assistettero).

Assolvere (. . . . .) – *part. pass.:* **assolto** (ausil. **avere**);
   pass. rem.: assolsi (assolvei *e* assolvetti), assolvesti, assolse (assolvette), assolvemmo, assolveste, assolsero (assolvettero).

Assorbire (. . . . .) – *part. pass.:* **assorbito** (ausil. **avere**);
   indic. pres.: assorbisco (assorbo), assorbisci (assorbi), assorbisce (assorbe), assorbiamo, assorbite, assorbiscono (assorbono).

Assumere (. . . . .) – *part. pass.:* **assunto** (ausil. **avere**);
   pass. rem.: assunsi, assumesti, assunse, assumemmo, assumeste, assunsero.

Astrarre (. . . . .) – vedi **trarre.**

Attẹndere (..............) – vedi **tẹndere**.

Avvịncere (..............) – vedi **vịncere**.

Avvọlgere (..............) – vedi **vọlgere**.

Benedire (..............) – *part. pass.:* **benedetto** (ausil. **avere**);
indic. imperf.: benedicevo (benedivo), benedicevi (benedivi), benediceva (bene-diva), benedicevamo (benedivamo), benedicevate (benedivate), benedicẹvano (be-nedịvano);
pass. rem.: benedissi (benedịi), benedicesti, benedisse (benedí), benedicemmo (be-nedimmo), benediceste (benediste), benedịssero (benedịrono);
imperat.: benedici, benedica, benediciamo, benedite, benedịcano;
cong. imperf.: benedicessi, benedicessi, benedicesse, benedicẹssimo, benediceste, be-nedicẹssero;
gerụndio: benedicendo: *part. pres.:* benedicente.

Bere (..............) – *part. pass.:* **bevuto** (ausil. **avere**);
ind. pres.: bevo, bevi, beve. beviamo, bevete, bẹvono;
pass. rem.: bevvi, bevesti, bevve, bevemmo, beveste, bẹvvero;
imperf.: bevevo, bevevi, beveva, bevevamo, vebevate, bevẹvano;
futuro: berrò, berrại, berrà, berremo, berrete, berranno;
condiz.: berrẹi, berresti, berrebbe, berremmo, berreste, berrẹbbero;
cong. pres.: beva, beva, beva, beviamo, beviate, bẹvano.

Cadere (..............) – *part. pass.:* **caduto** (ausil. **ẹssere**);
pass. rem.: caddi, cadesti, cadde, cademmo, cadeste, cạddero;
futuro: cadrò, cadrại, cadrà, cadremo, cadrete, cadranno;
condiz.: cadrẹi, cadresti, cadrebbe, cadremmo, cadreste, cadrẹbbero.

Cẹdere (..............) – *part. pass.:* **ceduto** (ausil. **avere**);
pass. rem.: cedẹi (cedetti), cedesti, cedette (cedé), cedemmo, cedeste, cedẹttero (cedẹrono).

Chiẹdere (..............) – *part. pass.:* **chiesto** (ausil. **avere**);
pass. rem.: chiesi, chiedesti, chiese, chiedemmo, chiedeste, chiẹsero.

Chiụdere (..............) – *part. pass.:* **chiuso** (ausil. **avere**);
pass. rem.: chiusi, chiudesti, chiuse, chiudemmo, chiudeste, chiụsero.

Cịngere (..............) – *part. pass.:* **cinto** (ausil. **avere**);
pass. rem.: cinsi, cingesti, cinse, cingemmo, cingeste, cịnsero.

Cọgliere (..............) – *part. pass.:* **colto** (ausil. **avere**);
indic. pres.: colgo, cogli, cọglie, cogliamo, cogliete, cọlgono;
pass. rem.: colsi, cogliesti, colse, cogliemmo, coglieste, cọlsero;
imperat.: cogli, colga, cogliamo, cogliete, cọlgano;
cong. pres.: colga, colga, colga, cogliamo, cogliate, cọlgano.

Coincidere (...............) – vedi **decidere.**

Commettere (...............) – vedi **mettere.**

Comparire (...............) – vedi **apparire.**

Compiangere (...............) – vedi **piangere.**

Compiere, compire (...............) – *part. pass.:* **compiuto** *e* **compito** (ausil. **avere**);
indic. pres.: compio, compi, compie, compiamo, compite, compiono;
imperf.: compivo (compievo), compivi (compievi), compiva (compieva), compivamo (compievamo), compivate (compievate), compivano (compievano);
imperat.: compi, compia, compiamo, compite, compiano;
cong. pres.: compia, compia, compia, compiamo, compiate, compiano;
Cong. imperf.: compissi (compiessi), compissi (compiessi), compisse (compiesse), compissimo (compiessimo), compiste (compieste), compissero (compiessero);
gerundio: compiendo.

Comporre (...............) – vedi **porre.**

Comprendere (...............) – vedi **prendere.**

Comprimere (...............) – *part. pass.:* **compresso** (ausil. **avere**);
pass. rem.: compressi, comprimesti, compresse, comprimemmo, comprimeste, compressero.

Concedere (...............) – *part. pass.:* **concesso** (**conceduto**) (ausil. **avere**);
pass. rem.: concessi (concedei *e* concedetti), concedesti, concesse (concedette), concedemmo, concedeste, concessero (concedettero).

Concludere (...............) – vedi **accludere.**

Concorrere (...............) – vedi **correre.**

Condurre (...............) – vedi **addurre.**

Confondere (...............) – vedi **fondere.**

Congiungere (...............) – vedi **giungere** (però ausiliare **avere**).

Connettere (...............) – vedi **annettere.**

Conoscere (...............) – *part. pass.:* **conosciuto** (ausil. **avere**);
pass. rem.: conobbi, conoscesti, conobbe, conoscemmo, conosceste, conobbero.

Consumare (...............) – *part. pass.:* **consumato** (**consunto**) (ausil. **avere**);
pass. rem.: consumai (consunsi), consumasti, consumò (consunse), consumammo, consumaste, consumarono (consunsero).

Contendere (...............) – vedi **tendere.**

Contrarre (...............) – vedi **trarre.**

Contundere (...............) – *part. pass.:* **contuso** (ausil. **avere**);
pass. rem.: contusi, contundesti, contuse, contundemmo, contundeste, contusero.

Convenire (. . . . .) – (ausil. ẹssere *e* **avere**) – vedi **venire.**

Convịncere (. . . . .) – vedi **vịncere.**

Coprire (. . . . .) – vedi **aprire.**

Corrẹggere (. . . . .) – vedi **rẹggerẹ.**

Cọrrere (. . . . .) – *part. pass.:* **corso** (ausil. ẹssere *e* **avere**);
    pass. rem.: corsi, corresti, corse, corremmo, correste, cọrsero.

Corrọmpere (. . . . .) – vedi **rọmpere.**

Cospẹrgere (. . . . .) – vedi **aspẹrgere.**

Costruire (. . . . .) – *part. pass.:* **costruito** (**costrutto**) (ausil. **avere**);
    pass. rem.: costruịi (*poco usato:* costrussi), costruisti, construị (costrusse), costruimmo,
    costruiste, costruịrono (costrụssero).

Crẹscere (. . . . .) – *part. pass.:* **cresciuto** (ausil. ẹssere);
    pass. rem.: crebbi, crescesti, crebbe, crescemmo, cresceste, crẹbbero.

Cucire (. . . . .) – *part. pass.:* **cucito** (ausil. **avere**);
    indic. pres.: cụcio, cuci, cuce, cuciamo, cucite, cụciono;
    cong. pres.: cụcia, cụcia, cụcia, cuciamo, cuciate, cụciano.

Cuọcere (. . . . .) – *part. pass.:* **cotto** (ausil. **avere**);
    indic. pres.: cuọcio, cuoci, cuoce, cociamo, cocete, cuọciono;
    imperf.: cocevo, cocevi, coceva, cocevamo, cocevate, cocẹvano;
    pass. rem.: cossi, cocesti, cosse, cocemmo, coceste, cọssero;
    futuro: cocerò, cocerại, cocerà, coceremo, cocerete, coceranno;
    condiz.: cocerẹi, coceresti, cocerebbe, coceremmo, cocereste, cocerẹbbero;
    imperat.: cuoci, cuọcia, cociamo, cocete, cuọciano;
    cong. pres.: cuọcia, cuọcia, cuọcia, cociamo, cociate, cuọciano.

Dare (. . . . .) – *part. pass.:* **dato** (ausil. **avere**);
    indic. pres.: do, dai, dà, diamo, date, danno;
    imperf.: davo, davi, dava, davamo, davate, dạvano;
    pass. rem.: diedi (detti), desti, diede (dette), demmo, deste, diẹdero (dẹttero);
    futuro: darò, darại, darà, daremo, darete, daranno;
    condiz.: darẹi, daresti, darebbe, daremmo, dareste, darẹbbero;
    imperat.: dai (da'), dia, diamo, date, dịano;
    cong. pres.: dia, dia, dia, diamo, diate, dịano;
    cong. imperf.: dessi, dessi, desse, dẹssimo, deste, dẹssero; *gerụndio:* dando.

Decịdere (. . . . .) – *part. pass.:* **deciso** (ausil. **avere**);
    pass. rem.; decisi, decidesti, decise, decidemmo, decideste, decịsero.

Discọrrere (. . . . .) – vedi **cọrrere.**

Decrẹscere (. . . . .) – vedi **crẹscere.**

Dedurre (. . . . .) – vedi **addurre.**

Deludere (. . . . .) – vedi **alludere.**

Deporre (. . . . .) – vedi **porre.**

Deprimere (. . . . .) – vedi **comprimere.**

Desumere (. . . . .) – vedi **assumere.**

Difendere (. . . . .) – *part. pass.:* **difeso** (ausil. **avere**);
pass. rem.: difesi, difendesti, difese, difendemmo, difendeste, difesero.

Dipendere (. . . . .) – *part. pass.:* **dipeso** (ausil. **avere** *e* **essere**);
pass. rem.: dipesi, dipendesti, dipese, dipendemmo, dipendeste, dipesero.

Dipingere (. . . . .) – *part. pass.:* **dipinto** (ausil. **avere**);
pass. rem.: dipinsi, dipingesti, dipinse, dipingemmo, dipingeste, dipinsero.

Dire (. . . . .) – *part. pass.:* **detto** (ausil. **avere**);
indic. pres.: dico, dici, dite, diciamo, dite, dicono;
imperf.: dicevo, dicevi, diceva, dicevamo, dicevate, dicevano;
pass. rem.: dissi, dicesti, disse, dicemmo, diceste, dissero;
futuro: dirò, dirai, dirà, diremo, direte, diranno;
condiz.: direi, diresti, direbbe, diremmo, direste, direbbero;
imperativo: di', dica, diciamo, dite, dicano;
cong. pres.: dica, dica, dica, diciamo, diciate, dicano;
cong. imperf.: dicessi, dicessi, dicesse, dicessimo, diceste, dicessero;
gerundio: dicendo; *part. pres.:* dicente.

Dirigersi (. . . . .) – *part. pass.:* **diretto** (ausil. **avere**);
pass. rem.: diressi, dirigesti, diresse, dirigemmo, dirigeste, diressero.

Discendere (. . . . .) – vedi **scendere.**

Discorrere (. . . . .) – vedi **correre.**

Discutere (. . . . .) – *part. pass.:* **discusso** (ausil. **avere**);
pass. rem.: discussi, discutesti, discusse, discutemmo, discuteste, discussero.

Disporre (. . . . .) – vedi **porre.**

Dissolvere (. . . . .) – *part. pass.:* **dissolto** (ausil. **avere**);
pass. rem.: dissolsi (dissolvei), dissolvesti, dissolse (dissolvé), dissolvemmo, dissol-
veste, dissolsero (dissolverono).

Dissuadere (. . . . .) – vedi **persuadere.**

Distendere (. . . . .) – vedi **tendere.**

Distinguere (. . . . .) – *part. pass.:* **distinto** (ausil. **avere**);
pass. rem.: distinsi, distinguesti, distinse, distinguemmo, distingueste, distinsero.

Distogliere (. . . . .) – vedi **togliere.**

Distrarre (. . . . .) – vedi **trarre.**

Distruggere (..............) – vedi **struggere.**

Dividere (..............) – *part. pass.:* **diviso** (ausil. **avere**);
pass. rem.: divisi, dividesti, divise, dividemmo, divideste, divisero.

Dolersi (..............) – *part. pass.:* **dolutosi** (ausil. **essere**);
indic. pres.: mi dolgo, ti duoli, si duole, ci doliamo, vi dolete, si dolgono;
pass. rem.: mi dolsi, ti dolesti, si dolse, ci dolemmo, vi doleste, si dolsero;
futuro: mi dorrò, ti dorrai, si dorrà, ci dorremo, vi dorrete, si dorranno;
condiz.: mi dorrei, ti dorresti, si dorrebbe, ci dorremmo, vi dorreste, si dorrebbero;
imperativo: ti duoli, si dolga, ci doliamo, vi dolete, si dolgano;
cong. pres.: mi dolga, ti dolga, si dolga, ci doliamo, vi doliate, si dolgano.

Dovere (..............) – *part. pass.:* **dovuto** (ausil. **avere**);
indic. pres.: devo (debbo), devi, deve, dobbiamo, dovete, devono (debbono);
futuro: dovrò, dovrai, dovrà, dovremo, dovrete, dovranno;
condiz.: dovrei, dovresti, dovrebbe, dovremmo, dovreste, dovrebbero;
cong. pres.: debba (*poco usato* deva), debba, debba, dobbiamo, dobbiate, debbano.

Eccellere (..............) – *part. pass.:* **eccelso** (ausil. **avere**);
pass. rem.: eccelsi, eccellesti, eccelse, eccellemmo, eccelleste, eccelsero.

Eleggere (..............) – vedi **leggere.**

Eludere (..............) – vedi **alludere.**

Emergere (..............) – *part. pass.:* **emerso** (ausil. **essere**);
pass. rem.: emersi, emergesti, emerse, emergemmo, emergeste, emersero.

Empire (**empiere**) (..............) – *part. pass.:* **empito** (**empiuto**) (ausil. **avere**);
indic. pres.: empio, empi, empie, empiamo, empite, empiono;
pass. rem.: empii, empisti, empí, empimmo, empiste, empirono;
futuro: empirò, empirai, empirà, empiremo, empirete, empiranno;
condiz.: empirei, empiresti, empirebbe, empiremmo, empireste, empirebbero;
cong. pres.: empia, empia, empia, empiamo, empiate, empiano;
cong. imperf.: empissi, empissi, empisse, empissimo, empiste, empissero;
gerundio: empiendo.

Equivalere (..............) – vedi **valere.**

Ergere (..............) – *part. pass.:* **erto** (ausil. **avere**);
pass. rem.: ersi, ergesti, erse, ergemmo, ergeste, ersero.

Erigere (..............) – *part. pass.:* **eretto** (ausil. **avere**);
pass. rem: eressi, eigesti, eresse, erigemmo, erigeste, eressero.

Escludere (..............) – vedi **accludere.**

Esigere (..............) – *part. pass.:* **esatto** (ausil. **avere**).

Espellere (..............) – *part. pass.:* **espulso** (ausil. **avere**);
pass. rem.: espulsi, espellesti, espulse, espellemmo, espelleste, espulsero.

Esplodere (. . . . .) – *part. pass.:* **esploso** (ausil. **essere** *e* **avere**);
pass. rem.: esplosi, esplodesti, esplose, esplodemmo, esplodeste, esplosero.

Esporre (. . . . .) – vedi **porre.**

Esprimere (. . . . .) – vedi **comprimere.**

Estendere (. . . . .) – vedi **tendere.**

Estinguere (. . . . .) – vedi **distinguere.**

Estrarre (. . . . .) – vedi **trarre.**

Evadere (. . . . .) – *part. pass.:* **evaso** (ausil. **essere**);
pass. rem.: evasi,evadesti, evase, evademmo, evadeste, evasero.

Fare (. . . . .) – *part. pass.:* **fatto** (ausil. **avere**);
indicat. pres.: faccio (fo), fai, fa, facciamo, fate, fanno;
imperfetto: facevo, facevi, faceva, facevamo, facevate, facevano;
pass. rem.: feci, facesti, fece, facemmo, faceste, fecero;
futuro: farò, farai, farà, faremo, farete, faranno;
condiz.: farei, faresti, farebbe, faremmo, fareste, farebbero;
imperativo: fa', faccia, facciamo, fate, facciano;
cong. pres.: faccia, faccia, faccia, facciamo, facciate, facciano;
cong. imperf.: facessi, facessi, facesse, facessimo, faceste, facessero;
gerundio: facendo.

Fendere (. . . . .) – *part. pass.:* **fesso** (**fenduto**) (ausil. **avere**);
pass. rem.: fendei, (fendetti), fendesti, fendé (fendette), fendemmo, fendeste, fenderono (fendettero).

Figgere (. . . . .) – *part. pass.:* **fisso** (**fitto**) (ausil. **avere**);
pass. rem.: fissi, figgesti, fisse, figgemmo, figgeste, fissero.

Fingere (. . . . .) – *part. pass.:* **finto** (ausil. **avere**);
pass. rem.: finsi, fingesti, finse, fingemmo, fingeste, finsero.

Fondere (. . . . .) – *part. pass.:* **fuso** (ausil. **avere**);
pass. rem.: fusi, fondesti, fuse, fondemmo, fondeste, fusero.

Frangere (. . . . .) – *part. pass.:* **franto** (ausil. **avere**);
pass. rem.: fransi, frangesti, franse, frangemmo, frangeste, fransero.

Friggere (. . . . .) – *part. pass.:* **fritto** (ausil. **avere**);
pass. rem.: frissi, friggesti, frisse, friggemmo, friggeste, frissero.

Giacere (. . . . .) – *part. pass.:* **giaciuto** (ausil. **essere**);
indicat. pres.: giaccio, giaci, ciace, giaciamo (giacciamo), giacete, giacciono;
pass. rem.: giacqui, giacesti, giacque, giacemmo, giaceste, giacquero;
imperativo: giaci, giaccia, giaciamo, giacete, giacciano;
cong. pres.: giaccia, giaccia, giaccia, giaciamo (giacciamo), giaciate, giacciano.

Giungere (. . . . .) – *part. pass.:* **giunto** (ausil. **essere**);
   pass. rem.: giunsi, giungesti, giunse, giungemmo, giungeste, giunsero.

Godere (. . . . .) – *part. pass.:* **goduto** (ausil. **avere**);
   indicat. futuro: godrò, godrai, godrà, godremo, godrete, godranno;
   condiz.: godrei, godresti, godrebbe, godremmo, godreste, godrebbero.

Illudere (. . . . .) – vedi **alludere**.

Immergere (. . . . .) – vedi **emergere**.

Imporre (. . . . .) – vedi **porre**.

Imprimere (. . . . .) – vedi **comprimere**.

Incidere (. . . . .) – vedi **decidere**.

Includere (. . . . .) – vedi **accludere**.

Incorrere (. . . . .) – vedi **correre**.

Incutere (. . . . .) – *part. pass.:* **incusso** (ausil. **avere**);
   pass. rem.: incussi (incutei), incutesti, incusse (incuté), incutemmo, incuteste, incussero (incuterono).

Indulgere (. . . . .) – *part. pass.:* **indulto** (ausil. **avere**);
   pass. rem.: indulsi, indulgesti, indulse, indulgemmo, indulgeste, indulsero.

Indurre (. . . . .) – vedi **addurre**.

Infliggere (. . . . .) – vedi **affliggere**.

Infrangere (. . . . .) – vedi **frangere**.

Insorgere (. . . . .) – vedi **sorgere**.

Intendere (. . . . .) – vedi **tendere**.

Intridere (. . . . .) – *part. pass.:* **intriso** (ausil. **avere**);
   pass. rem.: intrisi, intridesti, intriste, intridemmo, intrideste, intrisero.

Introdurre (. . . . .) – vedi **addurre**.

Invadere (. . . . .) – *part. pass.:* **invaso** (ausil. **avere**);
   pass. rem.: invasi, invadesti, invase, invademmo, invadeste, invasero.

Ledere (. . . . .) – *part. pass.:* **leso** (ausil. **avere**);
   pass. rem.: lesi, ledesti, lese, ledemmo, ledeste, lesero.

Leggere (. . . . .) – *part. pass.* **letto** (ausil. **avere**);
   pass. rem.: lessi, leggesti, lesse, leggemmo, leggeste, lessero.

Maledire (. . . . .) – vedi **benedire**.

Mantenere (. . . . .) – vedi **tenere**.

Mettere (. . . . .) – *part. pass.:* **messo** (ausil. **avere**);
pass. rem.: misi, mettesti, mise, mettemmo, metteste, mìsero.

Mordere (. . . . .) – *part. pass.:* **morso** (ausil. **avere**);
pass. rem.: morsi, mordesti, morse, mordemmo, mordeste, mòrsero.

Morire (. . . . .) – *part. pass.:* **morto** (ausil. **èssere**);
indic. pres.: muòio, muori, muore, moriamo, morite, muòiono;
futuro: morrò, morrài, morrà, morremo, morrete, morranno;
condiz.: morrèi, morresti, morrebbe, morremmo, morreste, morrèbbero;
imperat.: muori, muòia, moriamo, morite, muòiano;
cong. pres.: muòia, muòia, muòia, moriamo, moriate, muòiano.

Mùngere (. . . . .) – *part. pass.:* **munto** (ausil. **avere**);
pass. rem.: munsi, mungesti, munse, mungemmo, mungeste, mùnsero.

Muòvere (. . . . .) – *part. pass.:* **mosso** (ausil. **avere**);
indicat. pres.: muovo, muovi, muove, moviamo, movete, muòvono;
pass. rem.: mossi, movesti, mosse, movemmo, moveste, mòssero.

Nàscere (. . . . .) – *part. pass.:* **nato** (ausil. **èssere**);
pass. rem.: nacqui, nascesti, nacque, nascemmo, nasceste, nàcquero.

Nascòndere (. . . . .) – *part. pass.:* **nascosto** (ausil. **avere**);
pass. rem.: nascosi, nascondesti, nascose, nascondemmo, nascondeste, nascòsero.

Nuòcere (. . . . .) – *part. pass.:* **nociuto** (ausil. **avere**);
indicat. pres.: nòccio, nuoci, nuoce, nociamo, nocete, nòcciono;
pass. rem.: nocqui, nocesti, nocque, nocemmo, noceste, nòcquero;
imperativo: nuoci, nòccia, nociamo, nocete, nòcciano;
cong. pres.: nòccia, nòccia, nòccia, nociamo, nociate, nòcciano.

Offèndere (. . . . .) – vedi **difèndere**.

Offrire (. . . . .) *part. pass.:* **offerto** (ausil. **avere**);
pass. rem.: offrìi (offersi), offristi, offrì, (offerse), offrimmo, offriste, offrìrono
. (offèrsero).

Opprìmere (. . . . .) – vedi **comprìmere**.

Parere (. . . . .) – *part. pass.:* **parso** (ausil. **èssere**);
indicat. pres.: pàio, pari, pare, paiamo, parete, pàiono;
pass. rem.: parvi, paresti, parve, paremmo, pareste, pàrvero;
futuro: parrò, parrài, parrà, parremo, parrete, parranno;
condiz.: parrèi, parresti, parrebbe, parremmo, parreste, parrèbbero;
cong. pres.: pàia, pàia, pàia, paiamo, paiate, pàiano.

Percòrrere (. . . . .) – vedi **còrrere**.

Percuòtere (. . . . .) – *part. pass.:* **percosso** (ausil. **avere**) – vedi **scuòtere**.

Perdere (. . . . .) – *part. pass.:* **perduto** (**perso**) (ausil. **avere**);
pass. rem.: persi (perdei, perdetti), perdesti, perse (perdé, perdette), perdemmo, perdeste, persero (perderono, perdettero).

Persuadere (. . . . .) – *part. pass.:* **persuaso** (ausil. **avere**);
pass. rem.: persuasi, persuadesti, persuase, persuademmo, persuadeste, persuasero.

Piacere (. . . . .) – *part. pass.:* **piaciuto** (ausil. **essere**);
indicat. pres.: piaccio, piaci, piace, piacciamo, piacete, piacciono;
pass. rem.: piacqui, piacesti, piacque, piacemmo, piaceste, piacquero;
imperativo: piaci, piaccia, piacciamo, piacete, piacciano;
cong. pres.: piaccia, piaccia, piaccia, piacciamo, piacciate, piacciano.

Piangere (. . . . .) – *part. pass.:* **pianto** (ausil. **avere**);
pass. rem.: piansi, piangesti, pianse, piangemmo, piangeste, piansero.

Piovere (. . . . .) – *part. pass.:* **piovuto** (ausil. **essere,** *talvolta* **avere**);
pass. rem.: piovve, piovvero.

Porgere (. . . . .) – *part. pass.:* **porto** (ausil. **avere**);
pass. rem.: porsi, porgesti, porse, porgemmo, porgeste, porsero.

Porre (. . . . .) – *part. pass.* **posto** (ausil. **avere**);
indicat. pres.: pongo, poni, pone, poniamo, ponete, pongono;
imperf.: ponevo, ponevi, poneva, ponevamo, ponevate, ponevano;
pass. rem.: posi, ponesti, pose, ponemmo, poneste, posero;
futuro: porrò, porrai, porrà, porremo, porrete, porranno;
condiz.: porrei, porresti, porrebbe, porremmo, porreste, porrebbero;
imperat.: poni, ponga, poniamo, ponete, pongano;
cong. pres.: ponga, ponga, ponga, poniamo, poniate, pongano;
gerundio: ponendo.

Potere (. . . . .) – *part. pass.:* **potuto** (ausil. **avere**);
indicat. pres.: posso, puoi, può, possiamo, potete, possono;
futuro: potrò, potrai, potrà, potremo, potrete, potranno;
condiz.: potrei, potresti, potrebbe, potremmo, potreste, potrebbero;
cong. pres.: possa, possa, possa, possiamo, possiate, possano.

Prediligere (. . . . .) – *part. pass.:* **prediletto** (ausil. **avere**);
pass. rem.: predilessi, prediligesti, predilesse, prediligemmo, prediligeste, predilessero.

Preludere (. . . . .) – vedi **alludere**.

Prendere (. . . . .) – *part. pass.:* **preso** (ausil. **avere**);
pass. rem.: presi, prendesti, prese, prendemmo, prendeste, presero.

Presumere (. . . . .) – vedi **assumere**.

Pretendere (. . . . .) – vedi **tendere**.

Prevenire (. . . . .) – vedi **venire**.

Produrre (. . . . .) – vedi **addurre**.

Proporre (. . . . .) – vedi **porre**.

Protẹggere (. . . . .) – *part. pass.:* **protetto** (ausil. **avere**);
pass. rem.: protessi, proteggesti, protesse, proteggemmo, proteggeste, protẹssero.

Pụngere (. . . . .) – *part. pass.:* **punto** (ausil. **avere**);
pass. rem.: punsi, pungesti, punse, pungemmo, pungeste, pụnsero.

Rạdere (. . . . .) – *part. pass.:* **raso** (ausil. **avere**);
pass. rem.: rasi, radesti, rase, rademmo, radeste, rạsero.

Raggiụngere (. . . . .) – vedi **giụngere** (però ausiliare **avere**).

Recịdere (. . . . .) – vedi **decịdere**.

Redịmere (. . . . .) – *part. pass.:* **redento** (ausil. **avere**);
pass. rem.: redensi, redimesti, redense, redimemmo, redimeste, redẹnsero.

Rẹggere (. . . . .) – *part. pass.:* **retto** (ausil. **avere**);
pass. rem.: ressi, reggesti, resse, reggemmo, reggeste, rẹssero.

Rẹndere (. . . . .) – *part. pass.:* **reso** (ausil. **avere**);
pass. rem.: resi, rendesti, rese, rendemmo, rendeste, rẹsero.

Reprịmere (. . . . .) – vedi **comprịmere**.

Rescịndere (. . . . .) – vedi **scịndere**.

Resịstere (. . . . .) – vedi **assịstere**.

Retrocẹdere (. . . . .) – vedi **concẹdere** (ausil. **ẹssere** *e* **avere**).

Ricọrrere (. . . . .) – vedi **cọrrere**.

Rịdere (. . . . .) – *part. pass.:* **riso** (ausil. **avere**);
pass. rem.: risi, ridesti, rise, ridemmo, rideste, rịsero.

Ridurre (. . . . .) – vedi **addurre**.

Rifụlgere (. . . . .) – *part. pass.* (raro)*:* **rifulso** (ausil. **ẹssere** *e* **avere**);
pass. rem.: rifulsi, rifulgesti, rifulse, rifulgemmo, rifulgeste, rifụlsero.

Rimanere (. . . . .) – *part. pass.:* **rimasto** (ausil. **ẹssere**);
indicat. pres.: rimango, rimani, rimane, rimaniamo, rimanete, rimạngono;
pass. rem.: rimasi, rimanesti, rimase, rimanemmo, rimaneste, rimạsero;
futuro: rimarrò, rimarrại, rimarrà, rimarremo, rimarrete, rimarranno;
condiz.: rimarrẹi, rimarresti, rimarrebbe, rimarremmo, rimarreste, rimarrẹbbero;
imperat.: rimani, rimanga, rimaniamo, rimanete, rimạngano;
cong. pres.: rimanga, rimanga, rimanga, rimaniamo, rimaniate, rimạngano.

Rimpiạngere (. . . . .) – vedi **piạngere**.

Rincrẹscere (. . . . .) – vedi **crẹscere**.

Riporre (. . . . .) – vedi **porre**.

Riprendere (...............) – vedi **prendere**.

Riscuotere (...............) – vedi **scuotere**.

Risolvere (...............) – vedi **assolvere**.

Rispondere (...............) – *part. pass.:* **risposto** (ausil. **avere**);
   pass. rem.: risposi, rispondesti, rispose, rispondemmo, rispondeste, risposero.

Ritrarre (...............) – vedi **trarre**.

Rivolgere (...............) – vedi **volgere**.

Rodere (...............) – *part. pass.:* **roso** (ausil. **avere**);
   pass. rem.: rosi, rodesti, rose, rodemmo, rodeste, rosero.

Rompere (...............) – *part. pass.:* **rotto** (ausil. **avere**);
   pass. rem.: ruppi, rompesti, ruppe, rompemmo, rompeste, ruppero.

Salire (...............) – *part. pass.:* **salito** (ausil. **essere** *e* **avere**);
   indicat. pres.: salgo, sali, sale, saliamo, salite, salgono;
   imperativo: sali, salga, saliamo, salite, salgano;
   cong. pres.: salga, salga, salga, saliamo, saliate, salgano.

Sapere (...............) – *part. pass.:* **saputo** (ausil. **avere**);
   indicat. pres.: so, sai, sa, sappiamo, sapete, sanno;
   pass. rem.: seppi, sapesti, seppe, sapemmo, sapeste, seppero;
   futuro: saprò, saprai, saprà, sapremo, saprete, sapranno;
   condiz.: saprei, sapresti, saprebbe, sapremmo, sapreste, saprebbero;
   imperat.: sappi, sappia, sappiamo, sappiate, sappiano;
   cong. pres.: sappia, sappia, sappia, sappiamo, sappiate, sappiano;
   part. pres.: sapiente.

Scegliere (...............) – *part. pass.:* **scelto** (ausil. **avere**);
   indicat. pres.: scelgo, scegli, sceglie, scegliamo, scegliete, scelgono;
   pass. rem.: scelsi, scegliesti, scelse, scegliemmo, sceglieste, scelsero;
   futuro: sceglierò, sceglierai, sceglierà, sceglieremo, sceglierete, sceglieranno;
   condiz.: sceglierei, sceglieresti, sceglierebbe, sceglieremmo, scegliereste, scegliereebbero;
   imperat.: scegli, scelga, scegliamo, scegliete, scelgano;
   cong. pres.: scelga, scelga, scelga, scegliamo, scegliate, scelgano.

Scendere (...............) – *part. pass.:* **sceso** (ausil. **essere** *e* **avere**);
   pass. rem.: scesi, scendesti, scese, scendemmo, scendeste, scesero.

Scindere (...............) – *part. pass.:* **scisso** (ausil. **avere**);
   pass. rem.: scissi, scindesti, scisse, scindemmo, scindeste, scissero.

Sciogliere (...............) – *part. pass.:* **sciolto** (ausil. **avere**);
   indicat. pres.: sciolgo, sciogli, scioglie, sciogliamo, sciogliete, sciolgono;
   pass. rem.: sciolsi, sciogliesti, sciolse, sciogliemmo, scioglieste, sciolsero;
   imperat.: sciogli, sciolga, sciogliamo, sciogliete, sciolgano;
   cong. pres.: sciolga, sciolga, sciolga, sciogliamo, sciogliate, sciolgano.

Sconvolgere (...............) – vedi **volgere.**

Scoprire (...............) – vedi **aprire.**

Scorgere (...............) – vedi **accorgersi.**

Scorrere (...............) – vedi **correre.**

Scrivere (...............) – *part. pass.:* **scritto** (ausil. **avere**);
   pass. rem.: scrissi, scrivesti, scrisse, scrivemmo, scriveste, scrissero.

Scuotere (...............) – *part. pass.:* **scosso** (ausil. **avere**);
   pass. rem.: scossi, scotesti, scosse, scotemmo, scoteste, scossero.

Sedere (...............) – *part. pass.:* **seduto** (**sedersi:** ausil. **essere**);
   indicat. pres.: siedo (seggo), siedi, siede, sediamo, sedete, siedono (seggono);
   imperativo: siedi, sieda (segga), sediamo, sedete, siedano (seggano);
   cong. pres.: sieda (segga), sieda (segga), sieda (segga), sediamo, sediate, siedano (seggano).

Sedurre (...............) – vedi **addurre.**

Soddisfare (...............) – *part. pass.:* **soddisfatto** (ausil. **avere**);
   indicat. pres.: soddisfo (soddisfaccio, soddisfò), soddisfi (soddisfai), soddisfa, soddisfiamo (soddisfacciamo), soddisfate, soddisfano (soddisfanno);
   pass. rem.: soddisfeci, soddisfacesti, soddisfece, soddisfacemmo, soddisfaceste, soddisfecero;
   imperat.: soddisfa, soddisfi, soddisfiamo, soddisfate, soddisfino;
   cong. pres.: soddisfi (soddisfaccia), soddisfi (soddisfaccia), soddisfi (soddisfaccia), soddisfiamo (soddisfacciamo), soddisfiate (soddisfacciate), soddisfino (soddisfacciano).

Soffrire (...............) – vedi **offrire.**

Soggiungere (...............) – vedi **giungere** (però ausiliare **avere**).

Sommergere (...............) – vedi **emergere.**

Sorgere (...............) – *part. pass.:* **sorto** (ausil. **essere**);
   pass. rem.: sorsi, sorgesti, sorse, sorgemmo, sorgeste, sorsero.

Sottrarre (...............) – vedi **trarre.**

Spargere (...............) – *part. pass.:* **sparso** (ausil. **avere**);
   pass. rem.: sparsi, spargesti, sparse, spargemmo, spargeste, sparsero.

Spegnere (...............) – *part. pass.:* **spento** (ausil. **avere**);
   pass. rem.: spensi, spegnesti, spense, spegnemmo, spegneste, spensero.

Spendere (...............) – *part. pass.:* **speso** (ausil. **avere**);
   pass. rem.: spesi, spendesti, spese, spendemmo, spendeste, spesero.

Spingere (...............) – *part. pass.:* **spinto** (ausil. **avere**);
   pass. rem.: spinsi, spingesti, spinse, spingemmo, spingeste, spinsero.

Sporgere (...............) – vedi **porgere.**

Stare (. . . . .) – *part. pass.:* **stato** (ausil. ẹssere);
    indicat. pres.: sto, stai, sta, stiamo, state, stanno;
    imperf.: stavo, stavi, stava, stavamo, stavate, stạvano;
    pass. rem.: stetti, stesi, stette, stemmo, steste, stẹttero;
    imperat. : sta', stia, stiamo, state, stịano,
    cong. pres.: stia, stia, stia, stiamo, stiate, stịano;
    cong. imperf.: stessi, stessi, stesse, stẹssimo, steste, stẹssero.

Strịngere (. . . . .) – *part. pass.:* **stretto** (ausil. **avere**);
    pass. rem.: strinsi, stringesti, strinse, stringemmo, stringeste, strịnsero.

Strụggere (. . . . .) – *part. pass.:* **strutto** (ausil. **avere**);
    pass. rem.: strussi, struggesti, strusse, struggemmo, struggeste, strụssero.

Succẹdere (. . . . .) – vedi **concẹdere.**

Svẹllere (. . . . .) – *part. pass.:* **svelto** (ausil. **avere**);
    indicat. pres.: svello (svelgo), svelli, svelle, svelliamo, svellete, svẹllono (svẹlgono);
    pass. rem.: svelsi, svellesti, svelse, svellemmo, svelleste, svẹlsero;
    imperat.: svelli, svelga, svelliamo, svellete, svẹlgano;
    cong. pres.: svelga, svelga, svelga, svelliamo, svelliate, svẹlgano.

Svenire (. . . . .) – *part. pass.:* **svenuto** (ausil. ẹssere);
    pass. rem.: svenni, svenisti, svenne, svenimmo, sveniste, svẹnnero.

Tacere (. . . . .) – *part. pass.:* **taciuto** (ausil. **avere**);
    indicat. pres.: tạccio, taci, tace, taciamo, tacete, tạcciono;
    pass. rem.: tacqui, tacesti, tacque, tacemmo, taceste, tạcquero;
    imperat.: taci, tạccia, taciamo, tacete, tạcciano;
    cong. pres.: tạccia, tạccia, tạccia, taciamo, taciate, tạcciano.

Tẹndere (. . . . .) – *part. pass.:* **teso** (ausil. **avere**);
    pass. rem.: tesi, tendesti, tese, tendemmo, tendeste, tẹsero.

Tenere (. . . . .)– *part. pass.:* **tenuto** (ausil. **avere**);
    indicat. pres.: tengo, tieni, tiene, teniamo, tenete, tẹngono;
    pass. rem.: tenni, tenesti, tenne, tenemmo, teneste, tẹnnero;
    futuro: terrò, terrại, terrà, terremo, terrete, terranno;
    condiz.: terrẹi, terresti, terrebbe, terremmo, terreste, terrẹbbero;
    imperat.: tieni, tenga, teniamo, tenete, tẹngano;
    cong. pres.: tenga, tẹnga, tenga, teniamo, teniate, tẹngano.

Tịngere (. . . . .) – *part. pass.:* **tinto** (ausil. **avere**);
    pass. rem.: tinsi, tingesti, tinse, tingemmo, tingeste, tịnsero.

Tọgliere (. . . . .) – *part. pass.:* **tolto** (ausil. **avere**);
    indicat. pres.: tolgo togli, tọglie, togliamo, togliete, tọlgono;
    pass. rem.: tolsi, togliesti, tolse, togliemmo, toglieste, tọlsero;
    futuro: toglierò (torrò), toglierại (torrại), toglierà (torrà), toglieremo (torremo), toglierete (torrete), toglieranno (torranno);

condiz.: toglierẹi (torrẹi), toglieresti (torresti), toglierebbe (torrebbe), toglieremmo (torremmo), togliereste (torreste), toglierẹbbero (torrẹbbero);

imperat.: togli, tolga, togliamo, togliete, tọlgano;

cong. pres.: tolga, tolga, tolga, togliamo, togliate, tọlgano.

Tọrcere (.............) – *part. pass.* **torto** (ausil. **avere**);

pass. rem.: torsi, torcesti, torse, torcemmo, torceste, tọrsero.

Tradurre (.............) – vedi **addurre.**

Trarre (......) – *part. pass.* **tratto** (ausil. **avere**);

indicat. pres.: traggo, trai, trae, traiamo, traete, trạggono;

imperf.: traevo, traevi, traeva, traevamo, traevate, traẹvano;

pass. rem.: trassi, traesti, trasse, traemmo, traeste, trạssero;

futuro: trarrò, trarrại, trarrà, trarremo, trarrete, trarranno;

condiz.: trarrẹi, trarresti, trarrebbe, trarremmo, trarreste, trarrẹbbero;

imperat.: trai, tragga, traiamo, traete, trạggano;

cong. pres.: tragga, tragga, tragga, traiamo, traiate, trạggano.

Uccịdere (.............) – *part. pass.:* **ucciso** (ausil. **avere**);

pass. rem: uccisi, uccidesti, uccise, uccidemmo, uccideste, uccịsero.

Udire (.............) – *part. pass.:* **udito** (ausil. **avere**);

indicat. pres.: odo, odi, ode, udiamo, udite, ọdono;

futuro: udrò (udirò), udrại (udirại), udrà (udirà), udremo (udiremo), udrete (udirete), udranno (udiranno);

condiz.: udrẹi (udirẹi), udresti (udiresti), udrebbe (udirebbe), udremmo (udiremmo), udreste (udireste), udrẹbbero (udirẹbbero);

imperat.: odi, oda, udiamo, udite, ọdano;

cong. pres.: oda, oda, oda, udiamo, udiate, ọdano.

Ungere (.............) – *part. pass.:* **unto** (ausil. **avere**);

pass. rem.: unsi, ungesti, unse, ungemmo, ungeste, ụnsero.

Uscire (.............) – *part. pass.:* **uscito** (ausil. **ẹssere**);

indicat. pres.: esco, esci, esce, usciamo, uscite, ẹscono;

imperat.: esci, esca, usciamo, uscite, ẹscano;

cong. pres.: esca, esca, esca, usciamo, usciate, escano.

Valere (.............) – *part. pass.:* **valso** (ausil. **ẹssere** *e* **avere**);

indicat. pres.: valgo, vali, vale, valiamo, valete, vạlgono;

pass. rem.: valsi, valesti, valse, valemmo, valeste, vạlsero;

futuro: varrò, varrại, varrà, varremo, varrete, varranno;

condiz.: varrẹi, varresti, varrebbe, varremmo, varreste, varrẹbbero;

imperat.: vali, valga, valiamo, valete, vạlgano;

cong. pres.: valga, valga, valga, valiamo, valiate, vạlgano.

Vedere (. . . . .) – *part. pass.:* **visto** (ausil. **avere**);

    indicat. pres.: vedo (veggo), vedi, vede, vediamo, vedete, vẹdono (vẹggono);

    pass. rem.: vidi, vedesti, vide, vedemmo, vedeste, vịdero;

    futuro: vedrò, vedrại, vedrà, vedremo, vedrete, vedranno;

    condiz.: vedrẹi, vedresti, vedrebbe, vedremmo, vedreste, vedrẹbbero;

    imperat.: vedi, veda, vediamo, **vedete**, **vedano**;

    cong. pres.: veda (vegga), veda (vegga), veda (vegga), vediamo, vediate, vẹdano (vẹggano).

Venire (. . . . .) – *part. pass.:* **venuto** (ausil. **ẹssere**);

    indicat. pres.: vengo, vieni, viene, veniamo, venite, vẹngono;

    pass. rem.: venni, venisti, venne, venimmo, veniste, vẹnnero;

    futuro: verrò, verrại, verrà, verremo, verrete, verranno;

    condiz.: vorrẹi, verresti, verrebbe, verremmo, verreste, verrẹbbero;

    imperat.: vieni, venga, veniamo, venite, vẹngano;

    cong. pres.: venga, venga, venga, veniamo, veniate, vẹngano.

Vilipẹndere (. . . . .) – *part. pass.:* **vilipeso** (ausil. **avere**);

    pass. rem.: vilipesi, vilipendesti, vilipese, vilipendemmo, vilipendeste, vilipẹsero.

Vịncere (. . . . .) – *part. pass.:* **vinto** (ausil. **avere**);

    pass. rem.: vinsi, vincesti, vinse, vincemmo, vinceste, vịnsero.

Vịvere (. . . . .) – *part. pass.:* **vissuto** (ausil. **ẹssere** *e* **avere**);

    pass. rem.: vissi, vivesti, visse, vivemmo, viveste, vịssero.

Volere (. . . . .) – *part. pass.:* **voluto** (ausil. **avere**);

    indicat. pres.: voglio, vuọi, vuole, vogliamo, volete, vọgliono;

    pass. rem.: volli, volesti, volle, volemmo, voleste, vọllero;

    futuro: vorrò, vorrại, vorrà, vorremo, vorrete, vorranno;

    condiz.: vorrẹi, vorresti, vorrebbe, vorremmo, vorreste, vorrẹbbero;

    imperat.: vọglia, vọglia, vogliamo, vogliate, vọgliano;

    cong. pres.: vọglia, vọglia, vọglia, vogliamo, vogliate, vọgliano.

Vọlgere (. . . . .) – *part. pass.:* **volto** (ausil. **avere**);

    pass. rem.: volsi, volgesti, volse, volgemmo, volgeste, vọlsero.

ĮNDICE ANALĮTICO

(i nųmeri si riferįscono alle pągine)

408

V

INDICE

Lezione LIII

Lezione LIV

Lezione LV

Lezione LVI

Lezione LVII

Lezione LXVI

APPENDICE

note

L'italiano per stranieri

Amato • **Mondo italiano**
testi autentici sulla realtà sociale e culturale italiana

Avitabile • **Italian for the English-speaking**

Battaglia • **Grammatica italiana per stranieri**

Battaglia • **Gramática italiana para estudiantes de habla española**

Battaglia • **Leggiamo e conversiamo**
letture italiane con esercizi per la conversazione

Battaglia e Varsi • **Parole e immagini**
corso elementare di lingua italiana per principianti

Bettoni e Vicentini • **Imparare dal vivo ***
lezioni di italiano - livello avanzato
manuale per l'allievo
chiavi per gli esercizi

Buttaroni • **Letteratura al naturale**
autori italiani contemporanei
con attività di analisi linguistica

Cherubini • **L'italiano per gli affari**

Diadori • **Senza parole**
100 gesti degli italiani

Gruppo META • **Uno**
corso comunicativo di italiano per stranieri - primo livello
libro dello studente
libro degli esercizi e sintesi di grammatica
guida per l'insegnante
3 audiocassette

Humphris, Luzi Catizone, Urbani • **Comunicare meglio**
corso di italiano - livello intermedio
manuale per l'allievo
manuale per l'insegnante
4 audiocassette

Marmini e Vicentini • *Imparare dal vivo**
lezioni di italiano - livello intermedio
manuale per l'allievo
chiavi per gli esercizi

Marmini e Vicentini • *Ascoltare dal vivo*
manuale di ascolto - livello intermedio
quaderno dello studente
libro dell'insegnante
3 audiocassette

Radicchi e Mezzedimi • *Corso di lingua italiana*
livello elementare
manuale per l'allievo
1 audiocassetta

Radicchi • *Corso di lingua italiana*
livello intermedio

Radicchi • *In Italia*
modi di dire ed espressioni idiomatiche

Totaro e Zanardi • *Quintetto italiano*
approccio tematico multimediale - livello avanzato
libro dello studente
quaderno degli esercizi
2 audiocassette
1 videocassetta

Urbani • *Senta, scusi...*
programma di comprensione auditiva con spunti di produzione libera orale
manuale di lavoro
1 audiocassetta

Urbani • *Le forme del verbo italiano*

Verri Menzel • *La bottega dell'italiano*
antologia di scrittori italiani del Novecento

Vicentini e Zanardi • *Tanto per parlare*
materiale per la conversazione - livello medio avanzato
libro dello studente
libro dell'insegnante

Bonacci editore

Stampato da «La Fotocromo Emiliana»
Via Sardegna, 30 Osteria Grande (BO) - Dicembre 1992

Printed in Italy